U0547732

国际投资仲裁中的条约解释问题研究

李庆灵 著

GUOJI TOUZI ZHONGCAI ZHONG DE
TIAOYUE JIESHI WENTI YANJIU

广西师范大学出版社
GUANGXI NORMAL UNIVERSITY PRESS
·桂林·

图书在版编目（CIP）数据

国际投资仲裁中的条约解释问题研究 / 李庆灵著. --桂林：广西师范大学出版社，2023.12
ISBN 978-7-5598-6597-7

Ⅰ. ①国… Ⅱ. ①李… Ⅲ. ①国际投资法学－国际仲裁－研究 Ⅳ. ①D996.4

中国国家版本馆 CIP 数据核字（2023）第 234313 号

广西师范大学出版社出版发行
（广西桂林市五里店路 9 号　邮政编码：541004）
　网址：http://www.bbtpress.com
出版人：黄轩庄
全国新华书店经销
广西广大印务有限责任公司印刷
（桂林市临桂区秧塘工业园西城大道北侧广西师范大学出版社
集团有限公司创意产业园内　邮政编码：541199）
开本：787 mm × 1 092 mm　1/16
印张：22.5　　　字数：300 千
2023 年 12 月第 1 版　　2023 年 12 月第 1 次印刷
定价：79.00 元

如发现印装质量问题，影响阅读，请与出版社发行部门联系调换。

本书先后获得以下项目资金支持，谨此致谢！

国家社会科学基金"国际投资条约解释体制的重构及其中国话语权的实现路径研究（立项编号：15BFX196）"

广西高等学校千名中青年骨干教师培育计划

广西师范大学教师队伍建设"四大工程"（拔尖人才培育"独秀工程"）项目

序

广西师范大学法学院副教授李庆灵的博士学位论文《国际投资仲裁中的条约解释问题研究》即将付梓，作为她当年的博士生导师，我感到非常高兴，因之欣然应邀作序。

晚近，有关条约解释的理论和实务问题在国际法律争端解决当中日益受到重视，然而，条约解释研究是个难度大、问题多的领域。国际投资仲裁领域的条约解释更是如此，其中堪称乱象频起，失范丛生，众说纷纭，莫衷一是。国际法学界甚至出现"国际投资仲裁陷入正当性危机"的说法。李庆灵的博士学位论文的缘起和主旨，就是针对以上问题，加以梳理和剖析，尝试围绕条约解释，特别是国际投资条约（International Investment Agreement，以下简称IIA）的解释，阐述其个人的研究心得和探索体会，力求为我国相关的缔约及仲裁实践，提出有理有据的对策建议。故本书选题具有比较重要的理论和实践意义。

论文答辩通过之后，李庆灵博士在此基础上展开进一步研究，命题为《国际投资条约解释体制的重构及其中国话语权的实现路径研究》，于2015年获得国家社会科学基金立项资助（立项编号：15BFX196，资助金额20万元），足见此选题之价值。后续研究成果将作为本书的"姊妹篇"，另行出版。

全书约30万字。我认为，它表明作者对国际投资仲裁中的条约解释问题的现状及其发展趋势具有较深入的了解和认知，也体现了作者具有较强的理论思辨和统摄能力，它揭示了国际投资条约解释方面存在的一些深层、核心性质的问题，可能对以后的国际投资仲裁中的条约解释问题研究，产生促进性影响。这在当前有关国际投资仲裁中条约解释问题的学术著作中，似不多见。具体而言，本书具有如下三个主要创新点：

其一，本书在既有研究的基础上，从权力分析的视角对条约解释进行深入研究。这是前人甚少涉及的切入点，可能开辟一个新的研究路径。既往对条约解释的研究多就事论事，拘泥于对条约解释的一般问题，特别是对解释方法、解释立场等问题展开**静态研究**，而不是把条约解释作为一种法律适用活动进行**动态分析**，在研究国际投资仲裁中的条约解释问题时，并未从国际仲裁庭"裁判权"行使的角度准确地把握条约解释问题的症结所在。也因此，在探讨时，条约解释总被视为个人（仲裁员、律师或学者）的一种智识性追求或随意性发挥。但在实践当中，一切具有**约束力**的条约解释都不是个人对条约约文理解、解释的结果，而是一个**制度**的产物，即一个**权力结构**的**产物**。忽略了这一视角，任何关于条约解释的研究或对解释方法的追求都有可能会脱离实际，也无法回答国际投资仲裁中的条约解释问题和某些乱象为何产生以及如何产生。本书正是依托**国际授权**的理论视角，通过对国际投资仲裁庭条约解释权的来源、运行的剖析，确认IIA缔约国所选择的授权模式及其相关制度安排，对国际投资仲裁庭做出的解释结论具有实质性影响，并对此提出相应对策，因此在一定程度上克服了既往研究的如上局限。

其二，在具体的条约解释问题的对策研究层面，本书尝试从国际投资仲裁庭条约解释权的权力来源和运行等方面查找造成其解释失范的原因。作者认为，作为中立的裁判者，仲裁庭现有的授权模式更接近于"委托人/受托人"而非"委托人/代理人"的模式。作为IIA缔约国的受托人，仲裁庭具有高度的自主性、维护投资者利益的政策偏好和较大的自由裁量权。对于国际投资仲裁庭的管辖权行使而言，这些制度性安排都是必要的，但同时也使得仲裁庭在条约解释方面的自由裁量空间过大，进而导致仲裁庭的权力不断地扩张。因此，需要从条约解释规则和仲裁庭的权力制约这两个方面来对原有的授权模式进行修正。在条约解释规则方面，除了强调缔约国有关条约解释的嗣后实践之外，还应借鉴现有国内公法和国际公法的解释原则，以提升国际投资仲裁庭条约解释的正当性。在仲裁庭的权力制约方面，缔约国应结合共同决策与单边行动两种途径，构建全面、体系化的制约机制。

其三，本书在对策研究部分所作的另一个贡献是，从权力制约的视角，区分仲裁庭的管辖权和条约解释权，全面、细致地梳理了晚近各国缔约和仲裁实践当中所采取的制约措施。这一点，在第六章中国的实践评析和对策探讨方面尤为突出。在这一部分中，作者首先在既往研究的基础上，归纳出中国IIA有关国际投资仲裁庭授权方面实践的发展脉络，并将其划分为"不予授权""有限授权""全面授权"和"全面授权+例外限制"四个阶段。其次，与既往研究一般专注于国际投资仲裁庭的管辖权之探讨不同，作者以中国首个普遍接受国际投资仲裁管辖的1997年中国与南非的BIT为典例，沿着时间的脉络全面地梳理中国IIA有关条约解释权制约方面的实践，进而按图索骥，结合前文论及之问题，探讨和总结中国在这些方面的经验教训、是非臧否，敢于和善于有理有据地指出其中存在的粗糙、疏漏、偏颇和缺失。最后，从国际投资仲裁庭的管辖权和条约解释权制约这两方面，作者针对中国未来的缔约及国际投资仲裁实践提出诚挚的谏言和建议。

我印象中，李庆灵博士在学术追求上一向力争"与时俱进"，顽强拼搏，不渝不懈。期待她继续发扬厦大法学院国家重点学科国际法专业优良传统，扎扎实实，"甘坐冷板凳"，锲而不舍，不畏艰难，不求虚名，在未来的学术道路上持续开拓进取，争取更大的突破。

厦门大学法学院国家重点学科国际法专业原教授、博士生导师

陈安

2023年2月9日

缩略语表
Abbreviations

缩略语	英文全称	中文译名
BIT	Bilateral Investment Treaty	双边投资条约
DSB	Dispute Settlement Body	争端解决机构
ECHR	European Court of Human Rights	欧洲人权法院
ECJ	European Court of Justice	欧洲法院
ECT	Energy Charter Treaty	能源宪章条约
EPA	Economic Partnership Agreement	经济伙伴关系协定
FCN	Friendship, Commerce and Navigation Treaty	友好通商航海条约
FTA	Free Trade Agreement	自由贸易协定
FTC	Free Trade Commission	自由贸易委员会
GATT	General Agreement on Tariffs and Trade	关税及贸易总协定
ICC	International Chamber of Commerce	国际商会
ICJ	International Court of Justice	国际法院

缩略语	英文全称	中文译名
ICSID	International Centre for the Settlement of Investment Disputes	解决投资争端国际中心
IIA	International Investment Agreement	国际投资条约
ILC	International Law Commission	国际法委员会
LCIA	London Court of International Arbitration	伦敦国际仲裁院
MAI	Multilateral Agreement on Investment	多边投资协定
NAFTA	North American Free Trade Agreement	北美自由贸易协定
OECD	Organization for Economic Co-operation and Development	经济合作与发展组织
PTIA	Preferential Trade and Investment Agreement	特惠贸易及投资协定
PCIJ	Permanent Court of International Justice	常设国际法院
RCEP	Regional Comprehensive Economic Partnership Agreement	区域全面经济伙伴关系协定
RTA	Regional Trade Agreement	区域贸易协定
SCC	Arbitration Institute of Stockholm Chamber of Commerce	斯德哥尔摩商会仲裁院
UN	United Nations	联合国
UNCITRAL	United Nations Commission on International Trade Law	联合国国际贸易法委员会
UNCTAD	United Nations Conference on Trade and Development	联合国贸易和发展会议
WTO	World Trade Organization	世界贸易组织

案例表
Table of Cases

一、常设国际法院与国际法院的案件

[1]　Access to German Minority Schools in Upper Silesia, PCIJ, ser. A./B. Fascicule No. 40, 1931

[2]　Certain Questions of Mutual Assistance in Criminal Matters (Djibouti v. France), ICJ, 2008

[3]　Competence of the General Assembly for the Admission of a State to the UN, ICJ, 1950

[4]　Kasikili/Sedudu Island (Botswana/Namibia), ICJ, 1999

[5]　Oil Platforms (Iran v. US), ICJ, 2003

[6]　Reparation for Injuries Suffered in the Service of the UN, ICJ, 1949

二、投资仲裁案件

[1]　AAP v. Sri Lanka, ICSID, ARB/87/3

[2]　ACV v. Venezuela, ICSID, ARB/00/5

[3]　ADF v. USA, ICSID, ARB(AF)/00/1

[4]　AES Corp. v. Argentina, ICSID, ARB/02/17

[5]	Aguas del v. Bolivia, ICSID, ARB/02/3
[6]	Amco v. Indonesia, ICSID, ARB/81/1
[7]	Autopista v. Venezuela, ICSID, ARB/00/5
[8]	Azurix v. Argentina, ICSID, ARB/01/12
[9]	Banro v. Congo, ICSID, ARB/98/7
[10]	Camuzzi v. Argentina, ICSID, ARB/03/02
[11]	Canfor Corporation v. USA, UNCITRAL
[12]	Casado v. Chile, ICSID, ARB/98/2
[13]	CME v. Czech Republic, UNCITRAL
[14]	CMS v. Argentina, ICSID, ARB/01/8
[15]	Continental Casualty v. Argentina, ICSID, ARB/03/9
[16]	Eastern Sugar v. Czech Republic, SCC, 88/2004
[17]	Ekran Berhand v. China, ICSID, ARB/11/15
[18]	El Paso v. Argentina, ICSID, ARB/03/15
[19]	Enron v. Argentina, ICSID, ARB/01/3
[20]	Ethyl Corporation v. Canada, UNCITRAL
[21]	Eureko v. Poland, Ad-hoc arbitration procedure
[22]	Fedax v. Venezuela, ICSID, ARB/96/3
[23]	Gas Natural v. Argentina, ICSID, ARB/03/10
[24]	Generation Ukraine v. Ukraine, ICSID, ARB/00/9
[25]	Heilongjiang v. Mongolia, PCA, 2010-20
[26]	Himpurna v. Indonesia, UNCITRAL
[27]	Hrvatska v. Slovenia, ICSID, ARB/05/24
[28]	Jan de Nul v. Egypt, ICSID, ARB/04/13
[29]	Klöckner v. Cameroon, ICSID, ARB/81/2
[30]	Lauder v. Czech Republic, UNCITRAL

[31] LG&E v. Argentina, ICSID, ARB/02/1

[32] Libananco v. Turkey, ICSID, ARB/06/8

[33] Loewen v. USA, ICSID, ARB (AF)/98/3

[34] Lucchetti v. Peru, ICSID, ARB/03/4

[35] Maffezini v. Spain, ICSID, ARB/97/7

[36] M.C.I. v. Ecuador, ICSID, ARB/03/6

[37] Metalclad v. Mexico, ICSID, ARB (AF)/97/1

[38] Methanex v. USA, UNCITRAL

[39] MHS v. Malaysia, ICSID, ARB/05/10

[40] Mondev v. USA, ICSID, ARB(AF)/99/2

[41] MTD v. Chile, ICSID, ARB/01/7

[42] Myers v. Canada, UNCITRAL

[43] Occidental v. Ecuador, ICSID, ARB/06/11

[44] Pan v. Argentina, ICSID, ARB/03/13

[45] Philippe Gruslin v. Malaysia, ICSID, ARB/99/3

[46] Ping An Life Insurance v. Belgium, ICSID, ARB/12/29

[47] Plama v. Bulgaria, ICSID, ARB/03/24

[48] Pope v. Canada, UNCITRAL

[49] Rompetrol Group v. Romania, ICSID, ARB/06/3

[50] Ronald v. Czech Republic, UNCITRAL

[51] RSM v. Grenada, ICSID, ARB/05/14

[52] Saipem S.p.A. v. Bangladesh, ICSID, ARB/05/07

[53] Saluka Investments v. Czech Republic, UNCITRAL

[54] Santa v. Costa Rica, ICSID, ARB /96 /1

[55] Sempra v. Argentina, ICSID, ARB/02/16

[56] SGS v. Pakistan, ICSID, ARB/01/13

[57]　SGS v. Philippines, ICSID, ARB/02/6

[58]　Siag & Vecchi v. Egypt, ICSID, ARB/05/15

[59]　Siemens v. Argentina, ICSID, ARB/02/8

[60]　SPP v. Egypt, ICSID, ARB/84/3

[61]　Suez and others v. Argentina, ICSID, ARB/03/19

[62]　Tecmed v. Mexico, ICSID, ARB (AF)/00/2

[63]　Thunderbird v. Mexico, UNCITRAL

[64]　Tokios v. Ukraine, ICSID, ARB/02/18

[65]　Tradex Hellas v. Albania, ICSID, ARB/94/2

[66]　Tza Yap Shum v. Peru, ICSID, ARB/07/6

[67]　Vacuum Salt v. Ghana, ICSID, ARB/92/1

[68]　Veteran v. Russia, PCA, AA 228

[69]　Waste Management v. Mexico, ICSID, ARB (AF)/98/2

[70]　Waste Management v. Mexico, ICSID, ARB(AF)/00/3

[71]　Wintershall v. Argentina, ICSID, ARB/04/14

三、欧洲法院和欧洲人权法院的案件

[1]　Commission v. Belgium, ECJ, Case 2/90, 1992

[2]　Commission v. Denmark, ECJ, Case 302/86, 1988

[3]　Commission v. Germany, ECJ, Case 131/93, 1995

[4]　Procureur de la République v. ADBHU, ECJ, Case 240/83, 1985

[5]　Ireland v. UK, ECHR, Application no. 5310/71, 1978

四、其他案件

[1]　Canada-Import Restrictions on Ice Cream and Yoghurt, GATT, L/6568-36S/68

[2] Ecuador v. USA, PCA, 2012-5

[3] US - Tax Treatment of "Foreign Sales Corp", WTO, WT/DS108/ARB, 2002

[4] United States v. Canada, LCIA, 81010

目录
Contents

绪　论 …………………………………………………………… 1

第一章
作为条约解释者的国际投资仲裁庭

第一节　国际投资条约解释的权力谱系梳理………………… 11
　　一、条约解释权述略 ………………………………………… 12
　　二、IIA 解释中的权益纠葛 ………………………………… 18
第二节　国际投资仲裁庭的条约解释权分析………………… 22
　　一、国际投资仲裁庭条约解释权的依据 ………………… 23
　　二、国际投资仲裁庭条约解释权与其管辖权之间的关系 … 27
　　三、国际投资仲裁庭条约解释权的特征 ………………… 30
第三节　国际投资仲裁庭的条约解释实践考察……………… 34
　　一、国际投资仲裁中的条约解释失范问题 ……………… 34
　　二、国际投资仲裁庭的角色扩张问题 …………………… 47

1

第二章
国际投资仲裁庭条约解释权的溯源

第一节　IIA缔约国选择授权的原因解读 ································ 63
　　一、国际授权理论述略 ·· 63
　　二、IIA缔约国为何授权国际投资仲裁庭 ························ 66
第二节　国际投资仲裁庭的授权模式选择 ···························· 80
　　一、国际授权的模式：代理人模式与受托人模式 ············· 80
　　二、国际投资仲裁庭的条约解释授权模式 ····················· 89
第三节　作为受托人的国际投资仲裁庭 ······························· 93
　　一、国际投资仲裁庭的自主性 ··································· 94
　　二、国际投资仲裁庭的政策偏好 ································ 96
　　三、国际投资仲裁庭的自由裁量空间 ··························· 99

第三章
国际投资仲裁庭条约解释失范的成因及其后果

第一节　国际投资仲裁庭条约解释失范的成因 ····················· 115
　　一、国际投资仲裁庭的能力建构不足 ·························· 115
　　二、现行国际公法解释规则的规制不足 ······················· 121
　　三、国际投资仲裁庭的制约机制失效 ·························· 133
第二节　国际投资仲裁庭条约解释失范的后果 ····················· 137
　　一、对缔约国经济主权的过度限制 ···························· 137
　　二、催生道德风险 ·· 139
　　三、监管的"碎片化" ·· 140
　　四、全球治理的"系统性风险" ································ 141

五、国际投资法律体制的"正当性危机"……………………………… 142

第四章
国际投资条约解释规则的完善

第一节　现有条约解释规则下的IIA解释方法之改进……………… 153
　　一、《条约法公约》相关条约解释规则在国际投资仲裁中的真正作用
　　　 …………………………………………………………………… 153
　　二、《条约法公约》相关条约解释规则的内在缺陷……………… 158
　　三、IIA解释方法的改进…………………………………………… 160
第二节　国内与国际公法解释原则的借鉴………………………………… 167
　　一、遵循先例原则的接受与修正 ………………………………… 168
　　二、比例原则的引入及其面临的困境 …………………………… 172
　　三、"裁量余地"原则的援用及其适用路径……………………… 180

第五章
国际投资仲裁庭条约解释权的制约

第一节　条约解释权制约机制的一般问题………………………………… 196
　　一、制约机制的实施主体：缔约国全体与单个缔约国 ………… 197
　　二、制约机制的类型：一般性制约与专门性制约 ……………… 198
　　三、影响制约机制有效性的时间因素：一般情况下与案件审理中 … 199
第二节　现有针对仲裁庭管辖权实施的制约措施………………………… 200
　　一、缔约国全体实施的制约 ……………………………………… 200
　　二、缔约国单方实施的制约 ……………………………………… 206

第三节　现有针对仲裁庭条约解释权实施的制约措施 …………… 213
　　　一、限制或缩小条约实体规则的解释空间 ……………… 214
　　　二、其他有权解释主体实施的制约 ……………………… 217
　　　三、缔约国单方实施的制约 ……………………………… 221
第四节　常设性制约机制的制度构建 ……………………………… 223
　　　一、欧洲法院的先决裁判制度的主要内容 ……………… 224
　　　二、先决裁判制度在国际投资仲裁机制中的可适用性 …… 225
　　　三、构建先决裁判制度需要考虑的问题 ………………… 229

第六章
中国在国际投资仲裁庭条约解释权授予与制约方面的实践及对策

第一节　中国相关实践的基本背景分析 …………………………… 245
　　　一、中国在国际投资领域中的地位分析 ………………… 245
　　　二、中国在国际投资仲裁庭的权力授予与制约问题上的战略定位之争
　　　　………………………………………………………………… 249
第二节　中国现有缔约实践的考察 ………………………………… 251
　　　一、中国IIA有关国际投资仲裁庭权力授予方面的规定 … 251
　　　二、中国IIA有关国际投资仲裁庭条约解释权制约方面的规定 … 255
　　　三、中国IIA有关国际投资仲裁庭权力授予与制约实践的评论 … 265
第三节　中国未来在仲裁庭条约解释权授予与制约方面实践之建议 … 273
　　　一、中国未来IIA缔约实践方面的建议 ………………… 273
　　　二、对中国参与国际投资仲裁实践的建议 ……………… 289

结　论 ………………………………………………………………… 304
参考文献 ……………………………………………………………… 307
后　记 ………………………………………………………………… 336

绪　论

这是一本探讨国际投资条约（IIA）解释问题的书，更确切地说，国际投资争端解决过程中的条约解释问题是本书探讨的核心内容。基于IIA产生的国际投资仲裁，不仅是一种投资者与国家之间的投资争端解决方式，还是一种涉及国际投资仲裁庭（外国投资者与缔约国之间的仲裁庭）在全球行政空间行使权力的全球治理模式。[1]由于缔结条约时，现实情况复杂多变而难以预见，加上条约谈判者存在着谈判缔约技术及授权的限制，因此条约的措辞多具有抽象性与原则性。是以，个案仲裁庭在采用这些具抽象性和原则性的条款来解决复杂多变的案件时，就必须对这些条款做出解释。然而，在晚近的国际投资仲裁实践中，案情相近而裁决相差甚远的情况时有出现，甚至对同一争议事实，不同的仲裁庭依据同一条约作出的解释结论竟然截然相反。

随着国际仲裁庭频频做出备受争议的裁决，发展中国家对其滥用投资条约解释权的行为进行了强烈抨击。三个重要的发展中国家南非、印度和巴西坚持拒绝加入解决投资争端国际中心（ICSID）；[2]厄瓜多尔[3]、玻利维亚[4]和委内瑞拉[5]则为避免本国的国家主权受到国际投资仲裁庭违法枉裁行径的损害先后宣布退出ICSID。其他拉美国家，如阿根廷和尼加拉瓜也曾酝酿退出该机制。[6]除了屡屡陷入国际投资仲裁的发展中国家之外，以美国、加拿大为首的发达国家同样对国际投资仲裁机制的正当性提出疑问。澳大利亚甚至在晚近的投资缔约实践中，废除了投资者与缔约国之间的投资仲裁机制。[7]与此同时，部分国家终止对外缔结的IIA，比如印度、印度尼西亚和厄瓜多尔。联合国贸发会的报告显示，2017年、2019年至2021年当年有效终止条约的数目已经超过同年新缔结的IIA。[8]截至2020年底，实际终止的国际投资条约达到393项。[9]

在另一方面，国际社会中也有不少学者声援国际投资仲裁机制，[10]甚至还有学者指出，IIA体制和国际投资仲裁机制根本不存在"正当性危机"（legitimacy crisis）的问题，有关"正当性危机"存在的说法都是一种臆想。[11]在实践中，不少新缔结的或正在谈判的IIA仍然采用这些备受争议的条款。IIA的缔结数量仍在增加，例如，2018年新签订的IIA共有40个，其中双边投资条约（BIT）有30个，自由贸易协定（FTA）有10个。[12]此外，2013年11月1日，加拿大政府宣布正式批准《关于解决国家和他国国民之间投资争端公约》（《ICSID公约》），并向ICSID交存批准加入书。至此，所有发达国家均是《ICSID公约》的缔约国。[13]随后，圣马力诺、伊拉克、瑙鲁、墨西哥和吉布提等不少国家陆续加入《ICSID公约》。[14]对上述争议之情势加以深入研究，分析其成因及其可能造成的负面后果便成为必要。

有鉴于此，本书选择对国际投资争端解决过程中的条约解释问题展开探讨。当然，对解释本身做出解释的难度总归要比对其他事物的解释更大一些，是以有必要强调这一研究的初步性与探索性。

一、写作目的

本书的写作目的并不在于建构全面系统的关于IIA解释的理论体系，而是以国际投资仲裁案件审理过程中，仲裁庭对IIA的条款进行解释时出现的问题为核心，着重分析为何会出现这样的问题并尝试寻求应对之策。因此，无论是在资料还是在观点的取舍上，本书都将围绕这一主题展开。

(一)学术研究的视角

有关国际投资条约解释问题的研究并非一个新议题,国内外不少研究都有所涉及,但以国际投资仲裁庭的解释活动作为研究对象展开的系统性研究并不多见,[15]由此形成以下需要进一步研究的空间:

第一,不少研究主要从《维也纳条约法公约》(简称《条约法公约》)出发,通过实证研究,详细分析、归纳和论述《条约法公约》的条约解释规则在国际投资争端解决中的具体应用。[16]部分成果在考察国际投资仲裁庭的条约解释权的应然与实然状态之后,探讨《条约法公约》如何引导和制约仲裁庭条约解释权。[17]但这种静态分析没有涉及条约解释规则及相关解释方法能否以及如何对国际投资仲裁的条约解释实践产生影响,例如,面对滥用解释权的质疑,几乎所有的仲裁庭都声称自己承认或遵守《条约法公约》的条约解释规则,实践中,当事方也很难以仲裁庭错误适用条约解释规则为由申请撤销其裁决。其中一个难题就是,解释规则本身同样面临解释的问题。

第二,对于国际投资仲裁中存在的条约解释问题,绝大多数的既有成果主要借助传统法学路径展开研究。毋庸置疑,考查国际投资仲裁的条约解释活动对争端当事方权利、义务和责任因素的影响,有助于增进人们对国际投资仲裁对国际投资法发展的影响之认识。然而,这种事后评价的方式无法回答国际投资仲裁中的条约解释问题何以发生。直言之,国际投资仲裁庭的权力来源于缔约国的授权,因此,国际投资仲裁庭对IIA所作解释是否存在问题以及存在何种问题需要结合缔约国的授权进行解读。

(二)社会实践研究的视角

国外已有研究成果虽然在本书的部分内容和部分结论上做出了较好的研究,[18]但能够从发展中国家的立场,或者结合中国国情,从中国的角度出发提出建议的研究成果少之又少,故已有研究成果对中国的参考价值有限。

国内学界的研究虽然很好地结合中国当前的"身份混同"的背景,但这些研究成果的研究对象不同于本书的研究对象,它们更侧重于实证方面的研究，部分成果着重探讨国际仲裁庭在案件中如何运用条约解释方法对具体条约约文做出解释，评析仲裁庭所适用的条约解释规则及其判理，并对解释的后果进行评价；[19]还有部分成果关注的是中国IIA中缔约国联合解释机制方面的实践，[20]而没有对中国有关国际投资仲裁庭的条约解释权制约机制的实践加以系统研究并提出体系化的建议。

二、写作思路和研究框架

除去绪论与结论，本书可以概括为三部分，共六章。

第一部分为第一章。作为整本书的基础与铺垫，第一章是有关国际投资仲裁中条约解释问题的基础性研究，重点在于系统梳理国际投资仲裁庭在条约解释实践当中存在的问题。鉴于国际投资仲裁庭并非IIA的唯一解释主体，在对国际投资仲裁庭的条约解释实践进行评判之前，必须对国际投资仲裁庭在IIA解释体制当中的地位以及其条约解释权的特殊之处有一个整体性的了解。

第二部分由第二章和第三章组成，侧重于探讨导致国际投资仲裁庭条约解释失范的原因及其不利后果。第二章主要从国际投资仲裁庭条约解释权的来源查找其根本原因。首先对主权国家创设国际投资仲裁庭的目的进行分析，然后探讨国际投资仲裁庭条约解释权的授权模式，从而确定在国际投资仲裁的条约解释活动中，缔约国、投资者与国际投资仲裁庭三方的关系，由此确认现有授权模式对仲裁庭的政策偏好、价值取向以及其所享有的自由裁量权可能产生的影响。第三章则是从条约解释权的运行过程中寻找导致国际投资仲裁庭条约解释失范的直接原因。同时，对现有问题可能产生的不利后果进行探讨，试图找出国际投资仲裁的解释问题与国际投资仲裁正当性危机之间的关联。

第三部分是对第一部分提出的问题以及第二部分有关原因方面的分析所给予的回应。在第一、二、三章的基础上，第四章、第五章和第六章分别提出相应的对策。其核心就是对现有的授权模式进行修正，将国际投资仲裁庭的角色从纯粹的受托人转变成为介于代理人和受托人之间的中间角色。由于IIA缔约国选择授权是为了实现一定的授权收益，如果能够让国际投资仲裁庭从不胜任到胜任缔约国所赋予的角色，这一方案符合缔约国的预期，那么从成本与收益来看，将是最优的方案。所以，第四章从国际投资仲裁庭的自我能力构建出发，从条约解释规则和条约解释方法的完善方面寻找对策。但是，实践已表明，单纯依靠国际投资仲裁庭的自我约束是不可靠的，外部制约必不可少。因而，第五章的重点就是有关国际投资仲裁庭的制约机制的探讨。由于缔约国的制约可能会减损IIA的可预见性和稳定性，故此为次优但必要的改革方案，有鉴于此，在具体制度设计方面还需要考虑：缔约国共同决策的难题、仲裁庭的管辖权制约与条约解释权制约之间的差异以及投资者合理期待的保护等方面。对中国而言，晚近的身份混同增加了其国际投资法律实践的难度。与一般国家不同，作为发展中大国的投资东道国与投资者母国，中国未来参与国际投资仲裁实践的可能性会相当高。因而，中国有关国际投资仲裁庭的条约解释权的授予与制约方面的实践考察就成为必要。鉴于目前中国参与国际投资仲裁的实践并不多，第六章将集中对中国缔约实践的得失和经验教训进行探讨，然后再分别从缔约实践和国际投资仲裁实践这两方面提出对策。

三、研究方法

本书立足于国际投资仲裁中的条约解释这一问题，围绕着国际投资仲裁庭的条约解释权的权力来源、运行效果等方面展开探讨。因此，运用经济学及国际关系学等方面的分析方法和研究成果作为理论背景和方法指导将是本书在研究方法上的一个特点。鉴于对国际投资仲裁庭条约解释权的扩张和制约这一议题肇端于国际投资仲裁庭作为投资争端解决机构对IIA进行的解释，案例的实证分析对于本论题的研究有重大意义。另外，宏观政策及价值分析研究方法的引入将提高本书的理论高度，也将使中国作为在国家主权维护和海外投资保护均有重大利益的发展中国家的立场得到明确。

四、相关概念和问题的说明

（一）国际投资条约

本书所论及的国际投资条约，亦称为国际投资协定，是指主权国家为保护与促进彼此间之投资而缔结的国际条约。依照联合国贸易和发展会议（UNCTAD）的界定，IIA可分为两类：一种是双边投资条约（BIT）；另一种则是包含投资章节的特惠贸易及投资协定（PTIA）。后者大致又可分为三种：区域贸易协定（RTA）、自由贸易协定（FTA）以及经济伙伴关系协议（EPA）等。[21]本书采用UNCTAD的广义界定，把与投资有关的国际条约均归入IIA的范畴。

（二）国际投资仲裁庭

在国际投资法律体系当中，基于IIA而产生的争议主要有二：一是缔约国之间因IIA的解释和适用或条约义务之违反等方面而产生的争议；二是外国投资者与东道国之间因IIA而产生的争议。相应地，国际投资争端解决机制也可分为两种类型：一种是传统的国家之间的争端解决机制，另一种则是国际投资法领域特有的投资者与国家之间投资仲裁机制。本书的研究中心为后者，如未作特别说明，本书论及的"国际投资仲裁"特指"投资者与国家之间投资仲裁"，而"国际投资仲裁庭"则特指"投资者与国家之间投资仲裁庭"。

（三）其他需要说明的问题

除非另有说明，本书所用资料截止日期为2022年7月20日。

本章注释

［1］［美］本尼迪克特·金斯伯里，斯蒂芬·希尔. 作为治理形式的国际投资仲裁：公平与公正待遇、比例原则与新兴的全球行政法［J］. 李书健，等译. 国际经济法学刊，2011 (2): 49.

［2］ICSID. Database of ICSID Member States [DB/OL]. https://icsid.worldbank.org/about/member-states/database-of-member-states, 2022-7-15.

［3］ICSID. Denunciation of the ICSID Convention by Ecuador [EB/OL]. https://icsid.worldbank.org/news-and-events/news-releases/denunciation-icsid-convention-ecuador, 2022-7-15.

［4］ICSID. Denunciation of ICSID Convention [EB/OL]. https://icsid.worldbank.org/news-and-events/news-releases/denunciation-icsid-convention, 2022-7-15.

［5］ICSID. Venezuela Submits a Notice under Article 71 of the ICSID Convention [EB/OL]. https://icsid.worldbank.org/news-and-events/news-releases/venezuela-submits-notice-under-article-71-icsid-convention, 2022-7-15.

［6］Diaz, Fernando Cabrera. South American Alternative to ICSID in the Works as Governments Create an Energy Treaty [EB/OL]. https://www.iisd.org/itn/es/2008/08/06/south-american-alternative-to-icsid-in-the-works-as-governments-create-an-energy-treaty/, 2022-7-15.

［7］早在2011年4月，澳大利亚便发布《贸易政策声明》，宣布未来签订IIA时，将排除投资者与东道国争端解决条款，主要理由便是，这种争端解决机制可让跨国公司跳过东道国的国内司法程序而在国际层面挑战东道国司法主权。参见Australian Government Department of Foreign Affairs and Trade. Gillard Government Trade Policy Statement: Trading Our Way to More Jobs and Prosperity [EB/OL]. http://www.dfat.gov.au/publications/trade/trading-our-way-to-more-jobs-and-prosperity.html#investor-state, 2022-7-15。澳大利亚这一立场同样体现在其跨太平洋战略经济伙伴协定的谈判以及与部分国家的缔约实践当中。参见Nottage, Luke R.. Do Many of Australia's Bilateral Treaties Really Not Provide Full Advance Consent to Investor-State Arbitration? Analysis of Planet Mining v Indonesia and Regional Implications [EB/ OL]. http://papers.ssrn.com/sol3/papers.cfm?abstract_id=2424987, 2022-7-15。

［8］2017年当年有效终止条约的数目为22项，首次超过新缔结的IIA数量，后者的数量是18项。参见UNCTAD. World Investment Report 2018 [EB/OL]. https://unctad.org/system/.les/of.cial-document/wir2018_en.pdf, 2022-7-15; 2019年、2020年和2021年的情况类似。2021年终止的IIA数量为86项，同年新缔结的IIA数量则只有13项。参见UNCTAD. World Investment Report 2022 [EB/OL]. https://unctad.org/system/files/official-document/wir2022_en.pdf, 2022-7-15。

［9］UNCTAD. World Investment Report 2021 [EB/OL]. https://unctad.org/system/files/official-document/wir2021_en.pdf, 2022-7-15.

［10］Newcombe, Andrew. Sustainable Development and Investment Treaty Law [J]. Journal of World Investment and Trade, 2007 (8): 357-407.

［11］Weiler, Todd & Baetens, Freya. New Directions in International Economic Law [M]. The Hague: Martinus Nijhoff Publishers, 2011: 107-150.

［12］UNCTAD. World Investment Report 2019 [EB/OL]. https://unctad.org/system/files/official-document/wir2019_en.pdf, 2022-7-15.

［13］ICSID. Database of ICSID Member States [DB/OL]. https://icsid.worldbank.org/about/member-states/database-of-member-states, 2022-7-15.

［14］这五个国家签署《ICSID公约》的时间分别为：圣马力诺（2014年）、伊拉克（2015年）、瑙鲁（2016年）、墨西哥（2018年）、吉布提（2019年）。参见ICSID. Database of ICSID Member States [DB/OL]. https://icsid.worldbank.org/about/member-states/database-of-member-states, 2022-7-15。

［15］就目前查阅到的国内外研究而言，有关国际投资条约解释的著述主要有5部，包括Weeramantry, J. Romesh. Treaty Interpretation in Investment Arbitration [M]. Oxford: Oxford University Press, 2012; Trinh Hai Yen. The Interpretation of Investment Treaties [M]. The Hague: Martinus Nijhoff Publishers, 2014; Clasmeier, Maximilian. Arbitral Awards as Investments: Treaty Interpretation and the Dynamics of International Investment Law [M]. The Netherlands Kluwer Law International, 2016; Gazzini, Tarcisio. Interpretation of International Investment Treaties [M]. Oxford ; Portland, Oregon : Hart Publishing, 2016; 张

生.国际投资仲裁中的条约解释研究[M].北京：法律出版社，2016。但是专门就国际投资仲裁庭的解释活动展开系统性研究的著述仅有3部。

[16] 比如，Weeramantry, J. Romesh. Treaty Interpretation in Investment Arbitration [M]. Oxford: Oxford University Press, 2012; Clasmeier, Maximilian. Arbitral Awards as Investments: Treaty Interpretation and the Dynamics of International Investment Law [M]. The Netherlands: Kluwer Law International, 2016; 张生.国际投资仲裁中的条约解释研究[M].北京：法律出版社，2016。

[17] 比如，刘笋.仲裁庭的条约解释权及《维也纳条约法公约》的引导与制约[J].华南师范大学学报，2021 (1)：139-208。

[18] 这些成果主要包括，Schreuer, Christoph H.. Diversity and Harmonization of Treaty Interpretation in Investment Arbitration[M] // Fitzmaurice, Malgosia & Elias, Olufemi & Merkouris, Pano. Treaty Interpretation and the Vienna Convention on the Law of Treaties: 30 Years on. Leiden: Martinus Nijhoff Publishers, 2010:129-151; UNCTAD. Investor-State Dispute Settlement and Impact on Investment Rulemaking [EB/OL]. https://unctad.org/system/files/official-document/iteiia20073_en.pdf, 2022-7-15; Andrea, K. Bjorklund. Investment Treaty Arbitral Decisions as Jurisprudence Constante [M] // Picker, Colin B. & Bunn, Isabella D. & Arner, Douglas W.. International Economic Law: The State and Future of the Discipline. Oxford; Portland, Oregon: Hart Publishing, 2008: 261-280; UNCTAD. Interpretation of IIAs: What States Can Do? [EB/OL]. https://unctad.org/system/files/official-document/webdiaeia2011d10_en.pdf, 2022-7-15; Georg Nolte ed. Treaties and Subsequent Practice[M]. Oxford: Oxford University Press, 2013; Kalicki, Jean E & Joubin-Bret, Anna. Reshaping the Investor-State Dispute Settlement System[M]. Leiden: Brill Nijhoff Publishers, 2015; Gordon, Kathryn & Pohl, Joachim. Investment treaties over time: Treaty Practice and Interpretation in a Changing World [EB/OL]. https://www.oecd.org/investment/investment-policy/WP-2015-02.pdf, 2022-7-15; Kulick, Andreas ed. Reassertion of Control over the Investment Treaty Regime[M]. New York: Cambridge University Press, 2016; Gaukrodger, David. The Legal Framework Applicable to Joint Interpretive Agreements of Investment Treaties [EB/OL].https://www.oecd-ilibrary.org/docserver/5jm3xgt6f29w-en.pdf?expires=1677849291&id=id&accname=guest&checksum=2BB84580B1611B1C96F9

5D2C12B4FD33, 2022-7-15; Marotti, Loris. The Proliferation of Joint Interpretation Clauses in New International Investment Agreements: A Mixed Blessing? [J]. ICSID Review, 2020 (1):1–19。

[19]比如，肖军.国际投资条约中国民待遇条款的解释问题研究——评Champion Trading Company & Ameritrade International, Inc.诉埃及案[J].法学评论，2008 (2)：59-65；徐崇利.公平与公正待遇：真义之解读[J].法商研究，2010 (3)：59-68；陈正健.国际投资条约中不排除措施条款的解释[J].法学论坛，2013 (6)：141-149；黄世席.国际投资仲裁裁决的司法审查及投资条约解释的公正性——基于"Sanum案"和"Yukos案"判决的考察[J].法学，2017 (3)：130-145；张建 & 郝梓伊.评黑龙江国际经济技术合作公司等诉蒙古仲裁案——以投资条约中限缩式仲裁条款的解释为中心[J].北京仲裁，2018 (2)：81-95；张乃根.ICSID仲裁的条约解释:规则及其判理[J].经贸法律评论，2018(1)：56-77；张乃根.条约解释的国际法[M].上海：上海人民出版社，2019：793-875。

[20]比如，赵海乐.国际法治视角下的BIT"联合解释"问题研究——以中国缔约文本为切入点[J].现代法学，2017 (2)：146-154；何悦涵.投资争端解决的"联合控制"机制研究——由投资争端解决机制的改革展开[J].法商研究，2020 (4)：143-157。

[21]UNCTAD. Identifying Core Elements in Investment Agreements in the APEC Region [EB/OL]. https://unctad.org/system/files/official-document/diaeia20083_en.pdf, 2022-7-15。

第一章
作为条约解释者的国际投资仲裁庭

前文已提及,在解决国际投资争端的过程中,国际仲裁庭屡屡滥用其解释权,对条约条款作出前后不一致的解释,引发各方质疑,因此,考察晚近国际投资仲裁庭的条约解释实践就成为必要。需要注意的是,国际投资仲裁庭的条约解释实践并不是凭空产生、独立存在的,因此,本章将国际投资仲裁庭置于整个国际投资条约解释体制的背景下考察其条约解释的实践。

第一节　国际投资条约解释的权力谱系梳理

通常情况下,研究条约解释首先遇到的问题是:谁有权做出解释?在国际投资仲裁中,这一问题即转化为:国际投资仲裁庭是否有权对IIA做出解释?若答案是肯定的,其依据何在?其所享有的权限多大?然而,在就这些问题展开探讨之前,还需要回答的问题是:何谓条约解释权?在IIA解释体制当中,究竟有哪些解释主体可以行使条约解释权,不同主体的条约解释权有何差别?它们之间是何种关系?弄清楚这些问题,我们才能了解国际投资仲裁庭作为IIA的解释主体在国际投资法律体制当中处于何种地位,确认其权力的行使范围,也才能洞察其权力行使的正当性问题。本节分为三部分:

第一部分将对条约解释权这一概念做一个初步的界定;第二部分和第三部分则是对IIA的解释体制进行考察,以确认国际投资仲裁庭在这个解释体制当中所处的地位。

一、条约解释权述略

对条约解释权这一概念的理解,可以从条约解释权的基本内涵以及其构成要素两方面展开。

(一)条约解释权的内涵解读

什么是条约解释权?仅从语义逻辑来说,条约解释权是一项与条约解释有关的权力或权利。何谓条约解释?李浩培认为,条约解释是对一个条约具体规定的正确意义的剖析明白。[1]换言之,就是阐明和揭示条约条款所隐含的意义。

在条约的缔结过程中,国际社会关系的复杂性、人类远见的局限、信息的不对称、语言表述的缺陷以及缔约技术研究的高成本等多重因素常常交织叠加在一起,导致意义模糊、规范冲突和法律漏洞等问题普遍存在于条约当中。当国际条约的约文模糊不明时,最恰当的解决方法就是对条约做出解释。可以说,条约解释的基本任务就是把那些因语意模糊而存在适用问题的条约约文,通过文字、语言或行为等方式作进一步澄清。那么,条约解释权是一项权力还是一项权利呢?

这需要结合条约解释的目的来考察。事实上,条约解释并不仅仅为了澄清条约约文的含义,其真正的目的是正确剖析条约条款的意义,以便当事国履行条约,实现条约的目的和宗旨。要实现这一目标,就需要强调条约解释的效力,即解释主体对条约所做的解释与条约本身一样,具有约束当事国的效力。这一问题是条约得以在当事国之间正确适用的有效保证。[2]可以说,权力才是条约解释权的基本内核。条约解释权是一种权力而非权利,即特定主体所享有的对条约进行解释和说明的权力。

何谓权力？权力通常被定义为影响或控制他人的能力或力量。[3]这就意味着享有解释权的解释主体对条约所做出的阐释并不是任意的，也不仅仅是劝说性和说服性的，而是明显带有强制性的阐释，或者说其解释的结果比其他解释更具有权威性，有约束效力。有权的解释主体做出的条约解释之所以具有约束效力，其原因主要在于：一则解释主体对条约所做的解释是行使其所享有的解释权这一正当权力的结果，具有法律依据；二则作为正式解释的一种，在解释过程当中，有权解释主体必须遵循严格的程序规则解释条约，也因此，其解释具有更高的规范性。无论在解释的主体，解释方法的选择，抑或解释的步骤方面，权力的行使都受到严格的限制。简言之，正当程序是条约解释结论权威性的有力保障。因而，有关条约解释权的探讨本身就包含着对权力行使正当性的追问。

需要指出的是，作为一种活动，条约解释在实践中并不专属于立法阶段，也不局限于司法过程中，换言之，主权国家共同行使的立法权和国际裁判机构行使的司法权都不能完全地涵盖条约解释权。因为，在条约整个运行的过程始终包含条约解释的活动，尤其是在发生争议时，裁判者在裁判案件的过程中，对条约做出解释更是不可避免。条约解释权也因此与前述两种权力形成了一种相互交叉又相对独立的微妙关系。可以说，条约解释权所包含的内容是复杂的，它既包含一种通过解释条约而形成的具有普遍效力的解释性规定的权力，又包含另一种只在有限范围内行使，仅在个别范围内具有法律效力的解释性权力。针对这个问题，本书将在下文中结合国际投资条约的解释体制介绍进行论述。

（二）条约解释权的构成要素

通常而言，有关条约解释权的探讨需要回答以下几个问题：这种权力应当由谁来行使？不同解释主体对条约所作出的解释，其效力是否一样？解释主体所要解释的是什么？条约解释权应当如何行使？从这个意义上看，条约解释权的构成要素主要包含三个：（1）解释主体；（2）解释的对象；（3）解

1. 条约解释的主体

有关条约解释主体的追问涉及两个问题：一是条约解释权由谁来行使？二是其解释的效力如何？这是探讨条约解释权这一问题的关键所在。从国际法学界现有的观点来看，有权做出条约解释的主体大致分为两类：缔约国和某些经过授权的专门机构。

（1）条约的缔约国

在当今国际社会的"无政府状态"下，国家仍是国际法的主要创制者，依照罗马法中的"谁制定的法律谁就有权解释"（ejus est interpretari legem cujus est condere）原则，缔约国有权解释由它们自己创制的条约。作为主权者，国家的权力不依赖于其他权威，因此，主权国家无须经过其他国际法主体的授权（明示或默示的）即可享有对条约的解释权、修改权乃至创制权。换言之，在条约适用的过程中，缔约国可以在任何时间点上对条约条款做出解释，包括在争议出现之时。但正如布朗利所指出的，条约的当事国当然有权解释条约，但这要受到其他法律规定的限制。[4]实践当中，缔约国可通过两种方式行使条约解释权。

第一，缔约国全体对条约共同做出解释。此种情况下，缔约国是以立法者的身份对条约做出解释的，所以，这种解释在某种程度上具有"立法"的性质，它同样以缔约国各方的共同同意为基础，这一权力的行使必须经过所有缔约国的同意。李浩培先生指出，官方解释如果只是条约当事国一方的解释也不是有权解释。[5]所以，除非缔约国事先同意，否则，任何缔约国单方或者多方做出的解释都没有法律效力。另一方面，经过缔约国全体做出的解释与条约文本具有同等地位，任何对条约相关条款的解读都必须对这个解释一并予以考虑。

第二，多数缔约国对条约共同做出解释。无疑，在双边条约下，条约必须经缔约国双方共同做出解释才具有效力，但这种情况在多边条约下略有不同。多边条约的缔约国较多，在条约实施的过程当中，缔约国全体就条约的解释达成一致并非易事。更何况，在多数情形下，条约的解释恰恰是在条约的实施过程中由于缔约国之间对条约内容的理解存在分歧而不得不做出的。正因如此，不少多边条约规定，由特定比例的多数缔约国所做出的解释对全体缔约国有约束力；换言之，在缔结条约之时，缔约国通过专门的解释条款做出规定，缔约国事先同意特定成员可代替缔约国全体对条约做出解释，其效力等同于全体缔约国的共同同意做出的解释。例如，《马拉喀什建立世界贸易组织协定》第9条第2款规定，部长会议和总理事会对协定和多边贸易协定享有专门的解释权。有关上述协定解释的决定应由世界贸易组织（WTO）成员方的四分之三多数通过。

（2）经授权的某些专门机构

在某些特定的情况下，缔约国会在条约缔结时将其所享有的条约解释权授予专门的机构，如国际司法或仲裁机构。这些专门机构依据条约缔约国的共同同意而做出的解释也被视为有权解释。[6]《国际法院规约》第36条第1项和第2项规定，国际法院（ICJ）的管辖包括各当事国提交之一切案件，及联合国宪章或现行条约及协约中所特定之一切事件。《国际法院规约》各当事国得随时声明关于具有下列性质之一切法律争端，对于接受同样义务之任何其他国家，承认法院之管辖为当然而具有强制性，不须另订特别协定：①条约之解释；②国际法之任何问题；③任何事实之存在，如经确定即属违反国际义务者；④因违反国际义务而应予赔偿之性质及其范围。显然，ICJ根据该项规定所做出的条约解释也属于有权解释的范畴。

需要指出的是，虽然上述两种解释主体所做出的解释都属于有权解释，但其解释的效力范围却是有差异的。其中，缔约国做出的解释具有普遍的法律效力，而经授权的某些专门机构所做出的解释的效力则视缔约国做出授权的内容而定。以ICJ的解释授权为例，其解释是在司法的过程中做出的，并与其裁判行为合二为一。因此，条约解释的效力仅限于特定争端案件当中，对案件的当事方具有法律拘束力，而不具有普遍性的法律效力。从这个角度来看，这种条约解释带有"司法性质"。

2. 条约解释的对象

条约解释的对象所要解决的问题是：解释主体所要解释的是什么，即条约解释权所指向的对象是谁？毋庸置疑，与国内法比较起来，条约解释的对象似乎更为明确，那自然就是国际条约。那么，作为解释对象的国际条约又包含哪些内容？除了条约之外，是否还存在其他解释对象？

就国际条约的范围而言，1969年《条约法公约》相关的解释规则给出了一个大致的范围。《条约法公约》的第31条和第32条是有关解释通则的规定，这两个条款对条约解释所涉及条约文本及相关资料作了详细的规定。有关这两个条款的全面解读将在本书的第三章和第四章展开，在此不作赘述，这里只关注条约解释所涉及的内容。依据这两条规定，条约的解释内容主要包括：（1）连同前言及附件在内之约文；（2）全体缔约国之间因缔结条约所签订的与条约有关的任何协定；（3）一个以上的缔约国因缔结条约而签订的，并经其他缔约国接受为条约有关文书的任何文书；（4）缔约国嗣后所签订的关于条约的解释或其规定之适用的任何协定；（5）缔约国嗣后在条约适用方面确定各缔约国对条约解释的协定之任何惯例；（6）适用于缔约国间关系的任何相关国际法规则；（7）包括条约的准备工作及缔约的情况在内的解释性补充资料等。

考察实践可知，条约解释的对象并不局限于国际条约，还包括国际习惯法等其他国际法渊源。虽然《国际法院规约》第38条规定只是为了方便ICJ的法律适用，但该条规定通常被认为是有关国际法渊源的规定。依照这一规定，条约解释的对象可能涵盖的范围包括但不限于：（1）国际条约；（2）国际习惯法；（3）一般法律原则；（4）司法判例；（5）各国权威最高之公法学家学说；（6）"公允及善良"原则等。[7]

应该说，上述所列对象均属于条约解释的对象，那么，条约解释的对象是否仅限于此呢？本书认为，通常情况下，条约解释的对象就限于上述所列内容，但在特定情况下，则不仅限于此。在不少情况下，条约的实施出现争议，为了解决此类争端，特定解释主体需要对条约做出解释，进而对是非曲直做出裁判。在这种情况下，条约解释的目的并非仅停留于对条约约文含义的阐明，而是要把这些抽象的条约约文适用到具体的、实际的个案事实之上。在这个过程中，条约解释要把先于个案事实存在的条约与后于条约出现的个案事实结合起来，并使得晚于案件作出的条约解释对早于条约解释存在的案件产生约束力。这一错综复杂的关系说明，条约与案件事实的解释是相互依存的。此种情形下，失去条约与案件事实任何一方都将会使条约解释失去意义，因为在法律解释活动当中，法律与事实是处于一种互动的状态。一方面，法律会影响案件事实的性质，赋予事实以法律意义；另一方面，案件事实也会影响裁判机构对法律的理解，如可能使清晰的法律出现模糊之处，令严密的法律出现漏洞，让看上去并不相关的法律出现矛盾。[8]可以说，裁判机构在适用条约的过程中，不仅需要解释条约及相关国际法律规则，还需要对案件事实做出认定，即"运用法律思维方式对事实进行定量和定性的分析，并释放出事实的法律意义"，[9]所有这些活动都包含在条约解释的过程当中。

3. 条约解释的规则

有关条约解释规则的探讨所回答的是条约解释活动应遵循何种规则的问题；换言之，条约解释权应当如何行使。毋庸置疑，条约解释问题属于国际法中条约法的范畴。所以，条约解释权的行使既要遵循一般国际法的原则与规则，又要遵循条约法的规则，特别是后者。后者主要体现在《条约法公约》所规定的关于条约解释的原则、规则和方法上。[10]毕竟，这涉及国际投资仲裁庭条约解释权行使结果的权威性和有效性。有权解释的主体作出的解释之所以具有权威性和有效性，其中很大一个原因就在于其解释是遵循正当程序作出的。从这个意义上说，条约解释规则将是提升条约解释权的正当性的一个关键因素。

二、IIA 解释中的权益纠葛

虽然国际社会并不存在超国家的权力机关来制定国际法，也没有超国家的司法机关来强制执行国际法，不能像国内法那样明确地区分"立法解释"和"司法解释"。但是在当代国际社会中，一方面，主权国家作为"原始的"国际法主体，仍是国际关系的基本行为者，由各个缔约国组成的缔约国全体就相当于IIA的立法机构；另一方面，在现代IIA框架下存在着两种争端解决机构：国家-国家争端解决机构与国际投资仲裁庭，它们均是裁判机构，做出的解释与前述的立法解释不同，具有类似于国内法院做出的法律解释，也可视为"司法解释"。因此，从整体来看，有关IIA条约解释活动可以归纳为这样一种错综复杂的图景：从纵向上看，体现为作为立法者的缔约国全体与争端解决机构（国家-国家争端解决机构和国际投资仲裁庭）的权力斗争；在横向方面，则又分为两个面向，一是表现为国际投资仲裁庭与国家-国家争端解决机构之间的权力合作与争斗，二是体现为缔约国之间（东道国与投资者母国之间）的条约解释利益冲突。

（一）立法解释和司法解释之间的权力博弈

在IIA的整个解释体制当中，缔约国、国家-国家争端解决机构和国际投资仲裁庭均扮演重要角色，它们享有对条约解释的权力。虽然缔约国已在不同程度上把IIA的解释权授予国家-国家争端解决机构和国际投资仲裁庭，但究其实质，后两者的条约解释权不过是作为立法者的缔约国在无法通过立法活动消除IIA固有缺陷的情况下而不得已让渡的部分解释权，其目的是维护条约的相对稳定性和增强条约的适应性。缔约国仍然保留对条约做出解释的权力，这一权力具有优先性和权威性。缔约国可以在条约有效期内的任何时候就条约的意义发布权威的解释声明。这一解释声明对缔约国本身和国际投资仲裁庭均有约束力。当然，这个解释声明必须由缔约国全体做出。

无疑，缔约国之所以把部分条约解释权授予国际裁判机构，其目的就在于实现IIA的功能，因而，它们并不希望这部分让渡出去的权力走向自己的对立面。它们不会轻易允许国际裁判机构否认条约文本所具有的权威。即便在个案当中，国际裁判机构享有非常大的自由裁量权，但理论上，其享有的权力在本质上是与缔约国所享有的条约解释权有所差异的。国际裁判机构所作的解释应该是在探求条约约文的逻辑含义，一般不能超越这个范围。不仅如此，其条约解释权的行使必须遵守有关条约解释的国际法规则和原则。国际裁判机构的所有权力均源自缔约国缔结的IIA，所以，除了缔约国签订的IIA之外，国家-国家争端解决机构和国际投资仲裁庭条约解释权的行使还应该遵守所有适用于条约的一般国际法规则。这些规则包括经过《条约法公约》编纂的与条约解释相关的国际习惯法规则。

当然，这并不意味着条约解释可以成为缔约国任意修改或变更条约内容的工具，缔约国也不能利用条约解释来逃避其本应承担的条约义务。一旦发生争议，至少有一个缔约国将是争端当事方，国际裁判机构对案件享有管辖权，要解决争端，分清是非曲直，就必须确定涉案当事各方的具体权利和义务，也因此条约解释权将交由国际裁判机构行使；相应地，缔约国的条约解释权将受到限制。这在国际投资仲裁当中尤其明显。

在案件审理当中，争端当事方缔约国的地位被矮化至与外国投资者的地位等同。在条约解释方面，其所享有的待遇是与外国投资者相同的。例如，争端当事方指定国际投资仲裁员的权利是一样的；[11]在书面和口头答辩方面，尽管争端当事方缔约国是缔约国全体中的一员，后者享有优于国际投资仲裁庭的条约解释权，但在案件审理当中，仲裁庭并不会对其书面和口头的答辩予以特别优待。[12]在IIA的解释问题上，缔约国身份是双重的。当缔约国将条约解释权授予国际裁判机构时，这种双重身份所存在的张力也伴随着条约解释授权一起转移。在个案审理当中，国际裁判机构一方面依照缔约国的授权行使条约解释的权力，承担着促进国际投资法律发展的职能；另一方面，国际裁判机构作为中立的第三方行使案件的裁判权。此时，缔约国全体的条约解释权是受到限制的。除非缔约国事先在条约中另有规定，否则，缔约国全体做出的条约解释对正在审理案件的国际裁判机构是否产生实际的影响将取决于国际裁判机构对这一解释的态度。因此，缔约国全体与国际裁判机构，特别是国际投资仲裁庭之间的权力博弈，始终处于IIA解释体制中权益纠葛的核心。

（二）司法解释中的权力争斗

如前所述，IIA体制中存在着两个争端解决机构：国家-国家争端解决机构和国际投资仲裁庭。这两个争端解决机构均是独立于缔约国之外的第三方，处理因IIA而起的争端，但它们之间却是相互独立的。国际投资仲裁庭对私人投资者与主权国家之间的投资争议享有独占的管辖权，而国家-国家争端解决机构裁判的则是国家之间的争端。需要注意的是，缔约国在IIA当中明确地将条约的解释和适用方面的争端的管辖权授予国家-国家争端解决机构，并规定其就条约条款作出的解释对争端当事国均有约束力，在双边条约当中，该解释对缔约国全体均有约束力。由此引发的问题是，在投资者指控东道国时，被申请国能否依据这一条款启动国家之间的争端解决程序从而阻止现有的仲裁程序？若启动这一程序，国家-国家争端解决机构所作出的裁决是否对正在进行的案件或者对将来的国际投资仲裁庭有约束力？投资者母国能否基于维护其条约解释利益的理由，就条约的解释和适用问题启动争端解决程序？

此外，国家-国家争端解决机制所解决的争议并不局限于条约的解释和适用；那么，在东道国违反条约义务时，投资者母国是否可以未经投资者的同意启动国家之间争端解决程序来解决投资争议？这种方式是否有外交保护之嫌？依据《ICSID公约》第27条规定，投资者母国不得在国际仲裁程序启动之后给予外交保护或提交国际要求，除非涉案当事国未能遵守和履行对国际投资仲裁庭作出的裁决。斯特凡·希尔（Stephan Schill）就认为，由于东道国已经事先在IIA当中同意接受包括ICSID仲裁等在内的国际投资仲裁的管辖，这相当于IIA缔约国向投资者发出的一揽子单边要约，只要投资者根据IIA提起国际仲裁请求，即构成了仲裁合意。依照《ICSID公约》第27条规定，一旦投资者单方启动ICSID仲裁程序，就意味着国家间争端解决程序被排除在外。[13] 如此，国家-国家争端解决机制极有可能会被搁置。

（三）缔约国之间的利益冲突

原则上，同样是IIA的缔约国，东道国和投资者母国在条约解释方面的利益应当是一致的。但这一推论在国际投资仲裁机制下并不完全适用。毋庸置疑，在BIT框架下，缔约国之间的权利义务存在相互性，但由于现今国际投资的流向仍以单向性特征为主：从经济发展水平较高的国家（主要是发达国家）流向发展水平较低的国家。当然，随着经济全球化的推进，越来越多的发展中大国，如巴西、中国和印度已摆脱单纯的资本输入国身份，转向身兼资本输入国和输出国的双重身份。这些国家不断演变的身份或许会对IIA的未来发展产生重要影响。[14] 但迄今为止，生产成本低廉或资源丰富的发展中国家仍然更多地作为投资东道国，也是潜在的被申请方的角色；相应地，发达国家则常常扮演着投资者母国的角色。不仅如此，由于国际法中并不存在遵循先例制度，在投资者与东道国的争端解决当中，仲裁庭的条约解释权行使仅限于个案审理中，即便仲裁庭所作出的解释会对其他案件产生影响，它也是以软法的形式在发生作用，不具有真正法律意义，因而在事件当中，缔约国所受到的影响各不相同；直接受到影响的、影响最大的往往是经常涉入争端当中的东道国。对于常常处于投资者母国身份的发达国家而言，其所获得的利益将是最大的。由于一直远离讼争，国际投资仲裁庭裁决对其本国的影响是有限的，而国际投资仲裁庭对外国投资者的偏袒却有利于其海外投资的保护。可以说，这一身份的分化与现行的国际投资流向的单向性特征结合在一起，导致了缔约国全体内部的解释利益分化和冲突。一旦发生争议，缔约国所关注的利益将会有所不同。作为争端当事方的东道国关注的是其监管主权和条约解释利益的维护,而投资者母国关注的则更多是本国海外投资是否获得IIA的保护。

总而言之,正是因为条约解释权在不同主体之间的分配,形成了多个条约解释主体之间相互关联又相互斗争的局面,使得IIA的解释权问题不再局限于缔约国与国际投资仲裁庭之间的权力斗争。无疑,IIA的解释权力体系在扩张:一则解释权力在不断地增长和复杂化,在整个国际投资法律体系当中的重要性也在不断提升;二则IIA解释权在膨胀,甚至可能异化成为一种褫夺IIA缔约国的共同立法权的权力,因而蕴含着过度的危险。

在这样一个复杂的条约解释体制当中,如何理解各个解释主体的权力范围,从而确认它们之间的关系,的确是一个难题。不同解释主体之间的权力需要划分,否则它们会相互冲突,并导致国际投资法律秩序的混乱。此外,在权力行使的过程中,若无必要的限制,任何权力主体总会不自觉地扩张自己的权力范围,这种权力扩张的行为,一方面表现为夺权的斗争,另一方面则体现为相互制衡的局面。在这场争夺条约解释的话语权与决定权的博弈中,缔约国与国际投资仲裁庭之间制约与反制约的争斗将是永恒的核心。IIA的解释问题也因此主要转化为缔约国(立法者)与国际投资仲裁庭(裁判者)之间的权力纠葛。

第二节 国际投资仲裁庭的条约解释权分析

依前文可知,国际投资仲裁庭只不过是IIA条约解释体制当中的一个有权解释主体,其所享有的条约解释权也与其他解释主体存在差异。是以,本节将进一步揭示国际投资仲裁庭所享有的条约解释权的依据及其特征,以全面理解国际投资仲裁庭在国际投资条约解释活动中的真正地位。

一、国际投资仲裁庭条约解释权的依据

无疑,国际投资仲裁庭的权力来自缔约国的授权。但国际投资仲裁庭所享有的是何种权力?其依据何在?诸如此类的问题仍需作进一步探讨。

(一)国际投资仲裁庭条约解释权的法律依据

IIA作为国际投资仲裁庭的授权文件,是确认国际投资仲裁庭授权内容的重要依据。尽管IIA中的国际投资争端解决条款随着各国的缔约实践正处于不断演进当中,但考察各国IIA中的国际投资争端解决条款的相关内容可知,从总体上看,缔约国选择授权国际投资仲裁庭的目的并没有发生实质性的变化。

IIA中的国际投资争端解决条款通常规定:缔约一方与缔约另一方投资者之间就投资产生的任何争议,应尽可能由争议当事双方友好解决;如争议未能通过上述方式解决,应缔约另一方投资者的请求,可以将争议提交国际仲裁或国内法院。[15]在允许投资者将争议提交的国际仲裁类型方面,各国缔约实践略有差异,主要包括ICSID仲裁和特设仲裁。[16]

比如,最早引入投资者与国家争端解决机制的1968年荷兰与印度尼西亚BIT第11条规定,针对有另一缔约国国民在其领土上进行或打算进行投资的缔约国,在该国民遵从前一缔约国的任何要求的情况下,应同意该国民提出的任何要求,将可能发生的与投资有关的任何争端提交ICSID进行调解或仲裁。

德国2008年BIT范本第10条则规定,缔约一方与缔约另一方投资者之间有关投资的任何争议,应尽可能由争议当事双方友好解决。为了促成争端的友好解决,争端各方还可以选择同意根据1965年3月18日《ICSID公约》启动调解程序。若争端发生已超过6个月,争端当事一方的投资者可将争端提交仲裁。缔约国双方在此声明,它们无保留地、有约束力地同意将争端提交给投资者选择的下列争端解决机制:(1)根据《ICSID公约》在ICSID主持下进行的仲裁,前提是双方均为该公约的缔约国;或(2)《ICSID附加便利

规则》在ICSID主持下进行的仲裁，若争端当事方或事实不符合前述条件，但缔约国至少有一方为《ICSID公约》的缔约国；或（3）依程序启动当时生效的《联合国国际贸易法委员会（UNCITRAL）仲裁规则》设立的个人仲裁员或特设仲裁庭；或（4）根据国际商会、伦敦国际仲裁法院或斯德哥尔摩商会仲裁院争端解决规则设立的仲裁庭；或（5）争端各方同意的任何其他争端解决形式。

美国[17]和中国[18]等国家对外缔结的IIA当中的规定也与之相类似。除此之外，《ICSID公约》第42条第1款规定，仲裁庭应依照双方可能同意的法律规则对争端作出裁决。如无此种协议，仲裁庭应适用作为争端一方的缔约国的法律（包括其冲突法规则）以及可能适用的国际法规则。第2款规定，仲裁庭不得借口法律无明文规定或含义不清而暂不作出裁决。

考察上述条款内容可知，IIA缔约国设立国际投资仲裁机制的目的在于解决缔约国与另一缔约国投资者之间有关投资方面的争端，通过解释和适用包括条约在内的法律规则来解决相关投资争端，确认缔约国是否违反其应承担的条约义务。概言之，国际投资仲裁庭是作为投资者与国家之间争端的裁判者而设立的。

（二）国际投资仲裁庭条约解释权的法理依据

依据前述IIA中相关规定来看，缔约国授予国际投资仲裁庭的权力是投资者与东道国之间投资争端的管辖权，而非对IIA做出解释的权力。那么，国际投资仲裁庭能否享有这一权力呢？对此必须进一步从法理层面展开分析。

尽管国际投资仲裁庭并没有被明确授予解释IIA的权力，在国际法层面上也不存在遵循先例的规则，但基于解决争端这一功能的需要，国际投资仲裁庭在适用法律对具体案件做出裁决时，必然会对IIA适用于案件的部分进行解释。据此，仲裁庭的条约解释权可以理解为是为确保案件裁判权之有效行使而授予的或所需要的附带权力。尽管这部分权力没有获得缔约国的明确授权，但它是基于另一个明示的授权行为之行使而衍生的权力，即主权国家通过缔结条约的方式做出设立国际投资仲裁机制的共同同意，因而其行使有其正当性。正是基于这一同意，我们可以推定国家同意国际投资仲裁庭获得了为履行其功能所必需的所有权力——固有权力（inherent power）。当然，这一推定可以被推翻，但其前提必须是主权国家在条约当中作出明确表示，否则，国际投资仲裁庭对这一权力的行使享有自由裁量权。

对此，马丁·夏皮罗（Martin Shapiro）认为，在三方参与的争端解决中，当法律取代当事方同意时，从逻辑上讲，第三方解释（创造）法律是不可避免，甚至是必需的；因为当第三方必须依据现行的法律解决争端时，法律的发现就成为必要。由于并不存在绝对完备、详尽、周延而足以应对任何可能出现的争端的法律体系，第三方"发现法律"的过程也就演变成了解释（创造）法律的过程。[19]通常认为，固有权力就是那些并未在宪法性文件或者程序性规则当中规定的，但为确保明确授权的有效执行而必需的附带性权力。[20]此类权力是基于仲裁庭裁判功能的必要性而主张的权力，即便这些权力没有在条约当中列明，但由于它们是仲裁庭有效发挥其裁判功能所必需的，其运行也就获得了正当性。[21]SPP v. Egypt案的仲裁庭就曾指出，出于裁判的需要，每个仲裁庭均应享有其固有权力以维持正常的裁判程序。仲裁庭所享有的这些自由裁量权是建立在《ICSID公约》第44条之上的。[22] Libananco v. Turkey案的仲裁庭同样指出，国际仲裁庭应被视为为了确保其自身程序的完整性而被授予了各种固有权力。"[23]在克里斯托夫·施罗伊尔（Christoph Schreuer）看来，ICSID仲裁庭填补程序性法律漏洞的权力是任何仲裁庭在解决程序性问题出现法律漏洞时所享有的固有权力，这一权力是不言自明的。[24]

实践当中，国际投资仲裁庭也被认为拥有各种与其宗旨和目标相关的固有权力，主要包括：保护程序的完整性，处理疑难问题，维护程序的持续性和公正性，便利投资争端的解决，提升争端解决的公平和效率，维护司法公正，考虑当事方的利益。[25]在国际投资仲裁实践中，不少国际投资仲裁庭也曾主张其享有各种与案件裁决相关的权力，比如裁定实施临时措施，[26]阻止程序滥用，[27]接受非争端当事方的提议，[28]等等。事实上，国际投资仲裁庭的宗旨和功能与其他国际争端解决机制并无太大差异，只不过包含了更多的私法元素，如争端当事方的利益、争端解决机制的效率及司法公正等。

可见，仲裁庭可以主张的固有权力范围是十分宽泛的，然而需要注意的是，这并不代表国际投资仲裁庭可以任意地主张其所享有的固有权力。相反，有关固有权力的主张和行使必须以获得明示授权的权力为依据。它们源自构成性文件具体内容的解释，以及结合争端解决机制的特定目标所作的解读。[29]以ICSID仲裁庭为例，它的固有权力行使也是依据其构成性文件当中的明确规定而获得了可靠的法律支持。依据《ICSID公约》第44条，任何仲裁程序应依照公约的规定，以及除双方另有协议外，依照双方同意提交仲裁之日有效的仲裁规则进行。如发生任何公约，或仲裁规则，或双方同意的任何规则未作规定的程序问题，则该问题应由仲裁庭决定。《ICSID仲裁规则》第19条同时规定，仲裁庭应按进行仲裁程序的要求，做出决议。仲裁庭可以就案件裁决过程当中必须解决的程序问题做出裁定，这意味着它们享有满足裁判功能所必需的固有权力。但这一权力的范围和内容仍需要作进一步细化。因为，它们可能是国际裁判机构所固有的裁判权力，也可能是与适用有效原则所作的任何其他解释行为有关的权力，而这些权力甚至并未在条约中列明。

然而，固有权力多数是以默示的形式表示的，其具体范围的确定始终存在争议。其中一个争议的焦点就在于"职能的必要性"认定。在Reparation案中，法庭指出"依据国际法，UN必须被视为拥有那些未在《联合国宪章》中明确规定，但根据必要推断是其履行UN之职责所不可或缺而必须被授予的权力。据此，法庭认为UN不仅可向对其造成损害的UN会员国提出求偿，还可以对造成损害的非UN会员国的国家求偿，即便损害是对个人造成的。[30]然而,哈克沃思(Hackworth)法官在不同意见中指出,不可否认,UN可基于其本身受到的损害向相关成员国求偿的权力是"不可或缺"的,但ICJ在该案中认可的UN所拥有的其他权力,对于实现UN的宗旨而言并不是必要的。[31]ICJ的实践似乎隐含了这样一种可能,即国际组织的权力有可能会借由"默示"授权的理由而得以扩张。[32]毋庸置疑,权力可以通过默示的方式授予,但无论如何,作为一种附带或者派生的权力,它的授权是从属于初始授权的,其授权范围将按照原来的授权进行解读;这也意味着,国际投资仲裁庭的条约解释权只能在个案当中行使,其约束力不能超出个案之外。

二、国际投资仲裁庭条约解释权与其管辖权之间的关系

显然,国际投资仲裁庭所享有的条约解释权是案件管辖权派生出来的权力,从属于仲裁庭的案件管辖权。那么,在实践当中,除了前面论及的方面之外,国际投资仲裁庭的条约解释权与其案件管辖权之间的关系究竟是怎样的呢?本书认为条约解释权是为了实现国际投资仲裁庭案件管辖权的行使而产生的,但条约解释权的运行也可能会反过来影响其案件管辖权的运行。

(一)条约解释权依附于案件管辖权

国际投资仲裁庭的条约解释权的产生与行使都必须依托其案件管辖权的获得与运行。

首先,通常情况下,仲裁庭的案件管辖权是其条约解释权的逻辑起点。仲裁庭只有获得案件的管辖权才能进入案件的审理,条约解释权才能有用武之地。虽然在确认自身是否享有案件的管辖权时,仲裁庭不可避免地会对条约的约文做出解释,但其解释结论的效力是待定的,仍取决于仲裁庭是否享有案件的管辖权。

其次,条约解释权的运行空间以案件管辖权的运行范围为准。通常情况下,条约解释权在仲裁庭受理案件之初即开始运行,而在仲裁庭对投资争议

作出裁决之时结束。仲裁庭的裁决一旦作出，条约解释活动即自行结束。

最后，条约解释的效力需要案件管辖权的行使来确认与维持。无疑，仲裁庭在个案中通过行使条约解释权而对IIA作出的解释，往往就是仲裁庭作出裁决的直接依据，然而，这一解释的效力是待定的。因为，依据不同的解释方法，对同一款约文所作出的解释会得出不同的方案，哪一种方案最终成为仲裁庭裁决的依据，只有在裁决作出并具有终局性效力的时候才能知道；换言之，只有在此时，条约解释的效力才能得到确认与维持。

从这一角度来看，针对国际投资仲裁庭的案件管辖权实施的措施也将会对其条约解释权的权限或运行产生实质性的影响。

(二) 条约解释权对案件管辖权的影响

无疑，国际投资仲裁庭的条约解释权是基于案件审理的需要而产生的，但实践同样表明，条约解释权已经转化成为一种相对独立的权力，其运行将反作用于管辖权，直接影响到仲裁庭案件管辖权的运行结果。

第一，扩张国际投资仲裁庭的案件管辖权。现行国际投资仲裁机制普遍将管辖权问题交由国际投资仲裁庭自行决定。例如，《ICSID公约》第41条规定：(1) 仲裁庭应是其本身权限的决定人；(2) 争端一方提出的反对意见，认为该争端不属于ICSID中心的管辖范围，或因其他原因不属于仲裁庭的权限范围，仲裁庭应加以考虑，并决定是否将其作为先决问题处理，或与该争端的是非曲直一并处理。这也意味着国际投资仲裁庭可以通过条约解释的方式对IIA的条款作扩大性或限制性解释来扩大其案件管辖权，甚至获得原本不享有的案件管辖权。例如，在2007年的Tza Yap Shum v. Peru案当中，国际投资仲裁庭裁定1994年缔结的中国与秘鲁BIT可以适用于1997年才回归中国的香港，并最终裁定仲裁庭对该案享有管辖权。仲裁庭驳回被申请人秘鲁的主张的其中一个理由就是，尽管条约明确规定了"与征收补偿款额有关的争端"才能提交仲裁，但为了判断一项争议是否属于"与征收补偿款额有关",仲裁庭理应有权判断是否存在征收行为。[33]这种做法实际上就是通过解释扩张条约所规定投资者与国家争端解决条款的适用范围,使自己享有原本没有的案件管辖权。

不仅如此,在该案中,谢业深除了根据1994年中国与秘鲁BIT向秘鲁提出索赔之外,还援引中国与秘鲁BIT第3条的最惠国待遇条款,要求适用2001年秘鲁与哥伦比亚BIT中更优惠的争端解决条款(后者规定可将"与投资有关的任何争议"提交仲裁)主张秘鲁政府违反了公平与公正待遇条款。[34]由此可以看出,通过行使条约解释权,国际投资仲裁庭完全可以获得原本不享有的案件管辖权,然后再通过对相关条约条款的扩张性解释进一步扩张自己的管辖范围。

由于仲裁庭管辖权的运行范围就是其条约解释权的范围,因此,通过条约解释权的行使扩大其管辖权范围的同时也是在扩大条约解释权的运行空间。更为重要的是,在个案审理得出的有关仲裁管辖事项范围的结论,经由另一个国际投资仲裁庭在解释其他IIA时的援引或参考,被进一步确认。可以说,正是借助条约解释权的行使,国际投资仲裁庭的权力在不断扩张和膨胀,其运行路径为:在个案审理过程中,国际投资仲裁庭首先会在争议较小的案件当中采用扩张性的解释来扩大其权力范围,由于案件的结果与包括缔约国在内的利益相关各方的预期相差不远,一般不会引发争议。若没有遭遇太多反对,那么,这一解释就会在后续的案件转变成为应当考虑、有说服力的先例。随着这种先例在后案中的不断累积,这些扩张性的解释不再局限于个案,而是"越过界河",延伸到后续案件的裁判当中,最终国际投资仲裁庭的权限就会牢固地确立起来。[35]正是借由这样一个路径,国际投资仲裁庭一步步入侵到东道国的外资监管领地,甚至参与到国际投资立法活动当中。

第二,条约解释权的行使可以影响仲裁庭管辖权行使后的最终结果。作为裁判者,无论仲裁庭享有多大的自由裁量权,它必须在提出自己结论的同时说明得出这一结论的根据,而这通常是借助条约解释实现的。直言之,在审理案件时，仲裁庭通常会事先得出一定的结论，然后才选择特定解释方法来说明其所得出的解释结论的正当性。从这个角度来看，条约解释过程并不是裁判结论的客观再现，而是一种主观建构的过程。而这同时也意味着，不同的解释方法将会得出不同的解释结论，据此做出的裁决也将有所差异，甚至截然对立。关键的问题就在于仲裁庭更愿意选择哪个结论作为正当的或正确的答案。

上述分析表明，条约解释权这项相对独立的权力具有扩张性和自由裁量性。这也意味着对它的监控绝不能仅停留于管辖权之上，而必须针对条约解释权"量身打造"；否则，即便缔约国对仲裁庭的管辖权施加了严格的限制，只要给予仲裁庭少许权力行使的空间，借由条约解释权的行使，仲裁庭完全可以通过循环往复的条约解释活动为自己创造出广阔的权力运行空间。

三、国际投资仲裁庭条约解释权的特征

国际投资仲裁庭的条约解释权具有其他权力所具有的共同特征，但这一权力毕竟不是一种独立存在的权力，而是国际投资仲裁庭"司法权"的组成部分。条约解释权的行使不仅是依附于仲裁庭的案件管辖权，它本身也就是仲裁庭所享有的案件管辖权的一个组成部分。也正因如此，在权力的来源、权力的主体、权力的效力范围、权力的特征和社会功能等方面，仲裁庭的条约解释权均受到其管辖权的影响。因此，国际投资仲裁庭条约解释权所具有的特征将更多地与其投资争端案件管辖权相关联。实践表明，国际投资仲裁庭的条约解释权呈现出以下几个主要特征：

（一）权力行使范围的有限性

这主要涉及两个方面：一则从权力的行使空间来看，解释产生于特定争议发生之后，即案件的裁判过程当中。权力的行使与具体的案件相关是国际投资仲裁庭条约解释活动的一个重要特征。仲裁庭对条约所作的解释只有在条约适用于具体案件的过程当中才有意义，脱离这一场景，其所作的解

释将会失去效力。二则解释的效力范围仅限于个案。IIA和仲裁规则通常规定，仲裁庭的裁决仅对争端双方和所涉特定案件有约束力。例如，《北美自由贸易协定》（NAFTA）第1136条和《ICSID公约》第53条第1款就是如此规定。无疑，在审理案件的过程中，国际投资仲裁庭需要把抽象的IIA约文适用于具体的案件事实，确认争端当事方的权利义务。由于国际投资仲裁庭所作出的解释直接源于解决具体个案争议的需要，必须充分考虑利益对立的当事方所面临的各种情势，所关注的亦将是个别正义的实现。因此，与其他解释主体的条约解释权不同，这样的条约解释总是具有很强的针对性和目的性，存在普适性不足的"先天性局限"——其效力仅及于个案范围。尽管投资仲裁庭所作出的裁决不可避免地会对以后的案件仲裁庭的裁判产生实质性的影响，但迄今为止，国际社会并未认可遵循先例的原则；因此，总体而言，仲裁庭所作的解释对今后的同类案件的效力和适用性仍是有限的。

（二）权力行使的受制约性

之所以如此强调权力的受制约性，主要原因在于仲裁庭条约解释权的行使是国际投资仲裁庭的正当权力在裁判过程中的行使，这些权力都不是凭空产生的，而是基于仲裁庭的裁判需要而产生的。在投资争端发生之时，缔约国的条约解释权会因争端当事方缔约国的特殊身份而受到一定限制，包括缔约国在内的涉案各当事方均无法知晓国际投资仲裁庭将如何裁判，也无法预知自己行为的具体后果。就此而论，仲裁庭的条约解释具有溯及既往的效力。也正是这个原因，仲裁庭所作出的解释必须严格遵循程序规范，否则，其解释的正当性将受到质疑。总体而言，其条约解释权受到的约束来自内部和外部两个方面。以内部约束而论，要求权力的行使必须符合合理性原则，不能基于不正当之目的或者任意专横、反复无常。这意味着，仲裁庭有义务对其作出的解释给出充分理由。以外部约束而论，它将受到合法性原则的制约，条约解释权的行使必须有法律依据，遵循相关的国际法规则。即便法律没有规定或规定不全面，权力的行使仍须受到立法之目的和社会正义等原则的制约。

（三）权力行使的被动性

国际投资仲裁庭的条约解释权仅在法定情形下由争端当事方启动仲裁程序之后方能行使，所以，它是一种被动行使的权力。这主要是由仲裁庭的条约解释权不具有独立性而从属于管辖权这一特征所决定的。在案件裁判的过程当中，作为中立的争端解决机构，或者说是处于"三方关系"（triad）的争端解决机制，国际投资仲裁庭是在涉案当事各方同意的前提之下，通过对IIA的解释与适用完成争端解决的职责。[36]可以说，国际投资仲裁庭条约解释权的行使须以其管辖权的行使为前提。只有在缔约双方同意将争议提交国际投资仲裁庭解决，且争端当事方启动国际仲裁程序的情况下，国际投资仲裁庭才享有案件的管辖权，其解释权也才有行使之可能。

（四）权力行使的交互性

条约解释权的运行是一种"对话"的模式。与缔约国和专门解释机构的解释不同，国际投资仲裁庭对条约作出的解释并不是一种自说自话，并非由类似于独白的方式产生，而更多地是以一种对话的方式产生，即在所有解释利害相关者都可参与的架构中，由各方对条约的含义进行沟通、协商，再由仲裁庭最后做出选择和确认。在争端解决的过程中，解释的参与者不再限于IIA缔约国，还包括私人投资者、学者、律师、非国家间组织等国际关系参与者。这些处于国际社会中不同位置的参与者在个案裁判中就条约的解释问题进行沟通和交流。正是在这一过程当中，条约的实际内涵与最终形式得以确定——最终体现于国际争端解决机制的裁决当中。可以说，正是经由这种"对话性"或"商谈性"的条约解释方式，使得条约所承载的国际法规则与国际社会交往过程中形成的一般规范相契合，最终实现法律之治。从这个意义上说，国际投资仲裁庭所作的条约解释是由国际社会所建构的，国际投资法律体系的确定性与可预见性并不是通过僵化地遵循条约的约文来实现的，而是通过正当程序来保障的。

（五）权力行使的中立性

国际投资仲裁庭对条约作出的解释是在裁判的过程中完成的，其间会有其他解释主体参与，但有法律效力的解释结论只能由享有个案裁判权的仲裁庭作出，其他主体做出的条约解释只对仲裁庭有影响力，或有说服力而不能直接作用于案件。可以说，在整个争端解决过程中，仲裁庭始终处于一个中立的裁判者的地位。相应地，仲裁庭的条约解释权行使应符合保持其中立性的要求。无论在事实的认定方面，还是在法律的选择适用方面，仲裁庭都不能存在任何偏袒某一争端当事方的行为或做法。在解释条约时，仲裁庭也应在条约规定的权限范围内，依照法定的程序解释条约，既不能带有任何偏见地对案件事实进行取舍，也不能站在任何争端当事一方的立场上对条约及相关法律的含义做出解释。简言之，仲裁庭必须在保持中立的前提下做出条约解释。当然，仲裁庭做出的解释结论可能会偏向某一方，甚至可能只对争端当事的某一方有利，但在对条约做出解释伊始直至得出最终解释结论这一过程当中，仲裁庭仍应尽量避免预设解释结论以及偏袒任何当事一方的解释行为。

（六）解释结论效力的终局性

就条约解释的效力而言，国际投资仲裁庭所做出的解释是终局性的。国际投资仲裁一裁终局，除非缔约国事先做出规定，否则，国际投资仲裁庭所做出的裁决不能变更或撤销，国际投资仲裁庭就个案做出的条约解释亦是如此。即便是缔约国全体也不能变更和撤销。国际投资仲裁庭所做出的解释之所以具有终局性，源自其争端解决者这一职能。作为裁判者，它最主要的职能就是定纷止争。这意味着案件的裁决必须是一个最终的结论，并且具有稳定的法律效力，即应做到"案结事了"；相应地，包含于裁决之中的条约解释结论的效力也将是确定的。

第三节　国际投资仲裁庭的条约解释实践考察

如前所述，仲裁庭的条约解释权作为一种附带或者派生的权力，它的授权从属于其案件管辖权的授权。因而，国际投资仲裁庭的条约解释权只能在个案当中行使。然而，前述探讨也表明，条约解释权本身就具有扩张性的特征，即在运行的过程中可以通过解释的循环，扩张国际投资仲裁庭的案件管辖权，从而扩大其权力的运行空间。那么，国际投资仲裁庭在实践中行使其条约解释权时，是否胜任缔约国赋予的职能呢？是否存在权力滥用或权力扩张等失范行为？本节的第一部分将就此展开论述。第二部分将探讨国际投资仲裁庭在行使条约解释权过程中出现的角色扩张问题。

一、国际投资仲裁中的条约解释失范问题

如前所述，作为一种固有权力，国际投资仲裁庭的条约解释权是依附于国际投资仲裁庭的管辖权的。因此，其权力范围也就是国际投资仲裁庭的管辖权范围，这需要结合争端解决机制的特定目标对IIA条文中有关国际投资仲裁庭职权条款进行解读。由于主权国家在缔约之时放弃了对这项权力行使范围的界定，这一评估的权力就交由仲裁庭自己判断。通常情况下，他们会依据"必要性"这一标准做出评估。换言之，国际投资仲裁庭的解释权属于一种功能性权力，仲裁庭只能在其作为裁判者时方能行使；其行使必须是为了满足裁判功能的目标以及保护特定争端解决机制所包含的价值，[37]其做出的解释应是中立的、说理充分的。此外，作为裁判机构，仲裁庭条约解释权的行使是被动的，其效力必须以个案为限。据此，以下将对国际投资仲裁庭的条约解释实践逐一进行考察。

（一）条约解释的论证不足

依据IIA的相关要求，仲裁庭应对其作出的解释和裁决说明理由，这是

最基本的要求。[38]然而实践表明，不少仲裁庭在对IIA的抽象概念做出解释时，往往没有说明这些解释是如何依据有关国际法条约解释规则得出的。

1. 偏重事实描述，说理不充分

在对IIA约文做出解释时，不少国际投资仲裁庭存在法律推理和分析薄弱的问题。在解释诸如公平与公正待遇、间接征收之类的抽象概念时，国际投资仲裁庭并没有为其解释提供有效说明，而是将大量篇幅用于描述相关的案件事实之上，仅用寥寥数语带过其法律理由。Eastern Sugar v. Czech Republic案就是其中的典例。[39]该案仲裁庭在解释荷兰与捷克BIT中的公平与公正待遇条款时，仅在案件事实的描述上就用了100多段的文字，却未阐明该标准的法律意义和规范内容，甚至没有提及仲裁"先例"和条约解释的相关渊源，径直裁定捷克政府的行为违反这一标准。[40] Tecmed v. Mexico案的仲裁庭也采用了同样做法。[41]在解释公平与公正待遇条款这样一种抽象、宽泛的概念时，仅依据案件事实，而没有进行充分的论证便直接做出裁判。这显然是失之偏颇的。倘若这种对法律问题的简单处理只是个别仲裁庭偶尔为之的做法也就罢了，但事实远非如此。该案对公平与公正待遇所作的解释随后被多个案件作为标准定义而援引。[42]

2. 直接引用拉丁文法律谚语，不作进一步说明

不少仲裁庭在解释条文时直接引用拉丁文法律谚语来论证其解释的正当性却没有做进一步论证。例如，在Suez v. Argentina案中，阿根廷主张依据"同类原则"（ejusdem generis）对阿根廷与西班牙BIT的最惠国待遇条款的例外条款作宽泛的解释。仲裁庭持反对意见，认为这一做法会产生将争端解决程序拒之于最惠国待遇适用范围之外的效果，因为争端解决并不属于这一条款所解决的同类事项。仲裁庭没有发现适用同类原则以达到上述效果的根据，因此拒绝适用同类原则。仲裁庭随后适用了另一个拉丁文法律谚语——明示其一即排除其他（expressio unius est exclusio alterius）——裁定其具有管辖权，而没有给出任何进一步解释。[43]在Tokios v. Ukraine案[44]和Maffezini

v. Spain案[45]当中,仲裁庭同样直接援引拉丁文法律谚语的方法裁定案件的管辖权问题而没有对其解释作进一步阐述。

尽管拉丁文法律谚语作为一种对法律原则或法律文化精辟而含蓄的权威表述,可以用来提高其裁判的可信度,但由于它的高度浓缩、简洁,在各种各样的复杂情景下会派生出不同的理解,因此,援引拉丁文法律谚语做出裁判并不能提升仲裁庭裁决的正当性,而只能作为描述其论证轨迹的一种方式。它们只能为如何达到特定的结果提供一个指引,却无法说明为何要这样做。[46]

(二)个案解释的不一致

需要指出的是,个案解释不一致的问题并不是国际投资仲裁所特有的,即便是规范完备、细致的国内司法裁判都不可避免地存在这一问题。然而,在国际投资仲裁领域,这一问题却尤为严重。姑且不论在相同或者类似的争端事实的情况下,对不同IIA的相同或类似条款做出的解释存在差异,即便同一个IIA条款,不同的仲裁庭所做出的解释都可能是大相径庭甚至截然相反的。

其中最为典型的当数Lauder v. Czech Republic案和CME v. Czech Republic案。在该案中,美国投资者劳德(Lauder)与东道国捷克发生投资争议,劳德首先以美国公民身份依据美国与捷克BIT在伦敦提起仲裁,主张捷克政府违反了"禁止任意的和歧视性的措施""公平与公正待遇""充分的保护与安全""遵守国际法一般原则"以及"禁止非法征收"等条约义务。[47]之后,他又以同样的理由和主张以其控股的公司CME的名义依据荷兰与捷克BIT在斯德哥尔摩提起仲裁。[48]依据同样的仲裁规则——UNCITRAL仲裁规则组成的两个仲裁庭,在针对内容基本相同的BIT条款所作的解释却截然不同,以至于最后的裁决也是天壤之别。

这一情况同样出现在CMS v. Argentina案和LG&E v. Argentina案中。两案的案情也几乎完全相同,且两案均由同一仲裁员参与,但仲裁庭对阿根廷提出的危机情况抗辩的问题的裁决却大相径庭。在CMS v. Argentina案，仲裁庭完全驳回阿根廷的抗辩，还进一步指出，即便援引该抗辩成功，依据相关法律规定，阿根廷仍然要承担赔偿责任。[49]而LG&E v. Argentina案的仲裁庭则持相反态度，不仅采纳了阿根廷的抗辩，还裁定阿根廷在2001年12月1日至2003年4月26日期间处于危急状态，故而无需对投资者在此期间因经济危机而采取措施所遭受的损失承担赔偿责任。[50]

在仲裁实践中，这种解释的不一致性普遍体现在投资定义、投资者国籍、公平与公正待遇、充分的保护与安全、最惠国待遇、"保护伞条款"、征收、国家安全例外等条款的解释和适用之上。[51]这种普遍存在的条约解释不一致损害了IIA规则的可预测性、透明性和确定性，从而导致IIA权威的丧失，进而降低了缔约国、投资者及社会利害相关者的遵约意愿和可能。

（三）区别对待不同国家

在国际投资法律领域，南北矛盾一直是核心话题。古斯·范·哈尔滕（Gus V. Harten）就曾指出，IIA的诞生与发展始终伴随着资本输入国与资本输出国相互对立的历史背景。[52]除了相关法律规则是源自西方发达国家的国内法律理念之外，解释和适用IIA规则的仲裁员同样带有明显的"西方偏好"和"偏袒强国"的倾向。[53]

实践当中，组成国际投资仲裁庭的仲裁员大多来自西方发达国家。[54]当然，仲裁员的国籍与其政策偏好并无必然联系，[55]但目前西方国家的普遍观点是发展中国家的法律体系不健全，司法缺乏独立性和公正性，这些来自西方发达国家的仲裁员不可避免地会受到这些观念的影响。在此等观念的主导下，仲裁员虽然不会明显地表现出对发展中国家法律体系的偏见，但在解释和适用IIA条款时，会倾向于适用更为严苛的审查标准或者加重发展中国家的条约义务。比如，在"用尽当地救济"原则的问题上，仲裁庭就对印度尼西亚（发展中国家）和加拿大（发达国家）采取了双重标准，最终得出截然不同的裁判。[56]在1990年由英国律师和国际法院大法官罗莎琳·希金斯（Rosalyn Higgins）担任首席仲裁员的Amco v. Indonesia案和1999年由英国律师简·保尔松（Jan Paulsson）担任首席仲裁员的Himpurna v. Indonesia案中，印度尼西亚法院均被裁定为存在"拒绝公正审理"的情形，印度尼西亚最终败诉。[57]然而，在2001年Loewen v. USA案中，美国密西西比州法院明显构成"拒绝公正审理"的情形，由澳大利亚前高等法院首席法官安东尼·梅森（Anthony Mason）担任首席仲裁员的仲裁庭却以"外国投资者没有向美国联邦最高法院上诉，未'用尽当地救济'"为由，驳回其诉求。[58]需要特别指出的是，在印度尼西亚作为被告的前两个案件当中，仲裁庭只字未提"用尽当地救济"的要求；更让人质疑其公正性的是，在Himpurna v. Indonesia案中，作为申请人的美国公司同样也没有向印度尼西亚最高法院提出上诉，而案件的结果却是截然相反的。无怪乎有学者对仲裁庭对发展中国家实施比发达国家更为苛刻的"善治"标准之可能表示了担忧。[59]一项于2007年发布的非政府组织的研究报告表明，在ICSID仲裁中，发展中国家作为被申请方的比例高达93%，远远超过了发达国家。[60]即便是在各国致力于国际投资仲裁机制改革的当下，这一情况虽有所改善，但截至2022年7月，在已经受理的1190个案件当中，仍有773个案件是以发展中国家为被申请方，占比为64.96%，高于发达国家。[61]这意味着，在实践中，发展中国家比发达国家更容易被投资者诉诸国际投资仲裁。若在裁判过程中，仲裁庭还一再歧视发展中国家，那么，发展中国家的外资监管主权和国际投资立法的参与权更容易受到冲击。如此，晚近发展中国家频频退出《ICSID公约》的举动就不足为奇了。

此外，作为世界上唯一的超级大国，美国在国际投资仲裁的实践中表现得相当强势。不仅美国投资者是国际投资仲裁申请方的主力军，[62]更为重要的是，美国政府自1998年在NAFTA框架下首次被加拿大投资者指控至国际投资仲裁庭以来，虽屡遭私人投资者提起仲裁申诉，但迄今未尝败绩。除了待裁决的5个案件，截至2022年7月，18个已裁案件有10个案件以投资者对实体问题的请求被仲裁庭驳回而告终。不可否认，这可能与美国在国际投资仲裁中提交的单方解释的说服力有关，本书将在第六章对这一问题进行探讨，但这并非美国政府制胜的唯一法宝，也不意味着美国国内的外资监管法律体系就是"善治""良治"的典范。正如有学者指出的，国际投资仲裁庭有时考虑的是美国在政治和经济上的影响，担心对其做出不利裁决会导致其退出国际投资仲裁机制。[63]在Loewen v. USA案裁决书中，仲裁庭虽不便言明，但还是表示了此种担忧。[64]事后，由美国指定的该案仲裁员，阿布纳·米克瓦（Abner Mikva）大法官也承认，美国政府曾经向他施压，声言若是输掉这场官司，那么美国政府也将放弃NAFTA。[65]有学者认为，Loewen v. USA案表明，在面对超级大国时，国际投资仲裁庭所适用的标准是与其他国家不同的。[66]同样，有学者也曾质疑Methanex v. USA案的仲裁庭对征收条款的解释并不是依据有关征收的国际习惯法做出的，而更多的是一种策略性的解释，其目的是避免作出让美国违反条约义务的裁定。[67]因此，虽然加拿大投资者的败诉可能为国际投资仲裁庭并未偏袒发达国家提供了较有利的辩护证据，但这一论据的说服力是有限的，毕竟他们所指控的东道国是世界上唯一的超级大国。

（四）偏袒外国投资者

前文已指出，作为中立的裁判者，国际投资仲裁庭所作出的解释应该是中立的，但实践表明，不少国际投资仲裁庭所作出的解释和裁决呈现出保护投资者利益的价值取向和政策偏好。比如，国际投资仲裁庭在裁判时，不止一次地宣称IIA的唯一宗旨就是保护外国投资者。以Tradex v. Albania案为例，在裁定阿尔巴尼亚1993年投资法做出的承诺是给予外国投资者全面的保护之后，审理该案的ICSID仲裁庭指出，尽管这不是决定性的因素，但至少可以肯定的一点是，在1993年投资法存疑的情况下，应做出对保护投资有利，特别是对ICSID享有案件管辖权的有利解释，这是最基本的要求。[68]在SGS v. Philippines案中，仲裁庭则认为，两国签订的BIT旨在保护和促进外资，故在条约规定不明时，对其做出有利于投资者的解释才符合其目的及宗旨，也才符合正当性的要求。[69]在IIA本身已对外国投资者设置高标准的保护的情况下，国际投资仲裁庭在解释和适用IIA条款时仍一再向投资者倾斜；在出现IIA约文存疑的情况下，倾向于对东道国施加更多的投资保护义务，显然是失之偏颇的。

当然，并非所有的仲裁庭都存在过分偏袒外国投资者的情况，但古斯·范·哈尔滕的一项研究表明，对投资者有利的扩张性解释已成为国际投资仲裁庭常用的一种方式。[70]表1-1即为有关仲裁庭做出的条约解释的统计数据，这一数据是对截至2010年5月与国际投资仲裁庭管辖权有关的140个公开案例进行系统性分析和归纳之后得出的。表中有关解释的分类依据并不是具体的解释方法，而是隐含在解释背后的仲裁庭的政策偏好：扩张性解释代表的政策偏好是对投资者利益之保护，而限制性解释所代表的政策偏好则是对主权国家外资监管权力之维护。

表1-1 个案仲裁庭的政策偏好比较

序号	议题	议题解决的数量	采用的解释方法	
			扩张性解释	限制性解释
1	法人投资者	69	81.94%	18.06%
2	自然人投资者	6	0.00%	100.00%
3	投资的定义	116	72.27%	27.73%
4	小股东权益	72	92.00%	8.00%
5	投资准入	27	66.67%	33.33%
6	仲裁平行程序	165	82.74%	17.26%

续表

序号	议题	议题解决的数量	采用的解释方法	
			扩张性解释	限制性解释
7	最惠国待遇条款的适用范围	60	50.00%	50.00%
	合计	515	76.09%	23.91%

资料来源：Van Harten, Gus: Pro-Investor or Pro-State Bias in Investment-Treaty Arbitration?, http://www.iisd.org/itn/2012/04/13/pro-investor-or-pro-state-bias-in-investment-treaty-arbitration-forthcoming-study-gives-cause-for-concern/.

上表的数据表明，除"自然人投资者"和"最惠国待遇条款的适用范围"这两个议题之外，在对其他议题进行解释时，绝大多数国际投资仲裁庭是倾向于保护投资者的。而在"自然人投资者"这一概念的解释方面，虽然仲裁庭均做出对东道国有利的解释，但涉及的案件过少，仅有6个，数据的有效性有待进一步考察。

除了有关管辖权方面条款的解释之外，实体规定的解释同样存在偏袒国际投资者，漠视东道国公共利益的情况。姑且不论东道国的一般外资管制政策所面临的苛刻审查，晚近仲裁实践也表明，就连一些基于保护合法的公共福利目标而实施的管制措施，例如公共健康、安全、环境、劳工、人类自然和文化遗产以及人权保护等措施，不少国际投资仲裁庭在审查时都没有对这些公共利益事项予以适当、公正的考虑，而将那些为了保护合法的公共福利目标而实施的措施裁定为违反IIA的条约义务。在实践当中，不少投资争端涉及政府的公共服务部门，这些部门包括自来水、电力、通信；一些投资争端则与自然资源开发相关，如石油、天然气和矿产的开采等。2007年的一项研究表明，在ICSID仲裁中，约有70%的国际投资争端涉及上述部门。[71]

例如，在Santa v. Costa Rica案中，在审查哥斯达黎加相关环保措施是否违反征收条款时，仲裁庭不仅采用"唯一效果"原则，认为东道国的管制措施对外国投资造成不利影响的效果已构成条约所规定的间接征收,而且断然拒绝哥斯达黎加以"履行国际环境保护义务"为由的主张。仲裁庭并不否认基于环境保护的理由征收外国投资者的财产可被认定为出于公共目的之需要,但它同时认为,因履行环保的国际义务而导致外国投资者的财产被没收的事实,并不能改变征收这一行为必须给予投资者充分赔偿的法律性质。换言之,即便基于环境保护之需要,对投资者实施的合法征收也必须对投资者给予充分赔偿,否则将被认定为违反条约义务。[72]Metalclad v. Mexico案同样适用"唯一效果"原则,认为只要东道国的管制措施对外国投资造成不利影响即构成征收,而无论东道国政府的行为是否对其自身具有明显的利益。[73]

此外,在对缔约国在IIA中设置的自我保护机制——例外条款进行解释时,国际投资仲裁庭则一改以往扩张性解释的做法,转而主张例外条款的解释应受条约目的和宗旨的限制,所以倾向于作限制性解释。例如,在Enron v. Argentina案当中,仲裁庭指出,必须注意到条约的义务是在出现财产损害时才得以适用,其目的正是保护其受惠者的国际合法权益,任何条约解释都不能轻易地免除缔约国的条约义务,因此,例外条款的限制性解释是必需的。[74]Canfor Corporation v. USA案的仲裁庭则强调缔约国若主张例外条款免责,就必须承担更为严格的举证责任。[75]仲裁庭援引了Canada-Ice Cream and Yoghurt案专家组的观点,即缔约国如果要想适用《1994年关税与贸易总协定》中规定的一般例外条款,必须证明其行为符合这一例外条款的所有要求。[76]可见,即便缔约国事先设置了例外条款,这些条款是否有效还要取决于仲裁庭对这些条款的解释。而在实践当中,仲裁庭要么对条款进行限制性解释,要么就对缔约国施以苛刻的证明责任。

显然,在国际投资法律实践当中,对国家主权有利的限制性解释已被废弃。[77]在此种情况下,东道国众多的外资监管措施将被置于仲裁庭的审查之下。即便主权国家在最后的案件裁决当中并未败诉,国际投资仲裁庭对东道国监管措施进行审查本身也会产生一种"寒蝉效应"——这种被指控的恐惧显然会对东道国,尤其是弱小的发展中国家的监管主权产生影响。[78]毕竟,以现有的实践来看,东道国对哪些监管措施可能违反条约义务都不能确定。

(五)任意扩张自身的管辖权

管辖权是案件审理的前提和基础,仲裁庭只有在享有案件管辖权的情况下,才能对案件实体问题进行审理和裁判。正因如此,国际投资仲裁庭经常通过对IIA的程序性条款及实体性条款的解释和适用来扩大其管辖权。这些条款主要包括:最惠国待遇条款、"岔路口条款"、"保护伞条款"、"投资争端"概念、公正与公平待遇条款、间接征收条款、投资定义和投资者的定义等。[79]例如,IIA的投资定义条款是国际投资仲裁庭行使管辖权的依据,通过对这些条款的扩大解释,仲裁庭可以扩大其管辖范围,把本票[80]、应收账款[81]、业务许可证[82]、服务费请求权[83]、出口市场准入[84]等纳入IIA保护的投资财产的范畴。

正是通过对IIA条款的扩张性解释,晚近国际投资仲裁庭的管辖权呈现出不断扩张的趋势。苏珊·弗兰克(Susan Franck)的一项研究也表明,在87个案件管辖权有争议的案件当中,投资者胜诉案件为50个,胜诉率为57.5%;东道国管辖权异议的胜诉的案件则仅有10个,胜诉率为11.5%;投资者和东道国互有输赢的案件为27个(占31%),也即投资者依据IIA中的数个条款提起仲裁,部分诉求被驳回而部分诉求被仲裁庭接受得以进入实体审理的步骤。总体而言,在管辖权争议阶段,仲裁庭裁定自己享有管辖权的概率高达88.5%。[85]晚近UNCTAD的统计同样表明,在2018年公布的8个有关管辖理由的仲裁裁决当中,裁定投资者获胜的案件为6个,占比为75%。[86]

(六)过度解释[87]

无疑,IIA存在形式理性不足的问题,尚未形成自足的法律体系,因而,国际投资仲裁庭在个案当中对IIA的条款进行解释时,不可避免地采用各种解释技术，如用类比推理、重新界定概念术语，甚至"间隙造法"[88]的方式来阐明条约含义。但这并不意味着，仲裁庭与缔约国一样对条约享有完全自主的解释权。缔约国接受国际争端解决机制的前提是后者所适用的是在国家同意的基础上创制的国际法，故在解释条约时，仲裁庭必须以条约的文本为基础，不得对条约进行实质性修改，即便在条约规定不明而必须作出裁决的情况下，国际投资仲裁庭的"间隙造法"也不能完全脱离条约，而必须诉诸条约之宗旨及目的、原意和个案情势做出。但在实践当中，仲裁庭在解释诸如公平与公正待遇等条款时却出现"以解释之名行修改条约之实"的情况，甚至将其政策偏好强加其中。

例如，在解释公平与公正待遇条款时，不少仲裁庭将其扩张性解释为一项苛刻的"善治""良治"的标准，旨在强调对外资的过高法律保护和过度的投资自由化。有研究指出，晚近仲裁庭在解释公正与公平待遇标准时已不再局限于其与国际最低标准关系的讨论，而是尝试去确定此标准所包含的要素。[89]而在这一过程中，除了国际习惯法所认可的不违反正当程序、不采取歧视性行为和不实行专断措施之外，仲裁庭还把诸如不损害外国投资者的合法期待，提供稳定、可预见的法律和商务框架，以及具有透明度等要素添加其中。[90]这以 Tecmed v. Mexico 案为典型。该案仲裁庭把公平与公正待遇这一条约义务解释为"不影响外国投资者在设立投资时的基本预期""和行为前后一致""清晰明确并且保持完全透明"，从而使投资者在投资之前能对所有相关法规和制度，以及这些法规、制度各自的目标和要求有所了解。[91]可以说，仲裁庭在解释公平与公正待遇标准时所设定的"善治"标准已经远远超过了国际习惯法所认可的范围，[92]以至于部分仲裁庭对此表示了担忧。例如，对于 Tecmed v. Mexico 案的仲裁庭对"合理预期"所作的宽泛解释，Saluka v. Czech Republic 案的仲裁庭曾警告说，该案仲裁庭这种机械地依字面意思解读公平与公正待遇条款是十分危险的，这将对东道国施加"不恰当且不切实际"的义务，对投资者的预期应依据东道国的实际情况来解读才是正常合理的。[93]

此外，IIA通常只规定缔约国在实行征收或类似措施时应对投资者予以补偿，而对违反包括公正与公平待遇标准等其他IIA义务的补偿未作出具体规定。但在晚近的仲裁实践中，部分仲裁庭，如Azurix v. Argenta案、LG&E v. Argenta案、CMS v. Argenta案的仲裁庭却主张缔约国在违反公正与公平待遇标准时同样需要承担赔偿义务。[94]在2005年的CMS v. Argenta案中，仲裁庭在确认阿根廷政府的措施不构成征收的情况下，仍然裁定其违反公正与公平待遇义务。不仅如此，仲裁庭在裁决中指出，因美国与阿根廷BIT未就违反非征收投资条约义务的赔偿做出规定，故仲裁庭只能行使自由裁量权来确认最能体现这一违反非征收条约义务的赔偿标准。最终，仲裁庭直接适用征收补偿中经常采用的"公平市场价值"计算方法。[95]这意味着，即使缔约国的监管措施没有违反IIA的其他具体义务，投资者仍然可以"违反公正与公平待遇条款"为由提起仲裁，从而获得等同于财产被征收的赔偿。可以说，仲裁庭已在实践中将公正与公平待遇这一抽象的标准解释成"无所不包的安全条款"，实际上已经构成对其他绝对待遇规则的修正。[96]

（七）过分依赖先前仲裁案件的裁决

国际投资仲裁庭仅是作为争端的裁判者在个案当中行使裁判权，他们对条约所做的解释是把普遍适用的条约与具体案件事实相结合，即此种解释是针对个案做出的，因而它们的效力只能限定在当下的个案范围内。这意味着在每一个案件中，仲裁员都必须重新对条约做出解释而不能把此案中的解释套用到彼案中。普遍认为，国际争端解决机构的司法意见或判决被普遍认为是不具有先例效力。《ICSID公约》第53条第1款即规定，裁决仅对双方有约束力。在克里斯托夫·施罗伊尔看来，这一规定排除了把遵循先例原则适用于后续案件的可能。[97]实践当中，不少仲裁庭也一再重申，迄今为止，国际法领域并不存在"遵循先例"原则，国际投资仲裁庭的裁判不具有判例法中

"遵循先例"的效力。[98]

然而，几乎所有的仲裁庭在案件审理当中都会对先前裁决所作的法律解释或法律推理进行探讨和借鉴。[99]以 CMS Gas v. Argentina 案的管辖权裁定为例，仲裁庭在考察12个ICSID案件之后指出，仲裁庭的任务将更容易再次达成，因为近期许多ICSID案件已经对有关合同和条约范围中的类似或相似条款进行了讨论并做出了裁决。在就管辖权异议的一个问题进行讨论时，仲裁庭考察了许多先前的ICSID案件，不仅使用了"先例"这一词，将 Lanco v. Argentina 案称为"先例"，而且明确表示采纳这些先例所持的观点。[100]学者的定量研究也表明，晚近几乎所有的国际投资仲裁庭都不同程度地援引先前案件的裁决。[101]近期另一项有关ICSID仲裁裁决的研究发现，仲裁庭在做出裁决时更多地依赖先前案例的裁决，此类案件所占比例高达94%，而缔约国的嗣后实践和协定却鲜有被关注。可以说，现代国际投资法的发展更多地不是出自国家的实践，而是从司法先例和仲裁裁决，尤其是从仲裁裁决中演绎而来的。[102]

更为关键的是，一些仲裁庭主要依赖之前仲裁案件的裁判来推演出IIA中的抽象概念所包含的法律规范内容。2004年的 Waste Management v. Mexico 案就是一个典例。该案仲裁庭认为，Myers v. Canada 案、Mondev v. USA 案、ADF v. USA 案及 Loewen v. USA 案均表明，若某个国家行为是任意的、显失公平和公正的，或者是特殊的、歧视性的，并导致申请人受到地域或种族方面的歧视，或是因正当程序的缺失而导致破坏司法正当性的后果等，那么，这一导致申请人受到损害的行为就违反了公平与公正待遇的最低待遇标准。[103]可以说，该案仲裁庭对NAFTA第1105条项下公平与公正待遇条款的界定主要是从 Myers v.Canada 等案的裁决总结出来的，而不是依据仲裁庭自身对NAFTA文本的解读作出的。不仅如此，该案对这个条款的界定又被其他案件仲裁庭援引，作为界定NAFTA的公平与公正待遇标准和其他IIA中类似标准的标准定义。[104]

无疑，在国际投资法律体系中已形成日益庞大的、事实上的先例体系。Saipem v. Bangladesh 案的仲裁庭指出，仲裁庭承认其并不受先前裁决的约束，但也不能否认在裁判时必须对国际投资仲裁庭先前的裁决给予相应的考虑。在出现截然相反的案例时，仲裁庭有责任采用在众多相似案件中确定的解决方案。同时，在面对既定条约的细节和真实案件的情况时，仲裁庭有责任促进投资法的和谐发展，从而满足国家与投资者共同体对于法治确定性的合法期待。[105] 托马斯·瓦尔德（Thomas Wälde）在 Thunderbird v. Mexico 案的单独意见中甚至指出，虽然仲裁裁决本身尚未构成有约束力的先例，但持续一致的推理以及对特定条约义务所作的详尽解释应受到重视。若一个权威性先例已形成，那么，它将被视为国际习惯法而必须遵守。[106]

二、国际投资仲裁庭的角色扩张问题

显然，国际投资仲裁庭的职责主要在于解决投资争端，但前述实践却表明它们的角色已不限于此，并在不断扩张。当然，导致这一结果的部分原因来自其审理案件的公法性质，即投资争议是东道国政府在实施外资监管的过程中与投资者之间的争端，因而仲裁庭在裁决案件的过程中会不可避免地介入东道国的外资监管事务。即便如此，仲裁庭始终只是一个中立的、消极的裁判者，如果在案件审理当中恪守这一职责，仲裁庭介入东道国外资监管事务的程度始终是有限的。但前述分析却表明，仲裁庭不仅通过在管辖事项上对 IIA 条款的解释扩张其权力范围，而且在具体审查东道国的外资监管行为时，同样以条约解释的方式对东道国施加苛刻的"善治"标准，把仲裁员的政策偏好转化成为东道国的决策。可以说，仲裁庭的角色扩张路径是：从投资争端的裁判者转化为东道国的政策审查者，再扩张成为全球治理的参与者。显然，这三个不同角色是相互冲突的。裁判者的中立特性要求它必须远离国家政治过程，而作为治理者，这种与国家政治的疏离恰恰会导致其权力行使的民主合法性不足，从而引发对其正当性的质疑。[107]

（一）投资争端的裁判者

缔约国创设国际投资仲裁庭的首要目的就是解决外国投资者与东道国之间的投资争议。一旦投资者启动国际投资仲裁，仲裁庭将在以下范围内行使权力：做出支持投资者或国家的实体裁决，对事实做出裁定，就法律意见书、费用和利息、时间，以及因和解谈判需要的中止程序等相关事项做出决定。[108]在这个基本角色当中，仲裁庭首先确认东道国所采取的行为或措施是否违反条约义务，在确认国家违反条约义务之后，进一步确定投资者的损害赔偿数额及赔偿方式。正是在这个平台上，国际投资仲裁机制发挥监控条约执行的职能，从而减少缔约国违约的可能，提高条约的遵守程度，并减少因信息缺乏而带来的问题。

然而，作为争端的裁判者，国际投资仲裁庭常常会面临这样的质疑，即当仲裁庭裁定当事双方中的某一方胜诉时，败诉的一方可能就会把这个结果看作是在不正当的"二对一"情况下作出的裁判。要想消除这种"二对一"的质疑，确保争端解决机制的正常运行，除了强调仲裁庭的权威是来自争端当事方的同意之外，还必须强调仲裁庭做出裁决的公正性与合理性。[109]换言之，仲裁庭所作的解释须符合合法性和合理性这两方面的标准。

（二）东道国外资监管行为的审查机构

在现行IIA框架下，条约对于其所约束的国家行为种类并没有一个明确的界定，只要投资者认为东道国所采取的措施或行为违反了IIA的条约义务，即可提起国际投资仲裁。综观IIA的内容可知，IIA所确立的多是国家的义务，且主要是消极义务，换言之，缔约国做出的承诺主要是不实施损害约定投资的特定行为。这意味着当投资争议提交国际仲裁解决时，争端当事方缔约国的国家政策将被置于仲裁庭的审查和监督之下。从现代IIA所涉及的内容来看，它所涵盖的政策是多方面的，不仅涉及单纯的投资事项，还包括解决诸如货物及服务贸易、知识产权、竞争政策、政府采购、商务人员短期入境、透明度、环境保护、税收以及劳工权益等其他相关问题。[110]倘若缔约国没有在IIA中对上述内容做出具体规定，那么这些问题将提交裁判庭，由后者行使自由裁量权做出裁判。

晚近国际仲裁实践表明，东道国的行政管理措施、国内司法判决，甚至国内立法均被投资者诉之于国际仲裁。例如，在Lauder v. Czech Republic案中，美国投资者劳德是以其投资的合营企业因捷克媒体法的修改而导致损害为由提起的仲裁。[111]国际投资仲裁庭也因此演变成为东道国的各种政策或措施的审查机构，判断其行政行为是否合法的行政法庭，裁判其司法判决是否正确和公平的上诉法庭，甚至是裁定其国内立法是否符合IIA的宪法法院。[112]

这意味着个案的裁决是对东道国外资监管行为正当性的认可或否定，其影响绝不仅限于仲裁庭当前审理的案件范围内，甚至可能会对东道国未来的行为和政策选择产生影响。这种"系统性影响"也意味着，仲裁庭在裁判时，不能只追求个案公正，而必须全盘考虑，审慎行事。相应地，裁判的合理性也将远高于普通案件裁决的合理性要求。因为，一则国家作为国内民众的代理人和国际法的原始主体，在国内事务的治理与国际事务的参与方面，比国际投资仲裁庭享有更高的正当性，仲裁庭的权力本身就是来自国家授权。二则缔约国政府直接而持续接触本国事务，对本国国情的掌握也必然会比仲裁庭要多，也更有能力对本国的资源条件和确实需求做出评估与判断。仲裁庭否决一个主权国家对其管辖范围内决策的唯一理由就是其备选方案之合理性要远远优于主权国家的。

（三）全球治理的参与者

如果说东道国外资监管行为的审查机构是因国际投资仲裁庭所审理的投资争议具有公法性质而形成的合乎逻辑的职能延伸，那么，全球治理的参与者这一角色则更多的是仲裁庭主动为之的结果。虽然国际投资仲裁庭并没有直接介入国际事务的治理，但它们却在国际投资争端解决过程中，通过"司法权"的扩张而间接地介入其中。不可否认，IIA是调整国家行为、维持国际投资法律秩序的一种抽象规范，但它并不直接指涉具体情景中的个别行为和特定事项；更多的情况下，它为国家所提供的并不是明确的规则，而只是一个模糊的行为标准。为此，国际投资仲裁庭必须首先对条约的条款做出解释，把这些宽泛的标准具体化，然后才能做出裁决。这一过程会不可避免地介入缔约国的外资监管事务中。因为，裁决事实上就是协调东道国的社会公共利益与外国投资者的私人利益之间的关系。从这个意义上说，仲裁庭会在裁判过程中为东道国设置一定的治理要求。然而，前一部分的探讨表明，在这个过程中，国际投资仲裁庭通过对诸如公平与公正待遇标准此类的IIA条款的解释，不断将自己的政策偏好添加其中，使之蜕变为高标准的外资法律保护和过度投资自由化的治理要求，并将它们作为审查东道国施政行为的依据。[113]不仅如此，经由其他投资仲裁庭的实质性参考和反复确认，仲裁裁决对条约所做出的解释可能会产生类似于判例法的效果，甚至可能会影响缔约国未来的缔约实践。一旦如此，国际投资仲裁庭的政策偏好将转化成为全球普遍适用的治理标准。从这个角度来看，这种裁判行为实质上是对缔约国决策权的一种分享。这一点十分明显，以致在行使此种权力时，仲裁庭已经很难托称这只是在解释或适用条约。

然而，作为全球治理的参与者，国际投资仲裁庭应具有的中立的第三方角色将受到挑战。争端当事一方毕竟是一国公权力的代表，国际投资仲裁庭在审理案件的过程中常常会涉及对一国外资监管政策的确认或否定。从这个意义来说，仲裁庭在对条约解释的过程中，可能会形塑东道国的治国理念，甚至构建全球统一的国际投资法律法规。晚近美国在NAFTA框架下的国际投资仲裁经历就对其IIA的谈判立场产生直接影响，进而导致其BIT范本的修订。美国在IIA立场上的转变随即为各国所参考与借鉴。显然，所有这些已远远超出一个裁判者的基本职能范围。也因此，国际投资仲裁庭把自己从裁判者转变成为全球治理的参与者，由此引发这样的质疑：它是未经民意选举或者至少是未经授权的公共政策制定者,却在执行自己的或者符合其偏好的政策;无疑,其民主合法性是脆弱的。为弥补这一缺憾,其裁判必须严格遵照IIA做出。此外,这一角色是从其裁判者的基本角色派生出来的。尽管后者已获得缔约国的授权,但由于其已介入缔约国的监管事务当中,作为一项公权力的行使者,仲裁庭必须对由此引发的外部效应负责。详言之,如果权力行使产生的是正外部效应,这将有助于增进社会正义,提升人民福祉,仲裁庭当然不用为其"雷锋式"的行为负责;若产生的是负外部效应,则仲裁庭必须考虑将其内化。这对国际投资仲裁庭自身的正当性要求又有所提升,即对国际投资仲裁庭裁判行为的考察,除了作为裁判者、审查者所要符合的合理性标准之外,还包括对其可问责性方面的要求。这就意味着国际投资仲裁庭在裁判当中应该兼顾包括东道国市民社会在内的全球市民社会的利益,特别是必须对东道国国内公众的福利和利益需求有所回应。否则,仲裁庭应保持克制的立场,如此才能减少其权力运行的负外部效应之产生。

本章小结

在国际投资法律框架下,国际投资仲裁庭并非唯一的有权解释主体。较之其他有权解释主体,国际投资仲裁庭的条约解释权只是仲裁庭适用条约来解决投资争端而必须行使的一种权力。它并不是一种独立存在的权力,而是仲裁庭所享有的裁判权的组成部分,其条约解释权的行使需依附于管辖权的运行,其效力必须以个案为限。然而,实践却表明,条约解释权的行使不仅可以反过来影响国际投资仲裁庭的管辖权行使,甚至还可以扩张其权力运行的空间。正是由于条约解释权本身具有的扩张性,仲裁庭才获得通过对IIA条款的解释不断地扩张其权力的机会。与此同时,其角色也在向外延伸和扩张,甚至转变成全球治理活动的参与者。在这一过程当中,国际投资仲裁机制的正当性要求也随之提高。然而，国际投资仲裁庭却在行使其条约解释权的过程中，出现种种失范之举，就连其作为裁判者的基本职能都无法胜任，更遑论其他职能了。

本章注释

[1]李浩培.条约法概论［M］.2版.北京：法律出版社，2003:334.

[2]万鄂湘，石磊，杨成铭，邓洪武.国际条约法［M］.武汉：武汉大学出版社，1998:239.

[3][美]丹尼斯·尼斯朗.权力论［M］.陆震纶，郑明哲，译.北京：中国社会科学出版社，2001:6；[美]塞缪尔·亨廷顿.变化社会中的政治秩序［M］.王冠华，刘为，等译.北京：三联书店，1989:100.

[4][英]伊恩·布朗利.国际公法原理［M］.曾令良，余敏友，等译.5版.北京：法律出版社，2003:687.

[5]同[1].

[6]同[1].

[7]《国际法院规约》第38条规定：1. ICJ对于陈诉各项争端，应依国际法裁判之，裁判时应适用：（1）不论普通或特别国际协约，确立诉讼当事国明白承认之规条者；（2）国际习惯，作为通例之证明而经接受为法律者；（3）一般法律原则为文明各国所承认者；（4）在第59条规定之下，司法判例及各国权威最高之公法学家学说，作为确定法律原则之补助资料者；2.前项规定不妨碍法院经当事国同意本"公允及善良"原则裁判案件之权。

[8]陈金钊.论法律解释权的构成要素［J］.政治与法律，2004 (1): 50.

[9]陈金钊.法律解释的哲理［M］.济南：山东人民出版社，1999:55.

[10]同[2]:240.

[11]《ICSID公约》第37条；2021年《UNCITRAL仲裁规则》第9条。

[12]Sempra Energy v. Argentina, ICSID, ARB/02/16, Decision on Objections to

Jurisdiction, May 11, 2005, paras. 146-147.

[13] Schill, Stephan W.. The Multilateralization of International Investment Law [M]. New York: Cambridge University Press, 2009: 252-253.

[14] UNCTAD. International Investment Rule-Making: Stocktaking, Challenges and The Way Forward [EB/OL]. https://unctad.org/system/files/official-document/iteiit20073_en.pdf, 2022-7-20.

[15] UNCTAD. Investor-State Dispute Settlement [EB/OL]. https://unctad.org/en/PublicationsLibrary/diaeia2013d2_en.pdf, 2022-7-20.

[16] Allee, Todd & Peinhardt, Clint. Delegating Differences: Bilateral Investment Treaties and Bargaining Over Dispute Resolution Provisions [J]. International Studies Quarterly, 2010 (1):15.

[17] 比如，2012年美国BIT范本第23条、24条。

[18] 比如，2003年中国与德国BIT第9条。

[19] Shapiro, Martin F.. Courts: A Comparative and Political Analysis [M]. Chicago: University of Chicago Press, 1981: 29.

[20] Damme, Isabelle V.. Treaty Interpretation by the WTO Appellate Body [M]. Oxford: Oxford University Press, 2009: 167.

[21] [美] 何塞·E.阿尔瓦雷斯.作为造法者的国际组织 [M].蔡从燕，等译.北京：法律出版社，2011: 131-135.

[22] SPP v. Egypt, ICSID, ARB/84/3, Decision on Preliminary Objections to Jurisdiction, November 27, 1985, para.87.

[23] Libananco v. Turkey, ICSID, ARB/06/8, Decision on Preliminary Issues, June 23, 2008, para.78.

[24] Schreuer, Christoph H.. The ICSID Convention: A Commentary [M]. New York: Cambridge University Press, 2001: 688.

[25] Waste Management v. Mexico, ICSID, AF, ARB(AF)/00/3, Decision on Mexico's Preliminary Objection Concerning the Previous Proceedings, June 26, 2002, para.48; Rompetrol Group v. Romania, ICSID, ARB/06/3, Decision of the Tribunal on the Participation of a Counsel, January 14, 2010, para.14; Enron v. Argentina, ICSID,

ARB/01/3, Decision on Jurisdiction, January 14, 2004, paras.78-79; Hrvatska v. Slovenia, ICSID, ARB/05/24, Order Concerning the Participation of Counsel, May 6, 2008, para.13; Siag & Vecchi v. Egypt, ICSID, ARB/05/15, Award, June 1, 2009, para. 366; RSM v. Grenada, ICSID, ARB/05/14, Decision on the Application of RSM Production Corporation for a Preliminary Ruling, December 7, 2009, para. 16.

[26] Casado v. Chile, ICSID, ARB/98/2, Decision on Provisional Measures, September 25, 2001.

[27] Lauder v. Czech Republic, UNICTRAL, Final Award, September 3, 2001, para.174.

[28] Suez and others v. Argentina, ICSID, ARB/03/19, Order in Response to a Petition of Five Non-Governmental Organizations for Permission to Make an Amicus Curiae Submission, February 12, 2007, paras. 14-15.

[29] Damme, Isabelle V.. Treaty Interpretation by the WTO Appellate Body [M]. Oxford: Oxford University Press, 2009: 164-165.

[30] Reparation for Injuries Suffered in the Service of the United Nations, Advisory Opinion: I.C.J. Reports 1949, p. 174.

[31] 同[30]: 196.

[32] 同[21]: 133-135.

[33] Tza Yap Shum v. Peru, ICSID, ARB/07/6, Decision on Jurisdiction and Competence, June 19, 2009, para. 150.

[34] 同[33]: paras. 213-221.

[35] 类似情况同样在WTO争端解决程序当中出现。参见Ghias, Shoaib A.. International Judicial Lawmaking: A Theoretical and Political Analysis of the WTO Appellate Body [J]. Berkeley Journal of International Law, 2006 (2): 538-539。

[36] 同[19]: 17.

[37] Brown, Chester. The Inherent Powers of International Courts and Tribunals [J]. British Yearbook of International Law, 2005 (1): 222-229.

[38] 例如,《ICSID公约》第48条第3款规定,裁决应处理提交法庭的每一个问题,并说明所根据的理由。第52条第5款还规定,如果裁决未陈述其所依据的理由,当事方可

要求取消裁决。

［39］Eastern Sugar v. The Czech Republic, SCC, 88/2004, Partial Award, March 27, 2007, paras. 222-343.

［40］［美］本尼迪克特·金斯伯里，斯蒂芬·希尔.作为治理形式的国际投资仲裁：公平与公正待遇、比例原则与新兴的全球行政法［J］.李书健，译.国际经济法学刊，2011 (2)：106.

［41］Tecmed v. Mexico, ICSID, ARB (AF)/00/2, Award, May 29, 2003, paras. 152-174.

［42］MTD v. Chile, ICSID, ARB/01/7, Award, May 25, 2004, para. 114; Occidental v. Ecuador, ICSID, ARB/06/11, Award, October 5, 2012, paras. 404, 406-409; Azurix v. Argentina, ICSID, ARB/01/12, Award, July 14, 2006, paras. 341,343; Siemens v. Argentina, ICSID, ARB/02/8, Award, January 17, 2007, paras. 297-299; Eureko v. Poland, Ad-hoc arbitration procedure, Partial Award, August 15, 2005, para. 235.

［43］Suez and others v. Argentina, ICSID, ARB/03/19, Decision on Jurisdiction, August 3, 2006, paras. 59, 65.

［44］Tokios v. Ukraine, ICSID, ARB/02/18, Decision on Jurisdiction, April 29, 2004, para. 30.

［45］Maffezini v. Spain, ICSID, ARB/97/7, Decision of the Tribunal on Objections to Jurisdiction, January 25, 2000, para. 56.

［46］Crema, Luigi. Disappearance and New Sightings of Restrictive Interpretation(s) [J]. The European Journal of International Law, 2010 (3): 694.

［47］Lauder v. Czech Republic, UNCITRAL, Final Award, September 3, 2001, para.42.

［48］CME v. Czech Republic, UNCITRAL, Partial Award, September 13, 2000, para.24.

［49］CMS v. Argentina, ICSID, ARB/01/8, Award, May 12, 2005, paras.353-382.

［50］LG&E Energy Corp. v. Argentina, ICSID, ARB/02/1, Decision on Liability, October 3, 2006, para.267.

［51］Franck, Susan D.. The Legitimacy Crisis in Investment Treaty Arbitration: Privatizing Public International Law Through Inconsistent Decisions [J]. Fordham Law Review, 2005 (4): 1558-1586.

[52] Van Harten, Gus. Investment Treaty Arbitration and Public Law [M]. New York: Oxford University Press, 2007: 13-14.

[53] 有关国际投资仲裁庭的倾向性问题，学界存在着截然对立的两种看法。一种认为投资仲裁机制存在保护投资者和偏袒强国的倾向，另一种则认为这一结论并无实际证据。相关探讨可参见：Van Harten, Gus. Fairness and independence in investment arbitration: A critique of "Development and Outcomes of Investment Treaty Arbitration [EB/OL]. http://papers.ssrn.com/sol3/papers.cfm?abstract_id= 1740031, 2022-7-15; Gallagher, Kevin P. & Shrestha, Elen. Investment Treaty Arbitration and Developing Countries: A Re-Appraisal[J]. The Journal of World Investment & Trade, 2011 (6): 919–928; Franck, Susan, D.. Empirically Evaluating Claims About Investment Treaty Arbitration [J]. North Carolina Law Review, 2007 (6): 1-88; Franck, Susan, D.. Development and Outcomes of Investment Treaty Arbitration [J]. Harvard International Law Journal, 2009 (2): 435-489。

[54] Van Harten, Gus. Pro-Investor or Pro-State Bias in Investment Treaty Arbitration: Forthcoming Study Gives Cause for Concern [EB/OL]. http://www.iisd.org/itn/2012/04/13/pro-investor-or-pro-state-bias-in-investment-treaty-arbitration-forthcoming-study-gives-cause-for-concern/, 2022-7-15.

[55] 陈安. 国际投资法的新发展与中国双边投资条约的新实践［M］. 上海：复旦大学出版社，2007：270-296.

[56] Cheng,Tai-Heng. Power, Authority and International Investment Law [J]. American University International Law Review, 2005 (3): 492–495.

[57] Amco v. Indonesia, ICSID, ARB/81/1, Award in Resubmitted Proceeding, May 31, 1990, paras.136–137, 172-178; Himpurna v. Indonesia, UNCITRAL, Interim Award, September 26, 1999, paras. 153-187.

[58] Loewen v. USA, ICSID, ARB (AF)/98/3, Award, June 26, 2003, paras. 132-187.

[59] 同［56］：508–512；徐崇利. 晚近国际投资争端解决实践之评判："全球治理"理论的引入［J］. 法学家，2010 (3)：150-152.

[60] Anderson, Sarah & Grusky, Sara. Challenging Corporate Investor Rule [EB/OL]. https://ips-dc.org/wp-content/uploads/2012/01/070430-challengingcorporateinvestorrule.pdf, 2022-7-15.

[61] UNCTAD. Investment Dispute Settlement Navigator [DB/OL]. https://investmentpolicy.unctad.org/investment-dispute-settlement, 2022-7-15.

[62] Gallagher, Kevin, P. & Shrestha, Elen. Investment Treaty Arbitration and Developing Countries: A Re-Appraisal[J]. The Journal of World Investment & Trade, 2011 (6): 926.

[63] 同 [56]: 511–512.

[64] Loewen v. USA, ICSID, ARB (AF)/98/3, Award, June, 26, 2003, para. 242.

[65] Schneiderman, David. Judicial Politics and International Investment Arbitration: Seeking an Explanation for Conflicting Outcomes [J]. Northwestern Journal of International Law & Business, 2010 (2): 404–405.

[66] Chung, Olivia. The Lopsided International Investment Law Regime and Its Effect on the Future of Investor-State Arbitration [J]. Virginia Journal of International Law, 2007 (4): 976.

[67] 同 [65]: 406.

[68] Tradex Hellas v. Albania, ICSID, ARB/94/2, Decision on Jurisdiction, December 24, 1996, paras. 99-101.

[69] SGS v. Philippines, ICSID, ARB/02/6, Decision on Objection to Jurisdiction, January 29, 2004, paras. 115-116.

[70] 同 [54].

[71] Anderson, Sarah & Grusky, Sara. Challenging Corporate Investor Rule [EB/OL]. http://www.ips-dc.org/reports/070430-challengingcorporate investorrule.pdf, 2022-7-15.

[72] Santa v. Costa Rica, ICSID, ARB /96 /1, Award, Feburay 17, 2000, para. 71.

[73] Metalclad Corp. v. Mexico, ICSID, ARB(AF) / 97 / 1, Award, August 30, 2000, paras.102-112.

[74] Enron v. Argentina, ICSID, ARB/01/3, Award, May 22, 2007, paras. 330-332.

[75] Canfor Corporation v. USA, UNCITRAL, Decision on Preliminary Question, June 6, 2006, para. 176.

[76] Canada-Import Restrictions on Ice Cream and Yoghurt, Report of the Panel adopted at the Forty-Fifth Session of the Contracting Parties on 5 December 1989 (L/6568-

36S/68), September 27, 1989, para. 59.

［77］Siemens v. Argentina, ICSID, ARB/02/8, Decision on Jurisdiction, August 3, 2004. para. 81; Schreuer, Christoph H.. Diversity and Harmonization of Treaty Interpretation in Investment Arbitration[M] // Fitzmaurice, Malgosia & Elias, Olufemi & Merkouris, Pano. Treaty Interpretation and the Vienna Convention on the Law of Treaties: 30 Years on. Leiden: Martinus Nijhoff Publishers, 2010: 132-134; 同［46］: 686-688.

［78］Gallagher, Kevin P. & Shrestha, Elen. Investment Treaty Arbitration and Developing Countries: A Re-Appraisal[J]. The Journal of World Investment & Trade, 2011(6): 919-928.

［79］有关这方面的内容，已有学者作出详细的论述，参见陈辉萍. ICSID 仲裁庭扩大管辖权之实践剖析——兼评"谢业深案"［J］. 国际经济法学刊，2010 (3): 78-105; 徐崇利. 从实体到程序：最惠国待遇适用范围之争［J］. 法商研究，2007 (2): 143-180; 徐崇利. 国际投资条约中的"岔路口条款"：选择"当地救济"与"国际仲裁"权利之限度［J］. 国际经济法学刊，2007 (3): 125-144; 徐崇利. "保护伞条款"的适用范围之争与我国的对策［J］. 华东政法大学学报，2008 (4): 123-134; 徐崇利. 公平与公正待遇：国际投资法中的"帝王条款"［J］. 现代法学，2008 (5): 123-134; 徐崇利. 利益平衡与对外资间接征收的认定及补偿［J］. 环球法律评论，2008 (6): 28-41; 赵骏. 论双边投资条约中最惠国待遇条款扩张适用于程序性事项[J]. 浙江社会科学，2010 (7): 56-62。

［80］Fedax v.Venezuela, ICSID, ARB/96/3, Decision of the Tribunal on Objections to Jurisdiction, July 11, 1997, paras.16-19.

［81］M.C.I. v. Ecuador, ICSID, ARB/03/6, Award, July 31, 2007, paras.159-167.

［82］同［81］.

［83］SGS v. Pakistan, ICSID, ARB/01/13, Decision on Objection to Jurisdiction, August 6, 2003, paras.31-37.

［84］Pope v. Canada, UNCITRAL, Interim Award. June 26, 2000. paras. 96-99.

［85］Franck, Susan D.. Empirically Evaluating Claims about Investment Treaty Arbitration [J]. North Carolina Law Review, 2007 (1): 52-53.

［86］UNCTAD. World Investment Report 2019 [EB/OL]. https://unctad.org/system/files/official-document/wir2019_en.pdf, 2022-7-15.

[87]过度解释是指国际投资仲裁庭在行使解释权时借解释之名行修改条约之实的行为。参见陈金钊.法律解释：克制抑或能动［J］.北方法学，2010 (1)：11.

[88]所谓"间隙造法"是指在以下三种情形下偶然为之的事情：（1）不得不去填补某一法典的空隙；（2）需要消除某一条款的模糊性；（3）法典的各条款在效果上有重合的可能性以至需要选择一个推理起点。这种间隙式的法官造法有时是必要的，但如果对司法的可预期性和法典的稳定性有所期待的话，那就应谨慎为之。参见王健.西法东渐——外国人与中国近代法的变革［M］.北京：中国政法大学出版社，2001：88。

[89] OECD. Fair and Equitable Treatment Standard in International Investment Law [EB/OL]. https://www.oecd.org/investment/investment-policy/WP-2004_3.pdf, 2022-7-15.

[90] Picherack, J. Roman. The Expanding Scope of the Fair and Equitable Treatment Standard: Have Recent Tribunal Gone Too Far [J]. The Journal of World Investment & Trade, 2008 (4): 270-290.

[91] Tecmed v. Mexico, ICSID, ARB (AF)/00/2), Award, May 29, 2003, para. 154.

[92]徐崇利.公平与公正待遇：国际投资法中的"帝王条款"？[J].现代法学，2008 (5)：123-134.

[93] Saluka Investments v. Czech Republic, UNCITRAL, Partial Award, March 17, 2006, paras. 302-305.

[94] Azurix Corp. v. Argentina, ICSID, ARB/01/12, Award, July 14, 2006 paras.369-377,417-423; LG&E v. Argentina, ICSID, ARB/02/1, Decision Liability, October 3, 2006, paras.132-139, 267; CMS v. Argentina, ICSID, ARB/01/8, Award, May12, 2005, paras.409-410.

[95] CMS v. Argentina, ICSID, ARB/01/8, Award, May12, 2005, paras.409-410.

[96]同［92］: 128.

[97] Schreuer, Christoph H.. The ICSID Convention: A Commentary [M]. New York: Cambridge University Press, 2001:1101-1102.

[98] AES Corp. v. Argentina, ICSID, ARB/02/17, Decision on Jurisdiction, April 26, 2005, para. 23.

[99] Kohler, Gabriele, K.. Arbitral Precedent: Dream, Necessity or Excuse? [J]. Arbitration International, 2007 (3): 357-378.

[100] CMS v. Argentina, ICSID, ARB/01/8, Decision on Objections to Jurisdiction, July 17, 2003, paras. 53, 74, 76.

[101] Commission, Jeffery, P.. Precedent in Investment Treaty Arbitration: A Citation Analysis of a Developing Jurisprudence [J]. Journal of International Arbitration, 2007 (2): 142-154.

[102] Fauchald, Ole, K.. The Legal Reasoning of ICSID Tribunals - An Empirical Analysis [J]. The European Journal of International Law, 2008 (2): 335-336, 343-349.

[103] Waste Management v. Mexico, ICSID, ARB (AF)/98/2, Award, June 2, 2000. paras. 98-140.

[104] 同 [40]: 104-106.

[105] Saipem S.p.A. v. Bangladesh, ICSID, ARB/05/07, Decision on Jurisdiction and Recommendation on Provisional Measures, March 21, 2007, para. 67.

[106] Thunderbird v. Mexico, UNCITRAL, Separate Opinion by Thomas W. Wälde, December 1, 2005, para.16.

[107] 一般说来，正当性这个概念是用来衡量统治资格之品质的标准。哈贝马斯认为，正当性意味着，同一种政治制度联系在一起的、被承认是正确的和合理的要求对自身要有很好的论证。一个正当的秩序应该得到承认。正当性意味着某种政治秩序被认可的价值。这个定义所强调的是，正当性是某种可争论的有效性要求，统治秩序的稳定性，甚至取决于对这种要求在(起码的)事实上的承认。参见[德]哈贝马斯. 重建历史唯物主义[M]. 郭官义，译. 北京：社会科学文献出版社，2000: 262。

对国际投资仲裁机制而言，以往的关注是其能否胜任其争端解决的功能。然而，晚近的实践表明，国际投资争端解决具有迥异于私人之间和国家之间争端解决的特性，在案件的审理过程当中，个案裁决已经形成一种"溢出效应"，仲裁庭所扮演的角色也在扩张。因而，对其正当性问题的探讨必须结合这种"溢出效应"，不能仅考虑其争端解决功能。

[108] 同 [40]: 50-51.

[109] 同 [19]: 2-3.

[110] UNCTAD. International Investment Rule-Making: Stocktaking, Challenges and the Way Forward [EB/OL]. https://unctad.org/system/files/official-document/iteiit20073_

en.pdf., 2022-7-15.

［111］Lauder v. Czech Republic, UNCITRAL, Final Award, September 3, 2001, paras. 1-10.

［112］Been, Vicki & Beauvais, Joel. The Global Fifth Amendment? NAFTA's Investment Protections and the Misguided Quest for an International "Regulatory Takings" Doctrine [J]. New York University Law Review, 2003 (1):30-143.

［113］Kill, Theodore. Don't Cross the Streams: Past and Present Overstatement of Customary International Law in Connection with Conventional Fair and Equitable Treatment Obligations [J]. Michigan Law Review, 2008 (5): 853-880; 同［90］: 255-291.

第二章
国际投资仲裁庭条约解释权的溯源

第一章的分析表明，国际投资仲裁庭仅是IIA"解释共同体"当中的一员，与其他解释主体相比，其所享有的解释权是特定的、有限的。然而，实践却表明，在这一复杂的解释体制当中，国际投资仲裁庭才是最为活跃的解释主体，其角色也因此在不断扩张。在这一过程中，国际投资仲裁庭频频出现条约解释失范的问题。到底是什么原因造成了这样的结果？本书认为，鉴于国际投资仲裁庭的权力是来自缔约国的授权，追本溯源，有必要从国际投资仲裁庭的权力来源查找根本原因，一探究竟。本章共分为三个部分：第一节将对国家选择授权国际投资仲裁庭的原因进行分析。依据国际授权的相关理论，授权的目的将是决定缔约国是否授权以及如何授权的关键，而后者将与国际投资仲裁庭的政策偏好、价值取向和权限密切相关。因此，第二节的论述将围绕缔约国如何授权，即国际投资仲裁庭的授权模式展开，以便确定在国际投资仲裁中，缔约国、投资者与国际投资仲裁庭三方的关系。第三节将探讨现行授权模式是否以及如何导致国际投资仲裁庭在条约解释时出现权力失范的行为。

第一节 IIA缔约国选择授权的原因解读

在国际社会当中,由于权力的让渡必然会对国家的主权造成一定的限制,国家违约成本也因此有所提升,那么,国家为何还会选择授权国际关系行为体?这一问题引起了包括现实主义以及自由制度主义学者的关注。在新现实主义学者看来,国家,特别是强国,通过单边政策就可实现某些政策目标,故授权并不是国家的必然选择。[1]新自由制度主义者则认为,国家可以通过国家之间的合作来维护自身的利益,解决国际纠纷,而授权只是国际合作的一种形式。[2]那么,在国际投资法律体制当中,缔约国为何创设国际投资仲裁机制,并授权国际投资仲裁庭?这一问题的回答至关重要,因为它将决定国家如何授权,即具体授权方案的选择,而后者决定着国际投资仲裁庭在这一授权当中所扮演的角色以及权限范围。

一、国际授权理论述略

为了理解国际仲裁庭的权力来源,我们需要借助有关国际授权的理论研究。国际授权是晚近国际关系与国际法学界所共同关注的研究领域。在这一理论当中,学者所关注的是主权国家为何以及在何种条件下授权国际组织,而不是采取单边行动或国际合作这两个方面。

(一)何谓国际授权

有关国际授权的定义是国际授权研究的起点,但迄今为止,学界对国际授权的定义尚未达成共识。依据目前收集的信息来看,首先对国际授权做出界定是国际关系学的学者。2000年,在探讨国际机制法制化时,罗伯特·基欧汉(Robert Keohane)等学者把授权性(delegation)、责任性(obligation)与明确性(precision)视为构成国际机制法制化的三个基本特征,并将国际授权定义为:主权国家授予第三方(包括法庭、仲裁庭、行政机构)执行协定的权威。其中,司法授权的特征就是第三方争端解决机构有权依据现有国际法律学说来解释规则，并将其适用于特定的案件事实当中，甚至在可能的情况下构建进一步的规则来填补法律的漏洞。[3]

柯蒂斯·布拉德利（Curtis Bradley）与朱迪思·凯利（Judith Kelley）认为，国际授权即两个或多个国家将权威授予一个国际关系行为体，由后者做出决定或采取措施。[4]至于国家将何种权威授予哪一类行为体，这一概念并没有明确界定，理论上说，国家可以将所有权威授予任何国家与非国家行为体。尽管有学者质疑这一定义的精确性，认为其过于宽泛，不足以体现国际授权的本质，但其他学者所做的界定并未跳脱这一界定的范畴，而只不过是在这一定义的基础上作了进一步限定，或者强调了国际授权的法律维度而已。[5]例如，达伦·霍金斯（Darren Hawkins）等人将国际授权界定为委托人授予代理人权威而使后者可以前者的名义行使权力这样一种情况。[6]爱德华·斯温（Edward Swaine）认为，国际授权是授予国际关系行为体权威以制定具有法律约束力的规则。[7]库·朱利安（Ku Julian）则认为，若一项国际行为将产生转移联邦政府实质性分配权力的效果，那么它应被视为一种授权。[8]

综上所述，国际授权就是国际法的天然主体——主权国家将其部分权威授予国际组织之类的国际关系行为体的行为。[9]从这个意义来看，国际授权机制至少涉及三个要素：主权国家（让渡者）、权威[10]的授予、国际关系行为体（受让者）。根据以上所述，国际授权的构成如图2-1所示：

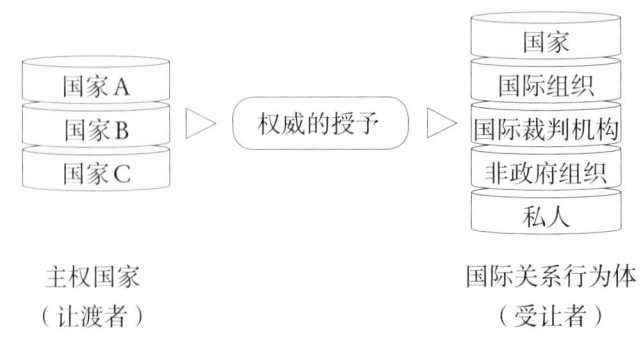

图2-1 国际授权的结构链

从上图可知，在国际授权当中，授权主体只有一种，即主权国家。在具体实践中，可能会存在由单个国家还是多个国家一起授权之分。而权威授予的对象则是多元的，可以是主权国家、国际组织、国际裁判机构、非政府组织，甚至私人。国家会依据不同的目的决定是否授权以及将权威授予哪一类行为体。

（二）国家选择授权的原因

有关国家选择授权的原因，学者们给出了不同的答案。肯尼思·阿博特（Kenneth Abbott）和邓肯·斯尼达尔（Duncan Snidal）在探讨国家为何授权国际组织完成政策目标时指出，授权可获得各种单边行动所不能实现的收益。这些收益包括：提供国家之间的合作与互动平台、规模经济效益、联合协作、议程安排、标准制定与协调、促进履约、去政治化、分配稀缺资源、解决争端等各项收益。[11] 达伦·霍金斯等人同样认为，国家授权国际组织所获得的收益包括：专业化、管理政策外部化、形成政策偏好、解决争议、促进集体决策、提升政策的可信度及锁定政策等。[12]

综合上述学者的观点，国家选择授权的原因大致可归结为两点，一是减少决策或交易成本，二是提高条约的可信度。需要注意的是，学者所总结的国际授权的收益都是一种潜在的假设。因此，这些潜在收益的存在并不意味国家必然会选择授权，真正的授权还取决于国家偏好的异质性、权力均衡与这些收益之间的互动。换言之，授权的可能性及其程度取决于利益、国家偏好和国家权力。具言之，国家之间的政策偏好差异越大，主权国家选择授权的可能性就越小。若授权方案越体现国家之间的权力分配，那强国就越有可能选择授权；反之，强国则更倾向于选择单边行动。[13]

此外，授权收益之间可能会存在冲突，即便是同质的收益也会有主次之分，不可能全部兼顾。不少授权收益是国家在追求某些特定目标的过程中衍生出来的。以主权国家授权国际裁判机构为例。通常情况下，其主要目的在于解决争端，并通过争端解决的机制做出具有法律约束力的裁决，提高国家的遵约可能性，从而提升其承诺的可信度。但在这一过程当中，国际裁判机构必然会对相关国际条约做出权威的解释，同时也会根据条约及相关法律规则裁判缔约国的行为是否违反条约义务，由此所确立的审查东道国行为的标准可能会影响到缔约国今后的行为，也可能会影响到后续案件的裁决。就此而言，虽然条约用语的模糊会增加裁判者的司法决策成本，扩大适用条约的裁判者的自由裁量空间，但缔约国可在谈判时降低缔约或者立法决策的成本，将更多的事项纳入条约的调整范围。从这个角度来看，授权国际裁判机构也会产生降低交易成本的作用。

二、IIA缔约国为何授权国际投资仲裁庭

前文已经提及，IIA存在形式理性不足的问题，因而，国际投资仲裁庭在裁决过程中不可避免要对其做出解释，但这并不是缔约国创设国际投资仲裁庭的最终目的。因为第一章已经指出，在IIA框架下，主权国家还创设国家-国家争端解决机构，它才是明确获得缔约国授权处理条约的解释和适用问题的机构。那么，主权国家为何会创设国际投资仲裁机制，并将权威授予国际投资仲裁庭？通常认为，缔约国创设国际投资仲裁机制的真正目的是解决IIA的遵约难题。

（一）作为长期政策承诺的IIA

有关缔约国缔结IIA的目的之探讨，尚未有定论，但普遍认为，IIA是缔约国为改善本国投资环境，提升本国外资吸引力而缔结的国际条约。[14]无论从条约的内容还是投资争端解决的实践来看，从条约缔结中获益的并非缔约国各方，而是缔约国本国的国民及其投资。可以说，IIA作为缔约国的一种政策工具，呈现出很强的长期政策承诺的特征。

1. IIA的预先承诺性

促进资本的跨国流动是缔约国缔结IIA的首要目标。[15]从IIA的起源来

看，它脱胎于友好通商航海条约（FCN）。[16]早期的FCN是在美国与欧洲国家之间缔结，这些国家身兼资本输入国和资本输出国的身份，因而条约的构建和运行是基于互惠互利机制才得以确立和维持。[17]详言之，在通常情况下，FCN的缔约国既是资本输入国又是资本输出国，只有在具体个案中才会各自分化为资本输入国与资本输出国这两个对立的角色。这种基于互惠机制而构建的条约机制随后为IIA所承继。尽管在随后的实践中，IIA在不断演变，缔约双方的类型也在不断变化，但IIA的整体性架构和运行逻辑基本保留原有的模式。需要注意的是，现代IIA通常是由一个资本输入国（发达国家）与一个资本输出国（发展中国家）缔结的，[18]由于两者在国际投资领域所处的地位不同，它们缔结IIA的目的也因此呈现差异。一般而言，资本输出国缔结IIA的目的是保护本国海外投资的安全，[19]而资本输入国则主要是为了吸引外资。[20]IIA作为一种专门协调缔约国之间相互投资的特别法律机制，在东道国的外资法、投资合同和国际习惯法之外，又设置了一项保护机制。然而，IIA的制度预设逻辑究竟是怎样的？换言之，在制度设计方面，IIA是如何促进外国直接投资流入东道国的呢？

对于东道国政府而言，其享有监管外资以及确定其自身在促进本国经济发展中所扮演角色的权力，然而，这一权力的行使总会或多或少地对外资自由流动造成一定的限制。也因此，在国际投资领域当中，跨国投资者常常会面临这样一个问题：在作出投资之前，决定权完全掌握在自己手上，一旦将资金投入东道国，主动权就交由东道国所掌握，即东道国政府获得了任意干预投资营运活动的主动权——这就是我们常说的政治风险，交易成本经济学的学者则把它称为"承诺的可信性问题"。[21]由于存在政治风险，投资者在进行投资决策时，除了考虑项目的未来投资收益，还需要关注的就是其投资的安全性。因为，一旦财产被征收，或者投资营运被迫中断，即便获得事后的赔偿也无法弥补全部的损失。正是依据这样的前提假设，IIA为投资者的财产权提供充分的法律保护，让投资者安心地投资，东道国才可以获得充足的资金和先进的技术，最终推动国家经济的发展。这一系列的效应也就成了IIA制度安排的理论逻辑。相关研究也表明，在引进外资或促进经济发展方面，财产权保护水平较高的国家比保护水平较低的国家的表现要好一些。[22]

与发达国家相比，在外国投资者合法财产权保护方面，发展中国家的国内法律体制的有效性常常会被质疑。普遍认为，对合法财产权缺乏足够的保护正是发展中国家吸引外资的最大障碍。通过投资者友好实体规则和执行这些规则的机制，IIA可以弥补这种法律上的空缺。正是基于上述的逻辑，发展中国家试图通过国际条约的形式将其国内的外资政策上升为一项国际法义务，这种承诺会限制政府的决策行为，避免其决策的任意性，期望籍此影响外国投资者的决策，进而吸引更多的国际直接投资流入。[23]有学者就认为，墨西哥政府之所以愿意缔结NAFTA，很大一部分原因是为了提高其外资政策的可信度，这是其国内逐步自由化的经济政策的重要组成部分。[24]

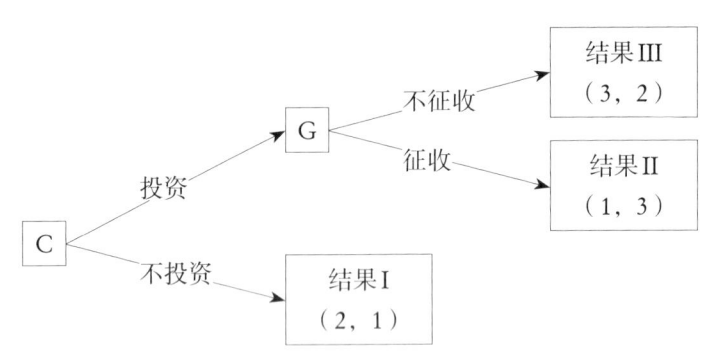

图2-2 私人投资者与东道国政府之间的投资博弈示意图

资料来源：Fabrizio, Gilardi. *Delegation in the Regulatory State*, Edward Elgar Publishing Limited, 2008.

图2-2是有关东道国政府与私人投资者之间的博弈图例。[25]G代表希望吸引外资的东道国政府，C则代表打算进行跨国投资的外国投资者。在投资决策初期，投资者享有主动权，它可以决定是否在G国投资。若投资者放弃投资，那么博弈将以结果I结束。投资者获得2点的收益，而东道国的收益则

仅是1点。在投资者将资本投入G国之后，东道国就享有了主动权。换言之，G国可决定是否对C公司的财产实施征收（例如，通过调控价格的方式）或者是否为其财产权提供保护。若政府实施征收，将会产生结果Ⅱ（政府收益为3点，投资者收益为1点），若放弃征收，则会产生结果Ⅲ（政府收益为2点，投资者收益为3点）。从收益来看，在遭遇征收的情况下，投资者放弃投资获得的收益要大于投资，因此，从外国投资者的视角来看，其收益的次序是Ⅲ＞Ⅰ＞Ⅱ。而对于G国政府来说，它通常希望吸引更多的外资，但是也可能会出于某种需要征收投资者的资产。其收益的次序则是Ⅱ＞Ⅲ＞Ⅰ。如果投资者可以预知政府的征收行为，那么它将会放弃投资，此时的收益将是结果Ⅰ。即便如此，对于投资者来说，这只是一种次优均衡的状态，因为博弈双方在结果Ⅲ的情况下才是双赢。[26]

在此种情况下，G国政府的决策权将变得重要。为了影响C公司的投资决策，G国政府将会做出不对C公司采取征收措施的承诺。同时，为了提升这一承诺的可信度，政府还会提高违约的成本，如提高决策程序的复杂度，或出台明确禁止此类行为的法律。例如，G国政府可以事先决定是否对C企业做出不采取征收措施的政策承诺。如果政府选择不作承诺，那么双方的博弈将依照前述模式进行，否则，由于违约成本已提升，政府的支出将会有所改变；相应地，政府的收益排序也会变成：Ⅲ＞Ⅱ＞Ⅰ。换言之，在做出承诺之后，东道国政府若对C公司采取征收措施，那么，政府可能会面临惩罚，其收益要比不作承诺的情况更低，征收就变成了次优选择，放弃征收才是政府的最佳选择。因此，政府最终将放弃实施征收。而对于投资者而言，由于政府做出了可信的承诺，他选择投资的可能性将大增；此种情况下，双方都达到了预期，因此，在Ⅲ的情形中实现均衡。[27]这一博弈的路径如图2-3所示：

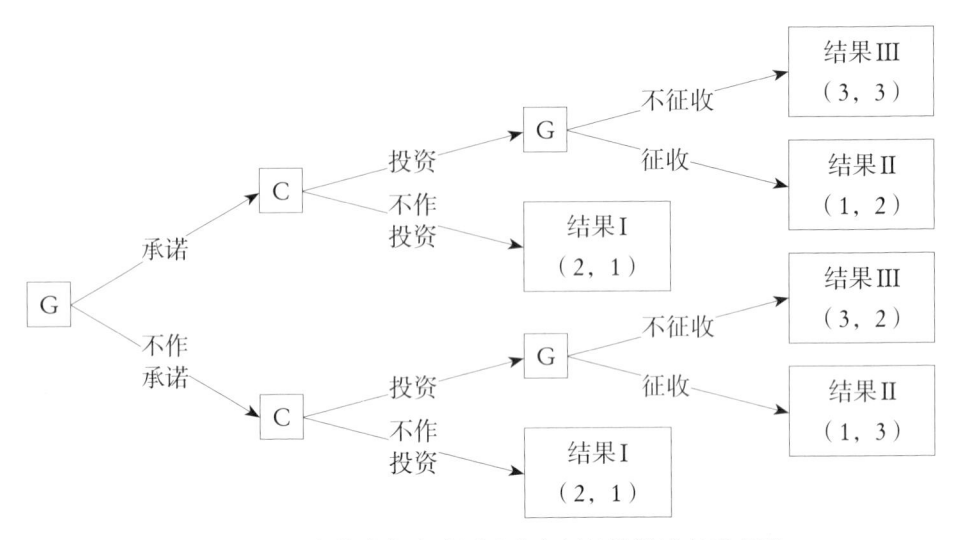

图 2-3　私人投资者与东道国政府之间的投资博弈示意图

资料来源：Fabrizio, Gilardi. *Delegation in the Regulatory State*, Edward Elgar Publishing Limited, 2008.

依上述分析，IIA 可被视为一项东道国政府对外国投资者作出的政策承诺，只不过这项承诺并不是直接对外国投资者做出的，而是对投资者母国。在这项政策承诺当中，东道国政府承诺将"公正地""友好地"对待来自缔约另一方的投资者。这个特征首先体现在 IIA 的序言以及标题当中。考察条约的具体内容可知，绝大多数 IIA 仅确立外国投资者权利，对其义务不作要求，而缔约国在条约中则做出不实施损害约定投资的特定行为的承诺，或者给予投资者优惠待遇的承诺。例如，给予投资者最惠国待遇、国民待遇、非歧视性待遇、公平与公正待遇；充分的保护与安全等权利；当政府征收或者政府采取类似征收的措施时，可获得"及时、充分和有效"的补偿；以及投资者财产的转移和利润汇出的权利。可以说，IIA 绝大多数条约义务的目的是限制东道国政府的监管自由裁量权，保护外国投资的利益，以提高外国投资者做出投资的意愿。

2. IIA的长期性

与大多数国内政策一样，IIA是一项长期的政策承诺。实践当中，IIA通常会对其有效期做出明确的规定，其目的在于为潜在的投资者提供某种程度的预期，投资者可据此确认哪些规则将适用于他们投资。这些对资本输入国主权产生限制的IIA通常以10年或更长的时间为一周期。UNCTAD的一项研究表明，IIA初始有效期通常为10年，有的IIA还将其延长至15年、20年。[28]当然，大部分BIT会规定，条约初始有效期届满后，任何一方均可按照条约规定的程序单方废止条约。[29]但是为了确保政策的稳定性，BIT通常还包含诸如"自动存续条款"之类的自我保护机制，即条约有效期届满之后，缔约国若没有做出终止条约的表示，则条约将自动进入下一个有效期。这意味着一项IIA的实施至少会历经两个政府执政，甚至更多。[30]

如果说影响投资者做出投资决策的关键因素是它与政府签订的投资合同能否公正地实施，那么IIA的存在应该可以增加东道国在吸引外资方面的竞争优势。因此，那些国内政策缺乏稳定性的政府比那些公认公正对待投资的国家更愿意缔结IIA。[31]此外，即便是国内法律环境相对稳定的发达国家，其国内的外资投资法律制度也不见得一成不变。美国最近几届政府对外经贸政策的变化就是典例。UNCTAD的数据表明，截至2021年5月，共有21个发达国家因本国的监管行为被投资者诉诸国际投资仲裁庭，包括超级大国——美国在内。[32]由此便产生这样一个问题：如何确保国家遵守IIA呢？

（二）IIA的遵约难题

作为东道国对外国投资者的一项长期政策承诺，IIA在实践中会面临诸如政府的更迭、情势的变更或政府偏好变化等问题，这些问题会或多或少地增加东道国政府遵守IIA的难度。

1. 政府更迭的问题

这个问题主要与民主的本质相关。民主的一个根本特征就是政府的临时性。[33]时限是选举制的一个必然要求，执政政府的轮换意味着现行的代表大多数人的政府所推崇的政策将有可能会被下一个同样代表大多数人的新政府彻底推翻，而下一届政府所代表的利益有可能是不同的，甚至是截然对立的。更为关键的是，这种政策的变化是合法的，因而无须支付任何赔偿。从这个意义上说，公共权威在既定政策领域所行使的权利可以被视为一种财产权。詹多梅尼科·马约内（Giandomenico Majone）就认为，公共权威所行使的决策权是一种"政治产权"（political property rights），是政治家用以确立政府组织结构和制定公共政策的权利。[34]

在民主政体当中，政治产权的界定是个难题。因为，公共权威不专属于任何人，它独立于任何人之外而内嵌于各种公共机构当中。任何人只要依据既定的规则取得政权，就可以控制这些机构进而行使这项权利。[35]无疑，一国政府是一个不断变动的集体实体，它们未来的治理模式并不必然就是现任政府治理模式的自然延续。所以，任何计划周详、忠于职守的民主政府都将面临一个问题：在它下台之后，其政策将可能无法继续贯彻实施。以美国为例，在特朗普执政之后，美国退出多个国际条约。例如，2017年1月23日，特朗普上任之后签署的第一个行政命令就是退出《跨太平洋伙伴关系协定》（Trans-Pacific Partnership Agreement）。该协定是奥巴马时期的重要战略布局，是美国转向亚洲的重要战略支撑点。[36]需要指出的是，在缔约自由、诚信以及条约必须遵守等原则已为世界各国所认可的情况下，IIA缔约国并不能简单地以本国政府的更迭为由拒绝履行其条约义务。因此，在实践当中，因政府更迭而引发的违反IIA的情况已不多见。

2. 政策动态不一致的问题

在现实当中，缔约国的遵约问题总是与政府的自由裁量权有关。只不过，政府的更迭更多地与未来执政政府的自由裁量权相关，而现任政府的自由裁量权则会受到情势的变更或政策偏好变化等问题的影响。换言之，即便在同一届政府的执政期之内，遵约问题同样存在，因为政府的政策还会面临动态不一致的问题。决策者的偏好不可能一成不变，它会随着时间而改变。某项政策在某个时期可能是最优的，但随着时间的变化却有可能转变成为次优的甚至是最差的选择。[37]此种情况下，若没有任何约束机制，那么政府很可能会运用自身的裁量权来修改其最初选择的政策方案。由此产生的问题是，如果投资者能预测到这种决策的转换，他们必然会采取相应的措施来应对，如此一来，政府最初的政策目标也将会落空。

除了存在形势变更的可能之外，政府决策变化的原因更多的是来自政府政策偏好的多样性。政府的政策偏好不可能是单一的，当多种政策偏好共存时，不同的政策偏好之间很可能会存在冲突，甚至相互矛盾。比如，经济价值一直是各国政府政策所关注的重要内容。然而，随着全面发展观逐步为各国所接受，政府政策所关注的内容也扩展到环境、劳工和文化等非经济价值的确认、维护等方面。相应地，经济价值的关注度会被削弱，原先的政策也因此需要调整。

在国际投资领域当中，动态不一致问题普遍存在，即便是发达国家也不例外。因为，作为外资监控者的东道国与外国投资者之间存在着诸多利益冲突，而这些利益冲突是难以消除的。毕竟，前者作为一国的治理者，所关注的更多的是公共利益，而外国投资者则会强调自身投资的安全与增值。表2-1即为东道国与外国投资者所追求利益的清单。同时，东道国政府还会受到来自国内产业界施加的压力。比如在贸易领域，国内产业界普遍有游说政府施加贸易壁垒以降低自身可能面临的竞争和冲击的动机。[38]在一些特殊情况下，如现任政府为了获得连任而争取选票，决策者也会改变其当时的政策选择。

表2-1　东道国与外国投资者所追求利益的清单

东道国所追求的利益	外国投资者追求的利益
*财政收入和外汇收入 *基础设施的发展 *生产技术、管理技术的获得和劳工培训 *下游产业一体化 *提高当地劳工、当地股东、当地企业乃至当地政府的收入 *推动国内经济快速发展 *开放市场、促进贸易 *吸引更多投资	*获得和维持稳定的原材料供应 *保持企业在业内的竞争力 *控制市场情势 *产业的多元化 *减少东道国政府的机会行为造成的损害 *企业管理和培训技术的保护 *在东道国赚取利润的自由汇回

资料来源：由作者整理而成。[39]

显然，IIA是缔约国之间缔结的一项长期政策承诺，而政府的更迭与政策的动态不一致问题不可能完全消除。尽管从长远的视角来看，缔约国为了吸收外资，并不存在破坏现有投资者信任的动机，但如果短期收益超过长期收益，缔约国仍会放弃长期政策所做出的承诺，改变现行的投资政策。更何况在政府更迭的情况下，下一届政府对上一届政府政策的拥护程度还是一个未知数。前文也提及，较之国内法律环境稳定的国家，那些国内政局不稳，或法制不健全的国家更倾向于缔结IIA。也因此，通常情况下，IIA中至少有一个缔约方会面临此类问题。然而，通过缔结一个IIA不可能完全改变这些国家政策不稳的现状，因此，这些国家缔结的IIA同样面临遵约难题。所以，即便为了吸引外国投资者，缔约国在IIA当中规定了高保护标准、高度自由化的义务，若这个高标准的政策承诺仍有变化的可能，那么，外国投资者仍然会放弃投资。

（三）作为IIA遵约监督机制的国际投资仲裁机制

为了消除动态不一致等问题带来的影响，提高IIA的可信度，缔约国会尝试采取各种方式来应对这一问题。例如，部分国家在缔结IIA时，会引入一种"承诺/弹性"机制：一方面在条约当中引入高保护标准、高度自由化的条约义务，并尽量采用精确的措辞；另一方面则设置了庞大的例外条款，为东道国政府未来预留足够的施政空间。[40] 精确的语言具有封闭性和限制性，可在很大程度上减少东道国政府政策行为的自由裁量空间，从而提升IIA这个承诺的"硬度"或"刚性"。这种"硬性承诺"可以传递给投资者一种"东道国欢迎外资，并且承诺会尽力保护外资在其领土范围内的合法权益"的信号，尽管例外条款保留了东道国依据形势的变化调整自己政策的可能和空间。同时，由于例外条款只是一种例外，政府仅在条约规定的范围内才可以违反IIA规则，这更进一步提升这一承诺的"刚性"。可以说，"硬性承诺+弹性装置"，一方面给予东道国必要的政策调整空间，减少其合法政策行为被认定为违约的可能性，另一方面限制东道国施政的自由裁量空间，减少其实施违约行为的动机，从而打消外国投资者对动态不一致等问题的顾虑，提升IIA的可信度。

这种做法为美国对外缔结的IIA所广泛采用。美式BIT素以保护程度高、自由化尺度大，规则细致化和复杂化而有别于其他国家签订的IIA。以IIA中的投资自由化规则的核心条款——国民待遇条款为例，[41] 美国在其对外缔结的IIA中均无一例外地规定了这一条款，并承诺在准入阶段给予外国投资者及其投资以国民待遇，2012年美国BIT范本就是如此。该范本将国民待遇单独列出，且还细分为3款，[42] 同时，正文和附件还设置了体系化的国民待遇例外安排。从范本的内容来看，第14条和第15条规定的是国民待遇的专门例外，第16条至第21条则是整个投资条约的一般例外，同样适用于国民待遇。可以说，美国IIA在给予外资准入国民待遇的同时也施加了各种限制，从而保留自身对外资的规制自主权。[43]

尽管有关IIA是否与FDI跨国流动有直接关联性这一问题尚未有定论，但有不少研究证明，倾向于促进投资自由化的美国IIA比其他国家缔结的IIA

可产生更强的信号效应,可促进更多的外资流入。杰斯瓦尔德·萨拉丘斯(Jeswald Salacuse)和尼古拉斯·沙利文(Nicholas Sullivan)在统计和分析1998—2000年这三年内的100个发展中国家FDI的流入量以及1991—2000年这十年间美国向31个国家的对外投资流量等数据后发现,在同等情况下,美国缔结的BIT比其他OECD国家缔结的BIT更能促进FDI总量的流入。这一影响不仅限于缔约国之间,甚至还扩散到其他非缔约国。[44]

当然,美国缔结的BIT对FDI流动的影响力与其自身的超级大国身份有一定关联,[45]因此,上述结论仍有待确认。此外,虽然精确的语言具有封闭性和限制性,使得缔约国很难任意解释其含义并籍此正当化其违反条约的行为,但另一方面,由于高标准的投资保护和促进义务会对缔约国的主权造成极大限制,故而需要设置全面的、体系化的例外保护机制,无疑,这将对缔约国的立法技术提出很高的要求。因此,实践当中,虽然美国在国际投资领域的影响力巨大,但采用美式BIT的国家其实并不多。需要指出的是,由于理性有限和语言表达困境的存在,单纯依靠精确的语言并不能有效消除IIA的遵约问题,因为,过度强调语言的精确性,很难适应规范社会生活的需要,此种情况下,缔约国难免要突破那些过分狭隘的IIA规则。一旦如此,反而容易导致IIA失效的危险。[46]所以,即便是美国这样的超级大国也没有单纯地依赖这种"承诺/弹性"机制,而是在此基础上增加了其他遵约机制。

事实上,国家之间的遵约行为是一个长期博弈。通常情况下,缔约各方都会遵守其承诺,相应地,各方也会因此而获得比不合作更多的收益。然而,这在单方背叛的情况下并不适用,此时,背叛一方将获得更大的收益。鉴于政府政策偏好的变更多数是为了追求当前的效率,假若在做出承诺之时,预先通过制度安排增加违约的成本,即增加事后决策的无效率,将会大大改善IIA的执行效率。[47]授权独立的争端解决机构就是其中一种方式。

当然,缔约国的国内司法机制也可以实现这一目标,但这意味着东道国国内的法制化程度很高,司法体制完备。若真是如此,东道国根本不需要缔结IIA这一方法来提高本国政策的可信度。实践也证明，发达国家之间缔结的IIA在整个IIA体系当中所占的比例是很小的。在国内司法体制约束有限的情况下，授权独立的国际投资仲裁庭，由其确认缔约国承诺的范围并强制缔约国遵守它们的承诺，从而降低违约的可能性，也因此成为缔约国的选择。

需要指出的是，在纯粹的双边机制下，条约缔约方的权利义务是互惠对等的，所以相互采取以牙还牙的威胁、报复和其他自助行为是双边互动最常见的模式。这些措施所引发的威胁就足以迫使缔约国遵守其承诺。理论上，在双边层面上，缔约国无需授权独立的争端解决机构便可确保其承诺的可信度，因为这一承诺在其做出之时已是可信的。[48]但这一结论却不能完全适用IIA。一方面，IIA的受益人不是IIA的缔约国而是各个缔约国的国民。通常情况下，缔约国与其国民的利益并不完全一致。因此，这种相互制约的效果并不明显。另一方面，尽管绝大多数的IIA都是双边性条约，但由于IIA存在固有的结构性缺陷，即发展程度较低的国家才是条约义务的主要承担方，双边条约当中的相互制衡模式也因此失效。所以，在无政府状态下的国际社会中，通过缔结IIA并将投资争端的管辖权授予独立的裁判机构，依据这种授予性的权威以及它们自身所具有的专业权威，裁判机构可以解释IIA这项由国家作出的承诺并确认是否存在违反条约义务的行为，强制违约的缔约国遵守它们的承诺。这就成为提升国家遵守其IIA义务可能性的重要途径。

正因如此，虽然具体的措辞各异，但大多数IIA都包含有国际投资仲裁条款。其中，绝大部分IIA选择的是对本国主权限制最高的ICSID仲裁条款。[49]有学者考察了UNCTAD投资条约分析项目提供的相关数据，同时对2571个BIT中的国际投资争端解决条款进行指数分析之后发现，包含强制性争端解决机制条款的BIT更能促进FDI的流动。换言之，国际争端解决条款的确在BIT的国际投资促进效应方面扮演关键角色。[50]实践当中，与私人投资者与东道国政府之间的投资契约相比，IIA及其国际投资仲裁机制通过以下三个步骤来增加政府违约的事后成本，从而提升东道国遵约的可能性。

首先，把投资者母国政府变成IIA的缔约一方。在这种国家与国家间的法律安排当中，投资者母国的利益远比在投资契约中更为紧密，即其在善意遵守条约这类普适性原则中具有重要利益。违反IIA也等同于违反国际法的基本原则——有约必守，而违反一项由国际条约管辖范围下的合同同样会对重要的国际政策利益造成损害。[51]

其次，通过明确东道国责任的方式，IIA增加了违反契约的事后成本。与国际习惯法相比，IIA的内容要精确得多。同时，在解释特定契约义务方面，它们提供了更为宽泛的法律框架。措辞的精确可以减少相互推诿的可能性，令这些过去被忽视的义务受到来自本国民众、其他外国投资者和其他国家的更多监督。明确违反这些IIA规则所隐含的信誉成本将会比违反法律未明确禁止的行为更高。[52]

最后，授权国际投资仲裁庭对外国投资者与东道国的争端行使管辖权，通过提升条约的执行来增加缔约国的事后成本。国际投资仲裁机制是具有强制性的争端解决机制。一旦东道国违反相关的IIA，投资者无须获得其母国的同意或者支持即可启动仲裁程序，将其指控至国际投资仲裁庭。由于东道国事先已在条约当中承诺接受国际投资仲裁庭的管辖，因而它不能阻止仲裁程序的进行，也不能控制仲裁庭的最终裁决。一旦东道国被裁定为违反条约义务，仲裁庭还可以要求东道国支付金钱性的赔偿。当然，作为主权国家，东道国可以拒绝赔付，但这样一来将会对其名誉产生非常深远的影响。若政府拒绝执行一个中立的第三方所作出的裁决而任意地违反其预先做出的承诺，那么，绝大部分的重要参与者，无论是公共的还是私人的，都极有可能会认为这个政府是一个不可靠的经济合作伙伴。这种影响在ICSID仲裁下更为明显。通过给予私人投资诉诸国际仲裁以及获得法律赔偿的权利，缔约国违约的各种事后成本有所增加，如外交成本、主权成本、仲裁成本和名誉成本，迫使缔约国在违约时必须衡量、计算其违约的收益，也因此，其违约的随意性将会减少，东道国遵约的可能性也相应提高。[53]

此外，国际投资仲裁庭在解决争端的同时还发挥着信息传递的功能。这同样会提高遵守条约的可能性。由于存在信息不对称的问题，发生争议时，争端当事方通常很难确认相关事实和信息。因此，单纯依靠自身，缔约国通常很难监督以及评估缔约相对方是否会违反条约义务。监督和评估成本的存在降低了违约行为被发现的概率，因为即便被发现，也很难认定是否违反条约。在IIA框架下，条约的用语多是模棱两可的。发生争议时，局外人通常很难获取相关事实，所以授权国际投资仲裁庭做出裁判，将在很大程度上降低这些监督和评估的成本。国际投资仲裁庭对那些被指称违反条约的行为进行调查，对此作出裁决，公开确认哪些国家违反了条约义务，由此形成一种强制性的程序。从这个视角来看，仲裁庭不仅可以澄清条约语言的含义，将这些抽象规则适用于同样不确定的事实，还可以认定违反国际投资法的行为是否存在，并提供有价值的、中立的证据。[54]

国际投资仲裁庭作出的裁决还会迫使国内利益集团或政治参与者更加关注国际法律规则。美国在NAFTA框架下的仲裁实践所引发的国内效应就是一个典例，它最终导致了2004年美国范本的修订，从而拉开了晚近IIA转型的序幕。这也意味着通过澄清国际条约实体规则的意义，探寻事实，在特定程序下判定国家行为是否正当，国际投资仲裁庭的规制可能会促使愿意遵守条约的选民敦促本国政府遵守部分条约义务。有学者指出，如果国际投资仲裁庭的规制有利于国内利益集团，这些利益集团也将会游说政府遵守条约。在私人参与者直接启动国际裁判程序的情况下，这一效果将更为显著。毕竟，国际投资争议与外交或政治问题的关联性不大，因而不存在太多的政治考量的问题。可以说，这些国内政治成本同样会增加国家违反其承诺的难度。在国际投资仲裁庭监督下的国际条约将比那些没有提供司法审查机制的条约更为可信。[55]

第二节　国际投资仲裁庭的授权模式选择

前文已指出，IIA缔约国选择授权国际投资仲裁庭的目的是解决IIA的遵约问题，故其授予仲裁庭的是投资争议的管辖权。通过解决相关投资争端，仲裁庭确认缔约国是否违反其应承担的条约义务，提升其违约的事后成本，减少其未来违约的可能。那么，这个授权收益该如何达成？换言之，授权该如何实现？有关国际授权的理论表明，由于所追求的授权收益以及产生的授权成本不同，在选择谁为受让者、给予何种权威以及如何保障委托人的权益等方面，缔约国所选择的制度安排也会有所差异，这主要体现在授权模式之上。本节将主要探讨主权国家所选择的授权模式之间存在何种差异，并确认国际投资仲裁庭的具体授权模式。

一、国际授权的模式：代理人模式与受托人模式

总体而言，主权国家选择授权的原因可归纳为两类：一是减少决策或交易成本；二是提高遵约的可能性或者条约的可信度。类似地，国际授权的模式也可分为两种类型：一是委托人/代理人模式；二是委托人/受托人模式。那么，其类型划分的理由何在？两种模式又有何差异？

（一）两种授权模式的解读

在展开探讨之前，有必要对这两种授权模式作一个初步的了解。在这两种模式当中，IIA缔约国的身份并没有区别，均是委托人，但权威授予的对象则有代理人和受托人之分。有学者认为，通常情况下，为减少决策或交易成本，缔约国会选择委托人/代理人模式，而为了提升政策承诺的可信度，则倾向于选择委托人/受托人模式。[56]

1. 委托人/代理人模式

```
┌──────────────┐      授权      ┌──────────┐
│ IIA缔约国全体 │ ←──────────→ │  第三方   │
│(委托人、受益人)│      代理     │ (代理人) │
└──────────────┘                └──────────┘
```

图 2-4 委托人/代理人的授权模式

由于有限理性和投机主义等因素的存在，国家在谈判时可能会产生各种决策和交易（缔约）成本。为了降低这些成本，国家会授权国际关系行为体，借助其专业性的权威来获取信息并制定出周详的协调方案，以避免谈判的拖延或反复。由于其中涉及规则的创制，而这些规则又与缔约国自身的权利义务密切相关，是以，此类授权通常只会产生一种后果，即国际关系行为体代替主权国家行使缔约权，即它们只能以国家的名义而非自身名义行事；否则，即便国际法被创制出来，也会因为缺乏国家的同意而得不到遵守或者缺乏法律约束力。换言之，国家希望借助国际关系行为体的专业性权威来减少决策和谈判成本，促成谈判的完成，[57]但因权威的授予涉及规则的创制，主权国家不可能轻易放权，在授权的同时必然会加强控制，以确保国际关系行为体制定的规则与自身的政策偏好相一致。也因此，缔约国将会选择一种较为谨慎的授权方案，即内部授权。[58]所谓内部授权是指委托人将权威授予自己可以直接和有效控制的行为体。最常见的内部授权就是国家主管当局授权的全权代表代为进行缔约谈判。通过人事任免，缔约国可以直接控制全权代表。可以说，尽管获得授权的国际关系行为体是独立于国家之外的，具有独立的文化和行动议程，但它们只能是国家（委托人）的"代理人"，依照主权国家的指令行事，为主权国家的利益而参与到国际事务当中。[59]该模式的授权结构如图 2-4 所示。

依照迈克尔·蒂尔尼（Michael Tierney）和达伦·霍金斯等人的界定，在委托人/代理人模式当中，授权是指委托人将权威授予代理人，后者在行使代理权时必须符合前者的利益，不得利用代理权牟取私利，必须做到勤勉尽责、审慎周到，以实现和保护前者的利益。不仅如此，权威的授予还有时间和范围的限制，而且委托人保留撤回授权的权利。在委托人/代理人模式下，作为委托人的主权国家和作为代理人的国际关系行为体缺一不可，但两者却存在主次之分，即它们是"主人"与"仆人"的关系。[60]然而，在实践当中，由于代理人拥有的信息比委托人多，且这种信息不对称会逆向影响委托人的监控，以至于委托人很难确认代理人是否恰当地为委托人的利益服务。鉴于此，委托人会采取选任和开除、削减预选或者重新发出指令等方式控制代理人。换言之，代理人的控制与监督机制将是整个授权机制的重点。

2. 委托人/受托人模式

当授权是为了提升政策的可信度时，外部授权将是国家的最佳策略，即选择中立的，甚至与国家政策偏好截然不同的国际关系行为体代为监督国家的政策履行情况。例如，在国内政治当中，为确保国家货币政策的稳定性，国家通常会授权比政府更保守的央行来执行相关政策，其原因在于政策偏好的异质性可以形成有效的制衡，约束政府决策的恣意。因此，央行的独立性和自主性尤为重要，否则它会被政府所牵制，政策偏好差异所带来的制衡将会失效。[61]同样，在国际政治当中，缔约国为了提升政策的可信度，也会授权一个独立的第三方负责监督缔约国履行其条约义务，以保障条约的执行和稳定。

詹多梅尼科·马约内认为，此种情况下，在某些特定政策领域行使公共权威的权利可以被视为一种"政治财产权"，国家将这项财产权转移给受托人并由受托人按照一定的目的进行管理或处置，以获得相关的收益。提升政策的可信度是为了让接受政府监管的私人参与者信赖政府的监管政策；因此，政治财产权的让渡是以维护私人参与者的利益为目的的。[62]

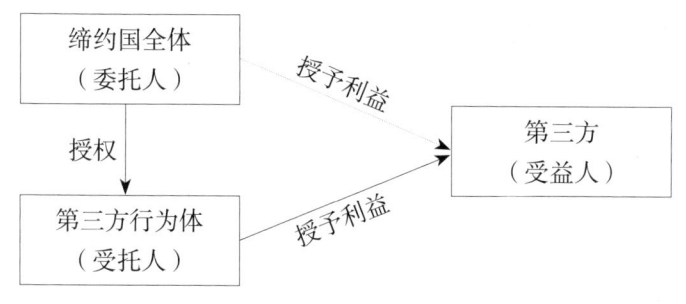

图 2-5　委托人/受托人的授权模式

依图 2-5 可知，在委托人/受托人模式当中，委托人同样将权威授予受托人，但是受托人行使权威所产生的收益并不是由委托人所享有，而是由第三方的受益人所享有；换言之，受托人获得授权后，其行事需要符合受益人的利益，而非委托人的利益。至于如何维护受益人的利益，由受托人自行选择实施方案。此种情形下，受托人享有较大的自由裁量权。委托人不能直接控制受托人，授权收益的达成主要依靠受托人自己的自律性和适当的报告制度来保证。此种情况下，委托人承担的风险较大，因而在作出授权时，受托人的专业素养和职业道德将尤为关键。

可以说，在受让人与委托人关系的连续谱中，代理人与受托人分别位于两端：代理人的角色定位于在尽可能少地受到委托人的政策偏好影响及干扰的情况下，探寻委托人的意图，执行其指示；受托人则不同，其角色意味着受托人将依靠自身的良知与判断来界定和解释受益人的利益，并依此行事。

然而，从目前本书收集到的资料来看，不少学者在探讨国际授权时更愿意采用委托人/代理人理论进行分析，而极少谈及委托人/受托人模式。他们更多地依代理人的自治性程度（agency autonomy）来界分不同的代理人，并将国际法庭、仲裁庭列为自治性程度高的代理人。[63]在这些学者看来，国际社会中并不存在委托人/受托人模式。少数学者则强调两种授权模式的差异性，坚持采用詹多梅尼科·马约内的两分法。[64]那么，两种授权模式究竟有哪些差异？

（二）两种授权模式的差异

实践当中，人们很容易将委托人/代理人模式与委托人/受托人模式混为一谈。毕竟，两者存在着不少相似之处。例如，两者都是在委托人因自身知识、经验、时间和精力等有限的情况下，而借用代理人或受托人以从事某种行为或达成某种目标的方式；两者均以信任关系为基础，且代理人和受托人均处于受让者的地位。但事实上，两种模式在授权目的、制度安排和运作机制上有很多不同。坚持两分法的学者对此作了不同层次的探讨。[65]虽然目前国际法学界有关受托人的认定标准问题的探讨并不多见，相关的研究还不全面，学者之间的观点甚至存在较大差异，但通过这些学者的探讨，我们仍然可以归纳出两者的不同之处。这种差异主要体现在这两种授权模式的制度基础方面，它们分别是国内商法中的代理和信托制度。这两个制度是基于两个完全不同的所有权理念形成的：代理制度的理论依据来自绝对所有权的理念，即强调一物一权；信托制度则是基于英美法系中相对财产所有权的理念，故所有权的价值与其使用价值可以分离。正是这种理念上的差异导致了两种授权模式在制度安排和运作机制上有所不同，这些不同之处主要体现在如下六个方面：

第一，授权结构的差异。委托人/代理人模式只涉及委托人和代理人的关系，委托人既是权威的让渡者又是这一授权的受益人；而在委托人/受托人模式中，除了委托人和受托人之外，还存在一个第三方受益人；委托人原本打算将利益授予第三方，但由于种种原因而无法由自己完成，只能授权受托人代为处理。故而，第三方受益人是委托人/受托人模式中的重要组成部分。实践当中，受益人的范围比较广，可能是一个第三方，也可能是委托人自己。若是后者，授权所产生的效果可能会与代理人相同。

第二，委托人与受让人关系的差异。代理人只能以委托人的名义依据其授权行事。这是因为，在代理制度下，委托人并未将其财产所有权让渡给代理人，基于一物一权的绝对所有权理念，所有权不与其利益发生分离；换言之,代理人只是对委托人委托的"政治财产权"享有占有、使用和管理的权利,而不是享有这项财产权的所有权,故在授权范围内,代理人只能以委托人的名义听从委托人的指示行事,而不能以自己的名义行事[66]——这是代理有效成立的前提条件。而受托人则不同,在委托人/受托人模式下,委托人将其"政治财产权"的所有权让渡给受托人,所以受托人只能以自己的名义而不是委托人的名义在其授权范围内行事。但需要注意的是,受托人并没有享有受托财产的绝对所有权,而只是名义上的所有权人,受益人对这项财产享有受益权,是实质上的所有权人。[67]

第三,授权对象的选择标准不同。在委托人/代理人模式下,代理人的选择是依据委托人对其人格的信任。由于委托人是为了追求自身的利益而选择授权的,因而,委托人在选择代理人时必然会考虑后者是否与自己的价值取向或政策偏好相近。为了避免出现代理人侵害自己利益的情况,委托人优先考虑的将是代理人的可信度而不是能力。而在委托人/受托人的模式当中,委托人将特定的"政治财产权"让予受托人,由后者为了受益人的利益而全权行事。鉴于这项权利完全由受托人处置,为了避免受托人谋求私利而损害委托人和受益人的利益,对受托人的要求必然会比代理人更高。除了受托人的人格之外,还要考虑其个人声誉和专业能力。委托人希望受托人可以依据其专业技能做出有效的、专业的决策。换言之,委托人与受托人之间是一种双重信赖关系,不仅信赖受托人的人格,还信赖其专业能力,甚至可能会更注重后者。

第四,授权的预期不同。在代理人和受托人的自主性和独立性要求方面,两种授权模式的立场是截然不同的。在委托人/代理人模式下,委托人只是希望代理人代为行使其决定权,以此提高决策的效率。因此,在考察授权收益方面,委托人所注重的是代理人是否依照指令行事,否则,将会产生代理成本。在委托人/受托人模式下,受托人以维护受益人的利益为前提行事。然而在实践中,委托人与受益人的利益并不完全一致,甚至有时候还会产生冲突。由于在做出授权时，委托人已经知晓这一情况，因而不再强调受托人能否按照自身的意志行事，而会为受托人预留足够的自由裁量空间，以便其为受益人的利益行事。

第五，委托人的监控策略不同。如前所述，委托人之所以授予代理人权威，其前提在于委托人相信代理人会听从自己的指令行事。然而，代理人是一个具有独立文化和行动议程的行为体，它也会具有不同于委托人的内在利益。在行使授权时，代理人会希望从委托人那里获得尽可能多的权力和自主性。[68]因此，国家在选择代理人时会面临两个问题——"逆向选择"和"道德风险"。所谓"逆向选择"问题是指，由于在实践当中普遍存在信息不对称或环境不确定的问题，国家所选择的代理人在专业能力或政策偏好方面可能达不到主权国家所设想的要求；"道德风险"的问题则是指委托人和代理人之间常常会存在利益的冲突，代理人可能会为了追求自身的利益而损害委托人或公众的利益。[69]为了应对上述问题，主权国家需要设置一系列事前与事后的控制与监督机制来减少出现官僚脱缰（bureaucratic drift）的可能。即便如此，上述问题也不可能完全消除，因此，授权的成本总会或多或少地存在。[70]而在受托人方面，如前所述，必要的政策空间是受托人达成授权目的所必需的，但这不意味着受托人不受任何监督，毕竟，委托人将这部分权威全权授予受托人。特别是在受益人与委托人的利益相冲突的情况下，受托人的行事不可避免地会对委托人自身的利益造成影响，所以，完全放权是不可能的，适当的监督机制是必需的。只不过较之代理人受到的控制，这些机制不是直接的和实质性的，而是劝说、说理等软性的制约。作为专业人士，比起开除和惩罚，受托人更在意的是其专业声誉。

第六，权力行使的正当性要求差异。政治财产权的使用即意味着公共权力或权威的行使。在委托人/代理人模式下，代理人并不享有这一财产权的所有权，其只能以委托人的名义，遵从委托人的指令行使公权力。因此，委托人自身的正当性就是代理人行使授权的正当性之初步证据：如果代理人的自由裁量权控制得当，其权力的行使将只是简单地执行委托人的指示。换言之，代理人行使该项权力的正当性来自授权这一行为。一旦超越授权的范围，代理人行为的正当性就会受到质疑，即便是其权力的行使具有充分的合理性和说服力，仍会因为缺乏授权而缺失。而在委托人/受托人模式下，这项权力已由委托人转移给受托人，受托人可以以自己的名义而不是以委托人的名义行使，故受托人在行使该项权力时必须对其负责，其自身的正当性需要另行构建。换言之，委托人将自己在特定领域的公共权威让渡给受托人，却没有让渡其行使该项权力的正当性。这也意味着对受托人的正当性考察除了是否存在缔约国的授权之外，更需要关注的是其权力行使的合理性。[71]事实上，受托人所获得的授权当中就包含着对其自身正当性的考量，因为专业声誉就是他们被选择作为受托人的首要因素。[72]因此，如果说代理人的正当性问题所关注的是控制机制失效所引发的代理人懈怠问题，那么受托人的正当性所要追问的则是受托人的可问责问题。

表2-2 代理人与受托人之间的差异

类型	代理人	受托人
结构	两方，包括委托人和代理人	三方，包括委托人、受托人和受益人
主要动因	降低交易或缔约成本，提高效率，克服共同决策困境	借助受托人的信誉提高决策的可信度以及/或者借助受托人的裁决达到去政治化的效果
与委托人的关系	代理人以委托人名义行事	受托人以自己名义行事
选择标准	代理人的政策偏好是否与自己相近，代理人的可信度比其能力更为重要	受托人的个人声誉和专业决策能力

续表

类型	代理人	受托人
授权预期	应依照委托人的命令，依照委托人的意愿来执行其授权	在授权范围内依据自身专业知识做出决定，且应符合受益人的利益
监控策略	限制：通过惩罚、威胁等实质性激励机制（如委托人的控制机制）	说服：劝说、说理等方式
正当性要求	来自委托人授权行为，代理人必须在授权范围内行事	受托人的正当性需要另行构建

资料来源：由作者整理而成。[73]

需要注意的是，尽管委托人/代理人模式与委托人/受托人模式在制度安排和运作机制上存在不少差异，但是，国际关系学者和国际法学者在探讨国际授权时却呈现出"一边倒"的局面——大多数学者将授权的模式限定于委托人/代理人模式之上，而仅有少数学者采用詹多梅尼科·马约内所主张的代理人和受托人两分方法。其原因何在？

事实上，倾向于将国际授权的模式限定在委托人/代理人模式之上的学者并没有否认不同类型的权威受让人之间存在着授权差异，而只是不承认当今国际社会中存在委托人/受托人这种授权模式。从目前收集到的资料来看，导致这种情况发生的原因很可能是：在这一模式中，主权国家作为委托人要将本应由其行使的公共权威转移给受托人，由受托人以自己的名义行使。故而，部分学者认为，这与国际社会所处的"无政府状态"的现状并不相符。由于并不存在一个凌驾于各国主权之上的全球政府，公权力行使的主体仍是主权国家。为避免自身主权受到限制，无论是在立法权还是司法权方面，国家不可能将其所享有的主权权力完全让渡出去，所以通常会设置各种控制机制。[74]

晚近的实践表明，越来越多的主权国家通过缔结条约的方式，把许多原本属于主权国家行使的权力与权威让渡给了非国家行为体，其中最主要的就是国际争端解决机构。[75]尽管在这一过程当中，主权国家不会完全放权，会设置诸多控制机制，但并不能因此而得出国际授权的模式只能限定于委托人/代理人模式的结论。因为，即便是在国内社会当中，也不存在完全不受监督的受托人，换言之，委托人/受托人模式并不意味着受托人处于完全自主的状态，只不过对其实施的监督与代理人的控制机制有所不同而已。

当然，一旦承认国际社会当中也存在着委托人/受托人这种授权模式，需要关注的一个问题就是，尽管授权目的是决定委托人选择授权模式的重要因素，但这并不代表授权目的与授权模式存在绝对的对应关系，因为主权国家所追求的授权收益不可能是单一的，很多情况下是多重的，只不过这些授权收益存在主次之分而已。[76]例如，主权国家对国际裁判机构的授权就是如此，有时是为了降低交易（缔约）成本（澄清条约的用语，填补条约规定的空白等）；有时则是为了提高可信度而选择的自我约束，[77]甚至某些授权收益并不在国家的预期当中，而是在做出授权之时，由准备和谈判过程所塑造成形的。因此，当权力的受让人出现双重身份或多重身份时，单一授权模式很可能无法兼顾所有角色，也因此可能导致委托人的授权收益受到不同程度的影响。

二、国际投资仲裁庭的条约解释授权模式

如前所述，国际投资仲裁庭的条约解释授权是内嵌于管辖权授权当中的，因而其授权模式与其管辖权授权的模式完全相同。依照前述分析，国际投资仲裁庭的创设旨在提高IIA这一长期政策承诺的可信度，由此似乎可以推断出国际投资仲裁庭是缔约国全体的受托人。然而，有关国际投资仲裁庭的授权模式的探讨，目前学界存在不同的立场，有学者认为国际投资仲裁庭是缔约国的代理人，[78]也有学者认为其是介于代理人和受托人两者之间的角

色。[79] 如前所述，这两种授权模式在权力运行逻辑、制度安排方面均存在较大差异，进而还会对代理人/受托人的政策偏好、自由裁量空间及正当性要求产生影响。可以说，这一定性十分重要。那么，国际投资仲裁庭到底是代理人还是受托人？以下将就这一问题展开分析。

(一) 授权结构

从IIA中的投资者与国家的争端解决的相关条款来看，国际投资仲裁庭授权的构成要素有三：缔约国全体、国际投资仲裁庭和外国投资者。在这一结构中，缔约国全体是委托人，仲裁庭的身份待定，但它无疑是权力的受让者，那么，外国投资者是否就是受益人呢？

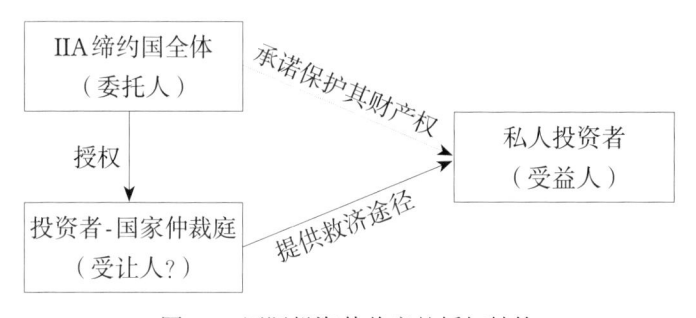

图2-6　国际投资仲裁庭的授权结构

从内容上看，IIA是一项利他的条约。首先，在实体规则方面，IIA绝大部分实体规则的内容都是保护投资者的，即仅确立投资者的权利而对其义务不作要求，条约的义务由IIA缔约国承担。其次，在程序方面，在投资者与国家的争端解决这一机制当中，东道国事先放弃了其管辖豁免权，允许私人投资者在与东道国就投资问题产生争议的情况下，直接启动仲裁程序而无需经过其母国的同意。一旦投资者胜诉，他们甚至还可以向东道国的国内法院或者任何拥有败诉东道国财产的第三方缔约国国内法院（如果选择ICSID仲裁的话）申请执行。[80] 此种情形下，外国投资者既是东道国政府违法行为的受害人，又是自身诉求的代言人，还是仲裁收益的最终享有者。[81]从这一意义上说，创设国际投资仲裁机制的目的是解决东道国的遵约问题，换言之，这一机制就是IIA的遵约监督机制——为缔约国对私人投资者作出保护其财产权的承诺提供制度性的保障。因而，外国投资者是这一授权机制的受益人。

（二）委托人与权力受让人的关系

国际投资争端解决机制的演进历史表明，IIA及其所构建的国际投资仲裁机制是为了克服东道国当地救济和母国外交保护的缺陷，实现争端解决的一种去政治化的替代机制。IIA缔约国将投资争端的裁判权授予国际投资仲裁庭，在这个三方裁判结构当中，仲裁庭作为中立的第三方，是以自身的名义而非东道国与投资者母国代言人作出裁决。换言之，裁判活动是一个由中立的第三方依照理性规则和法律程序权威地解决利益争议的过程。[82]这一点也体现在国际投资仲裁机制的制度安排当中，它强调仲裁员的独立性与公正性。IIA及相关仲裁规则都对此加以规定，只是在具体措辞方面稍有不同而已。比如，2010年《UNCITRAL仲裁规则》第7条、第11条和第12条规定，仲裁员应当保持"独立性和（或）公正性"；2010年《SCC仲裁规则》第14条则采用的是"仲裁员必须独立、公正"的措辞；2012年《ICC仲裁规则》第11条只规定仲裁员应当具有"独立性"；《ICSID公约》第14条第1款虽然仅规定"仲裁员可以被信赖做出独立的判断"，但从ICSID仲裁实践看，"独立的判断"被解释为包含"独立性与公正性"两个方面。[83]

（三）授权对象的选择标准

从仲裁员的选任要求来看，不少IIA或仲裁规则针对仲裁员的道德品质、业务能力等做出了专门的规定。例如，《ICSID公约》第14条第1款对仲裁员的道德操守、业务能力和独立性作出规定："指派在小组服务的人员应当品德高尚，并且在法律、商务、工业或金融方面具有公认的资格，他们可以被信赖做出独立的判断，其在法律方面的资格尤其重要。"

不少投资条约也专门就国际投资仲裁机制的仲裁员选任标准作出规定。例如，NAFTA第11章第1124条第4款规定，NAFTA生效时，各方应建立一个由45人组成的首席仲裁员名单，这些首席仲裁员应符合NAFTA以及相关规则的要求，并具有丰富的国际法和投资事务的经验。首席仲裁员名单的人选应以一致方式指定，无需考虑其国籍。目前，NAFTA投资仲裁案件的仲裁员选自各领域中具有丰富经验的实务专家，包括国际公法学者、国际贸易投资方面的律师、国际商事仲裁员和退休法官。[84]有学者实证考察后指出，争端当事方在选择国际投资仲裁机制的仲裁员时所关注的就是仲裁员的专业能力、法律经验以及仲裁实务经历等方面。[85]

（四）授权的预期

前述分析已表明，IIA缔约国创设国际投资仲裁机制的目的在于推动投资争端的去政治化和法律化。缔约国将权力授予国际司法机构，因为中立的第三方介入可以提升其承诺和国际法规定的其他义务的信任度和可信度。[86]这是缔约国选择授权的目的所在。各国IIA的投资争端解决条款同样也表明，国际仲裁机制是IIA缔约国为外国投资者提供的一个法律救济途径，即外国投资者就东道国的特定侵权行为向仲裁庭提起仲裁，请求救济；仲裁庭认定事实，并适用争议双方同意的法律规范对投资争端做出公正裁决。在这样一个三方争端解决框架下，东道国政府根据外国投资者的要求参与仲裁。在此种情形下，双方期待的是仲裁庭自己作出法律上谁是谁非的结论，而不是一个在仲裁庭的帮助下由争端当事方自己达成的调解方案。也正因如此，当仲裁庭作出包含是与非的两分式判决时，败诉方会承认这一裁决具有约束效力，因为这是由自己选择的仲裁庭适用自己选择的法律规则所作出的最终裁定，而非IIA缔约国全体这一委托人强加于它的。

（五）委托人的控制机制

从整个制度的设计来看，国际投资仲裁机制呈现出强烈的"去国家化"的特征，无论是东道国还是投资者母国，都不能直接对国际投资仲裁庭实施控制。在东道国方面，它在程序方面的特权被剥夺，并被降低至与投资者等同的地位。以IIA普遍包含的ICSID仲裁为例，缔约国在仲裁庭组成、法律适用、仲裁程序进行等方面，并不享有特权。[87]虽然国家可以通过指定仲裁员的方式控制其所指定的仲裁员作出有利于它的裁决，但投资者同样享有这项权利，而且首席仲裁员是由争端当事方共同指定或由仲裁机构指定的，因而对仲裁庭整体而言，东道国并没有直接控制力。不仅如此，对仲裁庭的裁决，东道国也不能作任何国内司法审查。[88]在投资者母国方面，母国的外交保护特权同样受到限制。《ICSID公约》第27条明确规定，投资者母国不能对已在审理的案件行使外交保护和提出国际要求。在缔约国全体不能直接实施控制的情况下，只能通过一些软性的监督机制，比如，仲裁员的行为守则，以及相关的解释、裁判规则来间接实施控制。对于缔约国而言，仲裁庭组成人员的专业素质尤为重要，这与仲裁庭的执业能力与自律性密切相关。

第三节　作为受托人的国际投资仲裁庭

前一部分的探讨表明，缔约国创设国际投资仲裁庭的目的是解决国际投资争端，为外国投资者提供一个救济途径，提升IIA的可信度，也即在授权模式方面，国际投资仲裁庭的授权模式更多地呈现出IIA缔约国的受托人的性质。既然国际投资仲裁庭是缔约国全体的受托人，而仲裁庭的授权模式又是依照其所享有的管辖权而非条约解释权设计的。那么，它会呈现出什么样的特点？直言之，仍有一个问题需要确认，这种授权模式是否就是导致国际投资仲裁庭条约解释权行使失范的关键因素呢？实践表明，与代理人相比，受托人在自主性、政策偏好与自由裁量空间方面均有所差异，本节将在这三

93

个方面展开探讨。

一、国际投资仲裁庭的自主性

在现有授权模式下,国际投资仲裁庭作为一个中立的第三方,在审理国际投资争端案件的过程中将依据自己的政策偏好独立行事。换言之,作为受托人,国际投资仲裁庭是一个有目的的能动主体,按照其"自我目的"来行事,而不是完全被动地接受IIA缔约国的指令,也不会主动地回应全球公众的福利和利益需求。这意味着在缔约国的利益与受益人的利益或仲裁庭的自身利益相冲突时,国际投资仲裁庭将会从受益人利益或自身利益而非缔约国的利益出发去行事,即国际投资仲裁庭具有高度的自主性。[89]

需要指出的是,虽然自主性常常体现为委托人和受托人在政策偏好上的差异,但国际投资仲裁庭享有自主性并不意味着仲裁庭与缔约国的政策偏好和利益必然是偏离或者相互冲突的。因为,国际投资仲裁庭在某一时刻的行为可能与缔约国的现时政策偏好相契合,但却有可能与缔约国在缔结IIA时的初始期望和目标指令相悖。即便国际投资仲裁庭在特定时刻的政策偏好与缔约国的政策偏好相符,也不能排除其自主性行为存在的可能性,因为此时仲裁庭是依照自身的政策偏好行事,而非缔约国自身的偏好和利益,只不过两者恰巧相符而已。

(一)国际投资仲裁庭自主性的产生

在委托人/受托人模式下,国际投资仲裁庭的自主性是缔约国为实现其授权收益而主动选择的制度性安排。毕竟,它作为一个裁判者,独立性是完成其使命的必要前提。在独立性的制度特征下,国际投资仲裁庭不可能是缔约国任意操纵的"木偶"。缔约国出于实现其授权收益的考虑而给予国际投资仲裁庭以相对独立的机构与制度方面的安排,从而令仲裁庭在相对独立的制度空间中的自主决策成为可能。这种可能性与国际投资仲裁庭所获得的独立程度有着正向的相关性。[90]

此外,裁判者的权威是争端解决机制得以有效运作的基础和前提。通过缔约国和争端当事方的授权,国际投资仲裁员获得了威信和公信力,加上仲裁员所具备的高度专业化的法律职业技能和法律职业道德,仲裁庭的权威得以构筑。正是因为其独特的专业背景,国际投资仲裁员会据此来理解和阐释其职责,选择完成任务的方式。因而,最终的裁决往往反映了仲裁员这一特定群体的偏好。

(二)国际投资仲裁庭自主性的实现

由于国际投资仲裁庭所审查的是主权国家的公权力行为,因而,在解释条约并将其适用于个案事实的过程当中,国际投资仲裁庭从事的是制定规则和创造社会知识的活动。这些规则和社会知识可能与缔约国的预期相一致,也可能不是缔约国所希望的结果。但无论是何种情况,国际投资仲裁庭的行为都会影响或塑造国家的行为和观念,[91]因为仲裁的裁决对争端当事方均有约束力。此外,国际投资仲裁庭还作为一个具有自身规范和目的的行为体向国际社会传授规范,在这个过程中,它们甚至可以改变主权国家对其国家利益的认知,使其接受新的价值取向或政策偏好,而不论主权国家是否具有这种内在的需求。[92]例如,通过给对象分类和变换定义、身份的方式,国际投资仲裁庭可将特定对象纳入其管辖范围。如前所述,仲裁庭本身有权对其是否拥有管辖权做出裁定,而IIA的投资定义条款是仲裁庭行使管辖权的依据。通过对投资定义的解释,仲裁庭可以扩大或缩小其管辖范围。又如,通过对诸如"公平与公正待遇""间接征收"等概念的界定,国际投资仲裁庭为IIA缔约国的国内立法、行政和司法程序设定标准,并据此审查缔约国的行为。

除此之外,国际投资仲裁庭的自主性还可以通过准则的推广来实现。国际投资仲裁庭在个案审理当中作出的裁决是针对特定争端的当事方的,但由于国际投资争议的一方是主权国家,加上IIA普遍包含最惠国待遇条款,这些个案的裁决可能会产生扩散效应,对包括其他国家、现有及潜在的投资者等非案件当事方产生影响。有学者指出,国际投资仲裁庭在适用IIA中语义宽泛、措辞相近的标准时,通过解释扩大或缩小这些标准的含义并使其具体化,从而进一步为大多数国家界定良治和法治的全球统一标准。[93]尽管在某些时候,缔约国并不满意国际投资仲裁庭的裁决,但他们仍然不得不接受,并据此调整其缔约实践。美国2004年BIT范本对"公平与公正待遇""间接征收"等概念的重新界定可以被理解为对其NAFTA被指控经历的一种回应。[94]这种回应又通过美国国际投资大国的示范性效应向各个国家推广。[95]而作为主要被申请方的发展中国家则更多的是对其国内的政策和法规做出相应的调整。如此一来,国际投资仲裁员的价值取向和政策偏好就通过这样一个路径灌输到这些国家当中,影响和塑造其未来的政策偏好及投资者的预期和选择,甚至还可能会影响与投资问题相关的其他主体。更为重要的是,这种效果还会因为国际投资仲裁庭对先前案例的倚重而进一步扩大。

二、国际投资仲裁庭的政策偏好

作为受托人,国际投资仲裁庭是为受益人的利益而行使授权,因此会不可避免地在仲裁员的选择以及仲裁庭最终表现出来的决策偏好方面都呈现出维护受益人(即投资者)的倾向。需要指出的是,在委托人/受托人模式下,这种维护外国投资者的政策偏好并不意味着一项制度缺陷,恰恰相反,它同样表现为一种必要的制度性安排。前文已经提及,在国内政治当中,为确保国家货币政策的稳定性,国家通常会授权比政府更保守的央行来执行相关政策。其原因就在于政策偏好的异质性可以形成有效的制衡,约束政府决策的恣意。

这同样体现在国际投资仲裁机制和IIA的具体内容当中。如果一味地强调东道国的公共利益,那么,投资者的合理期待会受到损害,如果他们预知这样的结果,势必不会做出投资决策,IIA的有效性也因此丧失。为此,国际投资仲裁机制呈现出强烈的保护投资者的政策偏好,它参照一般商事仲裁机制的模式设计，国家在争端解决过程中也被矮化成与私人投资者一样的地位。[96]在实践当中，个案仲裁庭本身也呈现出这样的特征。有学者对336个参与ICSID投资仲裁案件的仲裁员进行了实证分析，63%的仲裁员是全职的私人执业律师，全职学者则仅占26%。[97]当然，仲裁员的职业背景并不能绝对说明其价值倾向和政策偏好。因此，研究人员还考查了仲裁员的专业背景。数据表明，国际公法专家所占的比例仅为28%。（见表2-3）

表2-3　国际投资仲裁庭的人员构成分析

仲裁员的职业或专业背景	总体占比	首席仲裁员	申请人指定	被申请人指定
全职私人执业律师	63%	60.4%	78.9%	57.1%
全职的学者	26%	36.8%	24.6%	36.2%
国际公法学专家	28%	42.2%	31.1%	48.8%

资料来源：Waibel, Michael & Wu, Yanhui. Are Arbitrators Political? https://papers.ssrn.com/sol3/papers.cfm?abstract_id=2101186.

斯特凡·希尔指出，国际商事仲裁员（多数是全职私人执业律师）和国际公法学者这两类仲裁员在法律解释方法、仲裁裁决推理形式、对争端解决机制的功能和特性，以及仲裁员自身定位的理解上都存在差异。[98]在商事仲裁当中，仲裁员是由争端当事方任命的裁判者，其管辖依据来自争端当事方的授权，因而在实践当中，他们不可能像国内法院的法官那样整合普遍的社会利益，所考虑的只是个案中争端当事方的共同利益。[99]法律人类学家伊夫·德扎莱（Yves Dezalay）和布赖恩特·加思（Bryant Garth）对20世纪90年代的国际知名仲裁员进行研究时曾指出，与纯粹的学者或法官相比，这一代的仲裁员更接近商务实践，也因此，他们在个案适用法律规则的时候可能更多地会依据商务常识行事，带有强烈的市场倾向性（market orientation）。[100]绝大多数的国际投资仲裁员根植于国际商事仲裁领域，[101]

这样的职业背景不可避免地影响了他们的价值倾向和政策偏好，甚至裁判思维。与国际公法学者笃信国际投资法属于一般国际公法的范畴不同，国际商事仲裁员坚持的是相反立场，他们所关注的是争端的解决，并把国际投资仲裁视为国际商事仲裁的一个分支。[102]事实上，就连仲裁员自己也承认，他们通常不会将自己视为公共利益的维护者。[103]

实证研究指出，虽然没有明显数据表明，全职私人执业律师在案件审理过程中更容易裁定东道国违反条约义务而承担国家责任，但却有明显的数据表明，全职私人执业律师更容易在管辖权方面支持私人投资者的主张。换言之，全职私人执业律师更倾向于扩大仲裁庭的管辖权，把更多的事项纳入仲裁庭的管辖范围。[104]

需要指出的是，仲裁员个人的政策偏好与整个仲裁庭的政策偏好并不必然一致。在国际投资仲裁程序当中，主权国家与投资者所处的地位是平等的，包括在国际投资仲裁员的指定方面，它们所享有的权利也是一样的。国际投资仲裁案件极少由独任仲裁员作出裁决，因此，仲裁庭通常是由3个仲裁员组成，即争端当事各方各自选任一名仲裁员，首席仲裁员由双方共同选任，无法达成时则由仲裁机构指定。理论上，国际投资仲裁庭不存在偏袒当事任何一方的情况。对于私人投资者而言，他们通常会直接选择那些长期与他们合作的私人执业律师。主权国家则可能会倾向于选择国际公法学者或专家。因此，首席仲裁员的选任才是关键。在争端当事方无法就首席仲裁员达成一致的情况下，首席仲裁员只能由仲裁机构选任，而这些仲裁机构多是商事性的，在选任首任仲裁员时也倾向于选择全职私人执业律师。以目前处理国际投资争端案件最多的机构ICSID为例，有研究表明，它所指定的首席仲裁员多是全职私人执业律师，其占比达到60.4%。[105]ICSID尚且如此，更遑论其他一般的商事仲裁机构了。

此外，实证研究表明，争端当事方指定的仲裁员更倾向于作出有利于其委托人的裁决[106]，这意味着争端当事方各自所指定的仲裁员在政策偏好方面可能是对立的。而在首席仲裁员方面,由于他并非由某一方争端当事方指定的,具有较高的独立性;加上仲裁庭都是临时组成的,每个案件的首席仲裁员并不固定,因此理论上,仲裁庭不会呈现出明显偏袒某一争端当事方的政策偏好。但实证研究却表明,全职私人从业律师的首席仲裁员无论在仲裁庭的管辖权事项还是在国家责任的认定方面,均倾向于作出有利于私人投资者的裁决。[107]因此,我们有理由相信,在国际投资仲裁当中,投资者指定的仲裁员和首席仲裁员的政策偏好相一致的可能性是相当高的。当两者叠加在一起时,国际投资仲裁庭在整体上就呈现出维护私人投资者利益的政策偏好,这一推论已在仲裁庭管辖权这一问题的裁决上得到了验证。

三、国际投资仲裁庭的自由裁量空间

由前文可知,为实现包括提升IIA可信度在内的授权收益,IIA缔约国会相应地设置一些制度性安排,以保证其独立性和中立性,其中包括给予国际投资仲裁庭宽泛的自由裁量权。无论是在条约的适用方面,还是在条约条款的阐明及法律论证方面,仲裁庭一直处于一种判断与取舍的状态:选择适用于个案的条约条款及相关的法律规则,选择个案中法律规则与事实的法律意义,选择有利于支持其作出裁决的理由。所有的选择与取舍都是一种裁量活动。在某种意义上说,国际投资仲裁庭所保持的独立性和中立性正是决定其授权任务有效性的关键,缔约国的授权收益的实现是以国际投资仲裁庭受托人的独立性和中立性制度特征为前提的。一旦独立性或中立性特征被取消,据此产生的诸如政策承诺可信度的提升、争端解决的去政治化以及缔约成本的减少等此类授权收益将不复存在。然而,这些制度性安排又是以受托人的职业素养和完备的法律规则为前提的。换言之,在委托人/受托人模式下,国际投资仲裁庭的权力行使的正当性不仅仅是来自缔约国的授权,还来自其裁决是依照法律规则独立地、公正地做出的。但在IIA的现行框架下,无论是国际投资仲裁的程序规则还是IIA的实体规则,均存在形式理性不足的问

题，这种形式理性不足会进一步扩大国际投资仲裁庭的自由裁量空间。

IIA中绝大多数条款就呈现出法律原则或标准的特征。例如，"公平与公正待遇"这一概念已是现今IIA的核心条款，而在谈及"公平与公正待遇"时，Saluka v. Czech Republic案的仲裁庭认为这一宽泛的概念只能由同样模棱两可的措辞才能界定。[108]不仅如此，这一概念的两个词组经常在解释时相互援引，例如，在解释"公平"这一概念时通常会以"公正"这一概念来界定。[109]无疑，这种宽泛的措辞赋予仲裁庭逐案解释"公平与公正待遇"条款几乎不受限制的自由裁量权。需要指出的是，同样宽泛的措辞在IIA中并不少见。可以说，国际投资仲裁庭实际上在个案审理当中已经不受缔约国设定标准的约束，其自由裁量的结果往往是在不同的备选条约解释方案之间确立主观性的选择标准，甚至还会创设新的法律规则。更为严重的问题是，在现有的授权模式下，这种情形并不算是背离IIA的规定，只不过国际投资仲裁庭有义务给出理由来正当化其决定而已。

此外，前述分析表明，国际投资仲裁庭的权力行使空间是特定的，局限于个案当中，因而，即便在现行授权模式下，国际投资仲裁庭享有较大的自由裁量权，其裁决的影响力也是有限的。换言之，对于国际投资仲裁庭的管辖权而言，这种宽泛的自由裁量权仍是可控的。若控制得当，还将成为外国投资者抗衡东道国滥用公权力的有效制度保障。然而，对从管辖权派生的条约解释权而言，这种广阔的裁量空间无疑为其无限扩张提供了合法的制度基础。第一章的分析同样表明，国际投资仲裁庭的条约解释权本身就具有扩张的特质，通过循环往复的解释不断地扩大自己的权力运行空间。可以说，当作为受托人的国际投资仲裁庭遭遇形式理性不足的IIA时，若没有必要的限制，其条约解释权所获得的运行空间将是无限宽广的。

表2-4　代理人与委托人在裁量权方面的比较

代理人	受托人
依照委托人指令行事，其自主性体现为一种代理成本	依照自身目的能动地行事，其自主性体现为一种为实现授权收益而设置的制度性安排
强调与委托人政策偏好一致性	政策偏好呈现出维护受益人的倾向
强调代理人的直接控制	仅保留适当监督，预留受托人的自由裁量空间

资料来源：由作者整理而成。[110]

本章小结

如前所述，为了提升IIA的可信度，缔约国创设了国际投资仲裁庭，并授予它裁判外国投资者与东道国之间的投资争端的管辖权。为此，缔约国在机构的独立性和政策偏好的选择方面都对国际投资仲裁庭给予了高度的尊重，换言之，国际投资仲裁庭是作为缔约国全体的受托人行使权力；也因此，国际投资仲裁庭具有高度的自主性，其政策偏好也将呈现出维护私人投资者的倾向。不可否认，这一制度安排是与缔约国所追求的授权收益相匹配的，也符合国际投资仲裁庭裁判者的角色要求；若运行得当，可以提高IIA的有效性。然而，对由其管辖权派生出来的条约解释权而言，这一模式将会令国际投资仲裁庭的权力行使面临正当性的挑战。条约解释权本身已经具有权力扩张的倾向，而现行IIA又普遍存在形式理性不足的情况，当这一授权模式与IIA条约宽泛的用语相结合后，就进一步扩大了国际投资仲裁庭条约解释权的行使空间。可以说，无论是政策偏好还是具体政策方案的选择，国际投资仲裁庭所享有的权限几乎可以与缔约国自身相当。面对范围广泛而措辞又极不明确的条约规范，即便是恪尽职守的受托人，在进行解释时都不可避免地面临滥用解释权的问题。

本章注释

[1]王明国.国际授权与国际合作——国际关系学与国际法学关联研究的新探索[J].国际政治科学，2012 (1)：116.

[2]Hawkins, Darren G. & Lake, David A. & Nielson, Daniel L. &Tierney, Michael J.. Delegation and Agency in International Organizations [M]. New York: Cambridge University Press, 2006:10-13.

[3]Abbott, Kenneth W. & Keohane,Robert O. & Moravcsik, Andrew & Slaughter, Anne-Marie & Snidal, Duncan. The Concept of Legalization[J]. International Organization, 2000 (3): 415.

[4]Bradley, Curtis A. & Kelley, Judith G.. The Concept of International Delegation [J]. Law and Contemporary Problems, 2008 (1) :3.

[5]Guzman, Andrew T. & Landsidle, Jennifer. The Myth of International Delegation [J]. California Law Review, 2008 (6): 1697-1701.

[6]同[2]:7.

[7]Swaine, Edward T.. The Constitutionality of International Delegations [J]. Columbia Law Review, 2004 (3): 1494 - 1495.

[8]Ku, Julian G.. The Delegation of Federal Power to International Organizations: New Problems with Old Solutions [J]. Minnesota Law Review, 2000 (2): 72.

[9]当然，国际授权还包含其他国际行为体将其自身获得的权威授予另外第三方的行为体，但这种授权只是一种再授权，因为在国际社会中，非国家行为体所享有的权威均来自主权国家的授予。

[10]所谓权威是指一群人会服从某些特定的（或所有的）命令的可能性。服从是指服从者的行为方向，基本上由命令的内容所决定，不考虑服从者对命令内容的价值判断。参见[德]马克斯·韦伯.经济与历史支配的类型[M].康乐，等译.桂林：广西师范大

学出版社，2004：297，302。

有关权力与权威的区分，沃尔夫基于韦伯的论述作了较详细的界分。他认为，权力是指运用强制力或以强制力相威胁来强迫他人遵从的能力（ability to compel compliance），而权威是发布命令的权利以及要求服从的权利，或者说拥有统治的权利（right to rule）。参见［美］罗伯特·沃尔夫. 为无政府主义申辩［M］. 毛兴贵，译. 南京：江苏人民出版社，2006：2-3。概言之，权威可以最简单地定义为"正当的权力"。权力是影响他人行为的能力，而权威则是发挥此种影响的权利。

［11］Abbott, Kenneth W. & Snidal, Duncan. Why States Act through Formal International Organizations [J]. Journal of Conflict Resolution, 1998 (1): 3-32.

［12］同［2］: 13-20.

［13］同［11］: 10-11.

［14］尽管对IIA吸引国际投资的有效性仍存在争议，也有学者认为，部分国家签订BIT是为了锁定国内的经济改革成果，但现有研究并没有否定缔约国缔结IIA的初衷是吸引外国投资者到本国投资的论断，而更多的是在这一论断的基础上通过实证的数据来确认缔约国这一初衷是否达成，并确认其是否应该继续接受现行的IIA。参见Chaisse, Julien & Bellak, Christian. Do Bilateral Investment Treaties Promote Foreign Direct Investment? Preliminary Reflections on a New Methodology [J]. Transnational Corporations Review, 2011 (4): 3-10; Gallagher, Kevin P. & Birch, Melissa B.L.. Do Investment Agreements Attract Investment? Evidence from Latin America [J]. Journal of World Investment & Trade, 2006 (6): 961-974; Sauvant, Karl P. & Sachs, Lisa E.. The Effect of Treaties on Foreign Direct Investment: Bilateral Investment Treaties, Double Taxation Treaties, and Investment Flows [M]. New York: Oxford University Press, 2009: 171–272; UNCTAD. The Role of International Investment Agreements in Attracting Foreign Direct Investment to Developing Countries [EB/OL]. http://unctad.org/en/docs/diaeia20095_en.pdf, 2022-7-15.

［15］Dolzer, Rudolf & Stevens, Margrete. Bilateral Investment Treaties [M]. The Hague: Martinus Nijhoff Publishers, 1995: 1-18.

［16］Vandevelde, Kenneth J.. A Brief History of International Investment Agreements [J]. U.C. Davis Journal of International Law & Policy, 2005 (1): 157-184.

［17］Ben-Atar, Doron S.. The Origins of Jeffersonian Commercial Policy and

Diplomacy [M]. New York: ST. Martin's Press, 1993: 30; Vandevelde, Kenneth J.. The First Bilateral Investment Treaties: U.S. Postwar Friendship, Commerce, and Navigation Treaties [M]. New York: Oxford University Press, 2017: 57-63.

[18] Elkins, Zachary & Guzman, Andrew T. & Simmons, Beth A.. Competing for Capital: The Diffusion of Bilateral Investment Treaties, 1960-2000[J]. International Organization, 2006 (4): 817-819. 即便在那些目前还不到全部IIA四分之一的发展中国家之间签订的IIA当中，其中一个国家通常也会更多地扮演资本输出国。

[19] Swan, Stewart J.. Bilateral Investment Treaties as an Investment Promotion Mechanism: Testing the Effectiveness of The U.S. BIT Program [J]. Paterson Review, 2008 (9): 1-17.

[20] Guzman, Andrew T.. Why LDCs Sign Treaties that Hurt Them: Explaining the Popularity of Bilateral Investment Treaties [J]. Virginia Journal International Law, 1998 (6): 639-688.

[21] 同[20]; Trubek, David M. & Santos, Alvaro. The New Law and Economic Development [M]. Cambridge: Cambridge University Press, 2006: 220-222.

[22] Haggard, Stephan & Macintyre, Andrew & Tiede, Lydia. The Rule of Law and Economic Development [J]. Annual Review of Political Science, 2008 (11): 205-234.

[23] 同[20].

[24] Abbott, Kenneth W. & Snidal, Duncan. Hard and Soft Law in International Governance [J]. International Organization, 2000 (3): 426.

[25] 需要指出的是，这一模型并未把政府实施征收后是否支付赔偿这一因素考虑其中。因为即便政府承诺对征收给予补偿，是否履行以及补偿多少，东道国政府同样享有决定权。因此，对外国投资者而言，做出投资决策当时所考虑的安全问题更多的是东道国政府能否保证投资企业运作的持续性，而不是政府是否给予赔偿。换言之，不管政府补偿与否，外国投资者都不愿意征收发生。

[26] 需要说明的是，为了方便理解，所引图示在原图的基础上做了微调。参见Fabrizio, Gilardi. Delegation in the Regulatory State: Independent Regulatory Agencies in Western Europe [M]. Edward Elgar Publishing Limited, 2008: 38-40.

[27] 同[26]: 42-43.

[28]UNCTAD. Denunciation of the ICSID convention and BITs [EB/OL]. https://unctad.org/en/docs/webdiaeia20106_en.pdf, 2022-7-15.

[29]UNCTAD. Bilateral Investment Treaties 1995-2006: Trends in Investment Rulemaking [EB/OL]. http://www. unctad.org/en/docs/iteiia20065_en.pdf, 2022-7-15.

[30]Lavopa, Federico M. & Barreiros, Lucas E. & Bruno, M. Victoria. How to Kill a BIT and not Die Trying: Legal and Political Challenges of Denouncing or Renegotiating Bilateral Investment Treaties [J]. Journal of International Economic Law, 2013(4) :871–872.

[31]Tobin, Jennifer & Rose-Ackerman, Susan. Foreign Direct Investment and the Business Environment in Developing Countries: The Impact of Bilateral Investment Treaties [EB/OL]. http://ssrn.com/abstract=557121. 2022-7-15.

[32]UNCTAD. Investment Dispute Settlement Navigator [DB/OL]. https://investmentpolicy.unctad.org/investment-dispute-settlement?status=1, 2022-7-15.

[33]Linz, Juan J.. Democracy's Time Constraints [J]. International Political Science Review, 1998 (1): 19-20.

[34]Majone, Giandomenico. Temporal Consistency and Policy Credibility: Why Democracies Need Non-majoritarian Institutions [EB/OL]. https://www.eui.eu/Documents/RSCAS/Publications/WorkingPapers/9657.pdf, 2022-7-15.

[35]Moe, Terry M.. Political Institutions: The Neglected Side of the Story [J]. Journal of Law, Economics and Organization, 1990 (6): 227-228.

[36]Chakraborty, Barnini. Trump Signs Executive Order Withdrawing US from TPP Trade Deal [EB/OL]. https://www.foxnews.com/politics/trump-signs-executive-order-withdrawing-us-from-tpp-trade-deal, 2022-7-15.

[37]同[20]: 658-660.

[38]Baldwin, Robert E.. The Political Economy of Trade Policy [J]. Journal of Economic Perspective, 1989 (4): 122-123.

[39]表中内容由作者参考以下著述汇总而成：Muchlinski, Peter T.. Multinational Enterprises and the Law [M]. Oxford, Cambridge MA: Blackwell Publishers, 1995; Shihata, Ibrahim F. I. Legal Treatment of Foreign Investment: The World Bank Guidelines [M]. Boston: Martinus Nijhoff Publishers, 1993; Detter Delupis, Ingrid. Finance and Protection of

Investments in Developing Countries [M]. NewYork: Gower Press Ltd., 1973.

［40］Aaken, Anne van. Between Commitment and Flexibility: The Fragile Stability of the International Investment Protection Regime [EB/OL]. http://ssrn.com/abstract=1269416, 2022-7-15.

［41］国民待遇是以东道国国民所享受的待遇为参照对象的，将它扩展至准入阶段，即等同于给予外资和本国投资相同的"准入权"或"设业权"。然而，这种对内外资绝对一视同仁的做法，会加大东道国所面临的各种风险。因为无论是在关联度还是在忠诚度方面，外资都很难与本国国民相等同，因而行事无法完全遵从东道国国内经济、社会发展、环境和文化保护等政策，甚至有些时候为了追求利润最大化而置东道国的相关政策法规于不顾。参见 UNCTAD. FDI Policies for Development: National and International Perspectives [EB/OL]. http://unctad.org/en/ docs/wir2003light_en.pdf, 2022-7-15.

［42］2012年美国BIT范本第3条规定，（1）在设立、收购、扩大、管理、运作、营运、销售或其他处置等方面，缔约一方给予其境内的缔约另一方投资者的待遇，应不低于其在类似情形下给予本国投资者的待遇。（2）在设立、收购、扩大、管理、运作、营运、销售或其他处置等方面，缔约一方给予所涉投资的待遇，应不低于其在类似情形下给予本国投资者的投资的待遇。（3）就区域政府而言（with respect to a regional level of government），缔约一方根据第1款和第2款所给予的投资待遇，是指在类似情形下，不应低于由该区域政府给予同属于该缔约一方的其他区域政府的自然人居民或者依据其法律设立的企业，以及这些居民与企业的投资的待遇。

［43］有关美国IIA的国民待遇条款的探讨，可参见李庆灵.刍议IIA中的外资全面国民待遇——以美国的实践为例[J].上海对外经贸大学学报，2015(3)：7-27。

［44］Salacuse, Jeswald W. & Sullivan, Nicholas P.. Do BITs Really Work?: An Evaluation of Bilateral Investment Treaties and Their Grand Bargain [J]. Harvard International Law Journal, 2005 (1): 104-111.

［45］例如，有研究曾指出，美国或德国这种经济强国签订的BIT所产生信号效应要比荷兰或瑞士等其他发达国家签订的BIT更强一些。参见Tobin, Jennifer L. & Rose-Ackerman, Susan. Bilateral Investment Treaties: Do They Stimulate Foreign Direct Investment [EB/OL].http://s3.amazonaws.com/zanran_storage/www.upf.edu/ContentPages/822485.pdf, 2022-7-15.

[46]比如考夫曼就认为，认为司法裁判在经过一段时间后会突破过分狭隘的概念，那么，就会发生对司法失去控制的危险。参见[德]卡尔·拉伦茨.法学方法论[M].陈爱娥，译.北京：商务印书馆，2003：17.

[47]Bourdieu, Pierre & Coleman, James S.. Social Theory for a Changing Society [M]. Boulder: Westview Press, 1991: 252-254.

[48]Krasner, Stephen D.. International Regimes [M]. Ithaca: Cornell University Press, 1983: 115-120.

[49]有研究表明，在收集的近1500个包含国际投资仲裁的IIA中，81%的IIA包含ICSID仲裁条款。参见Allee, Todd & Peinhardt, Clint. Delegating Differences: Bilateral Investment Treaties and Bargaining Over Dispute Resolution Provisions [J]. International Studies Quarterly, 2010 (1): 1–26.

[50]Frenkel, Michael & Walter, Benedikt. Do Bilateral Investment Treaties Attract Foreign Direct Investment? The Role of International Dispute Settlement Provisions [J]. The World Economy, 2019 (5): 1335-1336.

[51]同[18]：823.

[52]同[18]：823-824.

[53]同[18]：824.

[54]Yackee, Jason Webb. Bilateral Investment Treaties, Credible Commitment, and the Rule of (International) Law: Do BITs Promote Foreign Direct Investment? [J]. Law & Society Review, 2008 (4): 809.

[55]Kahler, Miles. Conclusion: The Causes and Consequences of Legalization [J]. International Organization, 2000 (3): 661-675; Alter Karen J.. The European Union's Legal System and Domestic Policy: Spillover or Backlash? [J]. International Organization, 2000 (3): 489, 507-508.

[56]Majone, Giandomenico. Two Logics of Delegation: Agency and Fiduciary Relations in EU Governance [J]. European Union Politics, 2001 (2): 103–122.

[57]同[56].

[58]理论上，内部授权和外部授权的主要界分所依据的是委托人与权力的受让者之间是否存在直接的、实质性的控制关系。但在实践中，这一界分并不分明，同一个授权

甚至有可能会在特定情况下从内部授权转变成外部授权。参见 Koremenos, Barbara. When, What, and Why do States Choose to Delegate? [J]. Law and Contemporary Problems, 2008 (1):151-192.

[59]同[56]: 114-115.

[60]同[2]: 7.

[61]除独立的央行之外，美国国会授权给总统的"快速通道授权"也属于委托人/受托人模式。参见 Rasmusen, Eric. A Theory of Trustees, and Other Thoughts [EB/OL]. http://www.rasmusen.org/published/Rasmusen_98.BOOK.trustees.NEW.pdf, 2022-7-15.

[62]同[59]: 106.

[63] Vaubel, Roland. Principal-agent Problems in International Organizations [J]. Review of International Organizations, 2006 (1): 125-138; Elsig, Manfred. Principal–agent theory and the World Trade Organization: Complex agency and 'missing delegation' [J]. European Journal of International Relations, 2010 (3): 495-517; Conceição, Eugénia Da. Who Controls Whom? Dynamics of Power Delegation and Agency Losses in EU Trade Politics [J]. Journal of Common Market Studies, 2010 (4): 1107–1126; 同[2].

[64] Sweet, Alec Stone. Constitutional Courts and Parliamentary Democracy [J]. West European Politics, 2002 (2): 77–100; Grant, Ruth W. & Keohane, Robert O.. Accountability and Abuses of Power in World Politics [J]. American Political Science Review, 2005 (1): 29-43; Alter, Karen J.. Agents or Trustees? International Courts in their Political Context [J]. European Journal of International Relations, 2008 (1): 33–63; Sweet, Alec Stone & Mathews, Jud. Proportionality Balancing and Global Constitutionalism [J]. Columbia Journal of Transnational Law, 2008 (1): 68–149; Sweet, Alec Stone & Brunell, Thomas L.. Trustee Courts and the Judicialization of International Regimes: The Politics of Majoritarian Activism in the European Convention on Human Rights, the European Union, and the World Trade Organization [J]. Journal of Law and Courts, 2013 (1): 61-88.

[65]例如，卡伦·阿尔特（Karen Alter）认为，受托人应符合以下几个条件：（1）受托人的选择标准是基于其人格和（或）专业信誉；（2）给予受让者依据其有决策或专业标准做出正确决定的权威；（3）其决策是代表受益人做出。亚历克·斯威特（Alec Sweet）和托马斯·布鲁内尔（Thomas Brunell）则认为，符合以下标准的法庭应被视为"受托

人":(1)法庭是法律体系的有权解释者;(2)法庭的管辖权是强制的;(3)在实践当中,缔约国无法实质性地推翻法庭的重要裁决。从上述探讨来看,学者们对此并未达成共识。亚历克·斯威特和托马斯·布鲁内尔主要围绕争端解决机构的授权展开探讨,强调的是受托人的独立性,而卡伦·阿尔特则不限于此,她还关注有关受托人的选择标准、政策偏好等方面。

[66]同[2]:7-9.

[67]基于英美法系相对财产所有权理念,所有权发生分离,受托人或受益人以不同的方式对该财产拥有所有权:受托人对委托人委托的"政治财产权"享有控制权(包括管理权和处分权);受益人对这项财产享有受益权。参见[英]F. H.劳森, B.拉登.财产法[M].施天涛,等译.北京:中国大百科全书出版社,2版,1998:55-59.

[68]Majone, Giandomenico. Two Logics of Delegation: Agency and Fiduciary Relations in EU Governance [J]. European Union Politics, 2001 (2): 109–112.

[69]Gilardi, Fabrizio. Delegation in the Regulatory State: Independent Regulatory Agencies in Western Europe [M]. Cheltenham: Edward Elgar Publishing, 2008: 29.

[70]Majone, Giandomenico. Dilemmas of European Integration: The Ambiguities and Pitfalls of Integration by Stealth[M]. Oxford : Oxford University Press, 2005: 64–65.

[71]同[70]:79-82.

[72]Elsig, Manfred & Pollack, Mark A.. Agents, Trustees, and International Courts: The Politics of Judicial Appointment at the World Trade Organization [J]. European Journal of International Relations, 2012 (2): 393.

[73]上述内容参考以下学者研究汇总而成。参见Sweet, Alec Stone. Constitutional Courts and Parliamentary Democracy [J]. West European Politics, 2002 (2) :77-100; Alter, Karen J.. Agents or Trustees? International Courts in their Political Context [J]. European Journal of International Relations, 2008 (1): 33-63; Sweet, Alec Stone & Brunell, Thomas L.. Trustee Courts and the Judicialization of International Regimes: The Politics of Majoritarian Activism in the European Convention on Human Rights, the European Union, and the World Trade Organization [J]. Journal of Law and Courts, 2013 (1): 61-88。

[74]Pollack, Mark A.. Principal-Agent Analysis and International Delegation: Red Herrings, Theoretical Clarifications, and Empirical Disputes [EB/OL]. http://law.duke.edu/

publiclaw/pdf/workshop06sp/pollack.pdf, 2022-7-15；同［72］: 391-415.

［75］例如，WTO争端解决机构、欧洲人权法院、国际刑事法院等。这些强制性的争端解决机构在解决国际争端的过程当中，会制约作为争端当事方的主权国家行使其权力的自由，甚至影响主权国家的政策偏好和法律地位。故而，有学者认为这些强制性的争端解决机构在争端解决的过程中也在行使公共权威。参见Bogdandy, Armin von & Venzke, Ingo. In Whose Name? An Investigation of International Courts' Public Authority and Its Democratic Justification [J]. The European Journal of International Law, 2012 (1): 17-19。

［76］Pollack, Mark A.. The Engines of European Integration: Delegation, Agency, and Agenda Setting in the EU [M]. Oxford: Oxford University Press, 2003: 31-34.

［77］Guzman, Andrew T. & Landsidle, Jennifer. The Myth of International Delegation [J]. California Law Review, 2008 (6): 1712-1723.

［78］Dupuy, P. M. & Francioni, F. & Petersmann, E.U.. Human Rights in International Investment Law and Arbitration [M]. Oxford University Press, 2009: 119-123.

［79］Roberts, Anthea. Power and Persuasion in Investment Treaty Interpretation: The Dual Role of States [J]. American Journal of International Law, 2010 (2): 179-191; Kulick, Andreas. Reassertion of Control over the Investment Treaty Regime [M]. Cambridge University Press, 2016: 17-18.

［80］参见《ICSID公约》第53条第1款、第54条第1款规定。

［81］有学者认为，当事人是由受害人、代言人和受益人这三个要素结合而成的功能性结构，三要素如集于当事人本人身上，则诉讼收益归属于其本人；如三要素发生分离，则诉讼收益并不一定归属于当事人本人。参见陈亮.环境公益诉讼激励机制的法律构造——以传统民事诉讼与环境公益诉讼的当事人结构差异为视角［J］.现代法学，2016 (4)：136。

［82］Martin Shapiro. Courts: A Comparative and Political Analysis [M]. University of Chicago Press, 1981: 1-2.

［83］ICSID. Possible Improvement of the Framework for ICSID Arbitration [EB/OL]. https://icsid.worldbank.org/sites/default/files/Possible%20Improvements%20of%20the%20Framework %20of%20ICSID%20Arbitration.pdf , 2022-7-15. 不仅如此，《ICSID仲裁程序规则》的"仲裁员的声明"（Arbitrator Declaration）中也明确提及仲裁员的公正性（fairly）

问题。

[84] 梁丹妮:《北美自由贸易协定》投资争端仲裁机制研究 [M]. 北京: 法律出版社, 2007: 25.

[85] Daphna Kapeliuk. The Repeat Appointment Factor: Exploring Decision Patterns of Elite Investment Arbitrators [J]. Cornell Law Review, 2010 (1): 85-86.

[86] Helfert, Laurence R. & Slaughte, Anne-Marie. Why States Create International Tribunals: A Response to Professors Posner and Yoo [J]. California Law Review, 2005 (3): 931-936.

[87] 投资者不仅享有启动仲裁程序的决定权,而且在仲裁庭组成、法律适用、仲裁程序进行方面,享有争端方缔约国同等的权利。参见《ICSID 公约》第 37—40 条、第 42—43 条、第 46—47 条。

[88] 参见《ICSID 公约》第 53 条。

[89] 诺德林格认为,自主性是指一个自主的社会实体不仅按自身偏好行事,并且,它的偏好是内在的或自我产生的。参见 [美] 埃里克·诺德林格. 民主国家的自主性 [M]. 孙荣飞, 等译. 南京: 江苏人民出版社, 2010: 22-23.

[90] 刘宏松. 国际组织的自主性行为: 两种理论视角及其比较 [J]. 外交评论, 2006 (3): 107.

[91] [美] 莉萨·马丁, 贝思·西蒙斯. 国际制度 [M]. 黄仁伟, 蒋鹏鸿, 等译. 上海: 上海人民出版社, 2006: 469-474.

[92] [美] 玛莎·费丽莫. 国际社会中的国家利益 [M]. 袁正清, 译. 杭州: 浙江人民出版社, 2001: 36-37, 169-175.

[93] Schneiderman, David. Constitutionalizing Economic Globalization: Investment Rules and Democracy's Promise [M]. New York: Cambridge University Press, 2008: 1-3, 18-19.

[94] Sauvant, Karl P.. Yearbook on International Investment Law and Policy (2008/2009) [M]. New York: Oxford University Press, 2009: 287-289.

[95] Kantor, Mark. The New Draft Model U.S. BIT: Noteworthy Developments [J]. Journal of International Arbitration, 2004 (4): 383-385; Schwebel, Stephen M.. Justice in International Law: Further Selected Writings [M]. New York: Cambridge University Press,

2011: 152-160.

［96］蔡从燕. 国际投资仲裁的商事化与"去商事化"［J］. 现代法学，2011 (1)：152-155.

［97］Waibel, Michael & Wu, Yanhui. Are Arbitrators Political? [EB/OL]. https://papers.ssrn.com/sol3/papers.cfm?abstract_id=2101186, 2022-7-15.

［98］Schill, Stephan W.. W(h)ither fragmentation? On the Literature and Sociology of International Investment Law [J]. European Journal of International Law, 2011 (3): 888.

［99］Atik, Jeffery. Repenser NAFTA Chapter 11: A Catalogue of Legitimacy Critiques [J]. Asper Review of International Business and Trade Law, 2003 (3): 221-222.

［100］Dezalay, Yves & Garth, Bryant G.. Dealing in Virtue: International Commercial Arbitration and the Construction of a Transnational Legal Order [M]. Chicago: University of Chicago Press, 1996: 195-196.

［101］Alvarez, José E. & Sauvant, Karl P..The Evolving International Investment Regime [M]. New York: Oxford University Press, 2011: 186.

［102］Alvarez, Guillermo Aguilar & Park, William W.. The New Face of Investment Arbitration: NAFTA Chapter 11 [J]. Yale Journal of International Law, 2003 (2): 394.

［103］Bjorklund, Andrea K.. Private Rights and Public International Law: Why Competition Among International Economic Law Tribunals is Not Working [J]. Hastings Law Journal, 2007 (3): 251.

［104］同［97］.

［105］同［97］.

［106］Kapeliuk, Daphna. The Repeat Appointment Factor: Exploring Decision Patterns of Elite Investment Arbitrators [J]. Cornell Law Review, 2010 (1):60-61.

［107］同［97］.

［108］Saluka Investments v. Czech Republic, Partial Award, UNICTRAL, March 17, 2006, para. 297.

［109］Muchlinski, Peter. Caveat Investor? The Relevance of the Conduct of the Investor Under the Fair and Equitable Treatment Standard [J]. International and Comparative Law Quarterly, 2006 (3): 531-532.

〔110〕上述内容参考以下学者研究汇总而成。参见 Alter, Karen J.. Agents or Trustees? International Courts in their Political Context[J]. European Journal of International Relations, 2008 (1): 33-63; 同〔97〕.

第三章
国际投资仲裁庭条约解释失范的成因及其后果

第二章的研究表明,现有授权模式的制度设计可以解释为什么国际投资仲裁庭愿意扩大自身的权力,其政策偏好为何倾向于保护外国投资者的利益,但它不能解释的是这种情况如何发生;因为国际投资仲裁庭作为IIA缔约国的受托人行使管辖权及由此派生出来的条约解释权,这是主权国家针对国际投资仲裁庭的裁判角色以及IIA自身的功能特征而有意为之的一种制度安排。缔约国之所以作出这样的授权选择,其预设前提是组成仲裁庭的仲裁员的道德操守、专业能力和专业信誉是可靠的,他们可以依据IIA及相关法律规则有效地协调东道国的公共利益与外国投资者的利益之间的关系,从而公平、公正地作出裁决。事实上,国际投资仲裁庭也是由资深的执业律师、知名的国际公法学者和大法官组成的。此外,尽管在委托人/受托人模式下,缔约国不会对国际投资仲裁庭采取直接的控制措施,但这并不意味着仲裁庭不受任何约束。一方面,仲裁庭行使条约解释权时需要遵循相关的解释规则,另一方面,缔约国自身也保留了必要的制约手段,例如撤回授予的权威等。那么,究竟是什么原因导致这种制度性缺陷从可能转化为现实?本章的第一节将从国际投资仲裁庭条约解释权的运行这个视角来查找导致其解释失范的直接原因;第二节将进一步阐明权力运行失范可能引起的不利后果。

第一节 国际投资仲裁庭条约解释失范的成因

显然，导致国际投资仲裁庭条约解释权运行失范的原因是复杂的。其中一个重要的原因就是国际社会的"无政府状态"导致了国际投资争端解决的"碎片化"。这种"碎片化"会对国际投资仲裁庭条约解释权的运行模式和最终解释结果的一致性产生重要影响。但是，能否将国际投资仲裁庭条约解释权运行失范的原因完全归咎于此，是值得商榷的。因为，无政府状态的国际社会本身就是国际投资仲裁机制产生的现实背景。那么，到底是哪些原因直接导致国际投资仲裁庭在行使其条约解释权时出现种种失范之举呢？对此，本节将从国际投资仲裁庭自身的能力、相关的条约解释规则以及委托人的制约机制这三个方面展开探讨。

一、国际投资仲裁庭的能力建构不足

毋庸置疑，全球投资治理机制已经确立。然而，在相当的一段时间内，国际投资仲裁庭的能力建构问题没有得到应有的重视。本书所探讨的国际投资仲裁庭并不是指单个案件的仲裁庭，而是指由众多个案仲裁庭组成的在全球范围内行使权力的国际投资争端解决机构。因此，有关国际投资仲裁庭的能力建构问题的探讨，不仅涉及国际投资仲裁机构的制度建设，还包括国际投资仲裁员的能力和自律机制的建构。

（一）国际投资仲裁庭的临时性

在贸易和金融领域，WTO、世界银行和国际货币基金组织等机构早已在全球治理中发挥着重要的作用，但全球投资治理机构却长期缺位。国际投资法律领域并不存在一个正式的治理组织，甚至还未存在一个多边意义上的国际投资条约，而只有一个由众多BIT构成的治理网络。由此形成的国际投资争端解决机构不具任何严格意义上的国际组织特性，也没有独立的法律人格。国际投资争端解决机构的职能只能依靠众多依据BIT相关规定，由争端

当事方临时专设的国际仲裁庭来承担。国际投资仲裁庭在解释和适用IIA解决投资争端的过程中，把复杂交错的双边投资条约网络转变成了一个在全球范围内运行的，由国际投资仲裁庭所主导的多边投资法律体制，国际投资仲裁庭也因此转变成为参与全球投资事务的治理者。[1]这种重大转型在极大地促进了国际投资争端解决法制化的同时，也给国际投资仲裁机制本身带来了挑战。

现行国际投资仲裁机制的整体架构是依据其裁判者的功能定位而设计的。显然，国际投资仲裁庭的职能和首要责任就是解决投资者与东道国之间的投资争议。作为裁判者，国际投资仲裁庭所关注的必然是个案的公正。不仅如此，由于国际投资仲裁机制的创设是为了解决缔约国政府对外国投资者所作政策承诺的可信度问题，因而，争端解决机制不可避免地呈现出保护投资者的政策偏好。例如，争端解决机制的制度设计基本上参照一般性的商事仲裁机制，仲裁庭是临时性组建的，其裁决一裁终局，没有任何上诉或其他监督机制，等等；而这些特征将会对国际投资仲裁庭的最终裁决产生影响。有学者指出，仲裁机构的寿命会对仲裁员选择的解释方法产生重要影响。[2]例如，常设仲裁庭的创设意味着缔约国会对外国投资者给予实质性的制度支持并致力于与其他缔约方长期合作；相应地，它们会给予仲裁庭持续性的资金和人力支持。如此一来，仲裁庭对委托人的依赖性势必会增强，因而在执行其职责时，仲裁庭会更注重委托人利益的维护。此外，由于常设仲裁庭所处理的是批量案件，流水作业一方面会促使仲裁员形成思维定式，案件处理的连贯性和一致性会更高，另一方面也会迫使他们不得不兼顾其他案件的公正，因而在解释条约时会从长远的角度考虑。换言之，常设仲裁庭在解释时可能会更注重体系解释和演进式的解释，并且会遵循先例以便促进解释的一致性。国际投资仲裁机制现今的状况则与之相反，临时任命的投资仲裁员会在条约解释时更多地以个案为基础。由于他们从委托人那里获得的资源十分有限，且缺乏长期合作而无法形成体系性的解释习惯，所以，他们的解释多会关注争端当事方的意图,遵从原意主义,解释也多具有自足性。[3]如此一来,裁决会不可避免地存在冲突和矛盾。

(二)仲裁员的决策能力不足

依前文可知,在缔约时,条约约文的简约可节省缔约和决策成本,但这同时也意味着,在发生争议时,司法的决策成本会相应提高。裁判者在适用这些措辞宽泛的IIA条款时,必须掌握更多的信息和具备更高的决策能力。然而,现在的国际投资仲裁机制的能力构建却没能达到这一要求。

商事仲裁所处理的是平等主体之间的商事纠纷,一般不涉及公权力,即便是疑难案件,仲裁员依靠个人的职业能力也能应付自如。国际投资仲裁则不同,当事一方为掌管公权力的国家,而且几乎无一例外地处于被申请方的地位,个案裁决势必关乎一国的监管主权,其重要性不言而喻。然而,迄今的仲裁实践表明,参与国际投资仲裁案件审理的仲裁员高度集中。有研究表明,迄今被选任审理仲裁案件最多的仲裁员有15位,由他们参与裁判的案件却占迄今所知的投资案件的55%。[4]这一比例即便放在一般的商事仲裁案件之上,都十分悬殊,更何况是在审查国家公共政策的投资争端案件上。姑且不说案件裁决的复杂与难度,面对如此繁重的案件审理工作,仲裁员很难保证其推理的严密性和论证的充分性。此种情况下也就不难理解,为何国际投资仲裁员会更多地依赖先前案例的裁决和权威的学术专著,或者只关注案件事实的陈述而疏于推敲和论证条约条款了。此外,随着社会分工的日益深化,国际投资仲裁所涉及的法律问题和事实问题也日渐复杂化、专业化和多样化,这对国际投资仲裁员的专业权威提出了很大的挑战。

国际投资仲裁员之所以处于一种非常有利的、能够实现法治的可预测性和连续性价值的位置,就在于他们在部分程度上远离国家的政治过程,而且他们是享有高度赞誉的、在解释法律方面技艺精湛的法律人。[5]然而,恰恰是与国家政治的疏离限制了国际投资仲裁庭获得与条约解释相关信息的机会。国际投资仲裁庭是由与东道国关联甚少的仲裁员组成的,其对于东道国国内的政策、国情信息的掌握不可能全面。显然，要获得这些信息不能只阅读条约和相关法律文本；更多的情况下，他们依赖于其原有的知识和信息来做出判断。因而，在国际投资仲裁当中，"西方偏好"的政策选择并不少见。然而，国际货币基金组织在处理亚洲金融危机时出现的问题表明，西方学界和实务界所笃信的"普世主义"并不必然是治国良方，在特殊情况下，尤其是涉及国家重大经济政策选择时，这种"普世主义"可能会产生灾难性的后果。[6]在IIA框架下同样如此。有学者指出，把"公平与公正待遇"理解为国家行政管理的全球标准并将它与发达国家的行政法（或有关某些方面的宪法性法律）完全等同的做法是错误的，因为它们根本没有考虑到新兴的全球经济以及国家利益和环境的特殊性。[7]

（三）国际投资仲裁员身份的多重性

不少仲裁员身兼数职——他们可能既担任企业法律顾问，同时也是学者，或是可以影响国家政策的政府代表，又或是专家证人。以丹尼尔·普赖斯（Daniel Price）为例，在他从业的二十多年里，他的身份在专职律师、政府代表、企业顾问和仲裁员等身份之间频繁转换。他曾是盛德国际律师事务所国际贸易和协议仲裁业务部门的创始人，也曾在小布什政府的国际经济事务局担任总统助理。在担任美国贸易代表办公室副总法律顾问期间，他曾参与美国与俄罗斯BIT以及NAFTA的谈判。在Yukos v. Russia案中，他担任仲裁员。在2002年至2006年间的Fireman's Fund v. Mexico案中，他又接受申请方Fireman's Fund Insurance的委托成为其代理律师。[8]

当然，仅凭这种角色的重叠不能否定丹尼尔·普赖斯的执业素质，相反，从某种意义上看，这种角色重叠恰恰是其职业道德与业务能力过硬的一个明证。然而，不能否认的是，这些角色之间是存在利益冲突的。详言之，当某位律师或律师事务所基于的信任和委托的关系涉入到多方的利益关系之中时，那么这位律师或律师事务所必须忠实于其所代表的所有各方的利益，否则将有违其职业操守。由此引发的问题是，维护其中一方的利益可能会对其他方的利益产生牵制甚至损害，若委托人之间的利益存在冲突，那么受托人所面临的将是尽力维护此方委托人利益还是彼方委托人利益的抉择，这在国际投资仲裁当中同样存在。威廉·帕克（William Park）曾指出，在国际投资仲裁当中，仲裁员有时候需要面对这样一个问题，即他在裁判时能否摆脱自己之前作为企业的律师或法律顾问时，为其委托人辩护或者在其学术著作中所持的立场。不难看出，这个问题可能会损害仲裁程序的整体性。[9]

（四）国际投资仲裁员自律机制的缺失

国际投资仲裁庭作为一个独立主体，必然拥有自身的机构利益，因而具有运用其自由裁量权服务于其机构利益的自主性行为动力。国际投资仲裁庭的自主性源自仲裁员所独有的专业知识，因裁判职能所需而被赋予解释和适用IIA以及收集证据等方面的职权。在社会学制度主义学者看来，国际组织有运用其所掌控的资源来影响和塑造其外部环境的意愿。[10]这一理论的判断同样可适用于争端解决机构。争端解决机构为了谋求在国际社会事务中的更大参与度，会在审理案件的过程中有意识地运用各种策略来调动国内和国际政治利益团体和市民社会等力量来支持自己。IIA选择的是一个多元化的争端解决机制，除了国际投资仲裁机制之外，还包括磋商、调停或斡旋、调解和国内法院诉讼等方式。这些替代性的争端解决机制之间会相互竞争。即便争议是由国际投资仲裁机制解决，但由于并不存在统一的、常设的投资仲裁机构，仲裁庭只能由争端当事方指定和组建，仲裁员与潜在仲裁员之间、各个仲裁机构之间的竞争同样是不争的事实。仲裁员若要维持其裁判者的身份，就必须维持或提升其个人的专业信誉。仲裁机构为了维持其机构的运营，就必须构建其专业权威的形象，并不断扩展其业务范围和领域，以此来争取更多的外部资源。

在探讨国际组织权威来源之时，社会学制度主义学者认为，除了物质上的制度支持之外，内部的组织文化同样也是国际组织获取权威的来源。[11]国际组织的创立通常是旨在体现、服务或者保护某种广泛共享的原则，它们通常会宣称自己是国际社会利益的代表或社会价值的维护者，由此获得道义上的权威。[12]事实上，国际组织获得道德权威的同时，也在塑造其内部机构人员的道德感和自律性。如果一个组织拥有自己的职业道德观念，并将它们内化于其职员的工作理念当中，形成某种坚定的道德责任信念，即便在没有外部监督的情况下，通过内心的自我控制和道德指导准则，个体也能做出合乎理性的选择。然而，这一点却对国际投资仲裁庭不适用。

国际投资仲裁庭是一个临时的裁判机构，仲裁员并不是一项职业，除非被当事方指定为案件的仲裁庭成员，否则名册上的仲裁员并不是真正意义上的仲裁员。这些仲裁员是由当事方指定的各行各业的专业人士，他们包括全职的私人法律从业者、全职的学者、国际公法专家、投资者的法律顾问、政府的行政、立法和司法官员。[13]在个案中，国际投资仲裁员只是中立的裁判者，而非一种与职业相关的身份，这种非职业化意味着并不存在一种约定俗成或公认的职业道德标准。以ICSID为例，ICSID并没有设置专职的仲裁员，其仲裁员均由《ICSID公约》的缔约方指定而非由选举产生。依据《ICSID公约》第13条和第16条规定，候选仲裁员的资格认定取决于作为指派国的特定缔约方，而不是其他缔约方或ICSID秘书处。不仅如此，在仲裁员资格认定的标准上，《ICSID公约》并没有提供一个明确、客观的标准，而只能靠指派国主观判断。由此带来的一个问题是，在专业素质方面，不同缔约方所指派的人员必然会有所差异。有学者就曾对仲裁小组成员的资格提出疑问，认为并非所有的仲裁小组成员都具备公约所要求的资格。[14]再如，仲裁员的公正性和独立性是判断仲裁员的行为是否失格的主要标准，而目前国际投资仲裁机构均对此作了相关规定。然而，何谓公正性，何谓独立性，目前却没有一个明确的标准，不同仲裁机构的仲裁规则就这一问题的规定也有所差异，这导致争端当事方、利益相关方和公众无法客观地判断仲裁员的品行。显然，仲裁员的非职业性加上国际投资仲裁庭构建的临时性将阻碍其形成体系化的内部组织文化和观念，进而导致评价仲裁员的行为标准的缺失。

在国际投资实践中，仲裁案件一般是由外国投资者提起程序，且索赔数额巨大。仲裁的裁决对外国投资者越有利，投资者就越可能选择仲裁机制来保护自身利益，国际投资仲裁的市场也将随之扩大，那么，国际投资仲裁员从中获利的机会也会增加。此种情况下，若不存在维护东道国利益的动力和自律机制，维护私人委托方的利益以便获得再次被选任的机会将可能是仲裁员所关注的首要问题。[15]

二、现行国际公法解释规则的规制不足

法律适用是一种法律与案件事实对向交流的过程，[16]在这个过程当中，条约的解释规则和方法至关重要。一方面，借助各种法律技术和法律解释方法，条约和案件事实才能有机地结合起来，完成由条约到个案裁决的转换过程。另一方面，通过条约解释方法的运用，国际投资仲裁员可以提升其解释行为及裁决的合理性与合法性。无论国际投资仲裁员享有多大的自由裁量权，他们只能以条约解释者的名义行事，在提出自己的解释结论的同时必须提出得出这一结论的根据。换言之，条约的解释规则和解释方法即是条约解释这一行为正当性的来源之一。因此，条约解释的规则和方法也被视为一套程序性指令来填补因条约条款的不确定而出现的约束真空。

（一）传统条约解释方法存在内在缺陷

尽管我们希望通过条约解释方法的运用甚至通过解释方法的位阶排序来构建一个科学合理的条约解释规则体系，以试图约束国际投资仲裁庭在进行条约解释时的自由裁量权，但这种努力的效果却是不确定的，目前也是无法证伪的。因为，在存在多种解释方法的情况下，特别是存在相互矛盾和冲突的解释方法的情况下，解释方法本身无法回答何者优先的问题。

1. 条约解释方法的局限性

在解释IIA那些诸如公平与公正待遇、征收等宽泛用语时，仅依靠现有条约解释方法并不能有效地解决此类条款适用的不确定性问题。事实上，每

一种条约解释方法都存在各自的缺陷。以下将以国际投资仲裁庭最常用的约文解释、目的解释和上下文解释为例加以说明。

（1）约文解释

以约文解释为例。通常意义解释的前提在于语言或文字中存在着一种普遍认可的含义。然而，文本含义的寻找和通常意义的确认均非易事。文字天然的多义性决定了通常意义解释的不现实，而这一问题在对公平与公正待遇标准作出解释时尤为明显。"公平"与"公正"这两个用语的通常意义迄今为止缺乏一致的理解；而在国际投资仲裁实践当中，仲裁庭对这一概念的解读亦呈多样化。根据已有的国际投资仲裁裁决，西方学者归纳出仲裁庭认定东道国违反公平与公正待遇的情形竟达11种之多，且可以预见的是，随着国际投资仲裁的实践发展，这一宽泛的待遇内容还在增加。[17]显然，对于公平与公正待遇这一术语含义的确定，通过考察它的"通常意义"是难以实现的。[18]

很多情况下，在争端当事方就IIA某一用语发生争议时，条约文本的通常意义是难以确认的。为此，只能求助于不同的方法来确认。查阅解释性的词典就是最为常用的一种方式。例如，在Aguas del Tunari v. Bolivia案当中，对"control"的通常意义的理解，仲裁庭就曾求助于数部标准案头词典，包括《韦伯在线词典》《Encarta国际英语辞典》和《牛津法律词典》。[19]多数情况下，词典会尽可能地对用语在各种情况下的含义作一个归纳，因此这种方式可在一定程度上提供确认用语含义的多种选择方案；或者说，它可以确定用语可能含义的范围。但是，这一方式应谨慎使用。扎卡里·道格拉斯（Zachary Douglas）曾尖锐地指出，在条约解释时，过分迷信词典的定义将会导致国际法概念固有含义的丧失，因为，这种对条约术语毫无建树的语义分析会让这些专业术语被普通大众的最低认知所取代。[20]在Methanex v. USA案中，仲裁庭就"与……有关"（relating to）一词参考了不同的词典，却发现这些词典并不能为这一问题提供解决方案。[21]

(2)目的及宗旨解释方法

目的及宗旨解释方法主要是指在解释条约的用语时参考条约的目的及宗旨来确定约文的原义。然而，采用这一方法需要解决一个关键问题，即如何辨识条约的目的及宗旨。一方面，在实践中，条约所包含的目的及宗旨通常会是多重的，甚至还会相互冲突，因而，在解释时，需要确认哪一个目的或宗旨才是恰当的。正如托马斯·瓦尔德所指出的那样，能源宪章条约（ECT）和NAFTA这两个IIA各自列出的目的都有近20个，这些目的或多或少会存在冲突，由此就引发了如何平衡这些数量众多的目的之间关系的问题。[22]在国际投资仲裁实践中，仲裁庭在参考目的及宗旨解释要素时所考察的内容主要包括：整个条约本身、条约的某个条款、条约条款的选段以及条约的章节。[23]同样，各个条款之间、条款与章节之间、各个章节之间，条约局部与整体之间的目的及宗旨同样可能出现不一致和相冲突的情况。另一方面，任何解释者都有不同的立场和背景，希望最终的法律实践采纳自己的解释观点，从而能够实现自己的解释目的。也因此，解释者会选择对自己解释有利，或者说有助于将自身的解释正当化的目的及宗旨。第一章已指出，国际投资仲裁庭经常以IIA措辞不清而求助于目的及宗旨的解释方法，从而做出对投资者有利的解释。

(3)上下文解释方法

在理查德·加德纳（Richard K. Gardiner）看来，引入上下文解释有助于确认条约术语的含义，避免过度解释，或者可以在现有的超过一个以上的通常意义当中选择其一。[24]条约术语并不是一个抽象的概念，也不是孤立存在的概念，它们的通常意义必须结合其所处条约的其他条款以及条约以外的其他资料来识别和确认。

然而，晚近的国际投资实践表明，IIA法典化的趋势日益明显，条约的内容也日渐复杂，比如包含有投资章节的FTA。以NAFTA为例，除了第11章的投资章节之外，它还涵盖货物贸易、服务贸易市场准入、知识产权等其他21个章节。不仅如此，每个章节都会自成体系，并包含专门的定义条款，甚至一些章节是完全独立于其他章节的，其他的章节则包含了可适用于条约整体的普遍性原则和规则，还有一些条款规定了例外情形。那么，就特定章节的某些条款作出解释时，仲裁庭需要考察的上下文范围到底包含哪些内容呢？对此，ADF v. USA案的仲裁庭给出答案是：如果解释是为了确认和理解三个主权国家缔结NAFTA这一条约的真实意图，条款的解读不仅应结合投资章节当中的其他条款，还应该把它放置于NAFTA的整体结构当中。[25] 如此一来，认清FTA的不同部分之间的关系就变得十分重要。毕竟，FTA所包含的内容日益宽泛，章节数量繁多、形式多样；更为重要的是，从投资待遇此类一般原则到各个具体条款及其解释、注解、补充等，条约的层次或等级参差不齐，内部关系错综复杂。

2. 条约解释方法的价值中立性

不可否认，条约解释方法对于条约具体规范含义的确认至关重要，所以我们希望它可以作为一个制约自由裁量权的手段，以确保国际投资仲裁庭的条约解释权在其授权范围内运行。然而，在进行条约解释活动时，仲裁庭可以选择的方法不止一种。究竟哪一种方法或排序才是最佳选择，方法本身却没能提供一个明确的答案。

我们在讨论国际投资仲裁的正当性危机时，经常关注的一个焦点就是国际投资仲裁员的价值倾向性问题。那么，不同价值取向的仲裁员所采取的解释方法是否不同？他们会倾向于选择约文解释方法还是目的解释方法？在托马斯·瓦尔德看来，目前并无确切证据证明仲裁员的价值倾向性与其所选择的解释方法之间有任何逻辑关系。[26] 例如，同样采用约文解释方法，不同案件得出的裁决却截然不同。在Banro v. Congo案中，Banro Resource是一家加拿大的矿产公司，它与刚果政府签订了一项矿产开采的合同，合同的第35条规定所有相关的争议均可提交ICSID仲裁庭解决。然而，加拿大当时尚未批准《ICSID公约》，争议发生后，Banro Resource无法依据合同的第35条诉诸

ICSID仲裁。因此，Banro Resource将这一争议转由其美国的子公司Banro American Resources提交至ICSID仲裁庭。然而仲裁庭拒绝对该案行使管辖权，其中一个理由是，申请方总公司Banro Resource的母国加拿大对Banro Resources给予了外交保护，这违反了《ICSID公约》第27条的规定。[27]而在Autopista v. Venezuela案中，Autopista是委内瑞拉的一个公司，它与委内瑞拉政府签订了一项承建和营运高速公路的合同，合同当中同样规定了ICSID仲裁条款。Autopista的股东ICA Holdings是一家墨西哥公司，而墨西哥同样也不是ICSID的缔约方。同时，合同的第64条规定，如果将Autopista的大部分股份转让给ICSID的缔约方的国民，那么合同引发的争议应提交ICSID仲裁庭解决。合同签订之后，Autopista的大部分股份转让给了美国的一家公司Icatech。争议发生时，依据合同的第64条，Autopista将委内瑞拉指控至ICSID仲裁庭。墨西哥也同样向Autopista提供了外交保护，尽管案情与Banro v. Congo案相类似，但仲裁庭却对此做出了完全不同的裁决。仲裁庭认为，尽管墨西哥所给予的外交保护的确违反了《ICSID公约》第27条的规定，但是这并不影响仲裁庭管辖权的获得。仲裁庭管辖权的获得依据的是公约的第25条第2项第2款。事实上，管辖权的拒绝不是公约第27条所规定的救济措施。[28]

目的解释方法同样如此。在实践当中，不少国际投资仲裁庭做出对投资者有利的裁决所采用的方法就是目的解释。对仲裁庭而言，投资条约的目的及宗旨是为了保护投资者，让他们远离东道国国内的政治风险。据此，仲裁庭通常会在条约的约文措辞存在疑问或含糊不清时，参考条约的目的及宗旨进行解释。尽管投资条约被称作保护投资的条约，但是何为投资条约的主要目的及宗旨的争论却没有定论。保护投资者及其财产和契约权利是多数仲裁员所主张的，但另一种反对过分保护投资者的解释方法则主张需要关注条约的其他宗旨。这些宗旨通常体现在条约的序言当中，包括可持续发展、环境保护等。如果引发争议的投资与可持续、环境保护这些目的并不一致，那么它将不能获得保护。

可见，在解释过程当中，条约解释方法本身并不具备价值判断和选择的功能。一方面，条约解释方法的选择不具有主动性，也没有一个预设的标准；另一方面，条约解释的方法无法对可能出现的多个解释结论进行合理与否的判断，进而做出最优选择。然而，条约解释恰恰就意味着选择，甚至可以说，条约解释就是一种选择。众多条约解释方法或者解释规则的存在，意味着仲裁庭对在不同场合采用的解释方法存在着取舍。

由于条约解释方法不具有决定价值判断的要素，因此，单凭条约解释方法本身无法论证解释结论的正确性，也无助于这一结论的最终判断和选择，它呈现出一种价值中立性或者价值无涉性。也因此，条约解释最终演变成一种纯粹中立的工具。正如卡尔·恩吉施(Karl Engisch)所说的："如果解释的语词、概念和本质未做出对我们的问题的决定，那么，将完全不能先验地对理论争论作出明确的解释。……在法律适用上，这意味着，何种方法是正确的，取决于解释的法律功能，取决于解释者对制定法各自的立场，甚至根据法律秩序结构的情况，取决于实证法律的规则。"[29]

(二)《条约法公约》解释规则的约束效力有限

依前文可知，条约解释方法因其固有的缺陷从而无法对仲裁庭形成有效的制约，那么，条约解释规则是否在条约解释方法的选择上提供了可行的方案呢？遗憾的是，在IIA的解释实践中，尚未形成一种有效的条约解释规则。即便是现行的国际公法解释规则，国际投资仲裁庭在仲裁实践当中也没有严格遵守。

1. 在条约解释原则与方法的选择上，国际投资仲裁庭并无统一标准

实践表明，国际投资仲裁庭对条约解释原则与方法的运用灵活多变。有学者指出，除了《条约法公约》所规定的条约解释原则和方法之外，国际投资仲裁庭还广泛地援引了其他解释原则和方法。这种情况意味着在条约解释原则与方法的选择上，国际投资仲裁庭享有广泛的自由裁量权。更令人担忧的是，与仲裁庭在实体条款解释结论存在对立观点一样，仲裁庭对同一种解释方法的立场竟然也是截然不同的。以限制解释原则为例，相当多的仲裁庭对其表示不认同，[30]但仍有不少仲裁庭坚持这一原则。纵观现有国际投资仲裁实践，仲裁庭所采用的条约解释方法与原则[31]主要包括：

（1）约文解释方法

约文解释方法是依据条约用语的文义及其通常使用的方式来阐释条约意义的解释方法。约文解释方法是国际投资仲裁庭最常用的条约解释方法之一，主要是因为它是文本的天然效力——缔约方直接意志的表达。因此，在绝大多数情况下，约文就是条约解释的起点或基础。这一解释方法又可细分为通常意义和特殊含义方法。前者指依据条约用语习惯性的通常意义解释，后者则是指条约用语要依照缔约国确定的特定含义解释。

通常意义的方法在实践中广为国际投资仲裁庭所采用，[32]甚至有仲裁庭认为，如果条约的术语清晰明了，其通常用语也不存在疑义，则无需采用诸如考察上下文或条约的宗旨及目的之方式作进一步解释。[33]例如，在APP v. Sri Lanka案的仲裁庭看来，关于解释的首要规则就是：无需解释的事项不需解释。当条约以明白和精确的术语表述时，其含义是明确的，不会导致荒谬的结果，仲裁庭没有理由拒绝采纳该条约所自然呈现出来的含义。[34]

通常情况下，条约解释首要考虑的应是用语的通常意义，但如果当事国意在使条约用语具有某一特定含义，那么仲裁庭的解释应该对缔约国的意愿予以尊重。IIA当中通常会包含有定义的条款。正如Aguas v. Bolivia案的仲裁庭指出的那样，对条约定义的澄清可进一步促进外资流动，通过这一做法允许潜在的投资者确认他们的投资是否属于BIT的保护范围。[35]

（2）体系解释方法

体系解释也可称为上下文解释，它是根据条约的条文在整个条约上下文中的地位，联系相关条文和用语的含义，阐明其意义。一般认为，上下文解释可以通过上下文的相互论证明确条约用语的含义，这样才能使条约规定的

127

内容得到完整的揭示，这也是国际投资仲裁庭惯用的一种解释方法。例如，在Tokios v. Ukraine案当中，申诉方所做的投资并没有符合条约所规定的"投资应依据乌克兰的法律法规做出"的标准，仲裁庭在确认其是否具有管辖权时指出，依据《条约法公约》的规定，条约上述措辞的通常意义是"必须结合条约的上下文，作为一个整体并依据条约的目的及宗旨得出"。[36]

实践中，IIA的上下文范围通常包括约文的正文、序言、附件、注释，甚至条约的名称等。例如，Plama v. Bulgaria案的仲裁庭在确认利益拒绝条款的适用范围时，就曾结合ECT第17条的名称（不适用本协定第三部分的某些情形）和该条的具体内容作出解释。[37]除了正文中的条款之外，条约的序言是国际投资仲裁在解释条约用语时经常会考察的部分。例如，Siemens v. Argentina案的仲裁庭对阿根廷与德国BIT的条约目的的探讨就是围绕条约的名称和其前言内容展开的。[38]

（3）目的及宗旨解释方法

目的及宗旨的解释方法要求解释者依据条约的目的及宗旨阐明条约条款的意义。国际投资仲裁庭也经常采用这一解释方法。[39]依照克里斯蒂安·法乌查尔德(Kristian Fauchald)的研究，在其考察的98个裁决当中，有48个仲裁庭引用了目的及宗旨的解释方法，采用该方法的仲裁庭比例接近50%。[40]

在Metalclad v. Mexico案中，仲裁庭指出NAFTA第102条第2款规定，协定应依照条约所列明的目的进行解释和适用，依据第102条第1款第3项的规定可知，NAFTA旨在"增进跨境投资机会，并保证投资的成功实施"，而"透明度原则"即是体现这一目标的重要规定。墨西哥政府不仅没能为投资者提供一个透明的、可预见的投资法律框架，而且在投资者依据条约主张公平与公正待遇时，也没能针对这一诉求提供有效的处理。据此，仲裁庭裁定墨西哥违反了NAFTA有关公平与公正待遇的规定。[41]通常情况下，选择这一方法的仲裁庭会参考条约的序言来阐释条约的宗旨及目的并据此作出解释。[42]例如，Aguas v. Bolivia案的仲裁庭就曾指出，条约的序言特别有助于确认条约的动机、目的和详情。[43]除了序言之外，国际投资仲裁庭确认条约目的及宗旨的资料还包括条约的标题、[44]缔约准备文件、[45]《ICSID公约》执行董事会报告。[46]

（4）历史解释（主观解释）方法

历史解释方法是根据条约缔结的历史背景材料来阐明其含义的方法。缔约的准备资料被视为探知缔约各方意图的最好方法，也因此，它是主观解释学派学者所推崇的条约解释要素。在条约解释实践中，国际投资仲裁庭对缔约准备资料和缔约情况的态度可分为两类。多数仲裁庭强调缔约准备资料的补充性。[47]例如，在Sempra v. Argentina案中，仲裁庭认为，《条约法公约》第31条第1款是条约解释的首要原则，如果条约的约文本身相当清楚，就不应使用准备资料。[48]另一方面，不少仲裁庭直接采用缔约的准备资料和缔约情况。例如，Fedax v. Venezuela案的仲裁庭在确认《ICSID公约》是否存在第25条第1款规定的"法律争端"（legal dispute）时指出，尽管公约并没有对"法律争端"这一措辞做出界定，但公约的缔约历史非常清楚地表明这一术语是与权利冲突（conflicts of rights）而非利益冲突（conflicts of interest）有关。[49]

（5）比较解释方法

从《条约法公约》的规定来看，它并没有为比较解释方法的适用提供法律依据。实践当中，国际投资仲裁庭在解释IIA的某项条款或用语时，将其他IIA、国际条约或者国际法律文件作为参考资料，借以阐明这项条款的含义和内容。例如，在Fedax v. Venezuela案中，仲裁庭就在解释1991年荷兰与委内瑞拉BIT的投资定义时，考察了委内瑞拉单方的缔约实践，认为委内瑞拉在实践当中对这一概念并没有统一的实践。由此可以看出，其对适用BIT的投资应以条约明确列出的为限。[50]实践当中，国际投资仲裁庭在解释时甚至还参考了其他非IIA的国际公约或者国际组织的研究报告。例如，UNCTAD的报告就曾被Ronald v. Czech Republic案的仲裁庭和Philippe

129

Gruslin v. Malaysia案的仲裁庭所援引。[51]

(6) 有效解释原则

确切地说，有效解释并不是一种条约解释方法，而是一项解释原则，它源自著名的罗马法格言："与其使之无效，不如使之有效"。其基本含义是指，当文本的用语存在两种以上的解释时，若其中的一种解释（通常是广义的解释）会令这一文本具有明确的含义，而另一种解释（多为狭义的解释）将会使得这一文本无意义或显得荒谬、不合理时，解释者应当选择可导致文本产生效力的解释。[52]

尽管有效解释原则并未被《条约法公约》所规定，但它在国际司法实践当中被广泛采用。在SGS v. Philippines案中，仲裁庭就曾指出，BIT作为一项促进和互惠保护投资的条约，它的目的及宗旨支持对条约第10条第2款的"保护伞条款"作有效解释。从条约的序言来看，条约旨在"建立和保持缔约一方的投资者在另一方领土内的投资所获得的优惠待遇"，消除解释的不确定性将有利于保护条约所涵盖的投资，这一理由是正当的。[53] AAP v. Sri Lanka案的仲裁庭同样指出，最佳的解决方法就是，在解释一个条款时，必须赋予而非剥夺其含义，这是所有法律体系解释的一个基本原则。[54] Klöckner v. Cameroon案的仲裁庭甚至将有效解释原则视为国际习惯法。[55]

(7) 限制性解释原则

"遇有疑义，从轻解释"（in dubio mitius）是一条著名的法律格言。将这一格言适用于条约解释，即形成一项条约解释的原则，统称为限制性解释原则。其基本含义是，若条约用语的含义不明，应该采纳使义务承担方负担较少，或对当事国的领土与属人最高权干涉较少，或对当事国限制较少的意义。[56] 由于国际条约多是为成员设定的约束性义务的国际法规范，因此，限制性解释原则也意味着，若条约措辞不明，那么这种"不明"可被理解为条约并未为缔约方设定真正的义务。从这一视角来看，这一解释原则所体现的是对各国主权的尊重，也是对缔约国有利的解释原则。这一原则同样不是

《条约法公约》所规定的解释原则。从国际投资仲裁的实践来看，这一原则也经常会被提及。例如，SGS v. Pakistan仲裁庭就明确指出，对"保护伞条款"最恰当的解释方法就是按照"如有疑义，从轻解释"的原则审慎对待，以免给东道国政府施加太多压力。[57]

2. 国际投资仲裁庭选择性适用《条约法公约》规定的解释规则

多数情况下，投资仲裁庭会依照《条约法公约》规定的解释规则所提供的解释逻辑来进行解释。在针对Lucchetti v. Peru案的不同意见中，富兰克林·伯曼（Franklin Berman）就曾从实践的视角对第31条适用所涉及的各种分析进行了探讨。当争议涉及如何依据BIT第2条的目的来理解"争议"这一措辞时，可能会求助于各种直接的质询方式。这些质询方式包括：对存在争议的条款作文本分析；对其他相关条款进行分析；对条约当中其他地方出现的相同措辞进行考察，以确认第2条背后所隐藏的含义；从整体上对条约的目的及宗旨进行讨论，并将其作为解释BIT第2条的指南；搜寻现有的、能表明缔约方缔结第2条确切意图的任何其他材料，等等。[58]

然而，国际投资仲裁庭在《条约法公约》的解释规则的适用方面并不统一，仍有部分仲裁庭没有严格依照《条约法公约》的解释规则对IIA进行解释。依据学者的统计，在收集的258个仲裁庭作出的裁决和决定当中，有53%是依照第31条第1款做出，19%是依照第31条第2款做出，5%是依照第31条第3款做出，1%是依照第31条第4款做出。[59]考察实践可知，国际投资仲裁庭在适用《条约法公约》的解释规则时呈现出如下两个特征：

第一，《条约法公约》的解释规则并非全部适用。即便是那些声称适用该规则的仲裁庭，也有不少只是在形式上或者在特定情况下才适用。不少仲裁庭在其裁决当中认可《条约法公约》相关解释规则在指引仲裁庭解释程序方面具有重要价值，但在具体适用时却没有严格遵照执行。更有甚者"趋利避害"，在同一个案件中，对某一条款适用《条约法公约》相关解释规则，而对其他条款却是另一套做法。这以Jan de Nul v. Egypt案最为典型，该案仲裁庭在解释比利时-卢森堡与埃及的BIT第8条有关国家同意仲裁的问题时，适用了《条约法公约》第31条的规定来解释，而在解释诸如公平与公正待遇等其他条款时，却没有适用这一解释规则，而是参考之前的案例来阐明这一标准的意义。不仅如此，对于为何援引之前的案例作为解释的渊源或者工具，仲裁庭也没有做任何说明。[60]

第二，完全放弃适用《条约法公约》第31条和第32条。仲裁庭对第31条和第32条的先后次序并不严格区分，因而在具体适用时，常常直接采用谈判的准备资料而不顾它们的"辅助性"角色。对此，梅格·金尼尔（Meg Kinnear）曾指出，第32条仅在为证实适用第31条所得的意义，依据第31条解释意义仍属不明或难解，所获结果显属荒谬或不合理之情况下才适用。遗憾的是，不少仲裁裁决并没有严格参照这一规则，而是在援引辅助资料进行解释时未作任何说明，或者直接将第31条和第32条视为一体而不分主次。[61]例如，在 MHS v. Malaysia 案中，专门委员会就曾指出，仲裁庭会在引起他们注意的任何时候考虑采用谈判准备资料进行解释，因此若以条约用语含义不清或荒谬为由才能援引这些资料，就是个弥天大谎。[62]在 Veteran v. Russia 案中，仲裁庭虽然已经意识到第31条和第32条之间的主次之分，但它却认为，在实践当中，仲裁庭和其他解释者可在任何时候考虑援引谈判的准备资料对条约作出解释，只要提交这些资料，就不以条约的约文是否存在意义不明或难解，或解释结果显属荒谬或不合理为前提。[63]

总之，在解释规则的适用上，仲裁庭享有自由裁量权。不仅如此，在实践当中，即便仲裁庭错误适用这些解释规则，争端当事方也不一定能够以此为理由撤销国际投资仲裁庭的裁决。尽管在早期ICSID仲裁撤销实践中，例如 Klöckner v. Cameroon 案，专门委员会曾经把仲裁庭错误适用准据法视作明显越权并据此撤销裁决，[64]但随后专门委员会的实践却出现不同的做法。例如，在 MCI v. Ecuador 案中，被申请方就曾以仲裁庭错误适用《条约法公约》解释规则为由申请撤销仲裁庭的裁决，但专门委员会驳回了这一请求，并指出委员会无权控制条约解释的程序。[65]公认为国际习惯法原则一般表述的《条约法公约》都尚且如此,更遑论其他未成文的国际习惯法的解释规则对国际投资仲裁庭的约束效力了。

三、国际投资仲裁庭的制约机制失效

当所获得的授权非常宽泛时,国际投资仲裁庭通常会有意识地试探委托人的反应来确认其权力的最大限度。在民主国家的框架下,决策者通过定期的改选制度就其决策对选民负责,行政机关则通过内部的监控确保其行政决定的合法性和恰当性。在国际层面,主权国家同样设置了相应的监督机制来制约国际投资仲裁庭的权力行使。然而,与国内社会中的制度安排不同,这些问责机制是零散的,甚至是脱节的。罗伯特·基欧汉指出,由于授权的代表链过于冗长,其中的一些关联被隐藏于幕后。政治家们没有足够的动力去敦促他国政府承担责任;而社会公众、职业团体以及倡议网络也未能协调一致地处罚失职的领导人。[66]简言之,在现有授权模式下,委托人的制约机制常常处于失效的状态。

（一）缔约国理性选择中的非理性

可以说,创设国际投资仲裁机制是缔约国为了实现其特定利益的理性选择。然而,国际投资仲裁机制所产生的深远影响,已经远远超出了包括发达国家在内的IIA缔约国的预期。早期的IIA并没有对投资者开放争端解决机制,而是把IIA的解释与适用问题以及投资争端的解决权控制在缔约国手中。因而,在IIA条款的设计方面,缔约国采用的措辞多是简约或模棱两可的。这种不确定性对于缔约国而言是有利的,这意味着条约的解释权被牢牢地掌握在缔约国手中,即便是在创设ICSID时,缔约国也同样如此。《ICSID公约》规定了东道国和投资者均可启动投资仲裁程序;此外,考察《ICSID公约》的谈判历史和文本可知,公约的缔约国并没有打算剥夺东道国政府和国内法院对外资监管的权力。通常情况下,投资者与东道国之间的投资争端仍

应由国内法律程序解决，国际投资仲裁仅在特定案件中才应启动。[67]此外，为缔约国设置了相应的"安全阀"：如缔约国享有逐案审查权，案件裁判的准据法应是东道国的国内法以及可以适用的国际法规范等。[68]

然而，随着各国普遍接受包括ICSID仲裁在内的国际投资仲裁，国际投资仲裁机制与IIA高度不确定的实体规则相结合，将原本属于主权国家的条约解释权转移至国际投资仲裁庭手中。条约条款不确定带来的利益也从缔约国转到了投资者身上。更为重要的是，在ICSID仲裁机制下，其裁决的强制执行更增强了国际投资仲裁庭在个案当中创制的新法的刚性。可以说，IIA缔约国在授权之初对国际投资仲裁机制之于其主权权力、国内公共政策与社会发展的风险、后果及深远影响并无审慎的充分预期，对此所做的也只是一个粗略的理性选择，[69]以至于在缔结条约时并未针对国际投资仲裁庭的条约解释权设置相应的制约机制。由于缔约国通过IIA明确赋予国际投资仲裁庭的是管辖权，所以设置的制约也是针对其管辖权的。缔约国在谈判时多关注的也是纳入国际投资仲裁管辖的事项范围以及案件裁决的正确性，因而，缔约国的防御性制度安排多以例外条款和纠正裁决错误为主，专门针对国际投资仲裁庭条约解释权的制约机制极少，不少制约机制是在NAFTA之后才开始出现的。以UNCTAD的《2013年世界投资报告》为例，报告提供了5个国际投资仲裁体制改革路径，这些路径是从各国实践和学界探讨的应对方案中总结而来的。有关国际投资仲裁中解释问题的探讨仅作为其中一个对策在第2个路径中被提及，其余对策几乎全是针对投资者诉权和国际投资仲裁管辖权的限制。[70]有关这方面的内容将在本书的第五章进行探讨。

（二）仲裁员选任的失控

缔约国可以通过指定仲裁员的方式来控制或影响国际投资仲裁庭的决策。前面也曾提及，已有研究表明，争端当事方指定的仲裁员会倾向于维护其委托人的权益。然而，在现有的国际投资仲裁机制当中，争端当事方缔约国在仲裁员的选任方面所享有的待遇与私人投资者一样。因而，针对首席仲裁员所实施的控制将变得格外重要。然而，在争端当事方无法就首席仲裁员达成一致的情况下，首席仲裁员将由仲裁机构指定。现有研究也表明，仲裁机构更倾向于选择全职的私人执业律师，而这些律师多倾向于维护私人财产利益。因此，在仲裁员的选任方面，缔约国同样控制乏力。

（三）IIA缔约国共同决策的困境

毋庸置疑，作为委托人的缔约国可以阻止国际投资仲裁庭的权力扩张，但这需要缔约国全体在这一问题上达成一致方能发挥作用。实践当中，这一控制机制常常失效。因为，一旦发生争议，缔约国要达成一致并不容易。仲裁庭的裁决对于不同缔约国的影响是不同的。东道国是处于"被告"的地位，而其他缔约国虽然置身于案外，却始终有一方是与之相对立的利益相关者——投资者母国。两者对立的身份通常导致的一个结果是未能组建统一阵营来对抗国际投资仲裁庭扩张的解释权。要推翻国际投资仲裁庭对条约所做的解释，唯一的方法就是对条约进行修正，而这通常是很难跨越的门槛。因为这不仅需要缔约国的一致同意，甚至还可能要得到所有国家议会的批准。条约在缔结时已是困难重重，而要获得一致同意来修改这一条约则更加困难。

当然，现行国际投资条约的双边性特征在理论上会产生一种相互制衡的效果，从而促使缔约国形成统一联盟来对抗国际投资仲裁庭日益扩张的权力。然而，实践当中，IIA缔约国总会分化成两类：资本输出国和资本输入国，而低收入的发展中国家总是处于潜在被告一方的地位。这样的背景下，长期处于从现行国际投资仲裁机制获益的发达国家是不会主动放弃既得利益与被申请国合作，联手对抗国际投资仲裁庭——除非它们也受到了同样的威胁。比如NAFTA缔约国晚近重新修约的实践。所以，通过重新谈判修改或者联合作出解释的方式来抑制国际投资仲裁庭的权力，通常也是很难达成的。

（四）退出成本的存在

当然，当缔约国全体控制机制失效时，缔约国可寻求单边行动以自救，即单方退出条约。然而，单边行动通常会产生类似退出成本之类的授权收益损耗。毕竟，主权国家愿意放弃一部分主权权力而加入一项条约当中，是为了追求某些条约收益，这种收益通常会比让渡出去的权力更大。如果主权国家退出这一条约，这些收益将会消失。

此外，由于存在其他不可预计的因素，缔约国的退出成本可能会增加。以玻利维亚、厄瓜多尔和委内瑞拉等国家为例，它们已提出退出《ICSID公约》或废除部分BIT的请求。但它们的退出决定对于这些国家中当前或潜在的外国投资者尚未提交的申诉有何影响，仍是需要探讨的问题。更为重要的是，退出《ICSID公约》并不代表缔约国可以全身而退。因为，即便一国可以通过这一方式置身于ICSID仲裁庭的管辖之外，这一效果仍可能会受到一系列因素的影响而减损。首先，众所周知，除了ICSID仲裁之外，IIA还提供了多种争端解决途径，投资者仍然有权诉诸其他仲裁机制（例如UNCITRAL仲裁、ICC仲裁），即便这个条约仅规定了ICSID仲裁，但由于最惠国待遇条款的存在，仍然给予投资者援引其他IIA中待遇更优的争端解决条款来主张救济的机会。因此，除非一国完全退出所有它曾表示同意接受以仲裁方式解决争端的条约，否则，即便退出《ICSID公约》也于事无补，该国仍然有被指控至国际仲裁庭的可能。其次，退出《ICSID公约》的行为可能会构成对IIA条约义务的违反。国际投资仲裁机制可被视为给予外国投资者的额外保护，正是有了这样的保护机制，投资者才放心或者愿意到东道国投资。ICSID仲裁机制更是其中最为有利的一种方式。假若缔约国退出《ICSID公约》，投资者极有可能会认为其"合法期待"受到损害或者退出决定影响到"商业环境"的稳定性或可预见性等而援引IIA中的"公平与公正待遇"条款主张救济。[71] 此外，退出《ICSID公约》这一单边行为可能受到来自BIT缔约相对方的质疑，因为退出一方不再履行条约中所规定的接受国际投资仲裁的义务。[72]

可以说，退出《ICSID公约》并不意味着国家可以全身而退，要达成这一目的还需要寻求另一种途径——终止IIA。但是，不少IIA均承诺，即便条约期满，条约所涵盖的投资在特定时间内仍将继续获得保护。[73]依据这些"存续条款"，条约的效力将可持续10年或15年，这与IIA初始有效期相当或者甚至更长。显然，迄今的实践表明，终止IIA虽然是一劳永逸，但效果不能立竿见影。正是由于存在较高的退出成本，退出机制对于国际投资仲裁庭的监控同样是有限的。

（五）国际社会监督的无效

对于国际社会来说，目前尚不存在对国际投资仲裁庭的有效监督手段。"公开"是民主法治国家的基本原则，对公民负责的好方法之一即是对社会公众公开。然而，国际投资仲裁机制脱胎于一般国际商事仲裁，其所遵奉的是仲裁程序的秘密性原则。多数情况下，案件的公开取决于案件当事双方的约定。在缺乏信息的情况下，社会公众的舆论监督也就成为不可能。就缔约国国内法院而言，其监督效果亦非常有限，因为ICSID自带一套完整仲裁裁决的承认与执行的机制，而依靠1958年《承认及执行外国仲裁裁决的纽约公约》（简称《纽约公约》），其他仲裁庭的裁决也可获得国内法院的承认和执行。[74]

第二节 国际投资仲裁庭条约解释失范的后果

前文已探讨国际投资仲裁庭的条约解释权运行失范的原因，本节将进一步揭示国际投资仲裁庭的种种失范之举可能引发的不利后果。

一、对缔约国经济主权的过度限制

宽泛的授权意味着国际投资仲裁庭可能更有能力置缔约国设定的政策目

标于不顾，只按照符合自身利益的方式行事。如此一来，不仅作为委托人的缔约国的利益可能会受损，受到国际投资仲裁庭裁决影响的东道国国内公众的利益同样也会遭受损害。

（一）对缔约国施策空间的过度挤压

与传统的国家与国家间的争端解决模式相比，投资者与国家间的争端解决模式对缔约国的治理能力施加了更多的限制。IIA对私人开放争端解决机制，私人可以直接针对东道国的国内措施（包括行政、司法和立法措施）提出赔偿诉求，仲裁庭就获得了审查并裁定缔约国国内的措施是否违反国际投资条约实体义务的权力，这一模式直接触及争端当事国的国内政策或制度安排本身。即便裁定并不要求东道国立即修改或撤销被指控的政策，但东道国必须为这一措施支付巨额赔偿。因此，国际投资仲裁庭在审查案件管辖权时所作的扩张性解释，将更多的东道国政策纳入自己的审查范围内，即便东道国最终并未败诉，但处于不确定状态下的裁判所带来的威慑，势必会对东道国的监管自主性造成限制。

更为重要的是，在国际投资仲裁庭的扩张性解释下，IIA中宽泛而抽象的待遇标准极有可能转化成为高标准的条约义务，也因此，东道国的国内监管措施更容易被认定为违反IIA的条约义务。这意味着东道国需要支付额外的赔偿才能行使其应有的监管权力。不仅如此，一旦东道国败诉，将会对其国际形象产生负面影响，降低其吸引外资的能力。长此以往，恐怕会引发东道国对外资监管不足的问题。杰弗里·阿提克（Jeffery Atik）曾指出，国际投资仲裁程序会对东道国的公共政策实施产生威慑。立法者和行政部门在行使其权力时不得不关注IIA的内容，所以他们在决策时谨慎小心，以避免被指控为违反IIA的规定而不是考虑国内公众的需要。从这一角度来看，IIA的实施可能会产生无意识的、不正当的，甚至可能是不民主的结果。[75]

（二）对缔约国国际投资立法参与权的褫夺

如前所述，IIA的含糊措辞给予国际投资仲裁庭宽泛的自由裁量空间，甚至在条约未加规定的时候可以填补漏洞，但这种填补是补充性和间隙性的。作为裁判者，国际投资仲裁庭所获得的授权范围仅在个案之内，其权力运行寄寓于个案审理的过程当中。然而，实践却表明，国际投资仲裁庭在裁判过程中对于前案裁决的过分依赖已形成了事实上的先例效果，而这种"法官造法"将会褫夺主权国家的国际投资立法的参与权。姑且不说国际投资仲裁庭并不享有国际造法的权力，所以其超越个案所作出的条约解释的民主合法性是缺失的，单从解释的合理性来看，也存在诸多不足。例如，仲裁庭在解释诸如公平与公正待遇之类抽象的IIA条款时，多是简单归纳，而非详细论证。

此外，在仲裁案件的审理过程中，投资者通常会处于一种"进攻"的地位。他们不仅是仲裁程序的启动者，而且在个案当中，他们会利用国际投资仲裁机制所固有的维护受益人的制度特性来谋求自己利益的最大化。在维护东道国公共利益动力不足和自律机制缺乏的情况下，国际投资仲裁员很可能会为了谋求自身的利益而被外国投资者所捕获，滥用对现有IIA有关条款的解释权，以满足外国投资者通过司法途径迫使缔约国过度提高外资保护和投资自由化水平的要求。

二、催生道德风险

当外国投资者通过IIA中的保护性安排把自身就投资本应承担的社会、经济和政治成本或风险转嫁给东道国，从而减轻自己的成本负担时，道德风险就由此产生。道德风险的问题曾在社会效率很低的保险机制下被广泛探讨。保险存在着固有的缺陷，即它能鼓励个人在管理自己财产时变得不计后果，结果提高了损失的风险性，接着把更大的成本强加给社会。与此相同，国际投资仲裁过分偏袒外国投资者带来的一个不利后果是，它把"投资保护"变成了"投资保险"，从而挫伤外国投资者采取负责任行为的积极性。

详言之，缔约国在 IIA 中承诺为外国投资者的投资活动提供良好的保护，并不意味着东道国完全放弃对外资的监管权，也不意味着东道国的外资监管政策及相关法律制度就此保持不变。当国内环境出现变化时，任何一国的政府都不可能放任不管，政策调整势在必行。这一点在投资之初，是可以被投资者预料到的。因而，即便这些措施对外国投资造成实质性的损害，也不应被视为违反 IIA 的条约义务。也因此，外国投资者自身需要采取相应的措施来防范和应对此类常见的监管风险。[76]若仲裁庭只是一味地对东道国施加严苛的审查标准，将导致东道国所采取的外资监管措施动辄被认定为违反条约义务。一方面，这会鼓励外国投资者滥诉，浪费司法资源。UNCTAD 的研究表明，晚近国际投资仲裁案件大幅上升。从 1987 年到 2000 年这十多年间的案件总数为 60 个。自 2011 年起，每年新增投资者与国家争端案件均超过 50 个，2015 年和 2018 年当年新增案件数量更高达 86 个，截至 2021 年底，已知的国际投资争议案件总数达 1190 件，被诉诸国际投资仲裁程序的国家的数量也增加至 130 个。[77]另一方面，这会鼓励外国投资者在投资时放松应有的自我防范，最终导致鲁莽投资或过度投资，甚至可能是对东道国当地环境、社会与经济发展造成损害的"有害投资"。

三、监管的"碎片化"

与传统的国际争端相比，国际投资争议所针对的主要是东道国的监管行为。正是在这一背景下，国际投资仲裁庭在适用不同 IIA 中措辞相近但措辞同样宽泛的国际标准时，通过解释技术将其具体化，从而在客观上为各国的国内外资管制行为设定"法治"和"善治"的全球标准。[78]从这一意义上说，国际投资仲裁庭可被视为一个监管者，在全球行政空间当中行使监管权，尽管这一权力的行使是被动的和事后的。如此一来，国际投资仲裁庭裁决的不一致或相互矛盾，就带来了监管碎片化的问题。

可以说，国际仲裁庭的权力行使被限制在特定案件之内。一方面，它无义务了解和遵循其他仲裁庭的裁决；另一方面，仲裁庭裁决的公开通常需要争端当事方的同意。要详细地了解其他仲裁庭的裁决内容存在一定困难，这在客观上就会造成监管任务彼此重复。东道国需要向相互独立的仲裁庭提供相似的信息，这会致使诉讼和行政成本增加。更为重要的是，对主权国家而言，裁决的不一致意味着它们所接受的是来自多个仲裁庭的不同指示。这些仲裁庭所提供的具体施政原则和行政程序标准可能各不相同，甚至彼此冲突。国际投资争议通常会涉及东道国特定的宏观管理政策或行为，这些宏观管理政策或行为普遍适用于东道国领土范围内的所有人，一旦引发争议，必然会出现众多外国投资者针对同一个管理政策或行为分别提起国际投资仲裁的局面。以阿根廷为例，2001年阿根廷经济危机爆发之后，其颁布的《公共紧急状态法》就成了多起投资仲裁案件讼争的核心，而国际投资仲裁庭对IIA相同或相似条款所作的解释却是不连贯甚至截然相反的。无疑，这种多头监管上存在的混乱让东道国无所适从。此外，这种监管的碎片化还可能给予投资者利用这些矛盾从中获益的机会。实践当中，不少投资者就利用平行仲裁的方式从中获取不正当的利益。

四、全球治理的"系统性风险"

如果说"监管碎片化"源自国际社会的"无政府状态"，国际投资仲裁庭裁决的不一致只是进一步加剧其"碎片化"的程度而已，但国际投资仲裁庭在解释论证方面的合理性不足却可能会引发全球治理决策出错的风险。第一章已提及，国际投资仲裁庭的角色正在扩张，在这一过程中，仲裁庭致力于为全球大多数国家界定出一套普遍适用的"良治""善治"的标准。然而，迄今为止，没有一个仲裁庭有足够的自信声称自己对该领域的监管效果有全面的了解，可以提供完备的治理方案。更多的情况下，他们只是对那些包含在IIA当中的宽泛标准作简单的归纳，就据此确定东道国的监管行为是否符合这些标准。

无疑，依据IIA的授权，仲裁庭的职责是解决外国投资者与东道国之间的投资纠纷，除此之外，它们并无义务承担更多的决策任务。然而，即便针对个案，国际投资仲裁庭目前所提供的法律分析和论证都是薄弱的，更遑论其决策的合理性和正确性。而裁决最终却是事关一国普遍适用的公共政策正当性的认定。有学者指出，在晚近的国际投资争端解决实践中，国际投资仲裁庭实际上将"善治"之标准设定为对外资的超高法律保护和过度的投资自由化。[79]然而，过度的市场化必将损及诸如保护环境、公共健康、劳工权益等应有的社会价值。更为重要的是，这些推理薄弱和论证不充分的条约解释结论，经过国际投资仲裁庭在后续案件中反复确认，再经由仲裁执行机制转化成为具有强制约束力的法律规范，对于之后的仲裁庭和国家，甚至对非缔约国，均会产生重要影响，而这种系统化的风险最终只能由各个IIA缔约国的国民买单。

五、国际投资法律体制的"正当性危机"

随着案件数量的大幅上升，国际投资仲裁体制的系统性缺陷备受关注。针对这一问题，不少国家采取了应对措施。然而，由于现有措施多是针对国际投资仲裁庭的管辖权实施的，对国际投资仲裁庭的条约解释权的规制效果有限，因此国际投资仲裁中的条约解释问题依然大量存在，以至于缔约国对国际投资仲裁机制甚至IIA体制失去信心。

绪论当中提及的部分国家已经采取了激进的措施。例如，厄瓜多尔、玻利维亚和委内瑞拉分别于2007年、2009年和2012年宣布退出ICSID，并陆续终止它们的BIT。阿根廷、尼加拉瓜以及古巴也曾酝酿退出该机制[80]，而欧盟各国和澳大利亚等发达国家也在晚近的投资缔约实践当中寻求投资者与缔约国之间的投资仲裁机制的替代方案。[81]可以说，现有的国际投资仲裁机制不再被视为IIA不可或缺的核心内容。[82]

更多的国家在采取观望的态度，虽然没有采取废弃IIA或国际投资仲裁机制的做法，但也开始调整其对外的缔约政策，比如美国和加拿大。从2004年开始，两国出台了新的BIT范本，无论在实体方面还是在程序方面，都加强对国际仲裁庭权力的规制。美国新近缔结的IIA普遍规定，缔约国应考虑上诉机构的构建。[83]还有一些国家干脆删除部分容易引起解释争议的条款，如最惠国待遇条款和"保护伞条款"等。[84]这些条款曾是IIA中给予投资良好保护的核心条款。最惠国待遇条款可为在东道国投资的各外国投资者之间创造平等竞争的法律机会，这一条款所具有的多边化效应曾是投资者获得更优待遇的有力武器；而"保护伞条款"可有效保护外国投资者的合同权利免受东道国任何违反合同行为的损害或行政、立法行为的干涉。[85]由于国际投资仲裁庭在解释这些条款时存在过度解释的问题，缔约国不得不废除这些条款；无疑，其最终结果就是外国投资者所获得的保护被削减。可以说，如果国际投资仲裁中的解释问题得不到有效解决，国际投资仲裁面临的信任危机的进一步增长可能会危及国际投资仲裁机制，甚至是整个IIA体系。

总之，在现有授权模式下，国际投资仲裁庭享有广泛的自由裁量权，容易造成专制滥权、被相关利益方捕获或忽视公共利益等问题。国际投资仲裁庭作为缔约国的受托人和在全球行政空间对主权国家的外资监管行为实施监督的审查机构，其所享有的广泛权力和承担的重大责任决定了它需要一个比传统争端解决机构更为复杂的国际授权机制，其中不仅包含权力的授予机制，还应包括完备的权力制约机制，以便将其纳入法治的轨道。否则，IIA给予外国投资者的权利话语会被国际投资仲裁庭过分强调，其直接后果将不仅是对东道国主权权力的过分限制，还可能是对国际公共利益的忽视乃至对国际社会正义的损害，最终将危及包括国际投资仲裁机制在内的整个国际投资法律体制的存续和发展。

本章小结

本章主要探讨国际投资仲裁庭条约解释权运行失范的原因及其风险。本书认为，虽然其中缘由复杂，但不可否认的是，国际投资仲裁庭的种种失范行为是由IIA缔约国一手造成的：对国际投资仲裁庭所享有的重大权力而言，国际投资仲裁庭自身的决策和治理能力尚不足以应对。而作为国际投资仲裁庭的委托人，IIA缔约国在授权之初对国际投资仲裁机制的特殊性以及国际投资仲裁庭的角色定位认识不足，疏于防范；加上条约的措辞过于宽泛，相关条约解释规则的规制时常失效，赋予国际投资仲裁庭在条约解释方面过多的自由裁量空间，以至于国际投资仲裁庭屡屡越过"界河"，挑战缔约国的外资监管权乃至国际投资立法的参与权，以此来试探其权力的最终界限。

国际投资仲裁庭条约解释权的运行失范将引发过度限制缔约国的经济主权、道德风险、全球投资监管的碎片化以及全球治理的系统风险等系列问题，从而动摇国际投资仲裁机制的正当性基础，导致国际投资仲裁机制陷入了严重的信任危机。由此，下文的研究视角将转入国际投资仲裁庭条约解释权的正当化路径选择的探讨。

本章注释

[1][美]本尼迪克特·金斯伯里，斯蒂芬·希尔.作为治理形式的国际投资仲裁：公平与公正待遇、比例原则与新兴的全球行政法[J].李书健，译.国际经济法学刊，2011(2)：49-56.

[2]Dunoff, Jeffrey L. & Pollack, Mark A.. Interdisciplinary Perspectives on International Law and International Relations: The State of the Art [M]. New York: Cambridge University Press, 2012: 465.

[3]同[2].

[4]Eberhardt, Pia & Olivet, Cecilia. Profiting from Injustice: How Law Firms, Arbitrators and Financiers are Fuelling an Investment Arbitration Boom [M]. Brussels: Corporate Europe Observatory, 2012: 38-39.

[5]Eskridge, William N.. The Dynamic Theorization of Statutory Interpretation [J]. Issues in Legal Scholarship, 2002 (2): 21.

[6]Kapur, Devesh. The IMF: A Cure or a Curse? [J]. Foreign Policy, 1998:114-129; Feldstein, Martin. Refocusing the IMF [J]. Foreign Affairs, 1998 (2): 20-33.

[7]同[1]:59.

[8]同[4]:44.

[9]Peterson, Luke Eric. Arbitrator Decries "Revolving Door" Roles of Lawyers in Investment Treaty Arbitration[EB/OL]. http://www.iareporter.com/articles/20100226_1, 2022-7-15.

[10][美]莉萨·马丁,贝思·西蒙斯.国际制度[M].黄仁伟,蒋鹏鸿,等译.上海:上海人民出版社,2006:457-470.

[11][美]迈克尔·巴尼特,玛莎·芬尼莫尔.为世界定规则:全球政治中的国际组织[M].薄燕,译.上海:上海人民出版社,2009:27-29.

[12]同[11]:33.

[13]Waibel, Michael & Wu, Yanhui. Are Arbitrators Political? [EB/OL]. https://papers.ssrn.com/sol3/papers.cfm?abstract_id=2101186, 2022-7-15.

[14]Paulsson, Jan, ICSID's Achievements and Prospects [J]. ICSID Review-Foreign Investment Law Journal, 1991 (2): 394.

[15]Van Harten, Gus. Arbitrator Behaviour in Asymmetrical Adjudication: An Empirical Study of Investment Treaty Arbitration [J]. Osgoode Hall Law Journal, 2012 (3): 219-221.这种推论已经得到实证研究的证明。有研究表明,争端当事方指定的仲裁员更容易作出有利于其委托人的裁决。参见同[13]; Kapeliuk, Daphna. The Repeat Appointment Factor: Exploring Decision Patterns of Elite Investment Arbitrators [J]. Cornell Law Review, 2010 (1): 81-85.

[16][德]卡尔·拉伦茨.法学方法论[M].陈爱娥,译.北京:商务印书馆,

2003: 193.

[17] 徐崇利. 公平与公正待遇: 真义之解读 [J]. 法商研究, 2010 (3): 60.

[18] Saluka v. The Czech Republic, UNCITRAL, Partial Award, March 17, 2006, para. 297.

[19] Aguas del Tunari v. Bolivia, ICSID, ARB/02/3, Decision on Respondent's Objections to Jurisdiction, October 21, 2005, paras.226-227.

[20] Douglas, Zachary. The MFN Clause in Investment Arbitration: Treaty Interpretation off the Rails [J]. Journal of International Dispute Settlement, 2010 (2): 101.

[21] Methanex v. USA, UNCITRAL, Partial Award, August 7, 2002, paras. 135-136.

[22] Thomas W. Wälde. Interpreting Investment Treaties: Experiences And Examples [M] // Binder, Christina & Kriebaum, Ursula & Reinisch, August & Wittich, Stephan. International Investment Law for the 21st Century: Essays in Honour of Christoph Schreuer. New York: Oxford University Press, 2009: 759–760.

[23] Fauchald, Ole K.. The Legal Reasoning of ICSID Tribunals - An Empirical Analysis [J]. The European Journal of International Law, 2008 (2): 322–323.

[24] Gardiner, Richard, K.. Treaty Interpretation [M]. 2nd edition. New York: Oxford University Press, 2015: 197-198.

[25] ADF v. USA, ICSID, ARB(AF)/00/1, Award, January 9, 2003, para. 147.

[26] 同 [22]: 731-732.

[27] Banro v. Congo, ICSID, ARB/98/7, Award, September 1, 2000, para. 23.

[28] Autopista v. Venezuela, ICSID, ARB/00/5, Decision on Jurisdiction, September 27, 2001, para. 140.

[29] [德] 卡尔·恩吉施. 法律思维导论 [M]. 郑永流, 译. 北京: 法律出版社, 2004: 112.

[30] 例如, Ethyl Corp. v. Canada 案的仲裁庭就指出, "如遇存疑, 对主权的限制应作限制性解释"的观念早已被《条约法公约》废弃。参见 Ethyl Corporation v. Canada, UNCITRAL, Award on Jurisdiction, June 24, 1998, para. 55.

[31] 基于不同的标准, 条约解释方法可分为不同的类型。例如, 以解释路径为标准, 可分为文法解释（约文或文义解释）、历史解释（主观解释）、体系解释、目的解释

和社会学解释；以思维方法为标准，可分为逻辑解释和比较解释；依解释之效果，又可分为限制解释与扩张解释。参见 Bos, Maarten. Theory and Practice of Treaty Interpretation [J]. Netherlands International Law Review, 1980 (2): 136-142。由于迄今尚无统一的分类标准，且穷尽国际投资仲裁中所有条约解释方法亦不现实，故本书不打算在条约解释方法的分类上做过多讨论，而仅是对国际投资仲裁庭惯常采用的条约解释方法做一个初步的归纳。

［32］Weeramantry, J. Romesh. Treaty Interpretation in Investment Arbitration [M]. New York: Oxford University Press, 2012: 49.

［33］Wintershall v. Argentina, ICSID, ARB/04/14, Award, December 8, 2008, paras.79-81.

［34］AAP. v. Sri Lanka, ICSID, ARB/87/3, Final Award, June 27, 1990, para. 40.

［35］Aguas del v. Bolivia, ICSID, ARB/02/3, Decision on Respondent's Objections to Jurisdiction, October 21, 2005, para. 313.

［36］Tokios v. Ukraine, ICSID, ARB/02/18, Decision on Jurisdiction, April 29, 2004, para. 38.

［37］Plama v. Bulgaria, ICSID, ARB/03/24, Decision on Jurisdiction, February 8, 2005. paras. 146-151.

［38］Siemens v. Argentina, ICSID, ARB/02/8, Decision on Jurisdiction, 3 August, 2004, paras. 80-81.

［39］Aguas del v. Bolivia, ICSID, ARB/02/3, Decision on Respondent's Objections to Jurisdiction, October 21, 2005, para. 241.

［40］同［23］: 322.

［41］Metalclad v. Mexico, ICSID, ARB (AF)/97/1, Award, August 30, 2000, paras.70, 99-101.

［42］Schreuer, Christoph H.. Diversity and Harmonization of Treaty Interpretation in Investment Arbitration[M] // Fitzmaurice, Malgosia & Elias, Olufemi & Merkouris, Pano. Treaty Interpretation and the Vienna Convention on the Law of Treaties: 30 Years on. Leiden: Martinus Nijhoff Publishers, 2010: 131.

［43］同［39］.

［44］同［37］, para. 193.

[45] Banro v. Congo, ICSID, ARB/98/7, Award, September 1, 2000, para. 16.

[46] Vacuum Salt v. Ghana, ICSID, ARB/92/1, Award, February 16, 1994, para. 39.

[47] Camuzzi v. Argentina, ICSID, ARB/03/02, May 11, 2005, Decision on Jurisdiction, para. 134.

[48] Sempra v. Argentina, ICSID, ARB/02/16, Decision on Objections to Jurisdiction, May 11, 2005, paras. 133-134.

[49] Fedax v. Venezuela, ICSID, ARB/96/3, Decision on Objections to Jurisdiction, July 11, 1997, para. 15.

[50] 同 [49], para. 36.

[51] Ronald v. Czech Republic, UNCITRAL, Final Award, September 3, 2001, para. 292; Philippe Gruslin v. Malaysia, Award, ICSID, ARB/99/3, Final Award, November 27, 2000, para. 21.3.

[52] Nolan, Joseph R. & Connolly, Michael J.. Black's Law Dictionary [M]. 5th Edition, Saint Paul: West Group, 1979: 1130.

[53] SGS v. Philippines, ICSID, ARB/02/6, Decision of the Tribunal on Objections to Jurisdiction, January 29, 2004, para.116.

[54] AAP v. Sri Lanka, ICSID, ARB/87/3, Final Award, June 27, 1990, para. 40.

[55] Klöckner v. Cameroon, ICSID, ARB/81/2, Decision of the Ad Hoc Committee, May 21, 1985, para. 62.

[56] Oppenheim, Lassa. International Law: A Treatise [M]. 6th Edition. London: Longmans, 1947: 859.

[57] SGS v. Pakistan, ICSID, ARB/01/13, Decision of the Tribunal on Objections to Jurisdiction, August 6, 2003, para. 171.

[58] Lucchetti v. Peru, ICSID, ARB/03/4, Decision on Annulment, Dissenting Opinion of Sir Franklin Berman, September 5, 2007, para. 8.

[59] 同 [32] : 39-40.

[60] Jan de Nul v. Egypt, ICSID, ARB/04/13, Award, November 6, 2008, paras.139, 184-265.

[61] Kinnear, Meg, N.. Treaties as Agreements to Arbitrate: International Law as the

Governing Law [M] // Van Den Berg, Albert J.. International Arbitration 2006: Back to Basics? The Hague: Kluwer Law International, 2007: 434.

［62］MHS v. Malaysia, ICSID, ARB/05/10, Decision on the Application for Annulment, April 16, 2009, para. 57.

［63］Veteran v. Russia, PCA, AA 228, Interim Award on Jurisdiction and Admissibility, November 30, 2009, paras. 261, 268.

［64］Klöckner v. Cameroon, ICSID, ARB/81/2, Decision of the Ad Hoc Committee, May 3, 1983, paras. 15-17; 169.

［65］MCI v. Ecuador, ICSID, ARB/03/6, Decision on Annulment, October 19, 2009, Paras. 54-57.

［66］Keohane, Robert O.. Governance in a Partially Globalized World [J]. American Political Science Review, 2001 (1): 9.

［67］Broches, Aron. The Convention on the Settlement of Investment Disputes between States and Nationals of Other States [J]. Recueil Des Cours, 1972 (3): 348-349.

［68］《ICSID公约》第25条、第42条。

［69］Van Harten, Gus.. Five Justifications for Investment Treaties: A Critical Discussion [J]. Trade, Law & Development, 2010 (2): 19-23.

［70］UNCTAD的《2013年世界投资报告》所提供的5个国际投资仲裁机制改革的路径包括：寻找替代性纠纷解决方案；在签订IIA时通过有关条款对国际投资仲裁机制的适用作出调整；限制投资者对国际投资仲裁机制的使用；引入上诉机制；建立常设的国际投资法院。当然，针对国际投资仲裁庭管辖权所作限制同样会对其享有的条约解释权产生影响，但作用是比较有限的。参见UNCTAD. World Investment Report 2013 [EB/OL]. http://unctad.org/en/PublicationsLibrary/wir2013_en.pdf, 2022-7-10.

［71］Ioana Tudor. The Fair and Equitable Standard in the International Law of Foreign Investment [M]. Oxford: Oxford University Press, 2008: 164-167.

［72］UNCTAD. Denunciation of the ICSID Convention and BITs Impact on Investor-State Claims [EB/OL]. unctad.org/en/docs/webdiaeia20106_en.pdf, 2022-7-15.

［73］例如，1999年阿根廷和新西兰BIT第14条，2005年德国与埃及BIT第11条，2008年美国与卢旺达BIT第22条。

[74]陈辉萍．ICSID仲裁裁决承认与执行机制的实践检视及其对中国的启示［J］．国际经济法学刊，2011 (2)：116．

[75]Atik, Jeffery. Repenser NAFTA Chapter 11: A Catalogue of Legitimacy Critiques [J]. Asper Review of International Business and Trade, 2003 (3): 223.

[76]这些自我防范措施主要包括自我风险管理、投资保险、风险分散以及自我营造投资良好环境等。

[77]UNCTAD. Investment Dispute Settlement Navigator [DB/OL]. https://investmentpolicy.unctad.org/investment-dispute-settlement, 2022-7-15.

[78]Schneiderman, David. Constitutionalizing Economic Globalization: Investment Rules and Democracy's Promise [M]. New York: Cambridge University Press, 2008: 37-45.

[79]徐崇利．晚近国际投资争端解决实践之评判："全球治理"理论的引入［J］．法学家，2010 (3)：150．

[80]Schnabl, Marco E. & Bédard, Julie. The Wrong Kind of "Interesting" [N]. The National Law Journal, July 30, 2007.

[81]例如，2004年澳大利亚与美国FTA的投资者与东道国之间的投资争端解决条款仅规定了磋商的方式，而没有纳入仲裁的方式。参见Australia Government Department of Foreign Affairs and Trade. AUSFTA-Frequently Asked Questions [EB/O]. https://www.aph.gov.au/~/media/wopapub/senate/committee/freetrade_ctte/submissions/sub161a_pdf.ashx, 2022-7-10。

[82]Karl, Joachim. Investor-state dispute settlement: A government's dilemma [EB/OL]. https://academiccommons.columbia.edu/doi/10.7916/D8NG4ZZD/download, 2022-7-10.

[83]例如，2003年的美国与智利FTA第10章的Annex 10-H。

[84]例如，2004年，阿尔巴尼亚分别与罗马尼亚和塞黑缔结的FTA就删除了最惠国待遇条款。2012年南部非洲发展共同体的IIA范本则明确地排除了"保护伞条款"。

[85]Dolzer, Rudolf & Stevens, Margrete. Bilateral Investment Treaties [M]. The Hague: Martinus Nijhoff Publishers, 1995: 82.

第四章
国际投资条约解释规则的完善

第二章和第三章已表明，导致国际投资仲裁庭条约解释权失范的原因主要在于其委托人，即缔约国全体，在"授权"与"控权"两方面均存在疏漏，而作为受托人的国际投资仲裁庭自身也存在能力不足的问题。下文将主要寻找针对这些问题的对策，其核心就是对现有的委托人/受托人授权模式进行修正，将国际投资仲裁庭的角色从纯粹的委托人转变成为介于代理人和委托人之间的中间角色。在展开探讨之前，有必要对下文的应对思路作一个简要的交代。

国际投资仲裁庭条约解释权是由其管辖权派生出来的，IIA缔约国最初创设国际投资仲裁机制之目的就在于借助仲裁庭的中立角色来推动国际投资争端解决的"去政治化"，进而促成IIA体制的法制化。因而，仲裁庭作为缔约国的受托人的身份不可能完全改变。对此，有学者认为，国际投资仲裁庭自身能力的建构是提升其权力正当性的关键途径。例如，本尼迪克特·金斯伯里（Benedict Kingsbury）和斯蒂芬·希尔(Stephan Schill)就认为，即便不对现行制度做任何根本性的改变，仲裁庭通过提高论证的质量以及裁决的一致性就可使自己达到正当性的要求。[1]本书认为，这种方案侧重于内在约束的路径选择，试图通过意识形态方面的投资来影响权力行使者的决策偏好，它强调道德自律机制的作用，希望通过这一机制的强化来引导权力行使者无条件地促进公共利益。在对现行制度不做根本性改变的情况下，若国际投资仲裁庭可以通过自身能力的提升来使自己达到正当性要求，那就与缔约国的授权预期相符，从成本与收益方面来看，是最优的方案。有鉴于此，本章将首先就这个方案展开探讨。

需要指出的是，迄今为止，国际投资仲裁庭的表现并不令人满意。在面对国际投资争端解决这一复杂而重要的议题时，这些临时性的裁判机构并非全知全能，他们也可能会犯认知错误。这些认知错误经过不同投资仲裁庭之间相互援引、反复确认后，就会扩散至整个国际投资法律体系。问题的关键还在于，这些有限理性的仲裁员必须始终在缺乏充分信息的情况下，采用特定的解释方法来解释措辞宽泛的IIA条款并据此作出裁判——这是IIA缔约国和国际投资仲裁庭都无可逃避的现实。面对这样一种困境，外部约束，即委托人实施适当的制约就成为必要。本书将在第五章对这一问题进行论述。

无疑，国际投资仲裁庭自身能力的建构是一项浩大而繁复的工程，其中不仅包含仲裁员个人能力的提升、解释方法与规则的完善，甚至还包括整个仲裁机制的改革。若在此一一展开探讨，恐怕会顾此失彼，冲淡本书论及之主题。作为解释主体，国际投资仲裁庭的能力建构之关键就在于其条约解释质量的提升。国际投资仲裁庭只有依照相关条约解释规则，借助特定的条约解释方法对条约做出的符合理性标准的解释，才有可能被争端当事各方及相关利益者所接受和认可，这也是缔约国全体将权力授予国际投资仲裁庭的一个前提性要求。可以说，条约解释规则与方法亦是提升仲裁庭条约解释这一行为正当性的关键。是以，本章将围绕这一主题展开分析。

本章主要分为两大部分：第一部分探讨在现有的解释规则——《条约法公约》规定的条约解释规则框架下，如何完善国际投资仲裁庭的条约解释方法；第二部分将从比较公法的视角，借鉴国内公法和国际公法的解释原则，探讨这些解释原则在提升国际投资仲裁庭条约解释正当性方面所能发挥的作用与存在的欠缺，并寻求相应对策。

第一节 现有条约解释规则下的IIA解释方法之改进

第三章已经指出，国际投资仲裁庭在实践当中并未严格遵守包含在《条约法公约》当中的条约解释的国际习惯法规则，这导致国际投资仲裁庭在具体条约解释方法的选择上享有过大的自由裁量权。有鉴于此，有学者建议应强调国际投资仲裁庭对《条约法公约》所规定的条约解释规则的适用，这些条约解释规则仍是确保国际投资仲裁庭正确适用条约解释方法的关键。[2]尽管美国与澳大利亚FTA放弃了投资者与国家争端解决机制，但仍然对条约解释的规则作了明确的规定。其第21条第9款第2项规定，争端解决机构应考虑依照《条约法公约》第31条、第32条所体现的有关条约解释方面的国际法作出解释。[3]那么，这些解释规则是否可以为国际投资仲裁庭选择正确的条约解释方法提供指引？如果严格遵照这些规则，国际投资仲裁庭真的就可以获得合理的解释结论了吗？本书认为，《条约法公约》所规定的解释规则并没有提供一个正确选择条约解释方法的标准，而仅能在条约解释的合理性方面提供有限的支持，其作用更多的是为仲裁庭的条约解释活动提供正当程序，使得带有主观判断因素的仲裁庭行使解释权时能够获得认同。此外，解释规则本身也存在解释的问题，因而，它并不能有效地制约国际投资仲裁庭在解释方法选择上的自由裁量权。但在现有的条约解释规则下，国际投资仲裁庭可通过强调缔约国有关条约解释的嗣后实践，来提升自身解释的正当性。

一、《条约法公约》相关条约解释规则在国际投资仲裁中的真正作用

正如国际法学者伊恩·辛克莱（Ian Sinclair）所指出的那样，"通过强调

条约解释的关键要素以及这些要素之间的关系,《条约法公约》确立了一套指南;这套指南牢牢植根于先前的国家实践和国际判例法(international case law)中,……毫无疑问地构成了有关条约解释的国际习惯法原则的一般表述。"[4]在国际投资仲裁实践当中,这些解释规则所发挥的作用主要包括以下三个方面:

(一)确认条约解释的方法

在第31条和第32条当中,《条约法公约》确认了约文解释、体系解释、目的解释、比较解释和历史解释(主观解释)等几种方法。[5]

首先,第31条第1款所规定的是条约解释的一般规则,包含四项解释要素:(1)善意解释;(2)通常意义;(3)上下文;(4)目的和宗旨。这四项解释要素就包含约文解释、体系解释、目的解释这三种方法。其次,第31条第3款第3项规定,对条约进行解释时,应与上下文一并考虑的还包括"适用于该条约各当事国之间关系的任何有关国际法规则"。然而,公约并没有对"有关国际法规则"做出明确界定,国际法委员会(ILC)的评论也没有对此提供一个可供参考的指南。不少学者认为,第31条第3款第3项所规定的国际法规则包括所有国际法的渊源,比如可适用于当事国之间关系的国际条约、国际惯例、法律的一般原则等。[6]如此一来,仲裁庭在解释条约时可参考相关条约或法律文件,据此,比较解释方法也包含其中。最后,第31条第4款规定,如果当事国意在使条约用语具有某一特定含义,这一用语将具有缔约国意图选择的特殊含义,这是整个解释规则当中唯一明确提及缔约国意图的条款。[7]此外,在《条约法公约》第32条所规定的特定情形下,可以采用缔约准备资料和缔约情况作为解释的补充资料。据此可知,主观解释(历史解释)也是公约所认可的解释方法。

此外,考察《条约法公约》第31条与第32条可知,它所规定的解释诸要素之间并不存在法律效力的等级之分,适用时应被视为一个整体。[8]国际法委员会同样认为,第31条的标题"解释通则"中的"rule"采用的是单数形式，强调的是第1款与第2款之间以及第3款与前两款之间的关系，意图表明规定当中各种解释方法的适用是一个综合的运行过程。[9]这意味着前述条约解释方法并没有优劣、先后之分，须一起适用。[10]如此一来，这些解释方法可以相互补充，在一定程度上可提高国际投资仲裁庭所作解释的合理性。毕竟，国际投资仲裁之所以作出失之偏颇的解释，多数情况就是过分依赖某一种解释方法。如果在解释时，仲裁庭严格依照《条约法公约》的条约解释规则，均考虑适用所有的解释方法，然后再从这些方法得出的解释结论中选择，那么，在现有解释方法选择标准缺失的情况下，这种做法也不失为一种较为合理的解决方法。

（二）明确条约解释活动的一般逻辑顺序

从逻辑上看，第31条和第32条隐含了这样一个解释规则或者解释步骤：通常意义—上下文—目的与宗旨，辅之以谈判历史资料。[11]有学者将其总结为：善意解释是根本原则，约文解释是基本方法，目的和宗旨解释是解释结果的正当性保证，使用谈判准备资料是辅助、补充的手段。[12]

第一，第31条的内容确立了以约文解释为主的解释方法体系，解释的第一个步骤就是按照条约用语的通常意义善意地作出解释，这要求对条约作出的解释不能是任意的，不能偏离条约真正的、实质性的意思。善意解释条约并不是一项特别的解释规则，而是一项总的法律原则。[13]更多情况下，它是作为包括文本、上下文、嗣后协定及惯例等其他解释要素的审查标准，适用于条约解释的全过程。[14]通常意义上，它是一个默认的规则，除非缔约方打算采取特殊的含义（如依第31条第4款的规定）。换言之，约文是解释的开始，即条约用语应依其上下文按其通常意义加以善意地解读。当条约用语存在不止一个字面意思的时候，则需借助条约的目的及宗旨或参考缔约的准备资料等方式确认其含义。

第二，从条文的内容来看，第31条和第32条的关系存在主次之分：第31条是首要原则，而第32条规定的只是各种条约解释的补充资料。一般说

155

来，条约解释的步骤依照第31条就可完成，但实践中还可能会出现一些特殊情况。如依据第31条作出解释时，若条约意义仍是不明或难解，或所获结果非常荒谬或不合理，就需要求助第32条。第32条所规定的是条约解释的补充资料，包括条约的准备资料及缔约的情况。但与第31条所列资料相比，这些补充资料并不具有权威性，即便它们在阐明各当事国的合意在条约条文的表示方面具有重要的价值，也只是一种辅助手段。[15]从条约条文的措辞上即可看出，第31条每款所使用的措辞都是"应该"（shall），而第32条所使用的措辞则是"可以"（may）和"辅助的"（supplementary），这表明第31条的适用具有绝对的优先性。[16]国际法委员会曾指出，"辅助的"这一措辞强调第32条所规定的解释方式不是选择性的、自治性的，而只是第31条规定的那些解释原则的辅助方式。同时，国际法委员会还指出，第32条只是用语通常意义规则的例外，即便这一例外不会过度减损用语通常意义的权威性，但它的适用也必须是被严格限制的。[17]依照条文的措辞，条约的准备资料及缔约的情况只能在有限的情况下使用：（1）在依据第31条的解释规则作出解释时，条约意义仍属不明或难解；或（2）所获结果显属荒谬或不合理；或（3）为证实适用第31条的解释规则所得的意义。[18]

从这个角度来看，条约的准备资料和缔约情况并非条约解释必经的程序或必备的因素，它只是在特定情况下为实现特定的目的而需要采用的辅助性资料。有学者也指出，第31条所规定的诸要素关注的是条约的文本及其嗣后形成的协定和惯例，而不是其缔结之前的那些准备资料和情况——这些规定在第32条。[19]从这个意义上看，《条约法公约》的确在第31条与第32条之间做了区分，它所贯彻的是以条约约文为主，补充资料为辅的方针。[20]

（三）为国际投资仲裁庭的条约解释活动提供正当程序

IIA当中通常规定，国际投资仲裁庭应根据东道国国内法、IIA以及可适用的国际法规则处理投资争议，《条约法公约》作为普遍接受的国际法规则，当然也是国际投资仲裁庭在对条约进行解释时应该适用的规则。之所以强调这一点，原因在于对程序的服从是国际投资仲裁庭行使其条约解释权的首要要求。这一要求其实是与仲裁庭裁判活动的性质相关的。因为，在裁判过程当中，争端当事双方总是对立的。要消除这种对立，正当性程序是目前所能找到的最佳方案。在这个过程当中，国际投资仲裁庭条约解释的正当性也将依赖于程序而获得。

对程序的服从，是国际投资仲裁庭条约解释权行使的关键。国际投资仲裁庭的正当性通常来自其扮演的第三方角色，即它的决策是脱离委托人的利益而独立做出的。马丁·夏皮罗认为，所有法院的根本正当性都根植于对于第三方角色的认知。[21]然而，国际投资仲裁庭的中立地位需要正当的程序才能保障。换言之，国际投资仲裁庭必须证明解决争议的最优方案并不是国际投资仲裁员个人的主观臆断；法律规范的选择、案件事实的认定以及最终解释结论的得出，所有的过程都是在特定的程序背景下进行的，只有把条约解释权的行使置于正当程序这个背景下，国际投资仲裁庭作出的解释才容易获得争端当事方的认同。只有严格遵循条约解释的规则，国际投资仲裁庭才可能在争端当事方或者利益相关者质疑裁决是否妥当时，主张争议处理是依照程序进行，因而其裁决是合法的。

然而，除了严格遵守程序性规则之外，作为一项基本原则，公权力的行使者还应该向当事各方和公众说明权力为何这样行使以及如何行使。因为，国际投资仲裁庭所做出的条约解释和案件裁决主要是在仲裁员的思想领域中完成的，仅依靠程序规则显然无法为其最终结论的选择提供充分的理由，即在条约解释规则允许的多种解释方案中，为何选择这个解释方案而不是其他方案。因此，仲裁庭在个案审理当中，还需要对其解释和裁决的合理性进行论证。正是通过对正当理由的追问，仲裁庭自身解释和裁决的正当性也得到了论证。而在许多情况下，争端当事各方以及公众就是依据这一合理性论证来决定是否接受案件裁决的。

二、《条约法公约》相关条约解释规则的内在缺陷

毋庸置疑，作为国际条约的一种，IIA的解释理应遵循《条约法公约》有关条约解释的规定。毕竟，《条约法公约》作为规范国家之间的条约行为、调整国家之间条约关系的重要法律文件，它所规定的解释规则也是有关条约解释方面的国际习惯法的表述。然而，在实践当中，这些解释规则自身却同样存在不足。

（一）《条约法公约》相关条约解释规则本身的约束力有限

如前所述，《条约法公约》相关解释规则本身并没有在条约解释规范之间设定法律上的等级顺序，它所规定的解释要素的先后顺序只是出于逻辑上的考虑，并不是有强制力的法律等级顺序。[22]尽管国际法委员会将自己的工作定性为："尝试把那些可以构成条约解释一般规则的少数原则分离出来并加以编纂，"[23]公约的第31条也采用了"解释之通则"的措辞，但这一规则并不是一项真正的"规则"。依照罗伯特·阿克塞尔罗德(Robert Axelrod)的观点，尚未形成的规则无法对违反规则的行为实行惩罚，故是否包含固定的惩罚机制是识别一个规则是否形成的决定性依据。[24]显然，条约解释方法的排序只是一个指向性的陈述，它并没有包含相应的惩罚机制。由此带来的问题是，即便国际裁判机构没有遵循公约所规定的解释方法进行排序，它也不能以违反条约解释方法的排序为由而撤销所作出的裁决。从这个角度来看，公约所规定的解释规则并未形成一项"规则"，它是指导性的，而非指令性的。国际法委员会也曾在公约谈判准备文件当中指出，所有解释规则都呈现出"指南"的特征，在个案审理时，它们的适用更多参考的是被解释的用语所处的上下文及语境。[25]

（二）《条约法公约》未能提供有关解释方法的选择标准

国际投资仲裁庭在对条约进行解释时，几乎无一例外地从《条约法公约》的第31条开始，[26]但第三章的研究却表明，迄今为止，国际投资仲裁庭

在其解释实践当中，并未形成一个统一的解释方法的选择标准。可见，在解释方法的选择方面，《条约法公约》第31条无法提供一个统一的或者可行的选择标准。尽管如此，《条约法公约》在探索条约解释方法选择标准方面也并非毫无成绩，它还是为国际司法实践提供了一份包含各种条约解释方法的清单。它强调各种条约解释方法都应是同等重要的，要求国际投资仲裁庭在适用时应同等对待，不能过分依赖某一种条约解释方法。此外，公约还就各种条约解释方法的适用提供了一个一般的逻辑顺序。[27]这种排序可为条约解释活动提供一个初始的操作框架。

然而，《条约法公约》并未包含确认相关价值的方法。[28]实践已表明，仅凭《条约法公约》提供的条约解释方法清单以及条约解释的一般适用逻辑，无法有效提升国际投资仲裁的条约解释质量。因为，即便国际投资仲裁庭穷尽所有条约解释方法，不同的条约解释方法的解释结论还是会存在差异，甚至可能截然相反。当选择不同的条约解释方法得出不同解释结论时，国际投资仲裁庭依照何种标准来取舍？若无法回答这个问题，那么，具体条约解释方法的选择仍然是任意或随机的，个案的解释结论也因此处于不确定的状态，解释结论相互矛盾的情况也不会彻底改观。对于仲裁庭而言，它的自由裁量空间依然宽泛，条约解释权的运行仍然处于失范的状态。

（三）《条约法公约》解释规则本身的解释问题

即便国际投资仲裁庭愿意适用《条约法公约》所规定的解释规则对IIA作出解释，其效果如何仍不得而知。尽管《条约法公约》所规定的解释规则已被视为关于条约解释的国际习惯法，但是这些解释规则是包含在一个条约当中的，这意味着它们本身也同样面临着解释的问题。《条约法公约》所规定的解释规则以"用语的通常意义"为核心。由此带来的一个问题就是："通常意义"是指条约缔结时的"通常意义"，还是指解释条约时的"通常意义"？如果是前者而不是后者，那么随之产生的问题是：对于一个时代久远的条约，如何准确地确定其"通常意义"？

此外，正如劳特派特（Lauterpacht）所指出的那样，所谓用语的"通常意义"在没有解释之前是不能得出结论的。因为在没有查清缔约国的意图之前，是不可能得出一个词语的"通常意义"的，是以，假定用语的"通常意义"实际上就已经是从解释的结果出发，而不是从文本本身出发。[29] 为了克服上述不足，公约的上述条款特别强调，用语的"通常意义"应放在条约的"上下文"及条约的"目的及宗旨"的背景中进行理解。然而，公约有关"上下文"的规定所采用的措辞过于宽泛，除了条约的前言和附件之外还包括：（1）当事国之间与条约有关的协定；（2）当事国之间与条约有关的文书；（3）当事国就条约之解释或其规定的适用而缔结的任何协定（简称"嗣后协定"）；（4）嗣后在条约适用方面确定各当事国对条约解释之协定之任何惯例（简称"嗣后惯例"）；（5）任何可适用于当事国间关系的有关国际法规则。这些资料均采用了"任何"这一措辞，到底上下文所涵盖的范围有多大，公约并没有列明。正因如此，在解释时，国际投资仲裁庭才将国际习惯法、其他领域的国际条约、法律谚语，甚至国际商法等国际法规则都涵盖其中。[30] 显然，这种宽泛的措辞同样给予国际投资仲裁庭过宽解释乃至肆意解释的可能。

三、IIA解释方法的改进

依前文可知，《条约法公约》的条约解释规则在约束国际投资仲裁庭的自由裁量权和提升条约解释质量方面，或至少在消除条约解释不一致问题方面的作用是有限的。考虑到现有解释规则在短期之内修改的可能性不大，本书认为在现有条约解释规则的框架下，应强调缔约国有关条约解释方面的国家实践的作用。其理由在于，除了条约解释不一致的问题之外，国际投资仲裁庭在解释时还存在忽视缔约国的嗣后实践而过分依赖先前案例和公法学说的问题。如果国际投资仲裁庭在进行解释时对缔约国的嗣后实践予以足够的尊重，在严格遵守《条约法公约》的条约解释规则作出解释的情况下，即便仍然存在条约解释不一致的问题，仲裁庭的解释及裁决还是可以获得争端当事方以及投资者母国的认同。此外，如果把条约解释的话语权交还缔约国，争端当事方缔约国作为缔约国全体中的一员，虽然不能完全主导缔约国全体的最终解释决定，但至少可提出自己的解释主张。一旦其主张被其他缔约国所认可，就可能构成《条约法公约》所规定的嗣后协定或者嗣后惯例而被国际投资仲裁庭采纳。这样做一方面可以制约国际投资仲裁庭条约解释权的恣意，避免其过分偏袒投资者和过度解释；另一方面，由于争端当事方缔约国多是发展中国家，因而还可以在一定程度上增强发展中国家在IIA解释方面的话语权，改善国际投资仲裁庭区别对待发展中国家和发达国家的情况。依据《条约法公约》的相关规定，本书认为，国际投资仲裁庭应在解释时注意以下两种解释要素的运用。

（一）适用国际习惯法进行解释

国际投资仲裁庭可以适用国际习惯法对条约进行解释。IIA中的争端解决条款通常会规定，仲裁庭所适用的法律包括可适用的国际法规则。例如，NAFTA第1131条第1款规定，仲裁庭必须依据协定以及可适用的国际法规则裁判争议事项。《国际法院规约》第38条第1款把国际习惯与条约都列为国际法的主要渊源。王铁崖指出，"归根结底，国际条约以及其他国际法渊源，往往还是要通过国际习惯这个渊源而起作用，而国际条约往往要以国际习惯为背景加以解释和理解。"[31]此外，《条约法公约》第31条第3条第3款也规定，在解释条约时，应把"适用于该条约各当事国之间关系的任何有关国际法规则"与上下文一并考虑。显然，此处的"国际法"是一个十分宽泛的概念，依据《国际法院规约》第38条的规定，作为主要国际法渊源的国际习惯法当然可以归入其中。

强调国际投资仲裁庭应尽可能适用国际习惯法对IIA那些措辞宽泛、抽象的条款作出解释，即是强调这些IIA条款的内容必须经过国际习惯法主客观要件的检验才能确认。换言之，须经过国家的默示同意方能确认。这种强调"国家造法"的要求可在一定程度上降低仲裁庭任意解释的可能。例如，徐崇利就认为，对公平与公正待遇这类宽泛的条款，以具体内容需经国际习惯法构成要件检验的"国际最低待遇"进行框定，就等于坚持了"国家造法"的原则，因而国际投资仲裁庭对这项待遇标准便只享有通常释法的权力而无权擅自进行"法官造法"。如此，这一宽泛条款的适用才算真正穿上了合体的"紧身衣"。[32]

需要指出的是，国际习惯法的约束力并不是一次性获得的，而是经过国家的实践逐渐形成的。尽管在国际习惯法生成机理的问题上，国际法学界尚未完全达成一致，但国际习惯的形成必须具备"形成通例之实践"和"法律确信"这一观点已广为接受。[33]因此，一项规则要成为国际习惯法规则必须具备两个要件："普遍一致的国家实践"（客观要件）及"法律确信"（主观要件）。[34]这两个要件均与缔约国的实践和主观意图密切相关。如果在缔约原意不明时，国际投资仲裁庭适用相关的国际习惯法规则作出解释，那么，条约条款具体内容的确认就需要经过国际习惯法构成要件的检验。无疑，这在提升国际投资仲裁庭所作解释的正当性的同时，也会对国际投资仲裁庭条约解释权的行使产生制约。

然而，国际习惯法并非出自高度专门化和程序化的国际政治机构，而是从惯例运用的过程中产生的，也正因如此，较之国际条约，它们往往缺乏清晰的轮廓。因此，国际投资仲裁庭在援引国际习惯法对条约作出解释时，常常会遇到的一个问题是：何谓国际习惯法？例如，为了限制仲裁庭对公平与公正待遇条款作过分宽泛的解释，NAFTA的自由贸易委员会（FTC）对这一条款做出了限制性解释。根据FTC的解释，NAFTA第1105条第1款所指的缔约他方投资者享有的最低待遇标准，就是国际习惯法所指的对外国人的最低待遇标准。[35]在ADF v. USA案中，加拿大、美国和投资仲裁庭均承认公平与公正待遇条款应依据国际习惯法作出解释，却始终没能说明最低待遇标准的含义是什么。[36]不仅如此，国际习惯法是普遍适用全体国家的，虽然普遍一致的国家实践不要求全世界所有国家都参与，但至少在国际范围得到了广泛的、一致的、恒久的实行。[37]在目前国际投资法律领域尚不存在多边条约的情况下，国际投资法律实践多是依据双边条约进行的，因而，是否存在普遍一致的国家实践还需要论证。此外，传统国际习惯法所调整的基本是国家之间的关系，而投资争端是东道国与投资者之间的投资争议，国际投资仲裁庭可能会以此为借口拒绝直接适用国际习惯法对条约作出解释。例如，在Mondev v. USA案中，ICSID仲裁庭拒绝适用Neer案所确立的最低待遇标准的一个理由就是，该案所关注的是外国人的人身安全而非国家本身给予外国投资的待遇问题。[38]可以说，要求国际投资仲裁庭在对公平与公正待遇等条款进行解释时适用国际习惯法，可在一定程度上提高国际投资仲裁庭条约解释的正当性，但由于国际习惯法同样存在形式理性不足的问题，这一问题甚至比条约更为严重，故在提升仲裁庭的条约解释质量及对其条约解释权行使的约束效力方面，作用仍然有限。

（二）强调嗣后协定和惯例的运用

依前文可知，《条约法公约》第31条第3款第1项和第2项允许缔约国通过正式的、明示的协定或非正式的、默示的嗣后实践等方式来解释条约。据此，缔约国有关条约解释方面的嗣后协定和嗣后惯例应是国际投资仲裁庭在解释IIA条款时所必须考虑的解释因素。然而，与国际习惯法一样，这些嗣后协定和嗣后惯例在具体适用时同样会面临认定的问题。

1. 嗣后协定

在IIA缔结后的具体适用中，缔约国若发现各方对某些条款的理解和适用存在分歧，还可就这些问题进行协商并进一步达成有关这些条款的解释和适用方面的协定。这些协定应视为缔约国的立法解释，出于解释这项规定的目的，应把它放在条约当中一起解读。[39]

需要指出的是，有学者对嗣后解释协定的效力表示质疑，他们认为这些协定会使得投资者无法确信相关条约是否就是最终的条约文本，这会在很大程度上降低条约的透明度。[40]这一质疑有其合理之处，但不能成为国际投资仲裁庭否定嗣后解释协定效力的理由。虽然缔约国保留自行解释的权力可能会导致条约处于一种不确定的状态，但就目前的缔约实践而言，IIA本身所包含的条款绝大多数呈现出标准的特性，它们的含义同样是不确定的，因而在适用之前不得不对其进行解释。较之国际投资仲裁庭，主权国家当然是有权解释主体；由缔约国全体作出的解释性协定具有与条约一样的效力，这一点是毫无疑问的。此外，这些嗣后解释协定是《条约法公约》所认可的解释要素，其本身就是构成授予投资者权利的条约框架的一部分，投资者在获得这些权利之初就已经知道这个事实。因此，嗣后解释协定的缔结并不会破坏整个IIA的框架安排。更为重要的是，如果嗣后协定是针对条约的含义所做出的，将有助于澄清条约义务和强化条约的透明度。

反对采纳嗣后协定的另一个理由是，东道国作为争端当事一方，通过发表官方解释的方法来影响司法程序的最终结果，会损害争端另一当事方的利益，从而违反公正程序原则。[41]本书认为，这一观点有待商榷。嗣后解释协定并不是由被申请国单独做出的，而是由缔约国全体做出的，理应对国际投资仲裁庭有约束力。如果这一嗣后协定对条约所做的解释与条约的约文所呈现的内容相符，那么，对投资者而言，其合理期待并没有受到损害。即便嗣后解释协定所作的解释与条约的约文相去甚远，如果缔约国在IIA当中已明确表示嗣后协定对国际投资仲裁庭有约束力，国际投资仲裁庭也理应采纳这一嗣后协定，如FTC作出的解释。对投资者来说，其在行使条约给予的权利时也已经知晓这一结果，因而其合理期待同样并未因此受到损害。当然，如果IIA中没有明确地就缔约国嗣后达成的解释协定对仲裁庭的约束力做出规定，那么，缔约国在案件审理过程中所做出的联合解释很可能会被仲裁庭拒绝接受。但在后续案件中，这一嗣后协定会对仲裁庭有约束效力。从这个意义来说，这种做法不仅有助于澄清条约措辞的含义，还有助于保护投资者的合理期待，因为，这一解释在发生投资争议之前已经存在。

在实践中，国际投资仲裁庭在适用嗣后协定进行解释时，需要解决的首要问题往往是缔约国之间是否存在嗣后协定。一般情况下，缔约国全体缔结的与条约解释相关的协定或联合发表的解释性声明，还有条约所设立的特定机构作出的解释性决定，均是缔约国对条约解释所做出的明确的共同意思表示，应构成解释性嗣后协定，并对国际投资仲裁庭产生约束力。

有学者指出，缔约国可以在条约缔结之后设立特定机构来做出有约束力的解释性决定，但由于IIA很少创立这些特定的解释机构，因此，真正意义上的解释性协定很少出现。[42]本书认为，嗣后解释协定并不一定需要依据正式程序达成，因为《条约法公约》允许缔约国达成嗣后解释协定，而没有强调其必须通过特定的程序。尽管如此，我们还是应该鼓励缔约国构建类似于FTC这样的正式解释机构，因为它们可以给投资者以明确的提示，即缔约国保留了自行解释的权力。尽管FTC是独立于缔约国的专门解释机构，但由于其组成人员一般都是缔约国指定的官员，缔约国可以对其实施直接的、实质性的控制，故其作出的解释通常可视为是缔约国全体做出的。[43]不仅如此，它还可以让投资者明确地了解缔约国所保留的解释权的性质。比如，IIA可以明确规定，缔约国的嗣后解释协定的效力究竟是对仲裁庭具有约束力还是只具有劝说的性质。这一点对投资者而言是十分重要的。此外，这一做法还可以避免国际投资仲裁庭采用严苛的认定标准来拒绝采纳缔约国达成的嗣后协定。实践当中，部分仲裁庭认可缔约国有权嗣后就条约的条款达成解释性的协定，但却在认定时采用严苛的标准，导致缔约国之间所达成的嗣后解释协定很难通过法律测试。例如，在Aguas del Tunari v. Bolivia案中，仲裁庭拒绝承认玻利维亚与荷兰两国政府的声明构成嗣后协定，尽管两国政府的数个声明均针对该案表达了共同的观点。仲裁庭的理由是，多个声明的巧合并不构成共同声明，同时还指出，政府并没有表示出让这些声明被视为协议的意图。[44]

2. 嗣后惯例

与嗣后协定不同，嗣后惯例并不具有明确的表现形式，因而其形式要求相对宽松，从这个意义来看，嗣后惯例的形成似乎更容易，但事实却并非如此。在实践当中，不同仲裁庭的认定标准不同，容易产生不一致。更有甚者，通过提高认定标准的方式，规避嗣后惯例的适用。针对这一问题，本书认为，嗣后惯例可被视为一种特殊国际习惯法，可参照特殊国际习惯法的认定标准从三个方面把握：[45]

第一，缔约国嗣后实践的性质，即它应构成当事方对条约意义理解的客观证据。[46]并非所有的嗣后实践都可被视为《条约法公约》第31条所规定的嗣后惯例。国际法院在Kasikili/Sedudu Island案中指出，通过缔约国的嗣后实践可以确认缔约国坚信其行为是基于解释条约条款的目的而做出的。[47]因此，只有那些缔约国在条约缔结之后基于解释条约条款的目的而做出的实践才可构成嗣后惯例。

第二，嗣后惯例必须是缔约国全体对条约解释达成的一种共识。尽管嗣后惯例并不要求每一个缔约方都参加，但它应体现作为一个整体的缔约方关于条约解释的共识。[48]具言之，条约的适用过程也是缔约国履行条约义务的过程，在这个过程中，缔约国必然会依据其对条约的理解执行条约，也因此，缔约国的行为会传递出它们对条约条款的理解。假若缔约国就条约的解释和适用方面的具体实践，包括其行为或做出的声明，是相互一致(concordant)、通常的(common)、一贯的(consistent)，足以形成一种可识别的模式，透过这一模式可以确认缔约国就条约的解释达成了某种一致，那么，这些嗣后的行为或声明即可被认定为第31条第3款第2项的嗣后惯例。[49]因此，缔约国单方的解释不能构成嗣后惯例，除非其他缔约国做出明确的意思表示认可这一单方解释。

第三，强调实质上的认定而非形式上的认定标准，即认定一项嗣后惯例并不是以形式而是以其实质性内容来认定。[50]缔约国之间嗣后惯例的表现形式并不要求其必须与所要解释的条约一样，只要可以证明它是缔约方依据他们的理解就条约的解释而达成的一种共识即可。它可以用简单的形式来表述，例如交换照会、相互一致的口头声明等；它可能是正式的，也可能是非正式的；它可能包括缔约各方联合签署的文件，甚至可能是在一个条约适用或解释实践过程中缔约国之间的一系列行为或互动。[51]

尽管与国际习惯法相比，缔约国有关条约解释的嗣后协定和嗣后惯例更清晰明了，但它们的适用始终还是受制于两个因素：一是嗣后协定和嗣后惯例均依赖于缔约国的嗣后实践，即缔约国之间是否存在有关条约解释的嗣后实践。而第三章已经提及，缔约国在共同决策方面很难达成一致，尤其在仲裁程序启动之后。二是即便存在有关解释方面的国家嗣后实践，其是否构成嗣后协定和嗣后惯例仍有待于仲裁庭确认。因而，就上述解释要素的有效性而言，缔约国还需要另辟蹊径。缔约国如何针对上述问题事先作相应的制度安排，这部分的探讨将在第五章展开。

第二节　国内与国际公法解释原则的借鉴

如前所述，《条约法公约》的解释规则并不能帮助国际投资仲裁庭在个案审理中选择正确的解释方法，加上它自身同样存在解释的问题，因而无法对国际投资仲裁庭的解释行为产生有效的规制，并且在提升国际投资仲裁庭所作解释的合理性方面，其作用也极为有限。为弥补这种欠缺，国际投资仲裁庭还需要在现有解释规则的基础上结合国际投资争端的特殊性质，引入包括国内公法和国际公法在内的其他解释原则或方法来解释IIA。[52]

需要强调的是，在仲裁庭采用的具体解释方法方面，条约解释与国内法律解释并无太大差别，[53]下文所探讨的国内公法和其他国际公法的解释原则或方法并不是独立的，它们不能取代前述《条约法公约》解释规则所确认的具体条约解释方法，而只不过是仲裁庭在适用这些解释方法所得出的解释结论失之偏颇时的修正工具。不仅如此，这些国内公法或国际公法的解释原则或方法是建立在国内公法或者一般国际公法的原理基础之上的，它们能否有效地兼顾国际投资争端的特殊性质还有待考察。本节一共分为三个部分：第一部分将从维护条约解释一致性的视角来探讨遵循先例原则；第二部分则从协调外国投资者与东道国之间利益关系的视角，探讨在国际投资仲裁中援引比例原则的问题；第三部分关注的是如何协调缔约国与国际投资仲裁庭之间的权力配置，从这一视角探讨将"裁量余地"原则引入国际投资仲裁的必要性。

一、遵循先例原则的接受与修正

如前所述，国际投资仲裁庭在对IIA做出解释时存在裁决不一致的情况，这是晚近各方质疑国际投资仲裁正当性的主要原因。为了解决这个问题，有学者建议有必要引入普通法系中的遵循先例原则。本书认为，这一建议有待商榷。

（一）遵循先例原则的基本内容

在国内司法过程中，尤其是在普通法国家的司法过程中，遵循先例原则被视为提升裁决结果稳定性、一致性和可预见性的重要司法技术，这种技术存在有拘束力的先例和有说服力的先例之分。前者是指从过去的司法经验中归纳出裁决的基础，通过要求与过去相同问题所作的裁决一致来实现裁判的稳定，当新问题出现或旧问题以新形式出现时，允许通过在平级的不同类推之间的自由选择来保证法律的发展和变化。[54]详言之，此种遵循先例原则要求法官在审决案件时有义务遵循先前的裁决，以其作为指导，并且事实上接受蕴含于其中的法律原则的拘束，仅在特定情形下才允许法院或法官拒绝先前裁决在当下案件中的适用。在后一种遵循先例原则中，先前的裁决只是说服性的，在诉诸法院时被认为是法律推理的一个出发点。[55]国际投资仲裁实践当下的情况与后者相类似。因此，学界有部分学者主张采纳前者，即构建有拘束力的遵循先例制度。

（二）有关应否适用遵循先例原则的争论

对于应否引入遵循先例原则，学者们的态度各有不同，部分学者持保留态度。例如克里斯托夫·施罗伊尔承认遵循先例原则的引入可以促进裁决的一致性，而后者已成为国际投资仲裁机制改革的当务之急。但他同时也承认，无论在理论还是在实践当中，国际法均不存在遵循先例这一制度，而且在ICSID仲裁中，由于《ICSID公约》第53条第1款明确规定仲裁裁决仅约束争端当事方，即明确排除了遵循先例原则的适用。如果仲裁庭的裁决完全遵照先前案例而不是IIA做出，那么，这一行为可能会构成《ICSID公约》裁决撤销理由当中的"越权"，无疑会迫使仲裁庭在实践当中谨慎行事。[56]还有学者认为，这种做法可能会出现遵循错案的情况：如果一个先前裁决本身就不够公正，或者说其中的裁决理由本身就有问题，又或者虽然当时没有问题但放在今日却明显与公众正义感相冲突，那么，遵循先例原则事实上会导致法律的僵化。[57]

大体而言，支持遵循先例原则的观点有三：第一，国际投资仲裁已经在事实上遵循先例；第二，遵循先例有利于保证条约解释和投资争端解决的一致性和确定性，从而实现国际投资仲裁机制的可预见性目标，而目前通过其他途径无法有效改善这一问题；第三，通过先例制度，促成条约解释和适用的一致性，并为国际习惯法之形成提供可能。[58]

（三）遵循先例原则的可适用性

不可否认，遵循先例原则以最明确而直观的方式使"相似案件作相似处理"这一形式正义原则落实于司法活动当中。在国内法的实践当中，先例制度的确能够促进法律解释和案件裁决的一致性；但是本书认为，将遵循先例原则引入国际法，特别是在国际投资仲裁机制中，却是不可行的，因为其所引发的问题远比其所能解决的条约解释一致性问题要大得多。

第一，遵循先例原则能否实现条约解释的一致性这一效果还存在疑问。如前所述，当前国际投资仲裁在实践当中已经形成了事实上的遵循先例制度，但解释不一致的问题却依然存在。显然，这一制度并不能解决解释不一致的问题，因为这一问题的根源在于国际社会的无政府状态。当然，对解释技术的运用可以减轻这一状况，但不可能完全消除；更何况，导致国际投资仲裁解释不一致性的问题进一步加剧的元凶恰恰是国际投资仲裁庭本身。在现有授权模式下，仲裁庭无论在解释方法还是在政策偏好的选择方面都享有极大的自由裁量权。当存在多个可以被援引为个案裁决基础的先例时，仲裁庭完全可以通过所谓先例识别技术来为自己的选择提供依据。毕竟，它们在这方面所享有的自由裁量权已堪比IIA缔约国。

第二，遵循先例原则的引入实际上赋予国际仲裁庭造法的权力。因为国际投资仲裁庭在识别、发展先例的过程中，难免会僭越其法律定位而深入立法领域。晚近国际投资仲裁实践已表明，现行的委托人/受托人授权模式给予行使国际投资仲裁庭条约解释权的空间过大，这是导致仲裁庭权力运行失范的根本原因。而在条约解释权行使的民主合法性和合理性方面，国际投资仲裁庭均存在不足，若还要主权国家让渡更多的权力，显然会与国际社会的现实状况相违背。

第三，国际投资仲裁机制尚不存在构建先例制度的条件。一方面，先例制度并不是一个简单的案件类比制度，而是一个细致、严密的推理过程。先例原则并不仅仅意味着"相似案件相似处理"。真正的先例并不是先前裁决本身，而是从这个裁决发现并蕴含其中的法律原则。而且，在一个裁决中，并不是所有的裁决理由都具有约束力，只有从那些与当前案件事实相类似的事实中发现的裁决理由才有约束力。[59]因此，裁判者首先要从已确立的先前裁决中识别出相应的规则，然后再把这个裁决理由运用到个案中并作为当前案件结论的大前提。可以说，裁决结论的提取过程本身仍然是一个演绎推理而非类比推理的过程。[60]如前所述，国际投资仲裁庭在对IIA解释时存在说理不足的问题,基本的说理标准尚不能达到,更遑论如此缜密的推理活动了;另一方面,这一原则的运行是建立在法院结构的层级性基础上的,在这一法院层级体系中,每个法院都与其他法院构成上级或下级法院的关系。一般而言,下级法院应遵循同一级法院或上级法院的先前裁决,这可在一定程度上制约下级法院在进行法律解释时的任意性。而在整个国际投资仲裁体系当中,仲裁庭都是分散、临时组建的,也不存在可起统一裁决之效用的共同上诉裁判机构。

基于上述种种原因,本书认为,可以在国际投资领域当中尝试建立有说服力的先例制度。换言之,前案的裁决对后续案件没有约束力,但具有说服的效力。具言之,国际投资仲裁庭在解释、适用相关条约规则时,必须对先前的仲裁裁决予以充分的论证。若遵循先前裁决,应说明理由;若选择背离,也应说明充分、合理的理由。采取这一解释方案的理由有四:一是不会引发太多的反对。前面提到,在国际投资仲裁实践中,前案裁决对后案具有事实上的说服效力,这意味着主权国家和仲裁庭对这一制度均持一种默认的态度,将其制度化不会引发太多的反对。二是可提升仲裁庭裁决的合理性。要求仲裁庭在裁决之前应对前案裁决予以充分的考虑,无论遵循还是背离都必须说明理由。这一分析比较的过程将会促进国际投资仲裁庭所作解释的合理性。三是提升条约解释的一致性和连贯性。目前在仲裁实践中形成的事实上的先例没能有效提升解释的一致性,其原因主要在于它并不是一个严格的先例制度,是否考察先前裁决,完全由仲裁庭自行决定。一旦将其制度化,仲裁庭就必须考察先前裁决,并说出遵循或背离之理由,这将有助于促进裁决的一致性。四是限制国际投资仲裁条约解释权的滥用。先前裁决对后案的说服效力将成为条约条款之外的另一个解释参考标准,在某种程度上可以抑制仲裁庭解释的任意性。

二、比例原则的引入及其面临的困境

如果说遵循先例原则所关注的是条约解释的一致性的话,那么比例原则所关注的则是公共利益与私人利益之间的关系。在第一章所罗列的国际投资仲裁条约解释的七大问题当中,诟病最多的当数仲裁庭在解释时过分偏袒外国投资者,忽视公共利益的问题。为此,作为一种平衡国家利益与个人利益关系的方法,比例原则开始被应用于国际投资仲裁当中。那么,这一原则的引入将会产生何种影响?

(一)比例原则的基本内容

在国内法当中,比例原则被认为是"公法之皇冠原则",其核心在于通过达成公权力和私人权利之间的动态平衡以实现个案的公正。[61]比例原则最早是在国内行政法当中确立的,之后扩展至宪法领域,随后又被引入南美洲、中欧、东欧以及许多普通法国家。[62]在国际法领域中,比例原则可用于划分与协调国际法律秩序与国内公共政策之间的利益冲突。例如,欧洲法院(ECJ)就曾运用比例原则来协调欧盟(欧共体)与成员国之间互相冲突的合法利益,如推动自由贸易与促进环境保护之间的冲突并试图在两者之间寻求平衡。[63]欧洲法院在对多个案件的裁决中表明其立场:环境保护同样是欧盟(欧共体)的基本目标之一,因而成员国出于环境保护的理由限制商品自由流通实施是正当的,但其所采取的限制措施应是保护环境所必需的,不得在成员国之间造成任何歧视;且应符合比例原则,即采取的限制措施与所追求的环境保护目标需是适当的。[64]由此看出,在ECJ的实践中,比例分析既是协调权利与自由之间的紧张、冲突关系的方法,也是协调欧盟(欧共体)与其成员国之间权力关系的方法。从这个角度来看,它不仅是界分个人权利和国家对个人的管制权的方法,亦是协调超国家与国家之间法律秩序的机制。[65]

比例原则是处理目的与手段之间关系的普遍性原则,它把特定政府行为的目标与为达此目标所采取的手段相关联,既要求政府行为目标的合法性,又要求其采取手段的必要性和合理性。[66]将这一原则引入国际投资仲裁机制，实际上是为国际投资仲裁庭在审查东道国的外资监管行为时提供一个具体的审查标准。换言之，在适用比例原则时，仲裁庭要对东道国政府行为背后的公共利益进行分析，审查政府所采取措施的必要性和合理性。其内容主要涉及三个方面：（1）政府行为必须符合适当性，即政府行为必须适合于实现法律规定的目的。（2）政府行为应具有必要性。政府必须在若干能有效达到相同目标的手段中，选择对私人或公民权利损害最小的方式。（3）政府行为应具有均衡性。政府行为虽然是必要的，但它对私人造成之损害与使社会之获益应保持一种比例关系。[67]实践当中，仲裁庭对东道国政府行为的审查也是依据这三个步骤依次进行的。

（二）引入比例原则的法律和法理依据

学者认为，在国际投资仲裁中，仲裁庭援引比例原则进行解释的依据主要有二：一是善意解释原则。不可否认，绝大部分的IIA都对投资者的权利作出规定，但是却没有就这些权利和国家的监管权力之间的关系提供一个全面的、详尽的法律规范。通常情况下，缔约国并不希望这些监管权力受到过度限制，国际习惯法亦认可国家在其领土内享有治安管理权，因此，在对条约进行解释时，需要在投资者保护和国家的监管主权之间取得一个平衡。[68]二是比例原则广泛适用于国际法领域当中。在自卫、报复、反措施、人道主义法、人权法等领域，比例原则已成为国际习惯法。[69]依照《条约法公约》第31条第3款第3项的规定，作为一项国际习惯法，比例原则可以成为国际投资仲裁庭援引的解释原则。

自ICSID仲裁庭2003年的Tecmed v. Mexico案，首次适用"比例原则"以来，[70]ICSID的仲裁庭在随后诉阿根廷政府的一系列案件中，如Continental Casualty v. Argentina案[71]和LG&E v. Argentina案[72]中同样适用了比例原则。实践中，这一原则主要适用于有关间接征收、公平与公正待遇标准、必

173

要性等问题的认定之上。[73]

本书认为，在提升国际投资仲裁庭所做出的条约解释的正当性方面，有必要强调比例原则在未来投资仲裁实践中的适用，原因有四：

首先，比例原则作为一种协调利益冲突的规则，可以兼顾东道国与外国投资者之间的利益平衡。以 Tecmed v. Mexico 案为例，国际投资仲裁庭并没有从一开始就把墨西哥政府拒绝续签许可证的行为从征收行为中排除，而是从两个方面考察墨西哥政府的监管行为是否构成一项间接征收。[74]在确认墨西哥政府拒绝续签许可证的行为构成间接征收的同时，仲裁庭也承认BIT原则上并不排除国家的监管权，并指出，即便条约没有专门作出规定，外国投资者的财产权也应该受到国家的监管，只不过BIT要求国家的监管行为应该与国家声称所要保护的公共利益以及投资的保护成比例。[75]可见，比例原则的适用是以认可国家对外资的监管主权为前提的，它只是要把那些变相的或不合法的监管措施与政府的合法监管措施相区别。因此，只要政府的监管措施是为了增进社会的公共利益，且没有对私人投资者施加过度的或不合理的负担，就不应被认定为违反了IIA的条约义务。可以说，这种理论框架并没有偏袒东道国和外国投资者中的任一方，而是主张兼顾两方的利益，与当前国际投资法律体制"利益平衡"的主题相符，理应得到支持。

其次，采用比例分析有助于提高国际投资仲裁庭条约解释结论的合法性。亚历克·斯通·斯威特 (Alec Stone Sweet) 和贾德·马修斯 (Jud Mathews) 认为，在国际社会当中，国际裁判者通常会涉及国际立法问题，因此，在相互冲突的价值中做出选择自然就意味着使某种政策利益优先于其他政策利益。有鉴于此，通过比例分析中的利益平衡来减少败诉一方的正当性质疑将是一个较优的选择，因为它可以确立以下的几个关键结论：（1）争议任何一方所主张的规范或价值是合宪的；（2）法庭对每一方的利益都是同等地尊重（这是最为关键的）；（3）确定任何既定案件当中的主流价值并不是一个机械的程序，更多的是涉及复杂政策考虑的艰巨任务；（4）在未来案件当中，两个同等重要且相互冲突的法律利益可能会得出截然不同的结果，这取决于个案事实。[76]

再者，比例原则的适用可在一定程度上提升国际投资仲裁庭条约解释的一致性。比例原则并不是一项独立的条约解释方法，而是一项概括性原则，它旨在平衡各种相互冲突的利益，并没有具体的实质内容，其内涵视情况的不同而定，因此它可以广泛地用来调整各种不同的利益冲突。除了关注与协调相互冲突的投资者利益与公共利益之间的关系，它还兼顾不同的政治学理论和投资保护的政策偏好，强调国际投资仲裁庭应广泛地考虑受到案件裁决的利益相关者的非投资利益。也因此，这一原则的适用有助于国际投资仲裁庭在裁决时兼顾对非经济价值的保护，从而成为非投资的法律原则进入国际投资仲裁的通道，这有助于克服国际法碎片化的问题，减少仲裁庭在处理与非投资义务相关的案件时裁决的不一致。[77]

第四，比例原则的适用可提升国际投资仲裁庭的条约解释与裁判的合理性。如前所述，比例分析需要从该原则的三个方面依照相应步骤审查东道国的行为，这需要仲裁员高超的法律分析技巧，其结论也将更加科学合理。除了价值理念（对抗公权力对于私权的干涉）和规范结构（从适当性到必要性、均衡性的位阶累进）之外，每个分析步骤均制定功能彼此各异却又互补的实体性和程序性规则。[78]从这个视角来看，比例原则可在某种程度上为国际投资争议的解决提供一个精细的规范结构。本尼迪克特·金斯伯里和斯蒂芬·希尔也认为，在解释公平与公正待遇这类并不具有规范内容的法律标准时，现有的主观评价容易流于"法官的主观恣意"的形式，就此而言，比例原则能比那些难懂的权衡标准提供更大的可预见性。[79]通过比例分析的三个步骤，它可以提炼出具体的审查标准和审查程序，这相当于为东道国的施政提供了一个行为指南。

最后，比例原则的适用可在一定程度上约束国际投资仲裁庭的条约解释和审查活动的自由裁量权。在运用比例原则审查东道国监管行为时，为了权衡各种利益，仲裁庭必须归纳出需要考虑的各种要素和审查标准。例如，在 Tecmed v. Mexico 案中，仲裁庭在审查墨西哥政府的行为时，综合考虑了外国投资者的合理预期、东道国所追求的监管利益的重要性、限制措施的权重与效果等因素。同时，仲裁庭还归纳了一般不应认定为构成间接征收的措施。[80] 可以说，审查规则的细化实质上是一把"双刃剑"。作为行为规范，它约束缔约国政府的行为；作为审查规范，它同样制约投资仲裁庭自身。与目前实践中国际投资仲裁庭所倚重的先例相比，比例原则的规范框架所体现出的审查规则细化会缩小仲裁庭的自由裁量空间。因为，在运用比例分析审理案件的过程中，仲裁员不得不详细地说明其裁决的正当性理由，这会使得仲裁员更加负责。从这个意义上看，比例分析可成为提高缔约国政府行为和仲裁庭活动问责性与正当性的工具。[81]

更为重要的一点是，在不同的合法公共目的相互冲突的情况下，作为一种法律解释和决策方法，比例分析采取了一种区分原则，这一原则遵循的不是"全有或全无"的模式，而是"或多或少"的方式。[82] 这意味着，尽管比例原则脱胎于国内公法"权力控制"的思想土壤，政策偏好也不可避免地带有私人权利保护的倾向，但它并不全盘否认缔约国政府对外资的监管权，只不过要求其行使必须符合法治原则而已。换言之，它事先已经为缔约国预留了一个必要的施政空间。从这个意义来看，它可以产生一种司法自抑的效果。[83]

（三）适用比例原则面临的困境

不可否认，与其他主观性的评价方法相比，比例原则的分析框架更具客观性和合理性。然而，比例原则是一种源自国内公法的法律分析方法，在引入国际投资仲裁后，不可避免地存在对接的问题。一是尽管这一原则对公权力给予一定程度的尊重，但它始终隐含着"权力控制"的逻辑，严格地说其最终目的仍是维护私人权利而非公权力。二是比例原则并非一种具体的解释方法，它实质上是一种利益衡量的原则，这种将"利益"作为司法评价对象的做法同样让人担忧，即是否会出现仲裁庭的价值判断取代立法者（主权国家）的价值判断而对之无法依从客观标准作事后审查的境地。[84]这些担忧在国际投资仲裁语境下会进一步扩大：

第一，在现有条约解释体制下，国际投资仲裁庭与缔约国之间的权力配置原则是缺失的，不加修正地把比例原则引入国际投资仲裁领域，其层层递进的审查不仅会对缔约国的经济主权造成损害，还可能进一步扩张国际投资仲裁庭的解释权，甚至还可能将这种扩张合法化。

毋庸置疑，比例原则可以在适用《条约法公约》解释规则仍无法确认何种权利更优时，为解释者提供一种解决相互竞争的权利与利益冲突的方法，有效地协调公权力与私权利之间的利益关系。国际投资仲裁庭在运用这个原则对东道国的外资监管行为进行审查的过程中，其层次化、精细化的规范结构还可在一定程度上约束国际投资仲裁庭的自由裁量权；但与此同时，它也为国际投资仲裁庭直接深入东道国的行政监管领地铺设了规范化的操作路径。随着审查深度的递进，国际投资仲裁庭也逐步深入到东道国的行政事务处理当中。考察比例原则的三个审查步骤可知，在审查伊始，适当审查采用了较为宽松的审查标准。通常情况下，东道国的大多数监管行为都可被视为具有正当性；然而，进入必要性审查阶段后，在审查目的与手段的关系上，尤其对手段的选择问题上，比例原则往往要求综合地考虑其他替代手段，并在可选择的手段中选择成本最小化、效益最大化的那个，即谋求权利侵害的最小化与公共利益的最大化。可以说，经过比例原则的审查，最后可选的方案往往就只有一种。这种唯一性的行为选择将使得东道国监管决策的自由裁量空间被大大压缩，这势必会阻碍东道国监管能动性的发挥。[85]而在另一方面，均衡性审查又无法构成一种精准无误的法则，而只能沦为一种抽象而非具体的概念，[86]因而，何种程度才能算均衡，国际投资仲裁员才是唯一的判断者。较之国际社会，国内社会更成熟，法制化程度更高，法院的内部与外部均配置了相应的监督和制约机制，即便比例原则存在上述种种欠缺，也仍

177

是处于有效控制的范围；而在国际投资仲裁领域中，裁决一裁终局，没有上诉机制，仲裁庭几乎不受限制。

在 Tecmed v. Mexico 案中，由于仲裁庭在考察墨西哥政府拒绝续签许可证这一行为的适当性时，就已经认定墨西哥政府拒绝续签的真正目的是迫于公众的压力而非出于环境保护或者其他正当性的目的，在这样一种认知下，国际投资仲裁庭随后对墨西哥政府拒绝续签行为的合理性问题采取了严格的审查标准。比如，仲裁庭没有对墨西哥政府在拒绝续签许可证之前为危险物质填埋场重新选址的安排加以考虑，也没有考察墨西哥政府的续签行为是否具有效率，甚至没有考虑是否存在其他替代方案，以及这些替代方案是否对投资者造成的影响更小，[87]而是直接裁定该拒绝续签许可证的行为是武断的，行为的目的与其所产生结果不成比例。[88]

无疑，在对公私利益的协调方面，比例原则看似对东道国公权力者的身份给予了适当的尊重，但实际上却是一项极为严格的审查标准。它不仅涉及东道国政府监管措施的合法性问题，还涉及监管措施选择好坏的判断问题。其隐忧首先来自对国际投资条约解释权原有配置格局的打破，它赋予国际投资仲裁庭对东道国监管方式选择的最终决定权，这相当于让国际投资仲裁员代替东道国政府作出决策。比例原则对东道国监管行为所设置的高强度的审查要求，虽然在形式上表现为压缩东道国的监管裁量空间，但实质上则是投资仲裁庭在减损东道国主权的权威性，褫夺东道国的监管主权。在国际投资条约解释体制当中，国际投资仲裁庭已获得受托人的身份。即便如此，其获得的授权是默示的，始终要受到其裁判者角色的限制，假若不加修正地引入比例原则，唯一的结果就是将国际投资仲裁庭对东道国监管主权的干预合法化，即将其治理者的身份正当化，从而令看似消极、被动的国际投资仲裁庭转变成为实质上的"合法独裁者"。

其二，比例原则为国际投资仲裁庭长驱直入缔约国的监管领地提供了路径便利。这不仅会造成国际投资仲裁庭自身的工作负荷，而且会增加东道国的行政负担。由于比例原则本身并没有就审查范围与审查强度形成明确的标准，因而，国际投资仲裁庭干预东道国国内事务的门槛可能会被降至最低。现行IIA对于其所约束的国家行为种类并没有一个明确的界定，只要投资者认为东道国的措施或行为违反了IIA的条约义务，即可提起国际仲裁；仲裁庭在自己的管辖事项方面又采取扩张的立场，因而，在国际投资仲裁实践中，东道国的行政管理措施和其国内司法判决，甚至连同其国内立法，都被指控至国际仲裁庭。[89]

然而，国内行政事务具有技术性和专业性，其中还涉及复杂的利益冲突，需要行政者充分发挥其治理智慧来衡量与协调。即便是对于东道国的行政监管部门本身，许多监管手段的选择与确定都是棘手难题。东道国的立法机构更是经常利用一般条款、空白授权、不确定法律概念等各式方法来回避这些决策任务。[90]对于非专业且远离东道国情境的国际仲裁员而言，其难度可想而知。如前所述，比例原则事实上是一种设计精巧的规范工具，需要借助仲裁员高超的法律分析技巧，而第三章的研究却表明，国际投资仲裁庭在自身的能力构建方面存在严重不足，本身就需要借助更为合理的条约解释规则或方法来改变这一局面。因而，将比例原则引入国际投资仲裁领域，对那些缺乏行政经验的仲裁员而言，将是一把"双刃剑"。他们看似获得了不受节制的无上权力，其实却可能因为专家智识与判断的欠缺而陷入言人人殊的境地。[91]

不仅如此，把比例原则引入国际投资仲裁领域，还将导致东道国政府诉讼成本和行政成本的增加。当然，为了避免被外国投资者指控，东道国势必会考虑改革其国内法律体制，提升其治理能力。从这一角度来看，国际投资争端解决将会对东道国政府的施政行为产生监督与制约，这可以在一定程度上改善东道国的治理能力。然而，如果过分苛求"善治"的标准，则将会导致东道国，特别是发展中国家的行政成本负担过重。例如，比例原则当中的必要性原则往往与最小损害标准相关，如何才能实现对私权利造成的损害最小，保护公共利益最大化，相关监管方案的制定选择往往只能求助于行政专家。然而，即便在发达国家，行政专家都是一种稀缺资源，更遑论发展中国家了。若是全盘引入比例原则，恐怕就连发达国家的国内监管措施都未必能通过这一原则的审查。

综上所述，尽管比例原则在协调东道国公共利益与私人投资者财产利益的关系上可为国际投资仲裁庭提供较好的解释工具，也有助于提升仲裁裁决的说理性、一致性，改变国际投资仲裁庭对现有国际投资争端性质的认识，强化其公法意识，但这一原则同样存在不足之处，即它没能为缔约国全体，特别是东道国与国际投资仲裁庭的权力配置提供一个合理的方案，导致国际投资条约解释权力结构之间的平衡被打破，而投资仲裁庭自身的决策能力仍存在欠缺。在权力扩张的同时，其自身也为之承担了难以胜任的决策负担，最终加剧对其权力行使的正当性质疑。不仅如此，它只强调应该依照普适的国内公法原理来协调东道国与外国投资者之间的利益平衡，而未能关注作为东道国的发展中国家与发达国家之间的差异并给予区别对待，甚至还可能导致发展中国家行政成本和诉讼成本的增加，从而对发展中国家的发展权造成限制。为了弥补上述缺陷，需要在引入比例原则的同时考虑援用另一种解释原则——"裁量余地"原则。

三、"裁量余地"原则的援用及其适用路径

如前所述，在条约解释方法的完善方面，迄今的应对方案只能解决部分问题，而无法兼顾全部。当仲裁庭自身的推理和论证能力尚不能达到法治之标准时，保持相应的克制就成了仲裁庭的另一个选择。晚近有不少学者和仲裁庭主张，国际投资仲裁庭在对条约进行解释时应审慎对待，为东道国施政预留足够的自由裁量空间。[92]然而，由此带来的问题是，国际投资仲裁庭应如何以及保持何种程度的克制呢？在具体的司法实践中，欧洲人权法院（ECHR）在司法实践中发展出来的"裁量余地"（margin of appreciation）原

则,被视为解决主权国家政府和国际监督机构之间权力配置问题的重要原则,也因此进入了人们的视野。

(一)"裁量余地"原则的基本内涵

事实上,《欧洲人权公约》文本及其立法史均未提及"裁量余地"这一原则或概念,欧洲人权委员会和欧洲人权法院在各自的实践中也都未指明该原则的国内法起源,但通说认为,这一概念原是欧洲大陆一些国家的军事法及行政法惯用的法律原则,以审查政府行政裁量的合法性。[93]欧洲人权法院的法官在审判时直接把它移植到《欧洲人权公约》体制之内,成为平衡缔约国主权与遵守人权保护义务的解释工具。[94]在缔约国与《欧洲人权公约》司法机构共同承担保护人权责任时,这一原则自然就成为确认两者之间权力分配的原则。[95]随后,这一原则被扩展至ICJ[96]和WTO争端解决机构[97]的裁判当中。

"裁量余地"原则的概念虽出自欧洲大陆国家的国内行政法,经欧洲人权法院采用后即独立发展,但迄今尚未发展出一套系统的、普遍适用的理论,其内容视个案之情况而定。有关学者依据个案总结出"裁量余地"原则的两个要素:其一,司法克制。这主要体现在对主权国家的施政行为进行审查时要保持司法克制。换言之,国际裁判机构必须尊重主权国家履行国际法义务方式选择的自由裁量权。这种自由裁量权不能被国际裁判机构代为行使,而应由主权国家自行评估,独立行使。[98]其二,规范的灵活性。在"裁量余地"原则下,国际规范被界定为开放式或者灵活可变的。这些规范只提供一个非强制性的行为指南,并为缔约国在义务履行的自由裁量保留一个"合法区域"(zone of legality)。最终,不同国家的政府可以采取不同的方式适用同一个国际法规范,且这种差异是合法的。[99]尽管这两个要素可独立分析,第一个要素与规范的适用有关,而第二个要素则涉及规范的解释,但国际裁判机构一般不会严格区分这两个要素。不仅如此,这两个要素经常会纠结在一起,若国际规范的精确度较低,则更应强调司法克制。[100]

把"裁量余地"原则适用到国际投资仲裁当中即意味着:第一,如何履行IIA的义务,缔约国享有充分的"裁量余地"。换言之,在外资监管的事务方面,东道国是主要的监管者,享有充分的决定权,国际裁判机构则处于辅助的地位。第二,现有IIA的条款规定宽松,这意味着缔约国可以选择不同的方式履行条约的义务,而国际仲裁庭在适用条约或解释条约时应保持"司法克制",为其决策选择预留足够的空间。也因此,有学者认为,尽管"裁量余地"原则并非限制性解释原则的新版本,但它主张要为国家预留处理棘手问题的监管空间,体现了《条约法公约》第31条第1款包含的善意解释原则。[101]

(二)适用"裁量余地"原则的法理依据

晚近一些国际投资仲裁庭也开始提及甚至援引"裁量余地"原则。例如,针对Siemens v. Argentina案,仲裁庭在裁决中就指出:"《欧洲人权公约》第一协议的第1条允许采用的'裁量余地'原则并未曾在国际习惯法规则或条约中出现。"[102]在Myers v. Canada案中,仲裁庭虽然没有提及"裁量余地"原则,但它认为应当对国际法中给予国家政府管理国内事务的权利予以尊重。[103]在Continental v. Argentina案中,仲裁庭则声称,在仲裁庭看来,缔约国采取特定措施的目的性评估必须包含"裁量余地"这一重要的原则。仲裁庭还认为,在具体实践中适用诸如公平、公正、必要性和合理此类的一般标准时给予国家一定程度的自由裁量权,已经成为BIT保护投资者的一般国际法特征。仲裁庭认同阿根廷政府援引欧洲人权法院先例中的"较之仲裁庭或法院,主权国家更了解本国的国内事务,所以更适合根据情势采取适当措施"的观点,并依据美国与阿根廷BIT第11条,明确承认阿根廷对其采取的措施拥有自由裁量权。[104]

无疑,在国际投资仲裁领域,是否应当适用"裁量余地"原则仍存在争议。那么,在国际投资仲裁中适用"裁量余地"原则的法理依据是什么呢?

本书认为,"裁量余地"原则为主权国家与国际投资仲裁庭之间的条约解释权分配提供了依据,应在国际投资仲裁实践中加以推广。理由有三:

第一,从权益平衡的视角来看,该原则可有效平衡缔约国与国际投资仲裁庭之间的权力关系以及缔约国与投资者利益的关系。"裁量余地"原则确认了国家权力机构在确定正当的国家或公共事务方面享有广泛的自由裁量权,反对国际裁判机构重新审查国家在其自由裁量权范围内做出的决定。不过,所有这些都是以必要的国际法监督为前提的,国际裁判机构保留对主权国家行为的监督权。"裁量余地"原则在更好地尊重国家政府所作决策的同时,兼顾对投资者利益的保护,即仅在国家的监管行为超过其自由裁量的范围时,仲裁庭才有权进行干预。需要注意的是,缔约国虽然对外资监管享有自由裁量权,但其权力的行使必须符合正当程序,否则国际投资仲裁庭会介入。此外,国家可以对条约义务的履行方式持有选择权,但这不代表它可以此规避或减损其应承担的IIA义务。[105]因此,投资者的权利仍然可以得到有效的保护。

第二,从主权平等的角度来看,"裁量余地"原则尊重缔约国在外资监管方面享有同等的决策权。它认可条约措辞宽泛的目的是在于允许缔约国依据自身的情况选择具体履行义务的方式。换言之,东道国可以结合本国的政治、经济等情况实施外资监管措施。显然,这一原则兼顾了不同国家,特别是发展中国家的特殊国情,避免采取全球统一的治理标准来要求所有国家,有助于改善目前仲裁庭忽视发展中国家特殊情况的问题,这一点对发展中国家尤为重要。

第三,从效率的角度来看,在存在双重主权竞合的情形下,其权力的分配应依照辅助原则进行才是最有效的,而这一原则就隐含于"裁量余地"原则之中。它强调缔约国与投资仲裁庭在外资监管职责方面存在主次之分。一方面,一线或主要的治理责任应尽量由最接近人民的政府层级来负责。因为,在当地的资源与人民的需求方面,基层政府所掌握的信息和资料是最完全的,因而其决策最可能与人民利益相符;上一层级政府只承担监督或辅助的责任,在基层政府力有未逮时,才出面加以协调。[106]另一方面,这一原则的核心内容就是"司法克制"。前文已经提及,司法权限并非越大越好,过度扩张国际投资仲裁的管辖范围,反而会导致案件数量激增,随之而来的不仅是东道国诉讼和治理成本的剧增,还包括仲裁庭自身的不堪重负,最终导致仲裁庭的解释和裁决质量下降,招致对其裁决合理性不足的质疑。[107]鉴于此,保持适当的克制,将提升仲裁庭条约解释权行使正当性。

总之,依据目前的授权,国际投资仲裁庭只是一个监督者或者审查者而非真正的治理者,相应地,它不应把自己视为利益的分配者,从而以自己的判断取代东道国主管机关的决策判断。把"裁量余地"原则引入国际投资仲裁当中,使得对仲裁庭的角色定位回到了裁判者的本位,纠正了"比例原则"可能导致的失当定位。然而前文已提及,"裁量余地"原则是在司法实践当中发展而来的,既无明文依据,裁判机构内部亦无统一标准,是依个案而定的。如此,国际投资仲裁庭所享有的自由裁量权仍然是很大的。不可否认,这一原则强调仲裁庭的自我克制,但由于缺乏体系性的制度支撑,其效果大打折扣,还有待在实践当中进一步探索和研究,将其具体化。

(三)"裁量余地"原则的适用路径

将"裁量余地"原则适用于国际投资仲裁机制当中,需要确认的是,在特定案件当中,国际投资仲裁庭应保持何种程度的"司法克制"。这个问题实际上涉及主权国家与国际投资仲裁庭的权力分配,对于仲裁庭而言,它常常会转化成为这样的问题,即国际投资仲裁庭干预主权国家的外资监管事务的边界在哪里,干预程度有多强?实践当中,这两个问题的答案就是构成国际投资仲裁审查主权国家外资监管行为标准的两个要素。就仲裁庭目前的状况而言,需要注意以下两个方面的问题:

第一,对审查范围的限制。IIA对于其所管辖的范围通常采用了宽泛的措辞,而国际投资仲裁庭对自己的管辖权又享有自由裁量权,若在对条约做出解释时，国际投资仲裁庭不保持克制，其管辖范围的扩张不可避免。然而，审查范围越大，意味着仲裁庭所承担的监管任务越重。行政事务所涉及的范围和领域指的不仅仅是监管的范围大小，还包括需要掌握的专业知识的复杂程度，特别是那些异常复杂的监管领域，例如金融与税收都涉及专业性的技术问题。即便是东道国的主管机构，有时都难以给出确切的判断，更不用说国际投资仲裁庭。在这些方面，仲裁庭并没有任何优势，如果勉强做出决定，其结论本身已很难有说服力，因此应尽量把这些领域交由缔约国主管机构解决。除此之外，IIA通常包含不少例外条款，在解释这些例外条款时，国际投资仲裁庭也不宜作限制性解释，毕竟缔约国在这些领域已就其自由裁量权的保留达成共识。

第二，审查强度的选择。IIA和相关仲裁规则均没有对国际投资仲裁庭的审查强度作出规定，只能由国际投资仲裁庭通过条约解释的方式，从条约和仲裁实践当中提炼和抽取出来。如果说审查范围涉及投资争议是否受理的问题，那么审查强度则与国际投资仲裁庭在受理案件之后对自身介入东道国的监管事务的力度相关。事实上，审查强度的选择是与审查事项密切相关的。依照欧洲人权法院的实践，法院在确认审查的力度时会考虑三种标准：其一，所争议的条约义务之内容在成员国之间的法律和实务是否存在共识。若存在，则实施较严格的审查；若不存在，则给予国家较大的裁量空间。其二，所保护的人权性质及其重要性。若是基本权利，则法院会采用最严格的审查标准，反之，则相反。其三，公约条文的规定。如果公约规定得十分明确和详细，那么，法院则采取严格审查的方式，若公约的规定较为宽泛，则审查较为宽松。[108]具体至国际投资仲裁领域，则可以采用类似标准：第一，在缔约国普遍认同的投资条约义务之上，国际投资仲裁庭可以实施较为严格的审查标准，比如采用比例原则进行分析。第二，对于条约规定明确的条款，国际投资仲裁庭也应适用严格审查的标准；而对于条约规定不明或者例外的条款，国际投资仲裁庭应采取相对宽松的审查标准。第三，在投资条约义务与非投资条约义务相冲突的情况下，若投资条约义务不属于对整个国际社会应承担的义务，[109]那么，审查的标准也应该相对宽松。需要注意的是，与《欧洲人权公约》不同，IIA 所保护的是外国投资者的财产权，其权利构成比较单一，因而"受保护权利的性质"这个标准对国际投资仲裁不完全适用。

本章小结

本章主要从条约解释方法的视角探讨了国际投资仲裁庭条约解释权的能力建构问题。由于《条约法公约》的解释规则存在固有缺陷，现有的条约解释规则只能为国际投资仲裁庭的条约解释权行使提供合法性支撑，而无法提升其解释的合理性。尽管在现有条约解释规则框架下，国际投资仲裁庭可以通过强调国际习惯法和采用缔约国有关条约解释的嗣后协定和嗣后惯例来加强自身条约解释结论的合理性，但这些解释要素的适用仍会受到缔约国共同决策的困难以及其自身的形式理性不足等问题的制约。为此，需要借鉴相关国内公法和国际公法的解释原则。包括遵循先例原则、比例原则和"裁量余地"原则在内的国内公法和国际公法解释原则可在不同程度上缓解现有国际投资仲裁中存在的条约解释问题。然而，这些解释原则没能考虑国际投资争端的特殊性质，必须加以修正才能为国际投资仲裁庭所用。

本章注释

[1]这些就国际投资仲裁庭自身能力建构提出的改进方法主要包括：综合运用一般国际法方法和《条约法公约》规定的条约解释方法，深入分析和运用国际习惯法，大量参考

一般法律原则，以及应用经联合国国际法委员会及其他组织在"国际法的碎片化"问题上认可的系统性整合原则和技术等。参见［美］本尼迪克特·金斯伯里，斯蒂芬·希尔.作为治理形式的国际投资仲裁：公平与公正待遇、比例原则与新兴的全球行政法［J］.李书健，译.国际经济法学刊，2011(2)：54.

［2］Weeramantry, J. Romesh. Treaty Interpretation in Investment Arbitration [M]. New York: Oxford University Press, 2012: 209.

［3］不少FTA也有类似规定，如2008年中国与新西兰FTA第190条第3款规定，为避免歧义，缔约双方同意该协定的规定应当根据国际公法条约解释惯例进行解释。

［4］Sinclair, Ian. The Vienna Convention on the Law of Treaties [M]. 2nd edition. Manchester: Manchester University Press, 1984: 153.

［5］《条约法公约》第31条（解释之通则）：(1)条约应依其用语按其上下文并参照条约之目的及宗旨所具有之通常意义，善意解释之。(2)就解释条约而言，上下文除指连同前言及附件在内之约文外，并应包括：(a)全体当事国间因缔结条约所订与条约有关之任何协定；(b)一个以上当事国因缔结条约所订并经其他当事国接受为条约有关文书之任何文书。(3)应与上下文一并考虑者尚有：(a)当事国嗣后所订关于条约之解释或其规定之适用之任何协定；(b)嗣后在条约适用方面确定各当事国对条约解释之协定之任何惯例；(c)适用于当事国间关系之任何有关国际法规则。(4)倘经确定当事国有此原意，条约用语应使其具有特殊意义。第32条（解释之补充资料）：为证实由适用第31条所得之意义起见，或依照第31条进行解释而，(a)意义仍属不明或难解；或(b)所获结果显属荒谬或不合理时；为确定其意义起见，得使用解释之补充资料，包括条约之准备工作及缔约之情况在内。

［6］同［4］: 139-140.

［7］Eduardo Jiménez de Aréchaga. International Law in the Past Third of a Century [C]. Leiden: Martinus Nijhoff Publishers, 1978: 44.

［8］《条约法公约》第31条一共有4款规定。其中，第1款规定的是条约解释的一般规则，即条约应依其用语按其上下文并参照条约之目的及宗旨所具有的通常意义，善意解释之；第2款则是对第1款所规定的"上下文"范围的进一步界定；第3款采用了"应与上下文一并考虑"的措辞，把被解释的条约之外的相关因素也纳入第1款当中；第4款所规定的是放弃条约文本通常意义而采纳特殊含义的特定条件，这显然是针对第1款中的

"通常意义"所作的规定。此外，在界定"上下文"的范围时，第2款和第3款所涉及的诸项内容的关系同样存在这样的问题，因为这两款条文采用了诸如"……上下文除指连同前言及附件在内之约文外，并应包括……""应与上下文一并考虑者尚有"此类的措辞，意味着这两款所规定的解释要素没有法律效力上的优劣或上下等级之分，同等重要，在解释时均须予以同等对待。参见［4］:115-119。

［9］UN. Yearbook of the International Law Commission (Vol. II) [M]. New York: UN Publication, 1966: 219-220.

［10］Gardiner, Richard, K.. Treaty Interpretation [M]. 2nd edition. New York: Oxford University Press, 2015: 39.

［11］Thomas W. Wälde. Interpreting Investment Treaties: Experiences And Examples [M] // Christina, Binder et al. ed. International Investment Law for the 21st Century: Essays in Honour of Christoph Schreuer. New York: Oxford University Press, 2009: 751-752.

［12］万鄂湘，石磊，杨成铭，邓洪武. 国际条约法［M］. 武汉：武汉大学出版社，1998：250.

［13］同［12］：252.

［14］同［10］:168-173.

［15］李浩培. 条约法概论［M］. 2版. 北京：法律出版社，2003：353.

［16］同［10］:34-35.

［17］同［9］:223.

［18］USA v. Canada, LCIA, Case No. 81010, Opinion with Respect to Selected International Legal Problems in LCIA Case No. 7941 (by Michael Reisman), May 1, 2009, para. 11.

［19］Arsanjani Mahnoush H. &Reisman, W. Michael. Interpreting Treaties for the Benefit of Third Parties: The "Salvors' Doctrine" and the Use of Legislative History in Investment Treaties [J]. American Journal of International Law, 2010 (4): 600.

［20］同［12］.

［21］Shapiro, Martin F.. Courts: A Comparative and Political Analysis [M]. Chicago: University of Chicago Press, 1981: 1-2.

［22］同［10］:40-41.

[23] 同 [9]:218-219; Watts, Athur. The International Law Commission 1949-1998 (Vol. II) [M]. New York: Oxford University Press, 1999: 683.

[24] Axelrod, Robert. An Evolutionary Approach to Norms [J]. American Political Science Review, 1986 (4): 1095, 1097.

[25] 同 [9]: 218.

[26] Schreuer, Christoph H.. Diversity and Harmonization of Treaty Interpretation in Investment Arbitration[M] // Fitzmaurice, Malgosia & Elias, Olufemi & Merkouris, Pano. Treaty Interpretation and the Vienna Convention on the Law of Treaties: 30 Years on. Leiden: Martinus Nijhoff Publishers, 2010: 129–130.

[27] 同 [25].

[28] Sureda, Andr´es Rigo. Investment Treaty Arbitration: Judging under Uncertainty [M]. New York: Cambridge University Press, 2012: 23.

[29] Elihu, Lauterpacht. International Law: Collected Papers of Hersch Lauterpacht. Volume I: General Works [M]. New York: Cambridge University Press, 1970: 394.

[30] 同 [2]: 115-150.

[31] 王铁崖. 国际法 [M]. 北京：法律出版社，1995：13.

[32] 徐崇利. 公平与公正待遇：真义之解读 [J]. 法商研究，2010 (3)：61.

[33] 对于"形成通例之实践"和"法律确信"这两个因素的确切内容及相互间关系，目前学界尚存在较大分歧，一些学者强调前者而忽视后者，另一些学者则持不同看法。参见 Godefridus, J. H. Hoof. Rethinking the Source of International Law [M]. Deventer: Kluwer Kluwer Law and Taxation n Publishers, 1983: 85-87.

[34]《国际法院规约》第38条第1款第2项规定，国际习惯作为通例之证明而经接受为法律者。

[35] NAFTA 第1105条第1款规定，最低待遇标准是指"每一缔约方应给予另一方缔约方投资者的投资以符合国际法规定的待遇，包括公正与公平待遇和充分的保护与安全。"

[36] ADF v. USA, ICSID, ARB(AF)/00/1, Award, January 9, 2003, paras.178 - 186.

[37] 李浩培. 国际法的概念和渊源 [M]. 贵阳：贵州人民出版社，1994：90.

[38] Mondev v. USA, ICSID, ARB(AF)/99/2, Award, October 11, 2002, para.115.

[39] Watts, Athur. The International Law Commission 1949-1998 (Vol. II) [M]. New York: Oxford University Press, 1999: 689.

[40] Fauchald, Ole, K.. The Legal Reasoning of ICSID Tribunals - An Empirical Analysis [J]. The European Journal of International Law, 2008 (2): 332.

[41] Dolzer, Rudolf & Schreuer, Christoph H.. Principles of International Investment Law [M]. New York: Oxford University Press, 2008: 35; Methanex v. USA, UNCITRAL, Second Opinion of Professor Sir Robert Jennings, Q.C., September 6, 2001.

[42] Mclachlan, Campbell. Investment Treaties and General International Law [J]. International and Comparative Law Quarterly, 2008 (2): 372.

[43] Roberts, Anthea. Power and Persuasion in Investment Treaty Interpretation: The Dual Role of States [J]. The American Journal of International Law, 2010 (3): 215-217.

[44] Aguas del v. Bolivia, ICSID, ARB/02/3, Decision on Respondent's Objections to Jurisdiction, October 21, 2005, para. 251.

[45] 李浩培认为，国际习惯法分为一般和特殊两类。这两类国际习惯法的差异主要表现在适用范围上和证明上。在适用范围上，一般国际习惯法原则上拘束全体国家或者绝大多数国家，而特殊国际习惯法则是在一个由历史、地理、文化、政治等限定的较小国家集团内形成的，所以只拘束这些国家。就证明上说，如果争端当事国就一般国际习惯法是否存在，主张该规则存在的国家无须证明该规则已为对方接受，而只须证明其已得到一般接受。特殊国际习惯法规则由于适用范围狭窄，因而要求主张规则存在的国家证明对方已经接受。参见李浩培.国际法的概念和渊源 [M]. 贵阳：贵州人民出版社，1994：94.

[46] Watts, Athur. The International Law Commission 1949-1998(Vol. II) [M]. New York: Oxford University Press, 1999: 689.

[47] Kasikili/Sedudu Island (Botswana v. Namibia), Judgement, , I.C.J. Reports 1999, p. 1045, para. 74.

[48] 同 [10]: 260-270.

[49] Sinclair, Ian. The Vienna Convention of the Law of Treaties [M]. 2nd edition. Manchester: Manchester University Press, 1984: 136-137.

[50] 同 [48]: 243–244.

[51] 同 [43]: 216-218.

［52］Schill, Stephan, W.. The Public Law Challenge: Killing or Rethinking International Investment Law [EB/OL]. https://academiccommons.columbia.edu/doi/10.7916/D8GT5W7F/download, 2022-7-10.

［53］Bos, Maarten. Theory and Practice of Treaty Interpretation [J]. Netherlands International Law Review, 1980 (2): 136.

［54］[美]罗斯科·庞德.何为遵循先例原则[J].李鸻,译.山东大学学报,2006 (5): 19.

［55］Gabrielle Kaufmann-Kohler. Arbitral Precedent: Dream, Necessity or Excuse? [J]. Arbitration International, 2007 (3): 358.

［56］同［26］: 139–143.

［57］Van Den Berg, Albert J.. International Arbitration 2006: Back to Basics? [C] The Hague: Kluwer Law International, 2007: 885-889.

［58］同［55］: 377-378.

［59］Slapper, Gary & Kelly, David. English Legal System [M]. Sixth edition. London: Cavendish Publishing Limited, 2003:74.

［60］周赟.普通法先例制度基本问题研究——一种通识性的论说[J].法律方法,2012 (1): 291.

［61］徐崇利.利益平衡与对外资间接征收的认定及补偿[J].环球法律评论,2008 (6): 31.

［62］Sweet, Alec Stone & Mathews, Jud. Proportionality Balancing and Global Constitutionalism [J]. Columbia Journal of Transnational Law, 2008 (1): 97-137.

［63］Jacobs, Francis. The Role of the European Court of Justice in the Protection of the Environment [J]. Journal of Environmental Law, 2006 (2): 194–200.

［64］Procureur de la République v. ADBHU, ECJ, Case 240/83, Judgment of The Court, February 7, 1985; Commission v. Denmark, ECJ, Case 302/86, Judgment of the Court, September 20, 1988.

［65］同［62］: 138-159.

［66］Emiliou, Nicholas. The Principle of Proportionality in European Law: A Comparative Study [M]. London: Kluwer Law International, 1996: 23-24.

［67］蒋红珍.论比例原则：政府规制工具选择的司法评价［M］.北京：法律出版社，2010：295-296.

［68］同［1］：77-78.

［69］Tanaka, Yoshifumi. Reflections on the Concept of Proportionality in the Law of Maritime Delimitation [J]. The International Journal of Marine and Coastal Law, 2001 (3): 433.

［70］Tecmed v. Mexico, ICSID, ARB(AF)/00/2, Award, May 29, 2003, paras. 122, 124, 132-133.

［71］Continental Casualty v. Argentina, ICSID, ARB/03/9, Award, September 5, 2008, paras.227-230.

［72］LG&E v. Argentina, ICSID, ARB/02/1, Decision on Liability, October 3, 2006, para 195.

［73］Leonhardsen, Erlend, M.. Looking for Legitimacy: Exploring Proportionality Analysis in Investment Treaty Arbitration [J]. Journal of International Dispute Settlement, 2011 (1): 120-136.

［74］考察的内容包括：（1）这个措施对投资者财产权的干预是否是长期的；（2）这种干预是否造成财产价值的完全丧失。参见Tecmed v. Mexico, ARB(AF)/00/2, Award, May 29, 2003, paras.113-151.

［75］Tecmed v. Mexico, ICSID, ARB(AF)/00/2, Award, May 29, 2003, para.122.

［76］同［62］：88.

［77］Schill, Stephan, W.. International Investment Law and Comparative Public Law [M]. New York: Oxford University Press, 2011: 101-103.

［78］Jans, Jan H.. Proportionality Revisited[J]. Legal Issues of Economic Integration, 2000 (3): 239–241.

［79］同［1］：76-77.

［80］Tecmed v. Mexico, ICSID, ARB(AF)/00/2 Award, May 29, 2003, paras.95-151.

［81］同［1］：96.

［82］同［1］：75.

［83］Henckels, Caroline. Indirect Expropriation and the Right to Regulate: Revisiting

Proportionality Analysis and The Standard of Review in Investor-State Arbitration [J]. Journal of International Economic Law, 2012 (1): 254–255.

[84] Schill, Stephan, W.. International Investment Law and Comparative Public Law [M]. New York: Oxford University Press, 2011:102-104.

[85] 蒋红珍. 论比例原则: 政府规制工具选择的司法评价 [M]. 北京: 法律出版社, 2010: 350-351.

[86] 城仲模. 行政法之一般法律原则 [M]. 台北: 三民书局出版社, 1999: 126.

[87] 例如, 颁布新的许可证或者同意补偿其因重新选址而多支付的成本等替代方式。

[88] Tecmed v. Mexico, ICSID, ARB(AF)/00/2, Award, May 29, 2003, paras.95-151.

[89] 比如, 在 Loewen v. USA 案中, 外国投资者在美国法院败诉后转而求助于 NAFTA 仲裁庭试图"纠正"美国拒绝司法的做法, 参见 Loewen v. USA, ICSID, ARB(AF)/98/3, Award, June 26, 2003; 在 Lauder v. Czech Republic 案中, 外国投资者主张捷克政府 1995 年修改《传媒法》的行为违反捷克与美国 BIT 中的充分的保护与安全保障义务。参见 Lauder v. Czech Republic, UNCITRAL, Final Award, September 3, 2001.

[90] [德] 弗里德赫尔穆.胡芬. 行政诉讼法 [M]. 莫光华, 译. 北京: 法律出版社, 2003: 37-39.

[91] 蔡宗珍. 公法上之比例原则初论——以德国法的发展为中心 [J]. 政大法学评论, 1999 (12): 102-103.

[92] Burke-White, William W. & von Staden, Andreas. Private Litigation in the Public Law Sphere: The Standard of Review in Investor-State Arbitrations [J]. Yale Journal of International Law. 2010 (2): 297-301; Van Harten, Gus. Investment Treaty Arbitration and Public Law [M]. New York: Oxford University Press, 2007: 143-151.

[93] Arai-Takahashi, Yutaka. The Margin of Appreciation Doctrine and the Principle of Proportionality in the Jurisprudence of the ECHR [M]. Antwerp: Intersentia Publishers, 2002: 2-5.

[94] Yourow, Howard Charles. The Margin of Appreciation Doctrine in the Dynamics of the European Court of Human Rights Jurisprudence [M]. The Hague: Martinus Nijhoff Publishers, 1996: 14-15.

[95] Mahoney, Paul. Judicial Activism and Judicial Self-Restraint in the European Court of Human Rights: Two Sides of the Same Coin [J]. Human Rights Law Journal, 1990(1-2): 81.

[96] Oil Platforms (Iran v. US), Separate Opinion of Judge Higgins, Judgment, I.C.J. Reports 2003, p. 225.

[97] US - Tax Treatment of Foreign Sales Corp, Recourse to Arbitration by the United States under Article 22.6 of the DSU and Article 4.11 of the SCM Agreement, WTO, Decision of the Arbitrator, Doc. WT/DS108/ARB (2002), paras. 5.62, 6.55-6.58.

[98] Ireland v. UK, ECHR, Application no. 5310/71, Judgment, January 18, 1978, paras. 207, 212–220; Ehlermann, Claus-Dieter & Lockhart, Nicolas. Standard of Review in WTO Law [J]. Journal of International Economic Law, 2004 (3): 509.

[99] Donoho, Douglas, L.. Autonomy, Self-Government, and the Margin of Appreciation: Developing a Jurisprudence of Diversity within Universal Human Rights [J]. Emory International Law Review, 2001(1): 457.

[100] Shany, Yuval. Toward a General Margin of Appreciation Doctrine in International Law [J]. European Journal of International Law, 2005 (5): 909-910.

[101] Crema, Luigi. Disappearance and New Sightings of Restrictive Interpretation(s) [J]. European Journal of International Law, 2010 (3): 699.

[102] Siemens v. Argentina, ICSID, ARB/02/8, Award, January 17, 2007, para. 354.

[103] Myers v. Canada, UNCITRA, First Partial Award, November 13, 2000, para. 263.

[104] Continental Casualty v. Argentina, ICSID, ARB/ 03/ 9, Award, September 5, 2008, paras. 181, 187, 233.

[105] 同 [100]: 910-911.

[106] 王玉叶. 欧洲人权法院审理原则——国家裁量余地原则 [J]. 欧美研究, 2007 (3): 488-489.

[107] 同 [100]: 909-910.

[108] 同 [106]: 499 - 502.

[109] 详见《国家对国际不法行为的责任条款草案》第33条的规定。

第五章
国际投资仲裁庭条约解释权的制约

前一章探讨了在不改变现有制度的情况下,如何从完善条约解释规则及条约解释方法的选择方面,提升国际投资仲裁庭所做出的条约解释的正当性。然而,单纯依靠国际投资仲裁庭的自我改进是不可靠的,国际投资仲裁员同样受制于人固有的局限性。有限理性的存在决定了他们不可能提供最优的决策方案,而自利性则可能导致他们在合乎自身利益的情况下才主动增进公共利益。第二章和第三章的探讨也表明,积极、能动的国际投资仲裁庭正是由IIA缔约国塑造的。本书认为,目前国际投资仲裁庭的条约解释权的来源可归纳为三个:缔约国有意识的授予、条约所包含的仲裁庭必须澄清其含义的法律术语,以及缔约国默许仲裁庭行使未被授予的权力。第三个来源涉及的权力可能要比前两者之和还要多,而第二个来源也很有可能会比第一个来源多。换言之,在实践当中,权力不足的情况并不多见。只要享有条约解释权,即便其运行范围很小,仲裁庭都会将其扩张至任何可能的范围之内,因此更常见的是权力过度的情况,而且针对过于宽泛的条约解释授权,缔约国往往防范不足。事实上,授权后对受托人的制约也是国际授权制度的重要组成部分。在实践当中,缔约国也已开始着手来应对,目前不少实施或探讨的措施或方案均不约而同地蕴含着同一个逻辑——"控权"。相应地,本章将对对策的探讨放在缔约国如何"控权"之上。

本章一共分为四节,第一节将简要探讨国际投资仲裁庭条约解释权制约机制的一般性问题,以为下面的论述提供一个应对思路;由于国际投资仲裁庭的条约解释权是由其管辖权派生的,对管辖权实施的制约同样会限制其条约解释权,因此,第二节将对现有的针对国际投资仲裁庭管辖权的制约措施进行探讨;第三节则是探讨IIA中对国际投资仲裁庭的条约解释权本身所实施的制约措施;第四节将在前文的基础上探讨常设性制约机制的构建,以提升制约机制的有效性。

第一节 条约解释权制约机制的一般问题

制约机制的核心就是构建"有限的国际投资仲裁庭"。所谓"有限",主要表现在缔约国在授权之初就对国际投资仲裁庭条约解释权的行使空间进行限制,同时还针对条约解释权的运行设置了全面的监督和制约机制,以减少出现仲裁庭权力失范的可能。这一方案并不否认国际投资仲裁庭自身的能力建构对其权力正当性的提升功能,但出于对权力及其行使者的戒备与不信任,还是侧重于从外部制约方面寻求应对之道。详言之,缔约国在缔结IIA时,通过设定权力行使的界限以及对权力的运行设置刚性的权力监督和约束机制,对原有的委托人/受托人的授权模式作一些修正,把国际投资仲裁庭的角色从纯粹的受托人转变成为介于代理人与受托人之间的一种角色。与单纯依靠国际投资仲裁庭自身能力建构的方案相比,由缔约国实施的制约机制不可避免地面临国际投资仲裁"政治化"回归的质疑。如果协调不好,还会影响缔约国的授权收益,故属于一种次优但必要的选择。这也意味着,制约机制的实施需要考虑一些特定因素。

一、制约机制的实施主体：缔约国全体与单个缔约国

制约机制作为中间环节，可以为维护委托人的利益，约束代理人或受托人的自主行为创造条件。为了控制授权带来的损失，缔约国全体可以在授权伊始对代理人或受托人进行约束，以避免造成不利后果，这些约束措施包括选择国际投资仲裁庭的组成人员，限制所运用的法律工具的类型等。[1]事实上，委托人如何对代理人或受托人进行控制和约束是国际授权理论的一个研究重点。理论上，只要缔约国全体能够达成一致，就可以修改其对国际投资仲裁庭的授权，甚至撤销授权。[2]但在实践当中，缔约国之间通常会存在共同决策困难的问题，因而，需要事先通过一些制度安排来提升缔约国全体共同决策的意愿。

需要注意的是，在IIA框架下，国际投资仲裁庭是作为缔约国的受托人行使管辖权以及由此派生出来的条约解释权。第二章已提及，国际投资仲裁庭的自主性是实现缔约国授权收益的一种制度安排。因此，即便缔约国全体的共同决策难题得以解决，缔约国全体也不能频繁地介入国际投资仲裁案件的审理当中，否则会降低IIA的可预见性，进而导致投资者对IIA信任度的耗散。故而在绝大多数情况下，对仲裁庭条约解释权的制约不是由缔约国全体实施的，而是由单个缔约国。由此带来的问题是，单个缔约国并不是有权解释主体，其解释是否对国际投资仲裁庭有影响，取决于个案仲裁庭。换言之，除非缔约国事先在条约当中对缔约国单方解释的效力做出明确规定，否则单个缔约国只能在案件审理的过程中，通过对话和交流的方式，说服国际投资仲裁庭接受其就IIA特定条款做出的解释方案。这意味着，缔约国采取的制约措施将是多元化的。在缔约时，缔约国不仅需要考虑如何促成缔约国之间就条约解释问题达成共识，并作出明确的制度安排，同时还需要在实践当中注意对自身解释说服力的培养。

二、制约机制的类型：一般性制约与专门性制约

需要指出的是，条约解释权并非一种独立的权力，很多时候它是与国际投资仲裁庭的管辖权行使联系在一起的，在实践中对这两种权力实施的制约很难简单地作出区分，因而制约机制的类型划分也不可能泾渭分明，甚至在某些情况下，部分措施在定性方面会存在着交叉或重叠。从目前各国的实践来看，相关制约机制大致可以分为一般性机制和专门性机制两种类型。

在实践中，一般性制约主要体现为两个方面。一个方面是指那些包含在IIA程序规则基本内容当中的制约措施，这些措施本身就是条约以及国际投资仲裁机制得以正常运行的基础，作为仲裁庭权力行使需要遵守的规范，它们或多或少地会对仲裁庭的条约解释权形成约束，对于防止和控制仲裁庭滥用条约解释权的行为，有着积极的意义，但它们不具备针对性，因而制约效果比较有限。另一个方面则是对国际投资仲裁庭的管辖权作出的制约措施。仲裁庭的条约解释权是由其管辖权派生出的，对条约解释权的制约措施因而首先会体现在对其管辖权的制约之上。这是IIA缔约国最常采用的方式。对IIA缔约国而言，在缔约时把仲裁庭的管辖权严格限制在特定范围之内，或完全排除仲裁庭的管辖权，这种做法比较简单易行。然而，这种"一刀切"的方法存在方法单一、灵活性不够的问题。一方面，对身兼投资东道国和投资者母国双重身份的国家而言，这种做法意味着自己的授权收益将会受损，因为在限制仲裁庭管辖权的同时，本国的海外投资寻求国际救济的可能性也在降低，通过仲裁机制提升IIA可信度以吸引外资的可能性也在减弱。另一方面，除非将仲裁庭的管辖权完全排除，否则，在现有的授权模式下，只要享有管辖权，哪怕只是极小的范围，仲裁庭都可以通过条约解释将其管辖范围扩大。因而，能否对国际投资仲裁庭产生有效制约还是取决于其条约解释权本身制约的有效性。

专门性制约，顾名思义就是对条约解释权本身实施的制约措施。与对管辖权实施的制约不同，对条约解释权的制约关注的焦点并不是国际投资仲裁

庭的权力行使范围，而是其权力行使的自由裁量空间。换言之，对条约解释权的制约是在为国际投资仲裁庭的管辖权划出明确的行使范围的同时，尽可能地限制或缩小其在条约解释方面的自由裁量空间，减少滥用解释权或越权解释的可能性，避免仲裁庭违法枉裁，或作出相互矛盾的解释。从这个角度来看，这不仅不会削弱国际投资仲裁庭依据条约所正常享有的权力，还可以增强其权力行使的正当性。对那些身兼双重身份的缔约国而言，这种做法既可避免本国经济主权过度限制，又可兼顾对本国海外投资的保护。因而，晚近这一方式为包括美国在内的不少国家所采纳。

三、影响制约机制有效性的时间因素：一般情况下与案件审理中

在缔约国与国际投资仲裁庭的权力制约与反制约的斗争中，时间发挥着重要的作用。这种重要性至少体现在三个方面：

第一，时间会影响缔约国解释效力的正当性。依照一般的规定，国际投资仲裁所适用的实体法和程序法应分别是在争议发生和提交申述文件时可适用的法律。[3]但与修改、撤回不同，条约的解释不仅可适用于将来的情况，还可以溯及既往。[4]假若在争议发生后或者申诉提交之后，缔约国全体才作出解释，而解释又完全背离条约文本原意，即可能涉嫌对条约形成实质性修改，此外条约又没有明确规定此种解释对国际投资仲裁庭有约束力的话，那么仲裁庭很可能会拒绝采纳。毕竟，就解释的效力和IIA的可信度而言，条约作出解释的时间越早，缔约国越容易被视为一个相对中立的立法者，其解释目的——澄清IIA的条款，提高IIA的确定性和稳定性——也更容易被正当化。条约解释若是在投资争议发生之后做出，那缔约国的中立地位将荡然无存，此时作出的解释会面临公正性，甚至外交保护的质疑。毕竟，联合作出解释的一方同样也是争端当事一方。缔约国的解释也因此被视为争端当事方试图影响案件裁决结果而做出的努力。[5]

第二,时间因素会影响投资者的合理期待。[6]例如,若缔约国对条约所做的解释早于投资做出之前,那么投资者将以该解释为依据做出投资决策;即便该解释对于条约的约文做出实质性的修改,也不影响投资者的合理期待,因为投资者的投资决策将依照解释之后的规则而非原条约做出。但解释若晚于投资之后做出,且其作出的解释又对条约内容造成实质性修改,那么,解释溯及的既往效果将会引发争议。毕竟,投资者无法合理地预料这一解释结果,他们只能依据对原有的条约条文的理解做出决策。此时,尽管缔约国联合作出的解释仍有约束力,但它也会减损IIA的可信度,损害缔约国的授权收益。而仲裁庭若采纳这一解释,将会导致荒谬的结果发生——投资者对于先前条约文本的信赖势必遭受破坏,原属合法的行为甚至会被重新认定为违法行为,进而可能遭受不可预期的法律制裁。

第三,时间可能会影响缔约国的共同决策。所处的时间不同,缔约国的角色也会有所差异。在未发生投资争端时,缔约国的身份都是相同的,即IIA的缔约国和潜在的被申请方,因此,缔约国就IIA条款联合作出解释的可能性较高。一旦发生争议,缔约国的身份即发生分化。第三章已经指出,这种分化往往就是导致缔约国共同决策困境的主因。因而,时间不仅会影响缔约国解释的有效性,还会影响缔约国全体就条约解释达成共识的可能性。

第二节 现有针对仲裁庭管辖权实施的制约措施

管辖权是国际投资仲裁庭条约解释权的基础,对条约解释权的限制不可避免地要从它开始。实际上,这也是绝大多数国家惯用的方式。本节将主要探讨缔约国有关管辖权制约方面的内容。

一、缔约国全体实施的制约

实践中,缔约国可以从多种途径对国际投资仲裁庭管辖权实施制约,这些措施大致可分为四类：

（一）限制国际投资仲裁庭管辖权的行使

这一方式主要体现在国际投资争端解决机制的多元化之上。IIA中通常在纳入国际投资争端仲裁机制的同时，引入其他"替代性争端解决机制"，换言之，国际投资仲裁程序只是一种备选的争端解决机制，若其他争端解决机构行使了管辖权，那么，国际投资仲裁庭的管辖权将会被排除。

1."岔路口条款"

在一些IIA中，缔约国采用一种所谓的"岔路口条款"。这类条款通常允许外国投资者使用当地救济或国际仲裁机制主张救济，一旦选定了其中的一种方式，投资者就不能选择另外一种。例如，1992年埃及与希腊BIT第10条第2款规定，如果争端当事方在6个月内没有友好地解决争端，投资者可将争端提交给东道国国内有管辖权的法院或国际仲裁庭来裁决，此类裁决具有约束力。1993年阿根廷与法国BIT第8条第2款同样规定，如果投资者已将争端提交涉案的缔约国管辖或者国际仲裁管辖，那么，无论其所选择的是哪一项程序，该项程序都应当是终局性的。

"岔路口条款"实际上与罗马法的"一案不二讼"和"一事不再理"原则相类似，即给予争端当事方选择争端解决方式的权利，但一个诉权已经行使后，就不得再行使第二次。换言之，一旦裁判人员审理案件并做出判决，那么判决除发生执行的效力外，还发生"既决案件"（res judicata）的效力。这一规定旨在控制投资者的滥诉，但在某种程度上也限制了国际投资仲裁庭管辖权的行使。因为，如果国际投资仲裁庭就同一案件做出裁决，极有可能无法在缔约国得到执行。但第一章也提及，实践中，国际投资仲裁庭仍然可以通过对"岔路口条款"适用条件做苛刻的解释来扩大自己的管辖权。

2.设置缔约国主管机构联合审查的前置程序

在一些重要事项上，如税收和金融服务方面，缔约国不仅采用例外条款从一开始就免除本国在特定情势下的全部或部分条约义务，而且为了避免国际投资仲裁庭滥用解释权,扩张其管辖权,还在争端解决程序当中引入了东道国与投资者母国的主管机构联合裁决机制。

以税收事项为例。2009年加拿大与约旦的BIT第16条规定,有关征收和东道国违反投资条约等方面的争议,投资者仅在满足以下条件后方能提交国际仲裁:(1)申请方已把有关税收措施是否构成征收和违反投资条约这一问题以书面形式提交给缔约双方的税务主管机构;(2)缔约双方税务主管机构在6个月内没有一致认为该项税收措施不构成征收或违反投资条约行为。这种联合裁决程序的安排不仅给予缔约方税务主管机构优先处理税收争议的权力,还给予其裁决税收争议的最终决定权。[7]

此外,该协定第6款规定,缔约方税务主管机构对引发争议的措施是否属于税收措施的裁定,将对任何仲裁机构有约束效力,而仲裁机构仅在缔约方税务主管机构未在6个月内对这一措施是否属于税收措施做出裁定的情况下,方能对其做出裁决。从这一条款的规定来看,前置程序是强制性的,它并不以缔约国是否请求为条件。这意味着缔约国的税务主管部门在税收事项上享有绝对的裁决权,包括对税收这一定义的解释权。[8]

类似机制也在部分IIA的金融服务例外条款中出现。[9]可以说,在这种机制下,缔约国主管机构不仅可以享有优先处理争端的权力,而且其裁决对仲裁庭有约束力。仲裁庭仅在两国主管机构无法达成一致的情况下才能行使管辖权。

3. 增设上诉机制

晚近国际社会在寻求国际投资仲裁机制改革的各种方案,上诉机制的构建是其中一个重要内容。在国际投资仲裁机制当中引入上诉机制,实际上是针对国际投资仲裁庭的裁决设置一个事后的审查机制,其目的可归纳为两个:一是个案裁决错误之纠正,二是条约及相关法律的阐释与发展。[10]从条约解释方面的来看,对个案裁决的审查必然涉及条约及相关法律适用的正确性,而常设性的上诉机构又有助于条约及相关法律解释与适用的统一性。[11]

不少国家在其对外缔结的IIA中提及上诉审查机制的构建。比如，2003年美国与新加坡FTA第15.19条第10款就规定，如果一项独立的多边协定在缔约国之间生效，这一协定旨在设立一个上诉机构，以审查根据国际贸易协定或国际投资协定设立的仲裁庭审理投资争端而作出的裁决，那么，双方应设法就纳入上诉机构达成共识，允许在上述多边条约生效之后，对其后经由国际投资仲裁庭作出的裁决作出审查。《全面与进步跨太平洋伙伴关系协定》（Comprehensive Progressive Trans-Pacific Partnership，简称CPTPP）也有类似规定：如果未来依据其他制度性安排设立审查国际投资仲裁所作裁决的上诉机制，缔约各方应考虑是否允许上诉机构审查条约所规定的国际投资仲裁庭作出的裁决，缔约双方应设法为其拟采用的任何上诉机制提供相应的透明度程序。

（二）缩小仲裁庭管辖权的行使范围

判断权力行使正当与否，首先需要确认的一点就是国际投资仲裁庭是否获得授权以及权力在行使时是否超出授权范围，所以确定权力的界限并防止权力行使超越界限就成为必要。因此，在作出授权之时，IIA缔约国需要为这一授权划定一个最佳范围。理想的目标当然是划定授权界限，把必要的事项都划入授权当中，并确保其不超越授权界限。然而，为权力划界只是一种理想的目标，通常的情形是缔约国为自己保留必要的权力行使空间，而其他部分则对仲裁庭保持开放。

将特定的事项排除在国际投资仲裁的管辖之外，是缔约国惯用的一种方式。例如，部分发展中国家在早期的IIA中就把可提交国际投资仲裁的事项限定于征收或征收补偿额之上，但排除事项过多可能会对缔约国的授权收益造成影响。由于这种方式不利于外资保护，已被很多国家所放弃。更常见的做法是普遍接受仲裁管辖并在此基础上采用例外条款的方式（即全面接受+例外条款）。一种做法是，在IIA当中明确地将某些事项完全排除在条约的适用范围之外。以1997年新加坡-匈牙利BIT为例，其第5条例外条款的第2

款规定，条约的条款不适用于缔约任何一方领土内的税收事项，此类税收事项应受缔约双方之间签订的任何有关税收的国际条约和缔约一方国内法律的管辖。与此相似的是，加拿大2004年BIT范本第10条第6款规定，条约的规定均不适用于在文化产业领域的投资。由于上述事项被完全排除在投资条约所有条款的适用范围之外，缔约方在免除自己条约义务的同时，也将国际投资仲裁庭的管辖权排除在外。另一种做法是，缔约国明确规定某一事项不适用于争端解决条款。加拿大2004年BIT范本附录IV即是"争端解决规定的排除"条款，它规定："（1）加拿大根据《加拿大投资法》做出的有关是否批准一项需要审查的收购的决定不适用协定第C节或者第D节的争端解决规定；（2）与《加拿大竞争法》及其规则、政策和惯例，或该法的任何后继立法、政策、惯例的管理与执行有关的事项，不适用协定第C节或者第D节的争端解决规定……"

还有部分IIA的授权条款采用的是在授权时以"肯定清单"的方式明确地列举仲裁庭管辖的事项范围，仲裁庭仅在列明的事项上享有争议管辖权。例如，2012年美国BIT范本采取列举实体条款的方式明确地划定可仲裁事项的范围。该范本的第24条规定，因缔约国违反其在条约第3条至第10条项下的义务、投资授权和投资协议而导致外国投资者损失，在争端一方认为在投资争端无法通过协商与谈判的方式解决时可提交国际仲裁解决。条约的第11条至第21条等条款项下的争议被排除在仲裁庭的管辖范围之外。2016年欧盟与加拿大FTA也采用类似做法。该协定第8章（投资）共分为六节：第1节（范围和定义）、第2节（投资的设立）、第3节（非歧视待遇）、第4节（投资保护）、第5节（保留和例外）和第6节（投资者与国家争端解决）。依照该协定第8.18条的规定，外国投资者仅可针对东道国违反第3节（非歧视待遇）和第4节（投资保护）并导致损失的情况下提起仲裁。换言之，因第2节（投资的设立）和第5节（保留和例外）项下的条约义务引发的争议，仲裁庭不享有管辖权。

(三)明确缔约国修改授权的权力

作为委托人,缔约国在作出授权之后仍然享有修改或撤回授权的权力。这通常体现在对IIA的修改之上。在实践中,部分IIA对条约的修订问题作出规定。这以2015年印度BIT范本为典型。该范本的第37条专门对缔约国修改条约的情形作出了详细的规定。第一种情形是应任何一方的要求修订。该条第1款规定,条约可应任何一方的要求随时修订。提出请求的一方必须以书面形式提出请求,说明应予修正的理由。另一方应就拟议的修正与请求方协商,并必须以书面形式对请求作出回应。第二种情形则是条约的自动修正。该条的第2款规定,条约在任何时候都可自动修正,但须经双方同意。修正条约的任何协议必须以书面形式表达,无论是在单一的书面文书中还是通过外交照会的交换。这些修正对根据条约第四章组成的国际投资仲裁庭具有约束力,仲裁庭的裁决必须与条约的所有修正相一致。依照这一规定,缔约国不仅有权通过修改条约的方式对国际投资仲裁庭的授权作出修改,而且缔约国对条约所做的所有修改都会约束依据条约组成的国际投资仲裁庭,无论是正在审理案件的仲裁庭还是未来案件的仲裁庭。

(四)取消国际投资仲裁庭的管辖权

所谓取消仲裁庭的管辖权就是直接放弃国际投资仲裁机制,在实践中,缔约国可以通过以下四种方式来实现这一目的。

1. 放弃缔结IIA

放弃缔结IIA不仅仅是一种缔约状态,还可以是缔约国的一种缔约策略或者"控权"策略,其核心就是完全排除国际投资仲裁庭的管辖权。当然,采用这种策略的国家可能会面临被边缘化的问题,错失参与国际投资立法活动的机会。因此,在实践中,很少有国家会完全放弃缔结IIA,更多的情况是选择性的放弃缔结,这以美国最为典型。目前,美国对外缔结的BIT均是与发展中国家缔结的,[12]换言之,它战略性地放弃与发达国家缔结BIT。

2. 放弃国际投资仲裁机制

与放弃缔结IIA不同，部分国家并没有放弃参与国际投资立法活动，而是在其对外缔结的IIA中完全放弃国际投资仲裁机制。例如，2004年的澳大利亚与美国FTA就废除了投资者与缔约国之间的投资仲裁机制。不仅如此，澳大利亚政府于2011年4月发表声明，拒绝在未来缔结的IIA中纳入投资者与国家之间的争端解决条款。[13]

3. 条约到期之后放弃续期

IIA通常会对自己的初始生命周期作出明确的规定。条约到期之后，经过一些特定的程序，条约即可终止。因此，缔约国可在条约到期之前的某个期限内通知缔约相对方放弃条约续期，条约到期之后即可终止。比如，2019年实际终止的34项IIA中，其中有2项就是因期满而终止的。[14]然而，如第三章所述，为了保护投资者的合理期待，IIA通常会包含"自动存续条款"，即便条约废止后，在一段时期内仍然有效。因此，终止条约并不能产生立竿见影的效果。

4. 废除条约

废除条约通常是缔约国不得已的选择，这意味着所有的制约机制将完全失效，缔约国全体不得不撤回它的授权。需要注意的是，如前所述，在现有的IIA框架下，即便缔约国全体同意终止IIA，条约废止后仍然在一个时期内有效，因而其制约效果也是有限的。

二、缔约国单方实施的制约

如前所述，缔约国单方的制约措施对仲裁庭不具有约束力，要提高其单方制约的效果，缔约国必须事先在条约当中明确规定。

（一）仲裁员的选任

对仲裁员实施直接控制是缔约国单方制约的主要手段，第三章已表明，通常情况下，争端当事方指定的仲裁员会做出有利于这一当事方的裁决。但缔约国只能对其指定仲裁员施加影响，对其他仲裁庭的组成成员的影响有限，仲裁庭在总体上仍呈现出过度保护私人财产的政策和行为偏好。有鉴于此，缔约国还需在仲裁员的选任标准等方面做文章，以纠正这种过度保护投资者的政策和行为偏好。

1. 细化仲裁员的选任标准

仲裁员的选任一直是当前国际投资仲裁改革的核心问题。这也体现在UNCITRAL第三工作组主持的投资者与国家间争议解决的改革议题当中。[15]当前各国提交的改革方案涉及仲裁员的选任方式、仲裁员的资格和要求等方面的内容。[16]在仲裁员的资格和能力方面，工作组的报告指出，仲裁员应通晓国际公法、国际贸易、投资法以及国际私法方面的专门知识，了解关于投资的不同政策、可持续发展问题、如何处理投资争端案件以及政府的运作方式，掌握关于所处理争端的具体知识，例如特定行业的知识、关于相关国内法律制度的知识和损害赔偿的计算。不仅如此，投资争端法庭成员应该是中立、独立，以及拥有高尚的品德并有责任感。[17]

不少国家通过在条约当中细化国际投资仲裁员的选任标准来提高具有公法背景的国际投资仲裁员被选任的机会。例如，2004年的加拿大BIT范本就对仲裁员的选任标准作了规定。条约第29条（仲裁员）第2款规定，仲裁员应：（1）在国际公法、国际贸易或国际投资规则，或者在国际贸易或国际投资条约争端解决方面具备专业知识或经验；（2）独立于任一缔约方或争端方，亦不附属于任一缔约方或争端方，且不得接受任一缔约方或争端方的指示；并且（3）在缔约双方议定任何规则时，遵循此等附加规定。此外，条约还就金融方面投资争议的仲裁员的选任标准专门做出规定。条约的第29条第3款还规定，如果争议涉及与金融相关的措施或争议涉及的投资属于金融机构的资产，则除前述规定条件外，仲裁员还须具备金融服务法律或实践方面的专业知识或经验，该专业知识或经验应与金融机构监管有关。

2. 强化仲裁员的信息披露

国际仲裁制度得以正常运行的一个前提就是争端当事方都相信争议将由一个公正的仲裁庭解决。这也是主权国家愿意选择授权的重要原因之一。要求仲裁员主动披露自身的信息，可在一定程度上解决委托人和权力受让人之间存在的信息不对称问题，更为重要的是，信息披露会加强对仲裁员的约束。

《ICSID仲裁规则》从一开始就对仲裁员的信息披露作了要求，1968年《ICSID仲裁程序规则》第6条规定，仲裁员在仲裁开庭前或在第一次开庭时，应签署包含披露有关独立性和公正性的事实在内的声明。[18]依据这一规则，仲裁员仅在存在与当事方有任何过去或现在的一切关系的情况下才应该将信息披露，对其他信息的披露并没有强制要求。而且，这一信息披露仅限于仲裁程序开始之时。可以说，1968年《ICSID仲裁规则》的相关规定过于简单。

在国际授权当中，委托者与权力受让人间之所以会存在冲突，很多情况下是由于信息不对称和环境不确定，比如代理人或受托人掩盖了对自己不利的问题和信息。随着ICSID仲裁案件的增多，发生利益冲突的机会也在增多，对仲裁员的披露要求就变得更加重要。也因此，2006年修订的《ICSID仲裁规则》对第6条作了较大调整。在这一规定当中，仲裁员不仅要披露与有关各方的任何过去或现在的关系，而且要披露任何可能对仲裁员独立判断的可靠性产生合理怀疑的情况。此外，修订后的第6条还把信息披露的时间延长，要求信息披露的时间涵盖整个仲裁程序而不仅仅是在程序开始之时，换言之，仲裁员需要在仲裁期间持续地报告可能损害其独立判断的关系和情况。[19]2022年修订的《ICSID仲裁规则》在此基础上，不仅要求争议双方在案件登记之初公开第三方资助情况，还要求仲裁员同样需要披露其与第三方资助人的关系。[20]

需要注意的是，不少商事仲裁机构也针对国际投资争端解决的问题调整其规则。比如，要求仲裁员应该向仲裁机构报告其在专业和业务上与案件当事人有关联的信息，其中以ICC的仲裁规则的信息披露要求最为严格，[21]它要求仲裁员签署独立性声明及必要时附加补充披露，并交由当事人评论。[22]可见，ICC仲裁规则的信息披露制度不仅要求仲裁员披露任何可能令当事人质疑的情势，还要求披露任何可能导致对其产生合理怀疑的情形。不仅如此，2021年《ICC仲裁规则》还在前述基础上新增了当事人对第三方资助安排进行披露的要求。[23]

3.申请仲裁员的资格取消或回避

若前述方法仍不奏效，缔约国还可以采取申请取消仲裁员的资格或申请回避。在仲裁程序启动之后，仲裁最终裁决做出之前，当事方若对仲裁员的独立性和公正性产生合理怀疑，可提出取消其资格或者回避的申请。几乎所有国际投资仲裁规则当中都包含取消仲裁员资格或申请回避的规定。

有关取消仲裁员资格的理由主要包括：（1）仲裁员的国籍。例如，《ICSID公约》第38条、第39条就规定，除经双方协商任命之外，仲裁员不得为争端一方的缔约国国民和其国民是争端一方的缔约国的国民。第57条规定，若根据第38、39条，某一仲裁员无资格在仲裁庭任职，参加仲裁程序的一方可以此为由建议取消该仲裁员的资格。2021年《ICC仲裁规则》也有类似规定。[24]（2）职业操守和职业能力。《ICSID公约》第14条第1款就是有关道德操守、裁决能力和独立性方面的规定。[25]在仲裁庭组成之后，案件终局裁决做出之前，若争端当事方发现某一仲裁员明显缺乏公约规定的品质，那么任何一方可依据《ICSID公约》第57条的规定提出异议。《ICSID公约》第57条规定，一方可以根据明显缺乏14条第1款规定的品质的任何事实，向委员会或仲裁庭建议取消其成员资格。2022年《ICSID仲裁规则》第24条规定，若仲裁员丧失职能，当事人可相关程序提出取消其仲裁员资格的申请。2021年《UNCITRAL仲裁规则》第12条同样规定，如果存在可能对任何仲裁员的公正性或独立性产生有正当理由怀疑的情况，均可要求该仲裁员回

209

避。(3) 违反勤勉尽职的义务。例如，2021年《ICC仲裁规则》第15条第2款规定，仲裁院认为仲裁员在法律上或事实上不能履行仲裁员职责，或者未按照仲裁规则或未在规定期限内履行职责时，可对该仲裁员予以替换。2021年《UNCITRAL仲裁规则》第12条第3款规定，若仲裁员不作为，或者仲裁员因法律上或事实上的原因无法履行其职责，可申请仲裁员回避。2022年《ICSID仲裁规则》第24条同样规定，如果仲裁员不能履行职责，当事人可申请取消其仲裁员的资格。

（二）提出管辖权异议

管辖权异议是缔约国惯用阻止国际投资仲裁庭行使管辖权的一种方式。早期的《ICSID公约》第36条第3款授予秘书长审查仲裁请求的职责，但是这项审查权并未延伸到纠纷的是非曲直和对管辖权范围不确定的案件。事实上，ICSID的秘书长只能拒绝登记争议显然不在"中心"管辖范围内的案件。修订后的第41条增加了第5项，授予被申请人在仲裁庭成立之后的30天内或至迟在仲裁庭第一次开庭前提出初步反对意见的权利，即可以对没有管辖权的案件提出初步反对意见。《附加便利规则》的第45条相应条款也作了同样的调整。2022年修订的《ICSID仲裁规则》第43条第1款规定，当事方认为争端或任何附属索赔不属于中心的管辖范围，或由于其他原因不属于仲裁庭的管辖范围，可提出初步反对意见。

2021年《UNCITRAL仲裁规则》的第23条同样允许争议双方对仲裁庭管辖权行使抗辩权。其第2款规定，对仲裁庭无管辖权的抗辩，至迟应在答辩书中提出，涉及反请求或为抵消目的而提出请求的，至迟应在对反请求或对为抵消目的而提出的请求的答复中提出。一方当事人已指定或参与指定一名仲裁员，不妨碍其提出此种抗辩。对仲裁庭超出其职权范围的抗辩，应在所指称的超出仲裁庭职权范围的事项在仲裁程序期间出现后尽快提出。仲裁庭认为延迟是正当的，可在上述任一种情形中准许延迟提出抗辩。

（三）申请撤销裁决

尽管仲裁实行的是一裁终局，没有上诉机制提供救济渠道，但假若终局裁决做出之后，争端当事方缔约国发现仲裁庭的裁决失当，那么它还可以尝试启动撤销程序，申请撤销已做出的仲裁裁决。在确认仲裁裁决是否会被撤销的过程中，撤销机构会对国际投资仲裁裁决的实体或程序问题进行审查。可以说，这一机制是国际投资仲裁机制当中现有的、唯一的对仲裁裁决进行审查和监督的制度。[26]在实践中，国际投资仲裁的撤销机制大致分为两类。

一类是ICSID仲裁撤销机制。依据《ICSID公约》第52条第1款规定，缔约国可基于5种理由申请撤销仲裁裁决。[27]依据上述规定，仲裁庭若是存在严重依赖先前裁决或公法学说而忽视条约文本或国家实践的行为，将有可能构成《ICSID公约》第52条第1款第2项规定的仲裁庭越权行为。除此之外，如果仲裁庭在解释和适用法律时，没能陈述任何理由，也可能构成第5项规定的可提出撤销仲裁裁决的情形。[28]需要指出的是，ICSID的仲裁裁决撤销实践表明，专门委员会在适用第52条第1款规定时存在不同的立场，[29]加之《ICSID公约》第52条并未将适用法律错误作为可撤销裁决的理由，缔约国的主张是否可以获得专门委员会的支持仍不得而知。

另一类则是一般国际商事仲裁撤销制度。商事仲裁机构的仲裁规则通常对仲裁裁决的撤销不做规定。1958年《纽约公约》第5条第1款第5项规定，外国裁决得由裁决地所作国或裁决所依据法律的国家的主管机关撤销。据此，依ICSID之外的仲裁规则做出的裁决撤销将交由各国国内法决定。因此，与ICSID仲裁撤销机制相比，一般国际商事仲裁撤销理由呈多样化，宽严尺度的掌握也远未一致。比如，国际社会普遍反对以实体问题为由撤销仲裁裁决，但仍有一些国家保留了以实体问题为由撤销仲裁裁决的立法及实践。[30]除此之外，各国立法一般均认可以程序性事项为由撤销仲裁裁决。比如，法国于2011年公布的第2011-48号仲裁改革法令第1520条规定，国际裁决在五种情形下可被撤销[31]，其中第1项为：仲裁庭错误地维持了管辖权或错误地拒绝行使管辖权，第3项为：仲裁庭的决定不符合其权限。这两项是各国普遍认可的理由。[32]因此，如果国际投资仲裁庭存在利用条约解释，不当地扩张其管辖权，或明显地依据先前案例而无视国家实践做出解释的情况，缔约国可以依据仲裁庭越权或其决定不符合其权限为由主张撤销裁决。可见，根据各国的通行立法，当事国可以享受"双重防线"的保护：先向裁决做出地国法院或裁决所依据法律的国家的法院申请仲裁撤销；若不奏效，还可以转而向裁决执行地法院申请不予执行。[33]

（四）拒绝承认与执行裁决

前文已提及，国际社会并不支持以实体问题为由撤销仲裁裁决，因此，撤销裁决程序不奏效之后，缔约国还可以通过拒绝承认与执行裁决的方式来制约国际投资仲裁庭滥用解释权的行为。《ICSID公约》和其他国际性法律文件都允许缔约国在特定情况下拒绝承认与执行裁决。以《ICSID公约》为例。虽然ICSID自带一套完整的仲裁裁决的承认与执行机制，但《ICSID公约》第54条在要求缔约国应承认依照公约所做出的裁决具有约束力并履行相关金钱义务的同时，也规定了裁决的执行应受被要求在其领土内执行的国家关于执行判决的现行法律的支配。不仅如此，其第55条还规定，第54条的任何规定都不能被解释为对任何缔约国有关该国或任何外国执行豁免的现行法律效力的减损。依照这一规定，国内法规定的国家豁免可以阻止在本国强制执行仲裁裁决。[34]需要指出的是，缔约国拒绝承认执行裁决会对败诉国的国际声誉造成一定影响，并可能引发投资者母国行使外交保护，故除前述理由之外，这一方式应慎用。

（五）单方退出或废除条约

第三章提及已有部分国家，如玻利维亚和厄瓜多尔，退出《ICSID公约》并废除部分对外缔结IIA。2020年，实际终止的42项IIA中，有10项为单方面终止。[35]单方终止条约最为积极的国家当数印度。自2016年起，至2022

年7月20日止，印度对外缔结的86个IIA中，有76个已经终止。[36]但从目前的实践来看，单方退出IIA并非缔约国的最佳选择，原因有三：一则缔约国的授权收益可能全部丧失，并引发国际信誉危机；二则缔约国不见得可以全身而退，因为IIA通常包含条约终止后仍在一定时期内有效的条款；三则缔约国重新缔约的成本可能会提高。比如，厄瓜多尔在宣布退出《ICSID公约》之后，又于2021年6月1日重新加入。[37]可以说，终止IIA虽然是一种一劳永逸的做法，但其效果不能立竿见影，缔约国仍需要寻求其他途径来应对迫在眉睫的危机。

第三节　现有针对仲裁庭条约解释权实施的制约措施

依照前面的分析来看，针对国际投资仲裁庭管辖权实施的制约措施实质上是对国际投资仲裁庭权力行使范围的限定。换言之，它是针对仲裁庭的第一种条约解释权来源（缔约国有意识地授予）作出的制约，而未涉及后两种来源（条约所包含的仲裁庭必须澄清其含义的法律术语，以及缔约国的默许）。因而，在国际投资仲裁庭管辖权实施的制约措施中，除了完全排除管辖权的做法之外，其他做法对仲裁庭条约解释权的制约效果相当有限。在晚近各国普遍接受国际投资仲裁管辖的情况下，如何专门针对条约解释权的后两种来源实施制约就成为缔约国不得不面临的一个问题。理论上，针对仲裁庭条约解释权的制约机制包括缔约国直接控制、其他解释主体之间的权力制衡、仲裁机制的内部制约，甚至社会公众监督等方面，囿于篇幅，本节仅探讨前两个方面。此外，由于共同决策困境的存在，在实践中，对仲裁庭条约解释权的制约更多地是由单个缔约国实施。针对这一问题，除了在缔约时对缔约国单方解释的效力作出制度性安排之外，缔约国还需要注重自身单方解释说服力的塑造。为避免赘述，本部分将集中探讨缔约时的制度性安排，而把缔约国单方解释说服力的塑造放在第六章中结合中国的实践予以论述。

一、限制或缩小条约实体规则的解释空间

前文的分析已经表明，IIA形式理性的不足给予国际投资仲裁庭在解释IIA时巨大的自由裁量空间。因而，提升IIA的"自足"程度同样是制约国际投资仲裁庭条约解释权的一个重要方面。实践中，这可以分为以下三种方式：

（一）澄清核心条款的措辞

第二章已指出，IIA在形式理性方面存在的不足会扩大国际投资仲裁庭裁量权的行使空间。因而，IIA条款精确度的提升将会在一定程度上限制仲裁庭在条约解释方面的自由裁量空间。针对这一问题，不少国家在缔结条约时会强调条款措辞的精确度，特别是会采取各种方法进一步澄清核心条款的措辞。

仍以"投资"这一定义为例，晚近不少IIA对"投资"采用更为严谨的概念。例如，部分IIA采用了"任何种类的资产，包括但不限于的"这种宽泛的措辞。这种界定方式过于抽象、笼统，并没有提供一个具体的认定标准，因而条约具体适用的投资只能交由国际投资仲裁庭来确认。针对这一问题，部分国家对外缔结的IIA作了相应调整，没有采用前述的宽泛措辞，而是细化了条约所涵盖的投资类型，采用一个清单的方式明确地列举出IIA所适用投资的具体形式，同时在已列出的投资财产的基础上明确地排除某些不受保护的资产类型，[38]这以NAFTA为典型。[39]从涵盖的投资范围来看，这两种方法的实质差异并不大，但两者在制约国际投资仲裁庭的解释自由裁量空间的效果方面却大相径庭。详言之，在前一种方式当中，适用IIA的具体投资范围有待国际投资仲裁庭来进一步确认；而在后一种方式中，缔约国已列明构成投资定义的各项资产，仲裁庭只能依据清单的内容作出认定，相比较而言，其自由裁量空间会受到更大的限制。即便IIA倾向于扩大受保护投资的范围，这个选择也是由缔约国事先安排而非仲裁庭事后做出的。

总之，在晚近的缔约实践中，缔约国也逐渐意识到，过于宽泛的IIA条

款给了国际投资仲裁庭在解释方面太多的自由裁量空间,因而,在缔约时也会注意提高IIA条款的精确度。除了定义之外,在投资者、征收、公平与公正待遇、国民待遇、最惠国待遇等IIA的核心条款方面,都作了较为细致的规定。

(二)对某些特定条款的解释做出明确的限制

为了协调东道国与外国投资者之间的利益关系,解决缔约国所承担的投资条约义务与非投资条约义务之间的冲突问题,避免国际投资仲裁庭在裁决时出现罔顾东道国的公共利益的问题,不少IIA针对一些重要的公共利益作出了例外规定。[40]这些例外条款并没有完全排除国际投资仲裁庭的管辖权,而是强调国际投资仲裁庭在解释IIA时必须关注东道国政府所承担的维护公共利益以及其他非投资的条约义务。例如,1998年毛里求斯和瑞士BIT第11条规定,协定中的任何条款不得解释为阻止缔约任何一方为了人类健康、公共安全或防止动植物疾病而采取任何必要措施。2007年加拿大与秘鲁BIT第10条的一般例外条款也采取此类规定。[41]这些条款虽然没有完全排除国际投资仲裁庭对这些事项的管辖权,但均不约而同地采用"不得解释为"(nothing in this Agreement shall be construed to)的措辞,据此,国际投资仲裁庭在解释相关条款时须注意与这些例外条款规定保持一致。此外,2009年比利时与多哥BIT第11条第3款规定,缔约国重申它们所缔结的国际环境条约所做出的承诺。这一规定意味着仲裁庭在解释IIA时必须兼顾相关国际环境条约的规定,与其保持一致。无疑,上述规定可在一定程度上避免其解释过度偏袒外国投资者,也可减少在这一事项上作出不一致的裁决。

(三)强调东道国国内法的适用

有的IIA在界定投资定义的同时还规定了"符合东道国法律"的要求。例如,1990年土耳其与巴基斯坦BIT第1条第2款规定,投资应该包括符合东道国法律法规的所有形式的资产。1997年德国与菲律宾BIT第1条第1款规定,投资是指被东道国法律法规接受的任何形式的资产。在定义条款时规定"符合东道国法律"要求是对投资定义和范围的进一步明确,即受到保护的适格投资必须符合东道国的国内法。[42]在 Anderson v. Costa Rica 案中,仲裁庭指出,加拿大和克罗地亚 BIT 的投资定义条款专门纳入"符合东道国法律"的规定,即意味着条约强调缔约另一方投资者作出投资合法性的重要性,并希望投资应严格依照国内法做出。[43]一些 IIA 还进一步规定,IIA 所保护的投资必须获得东道国相关主管机构的批准。[44]例如,2009 年东南亚联盟全面投资协定第 4 条规定,对于成员国而言,条约所涵盖的投资是指在协定生效前缔约任何一方的投资者在其领土内的投资,或依照该国当时可适用的法律、规章或国内政策设立、获得、扩大和承认的,特别是经东道国主管机关正式书面批准的投资。据此,仲裁庭在解释 IIA 的投资定义时须结合东道国的国内相关法律,这也意味着在 IIA 的适用范围方面,东道国可通过国内法来施加一些限定。

在实践中,如何确定外国投资者与东道国的权利义务内容和范围的问题,往往需要结合东道国的法律制度、IIA 和其他的国际法规则方能加以判断。[45]然而,在传统的国际法观念中,国内法通常被视为确认东道国是否履行相应国际义务的"事实问题"。[46]这意味着在解决投资争端时,若无特别规定,仲裁庭会将东道国的国内法排除在所适用的法律范围之外,而仅适用 IIA 和国际法一般原则作出裁决。针对这一问题,不少国家在 IIA 中对国际投资争端解决过程中所适用的法律作出明确的规定,将东道国国内法纳入其中。比如,阿根廷与西班牙 BIT 第 10 条第 5 款规定,投资争议应该按照本协定约定、投资者与东道国政府签订的协定约定、在其境内进行投资的缔约国的法律(含冲突法)以及国际法一般原则来裁决。塞内加尔的 BIT 范本[47]、2009 年捷克分别与格鲁吉亚和土耳其缔结的 BIT 也有类似规定[48]。1991 年荷兰与捷克 BIT 更是将缔约国国内法列于 BIT 及相关国际法之前,其第 8 条第 6 款规定,仲裁庭应在依法作出裁决,特别是考虑但不限于:有关缔约方的现行法律；本协定的规定，以及缔约双方之间的其他相关协定；与投资有关的特别协议的规定；国际法的一般原则。

这种包含国内法和国际法的复合法律适用结构，并非允许缔约国以国内法来规避条约义务，而是利用缔约国的国内法来进一步解释和明确IIA的适用和保护范围。在国内法与国际法的相互作用之下，促使仲裁庭在适用和解释条约进行裁决的过程中，考虑投资设立的缔约国国内法的相关规定，进而限制仲裁庭在法律适用与解释方面的自由裁量空间。正是由于BIT专门就国际投资仲裁的准据法适用作出明确规定，在Maffezini v. Spain案仲裁庭直接适用西班牙的环境保护法作出裁定。[49]

二、其他有权解释主体实施的制约

无疑，国际投资仲裁庭仅是IIA"条约解释共同体"中的一员，这意味着其他解释主体的权力行使可以对国际投资仲裁庭的条约解释权产生制衡的效果。尽管如此，这种制衡在实践中常常是失效的。鉴于此，需预先设置一些制度性安排以提高其他有权解释主体的作用。

（一）缔约国全体实施的制约

毋庸置疑，缔约国全体做出的解释是有权解释，理应对所有国际投资仲裁庭有约束力，但是，在发生争议时，由于缔约国中的一方同时也是争端当事一方，其解释能否被采纳仍取决于仲裁庭。为此，不少IIA明确规定，缔约国可以就条约的解释问题联合做出裁定，且其解释对国际投资仲裁庭有约束力。这种规定明确了条约解释剩余权力的归属，即这一权力由缔约国全体行使，国际投资仲裁庭仅在缔约国全体无法行使之情况下方能行使。一旦缔约国全体对条约共同做出解释，其效力等同于条约文本本身，仲裁庭在裁判案件时必须一并考虑。就现有的实践而言，有关缔约国全体实施的制约机制主要涉及以下三方面：

第一，提高缔约国之间共同决策的意愿。实践当中，为了解决缔约国共同决策的问题，部分IIA规定了专门的"磋商"程序。这以荷兰对外缔结的BIT为典型。例如，1988年的乌拉圭和荷兰BIT第12条就规定，就与条约有关的任何问题，缔约任一方均可提起磋商，缔约另一方应予以认真考虑，并为磋商的展开给予充分的机会。[50]把磋商程序提升为一项刚性的义务，有助于减少投资者母国怠于行使其解释权的行为。

第二，明确缔约国全体的解释对国际投资仲裁庭有约束力，并强调仲裁庭应该依照这一解释做出裁决。不少条约只是明确缔约国联合做出解释对国际投资仲裁庭有约束力，而没有对具体的程序作进一步的规定。例如，2009年加拿大和捷克的BIT第10条第6款规定，一项由缔约方就条约解释达成的协定对国际投资仲裁庭有约束力。部分条约则在此基础上明确地将缔约国之间就条约解释达成协定纳入仲裁庭所适用的法律范围。例如，1991年的荷兰与捷克斯洛伐克BIT第8条第6款规定："仲裁庭应当依法作出裁决，考虑的法律应特别包括但不限于：（1）相关缔约国已生效的法律；（2）本协定的条款以及缔约国之间缔结的其他协定；（3）与投资有关的专门协定条款；（4）国际法的一般原则。"依据这一条款，在CME v. Czech案中，仲裁庭采纳荷兰及捷克斯洛伐克联合做出的解释来支持其裁决。[51]在IIA中明确规定缔约国全体的解释对仲裁庭有约束力，可以提高这一解释被仲裁庭采纳的可能性。更为重要的是，一旦仲裁庭拒绝采纳这一解释，缔约国还可以仲裁庭明显越权为由主张撤销裁决。

第三，明确缔约国全体行使条约解释权的程序和规则。尽管前述安排强调缔约国全体做出的解释对仲裁庭有约束力，但还是没能解决在个案审理当中，缔约国全体做出的解释是否对个案仲裁庭有约束力的问题。针对这一问题，晚近有一些IIA引入一种"退回"机制，即在启动仲裁程序之后，若存在条约解释的问题，这一问题须退回缔约国裁定。这一机制明确规定缔约国享有绝对优于国际投资仲裁庭的解释权，即便在案件审理过程中，缔约国就特定事项或条款做出的解释对仲裁庭仍然有约束力。[52]从效果来看，这一机制与前述缔约国主管机构联合审查的前置程序相似，但在制度设计方面，两者是不同的。一个是在仲裁程序已经启动之后，将有关条约解释的问题退回缔约国全体处理；另一个则是仲裁程序启动之前的一个必经程序，且裁判的事由并不限于条约解释事项。

2008年的美国与卢旺达BIT即采用了此类"退回"机制，其第31条规定，被申请国就其违反条约的措施属于附录1、2和3范围内的事项而援引不符措施条款主张抗辩时，仲裁庭应被申请国的请求，要求缔约国共同就此做出解释。缔约国应在请求提交后的60天内就相关解释问题做出联合裁决。由缔约方共同做出的解释应对仲裁庭有约束力，仲裁庭所作的任何决定或裁决应与该联合裁定一致。如果缔约国在60天内无法作出裁决，那么，仲裁庭可就此事项作出裁决。[53]还有一些IIA，如2007年哥伦比亚与秘鲁BIT第25条甚至规定，仲裁庭在作出裁决之前，经争端一方的申请，应当将裁决的草案提交争端当事方以及非当事缔约方。在收到草案之日起60日内，争端当事方可向仲裁庭提交书面意见。仲裁庭应对评议意见予以考虑，并在60天的评议期届满后的45天内作出正式裁决。在部分美国对外缔结的FTA中，如2003年美国与智利的FTA第10.19条第9款，也有类似规定。[54]

（二）专门解释机构实施的制约

在实践当中，缔约国之间临时性的解释行动常常会面临共同决策困境，故常设的"专门解释机构"就成了一些国家的选择。它作为一种常设机构，一方面可以持续地跟进条约的发展，随着情势之发展做出相应调整，以保持条约与社会发展的同步；另一方面有助于保持决策的稳定性和一贯性。

第一章提及的NAFTA框架下由美国、加拿大和墨西哥三方共同创设的FTC就是典例。依据NAFTA第1131条第2款规定，FTC就条约条款所作解释应对仲裁庭有约束力。类似的规定在2007年智利与韩国的FTA第10.36条亦有所体现：违反条约的措施属于附录1、附录2范围内的事项而被申请国援引不符措施条款主张抗辩时，仲裁庭应根据申请国的请求，要求委员会就此事项做出解释；委员会应在请求提交后的60天内就相关解释问题做出裁决，且委员会所作解释应对仲裁庭有约束力。如果委员会在60天内无法做出裁决，那么，仲裁庭可就此事项做出裁决。

(三) 国家-国家争端解决机构实施的制约

绝大多数的IIA都包含国家之间的争端解决条款，以便解决缔约国之间因条约在解释和适用方面产生的争议问题。例如，2001年加拿大与克罗地亚BIT第13条规定，若缔约双方就对协定的解释或适用存在争议，任何一方均可请求就此问题进行协商，缔约另一方应给予认真考虑。若可能，缔约双方应当通过协商友好解决争议。如果无法通过磋商途径解决争议，那么，根据缔约任何一方的要求，争议可提交仲裁庭解决。

第一章的探讨表明，国家之间争端解决机制多是处理缔约国之间就条约的解释和适用有关的争端。如果国际投资仲裁庭所做出的解释失之偏颇，而缔约国之间又无法就条约的解释或修改达成一致，那么，缔约国任何一方可针对这一条款的解释问题启动国家之间争端解决机制。然而，在国家之间争端解决机制与国际投资仲裁机制之间的关系方面，现有IIA常常语焉不详，以至于国家之间争端解决机制对条约解释和适用做出的裁决对国际投资仲裁庭的效力待定。但这种情况仅限于正在审理中的个案。换言之，尽管国家之间争端解决机构的裁决不能修改已做出的国际投资仲裁裁决的结果，也不能影响正在进行的案件审理，但它可以纠正国际投资仲裁庭对条约所做出解释，并对未来仲裁庭产生约束。因此，在现有的规定下，缔约国可以通过三种途径利用国家之间的争端解决机制来对国际投资仲裁庭实施制约。第一种途径是在争端解决之前，即缔约之后及具体投资争端发生之前启动，此时因投资争议尚未发生，国家-国家争端解决机构做出的裁决将对缔约国双方产生拘束力，从而构成国家的嗣后实践而对潜在的国际投资仲裁庭产生拘束力；第二种途径则是在争端发生之时，此时，国家-国家争端解决机构做出的裁决仅对缔约国双方有约束力，其对个案审理的仲裁庭是否有约束力，取决于国际投资仲裁庭是否将其认定为国家的嗣后实践;[55]第三种是在争端发生之后,此时,虽然有关条约解释和适用问题的裁决不能修改国际投资仲裁庭的裁决,但可以对未来的国际投资仲裁庭产生影响。

三、缔约国单方实施的制约

前文已指出,实践中对国际投资仲裁庭的条约解释权实施制约主要是由缔约国单方完成的,但缔约国单方解释并不具有约束力。针对这一问题,缔约国通常会在缔约时事先设置一些制度性的安排,以确保缔约国单方解释的有效性。

(一)保留东道国对特定事项的单方自行解释权

在实践当中,在某些特殊的事项方面,例如国家安全或根本安全利益事项,不少国家会保留单方做出解释的权力。这一行为主要通过"自我判断条款"(self-judging clause)来实现,这是一种包含自行判断要素的条款,通常包含着"其确定"(it determines)或者"其认为"(it considers)的表述。[56]例如,NAFTA第2102条第1款规定:"本协定不得解释为(1)要求缔约方提供或允许获取其确定一旦披露将违背其根本安全利益的任何信息;或(2)阻止缔约一方为履行保护本国根本安全利益而采取其认为必要的措施"。[57]依据上述条款,一旦面临危及本国根本国家安全利益或国际和平与安全的情势时,东道国可根据情势自行判断并采取应对措施。例如,在Sempra v. Argentina案中,仲裁庭虽然裁定美国与阿根廷BIT的第11条不属于自我判断条款,但同时也指出,若条约规定的是自我判断条款,那么,仲裁庭对缔约国所采取的措施将是善意审查而无需实质审查。[58]换言之,在条款所规定的情势下,缔约方是决定是否采取以及采取何种措施的唯一法官。[59]毕竟,在某些直接关系到一国的主权和重大利益的事项上,缔约国很难同意交由第三者甚至缔约国全体来审查或决定。即便缔约国愿意,紧急情势是否存在,是否会危及国家之安全也只有当事国自己才最清楚,置身事外的第三方在事后所作的任何判断都无法取代当事国在当时的判断和决策。需要指出的是,虽然缔约国在条约中明确地将这些事项的判定权和解释权保留给自己,但这并不意味着其不受仲裁庭约束。在发生投资争议时,仲裁庭仍然对案件享有管辖权,换言之,它可以依善意原则来审查东道国的行为,[60]因为条款仅保留缔约国单方自行判断和解释的权力,却没有将仲裁庭的管辖权排除在外。[61]

(二)允许非争端当事方缔约国提交解释性意见

晚近对国际投资仲裁机制的改革建议与各国的实践均在关注投资仲裁程序的透明化以及各方更多参与的问题。其中一个重要内容就是,允许非争端一方缔约国作为第三方参与到仲裁程序当中。例如,2005年美国与乌拉圭BIT的第28条第2款规定,非争议一方缔约国可就条约的解释问题向国际投资仲裁庭提交口头或书面的陈述书。2004年加拿大的BIT范本第35条第2款规定,不管是否提交书面意见,非争议一方缔约国作为第三方均有权参与仲裁程序。第39条规定,仲裁庭有权决定是否接受第三方提交的法庭之友陈述书的自由裁量权。2006年修订的《ICSID仲裁规则》第32条规定,在口头辩论阶段,除非当事方反对,否则经过与ICSID秘书长协商后,仲裁庭即可允许第三方参与审理。第37条规定,ICSID仲裁庭享有接受第三方提交的法庭之友陈述书的自由裁量权以及接受此类陈述书的条件及程序。

在这一程序中,非争端当事方缔约国所提交的建议只能与条约条款的解释问题有关。也因此,这一制度的一个重要作用在于它为缔约国提供了一个形成有关条约解释嗣后国家实践的平台。原因在于,争端当事方缔约国必然会对条约做出解释,而当非争端当事方缔约国参与其中后,必要时它们会就条约解释直接陈述自己的观点,确认它们的条约解释利益。若缔约国各方在具体条款的解释方面达成一致,则双方对条约做出的解释很可能构成嗣后协议。

（三）要求国际投资仲裁庭为其裁决提供理由

要求仲裁庭公开其做出裁决的理由可减少条约解释失范的可能。虽然《ICSID公约》及一些仲裁机构的仲裁规则对此已作出规定，但缔约国仍然可以通过IIA加以重申。这方面的实践以印度为典型，其对外缔结的条约当中通常都包含此类条款。例如，1996年的印度与英国BIT第9条第3款第3项规定，仲裁庭应陈述其裁决的依据，并应当事任何一方的要求说明理由。据此，一旦仲裁庭没能应当事方的要求说明裁决理由，缔约国还可以此为由主张撤销裁决。

第四节 常设性制约机制的制度构建

尽管在制约国际投资仲裁庭的条约解释权方面，缔约国可从多途径实施其"控权"计划，但实践已表明，现有制约措施的效果相当有限，其中一个关键的问题在于多数情况下，这些措施的实施都是由缔约国完成，而在争端发生当时，缔约国全体很难就此达成一致。因此，提高缔约国全体条约解释权的行使已成为当务之急。那么，如何消除"共同决策"难题，提高相关制约机制的有效性？或者在缔约国全体无法行使条约解释权时，如何通过其他有权解释主体的制衡来约束国际投资仲裁庭的权力行使？此外，本章第一节曾指出，时间因素对国际投资仲裁庭条约解释权的制约机制的有效性会产生重要影响。即便缔约国全体或者其他解释机构已经就IIA做出解释，但在案件发生当时，这些解释的有效性仍取决于国际投资仲裁庭是否接受。有鉴于此，常设性的制度安排就成为必要。制约措施的制度化可在事前明确相关解释主体与国际投资仲裁庭的关系，特别是案件发生时两者的关系。一方面，这有助于保护投资者合理期待，另一方面，它可提高相关解释主体对仲裁庭实施制约的有效性。对此，不少国家和学者也提出了相应对策，其中最具代表性的当数先决裁判制度的构建。

需要注意的是，有关国际投资仲裁机制的改革问题，国际社会一直在寻求各种方案，包括上诉机构或常设投资法院的构建等。[62]在寻求国际投资仲裁庭的长效性制约机制的构建方案的过程中，欧洲法院的先决裁判制度（Preliminary Rulings）也开始进入人们的视野。一些学者注意到这个先决裁判制度在欧盟法律的统一适用方面发挥着不可忽视的作用，据此主张应在IIA法律体制内构建类似的制度。例如，克里斯托夫·施罗伊尔认为，IIA法律体制可以借鉴欧洲法院的做法，建立先决裁判制度，由一个常设、统一的机构来专门处理IIA的解释问题，这样可以弥补不同仲裁庭做出不同或相互矛盾的解释的缺陷，从而提升IIA解释的一致性。[63]在UNCITRAL第三工作组研究报告同样指出，先决裁判制度可以作为上诉机制的替代办法或补充办法，纳入当前国际投资仲裁机制改革议题的讨论。[64]

与上诉机制和常设投资法院相比，先决裁判制度是专门针对条约解释问题而设计的方案，就本书论及主题而言，更具有针对性，[65]故本部分将围绕这一制度展开探讨。比如，这一方案是否合理和可行呢？需要注意的是，包括中国在内的一些国家的IIA实践中也出现了类似做法，但在具体制度安排方面与先决裁判制度有所差异，未来缔约实践是否需要参考这一制度加以调整？这个问题的回答对中国未来的实践有重要意义。有关这部分的内容将在第六章结合中国的实践进行探讨，本部分仅就多边层面的先决裁判制度展开探讨。

一、欧洲法院的先决裁判制度的主要内容

在展开讨论之前，有必要对欧洲法院的先决裁判制度进行一个大致的了解。先决裁判制度是欧盟为确保欧盟法的统一适用而安排的最为重要的制度设计。[66]其主要内容是：欧盟成员国的国内法院在审理涉及欧盟法律问题的案件时，可以就欧盟法律问题请求欧洲法院做出解释（并非就本案做出判决），在欧洲法院依其请求以裁决形式做出解释后，成员国法院再根据这一

解释对案件进行裁判。可见，先决裁判制度实质上是一种法律解释的制度。正是这一制度使得欧洲法院具有了宪法法院的性质，其主要使命就是通过与成员国法院之间持续的对话实现欧盟相关条约的统一解释。[67]

把先决裁判制度移植到国际投资仲裁机制当中，就是在仲裁程序当中设置一个中间程序，也即国际投资仲裁庭在适用IIA时如遇到重要问题，则中止正在进行的案件审理，将这一问题提交给一个常设的国际法庭裁判，经这个国际法庭做出裁决之后，国际投资仲裁庭再依据这一裁决审理案件并作出裁判。仲裁庭在案件审理过程中遇到的重要问题仅限于有关条约适用和解释的问题，如仲裁庭意欲背离先前仲裁庭的裁决或者先前裁决当中存在冲突或矛盾。[68]

二、先决裁判制度在国际投资仲裁机制中的可适用性

将先决裁判制度移植到国际投资仲裁机制当中，在条约解释方面将发挥哪些作用？是否存在客观上和法律上的制度性障碍？

（一）先决裁判制度的作用

就本书论及的内容而言，这一制度至少可发挥三个作用：

其一，有效制约国际投资仲裁庭条约解释权的行使。先决裁判制度的引入将会形成这样一个制度：仲裁庭在审理案件过程中，如果遇到有关条约解释的问题，必须中止案件的审理程序，并将这一问题提交给一个旨在解决这一问题的国际法庭，直至这一国际法庭做出裁决，才能依据这一裁决进一步审理案件。这意味着缔约国通过明示授权的方式将条约的解释权授予独立于仲裁庭之外的国际法庭。更为重要的是，对先决问题的处理是在个案审理当中，并由仲裁庭主动提出。这种事先做出的制度性安排，可避免由缔约国直接介入在审案件而引发的"争端解决政治化"质疑。此外，它还明确其裁决对个案仲裁庭有约束力，强调仲裁庭的裁决须依照国际法庭的裁决作出。这将在一定程度上缩小仲裁庭行使条约解释权的自由裁量空间。

其二，促进投资条约解释的一致性和连贯性。先决裁判制度把条约解释作为一个先决问题交由一个统一的、常设性的国际法庭处理，这在很大程度上可保证解释的一致性和连贯性。通过将条约解释问题从案件审理的程序中单独提取出来并加以制度化，并在仲裁庭做出裁决之前统一处理，在事前就可避免不同仲裁庭对IIA的条款做出不同甚至矛盾的解释。此外，先决裁判制度还具有明显的教育功能。在就IIA解释问题作出裁决的同时，国际法庭必然会对IIA的核心条款形成一种共识。然后，通过与国际仲裁庭的对话，将这种共识传递到个案仲裁当中。相应地，对先决裁判制度的实施能够引起国际法庭对IIA具体适用问题的关注，这将会影响和促进IIA的发展，甚至可能为多边投资条约的形成提供理念和实践的支撑，这一作用已在欧洲一体化进程中彰显。对于屡屡做出不同甚至相互矛盾解释的投资仲裁机制而言，先决裁判制度有着重要的启示作用。

其三，可在一定程度上解决缔约国的共同决策难题。国际投资仲裁庭条约解释失范的一个重要原因就是作为委托人的缔约国全体在行使其条约解释权时遭遇"共同决策困境"导致的控制失效，而共同决策问题又多是投资者的母国怠于行使其解释权所导致的。先决裁判制度把缔约国在条约解释方面的利益与其在具体投资争议当中的利益相分离，使得缔约国不得不跳脱个案争议中的利益纠葛来关注其在条约解释方面的利益。详言之，先决裁判制度的一个最明显特征就是先决问题只能由正在审理案件的国际投资仲裁庭提交，而不是由争端当事方的缔约国提交。一旦先决裁判制度被引入国际投资仲裁机制，将意味着国际投资仲裁庭才是先决裁判程序启动的适格主体，单个缔约国、缔约国全体均不具有这一资格。更为重要的是，做出裁决的国际法庭同样是一个独立于缔约国的、中立的第三方裁判机构，其裁决对国际投资仲裁庭有拘束力。除了授权目的不同之外，其授权模式几乎与国际投资仲裁庭相似，也就意味着它是缔约国全体的受托人，缔约国很难直接实施控制。特别需要指出的是，在投资者与国家之间的争端解决程序当中，仲裁程序的启动权已经不在国家手上,而在先决裁判制度当中,启动条约解释争议争端解决程序的决定权也将交由国际投资仲裁庭行使——这是先决裁判制度有别于传统的国家之间争端解决机制的地方。因此,将先决裁判制度引入国际投资仲裁机制,即意味着无论在投资争议的仲裁程序启动还是在条约解释争议的争端解决程序启动方面,国家均失去了直接的控制权。此外,国际法庭做出的裁决虽然是针对个案,但这一裁决是针对条约解释争议而并不涉及具体案件的实体内容;加上国际法庭是一个常设性的解释机构,其影响的效果绝不可能仅局限于个案,而是极有可能会对后续案件产生普遍的影响。缔约国如果想扭转这一局面,唯一的途径就是联合起来行使其条约解释权。例如在缔约时就考虑提高条约条款的精细度,或者在条约实施过程中随时关注其动态,必要时联合对条约做出解释,或者通过相关的专门解释机构做出解释。换言之,这一机制可以迫使东道国母国主动行使其解释权,提高缔约国在条约解释问题上联合行动的意愿。从这个角度来看,这一制度可在一定程度上解决缔约国之间的共同决策问题。

(二)先决裁判制度的可行性考察

从先决裁判制度的作用来看,先决裁判制度是值得尝试的一种制度。那么,这一方案是否可行呢?毕竟,这一制度需要构建一个凌驾于国际投资仲裁庭的常设性机构,考虑到《ICSID公约》的影响力,如果在ICSID框架下构建一个常设性机构,是否会面临修改《ICSID公约》的难题呢?

与上诉机构不同,先决裁判制度所关注的是条约的解释和适用问题。就法律性质而言,先决裁判并不是一个独立的法律程序,而仅是某一主诉案件的一个中间程序。换言之,作为一种非诉讼程序,相较于直接诉讼而言,先决裁判扮演的是一种补充性质的角色。[69]国际投资仲裁庭对相关主诉案件的整个裁判程序享有完全的管辖权,并最终对案件做出裁决,而国际法庭则仅是专司条约解释的特殊法庭,在IIA的解释争议方面享有独占的管辖权。从裁决效力来看,国际法庭做出的裁决不是直接对案件的当事方发生法律效力，而只是通过解释IIA，对国际投资仲裁庭正在审理的案件具有指导性的作用，从而间接地对当事方产生法律效力。可以说，国际法庭并不是国际投资仲裁庭的上诉法院，而是给它们提供帮助的特殊法院。与上诉机制的事后补救不同，先决裁判制度所采取的是一种事前杜绝的策略，在仲裁庭进行裁判之前，就把条约的适用和解释可能存在的冲突或矛盾消除。因此，这一制度并没有违反《ICSID公约》第53条不得采取任何上诉措施或任何公约规定以外的补救办法的规定，也就无须面对修改《ICSID公约》的难题。

此外，先决裁判制度是建立在国际投资仲裁庭与国际法庭分工合作的基础之上的。详言之，该制度的运转始于国际投资仲裁庭受理的投资争端案件所引发的条约解释与适用这一先决问题，然后运转至国际法庭进行裁决，又终于国际投资仲裁庭运用该裁决来处理具体投资争端案件。这种"从裁判者到裁判者"的混合程序蕴涵着两个裁判机构之间复杂的权力分工与运作机制，国际法庭所承担的工作量将仅限于条约解释这一部分。因而，它权限也比上诉机构小得多，上诉机构所要审查的范围包括程序和实体事项。不仅如此，并非所有的案件都存在条约解释争议而需启动先决裁判程序。

退一步而言，即便真是如此，这种情况也会随着实践的推进而有所改善。毕竟，一旦先决裁判程序启动，国际法庭会不断地对IIA解释争议作出裁决，与此同时，缔约国全体也会提升其条约解释权行使的频率；而上诉机制则不同，败诉一方通常都会考虑通过复审获得胜诉的机会，毕竟，缔约国的一方需要维护自己的施政空间，而外国投资者一方则可获得巨额的赔偿。更为关键的是，先决裁判制度可以产生累积效应。尽管IIA在具体条款的规定方面存在差异，且条款多是宽泛的，对其做出解释难度不小，但是它们整体结构基本相同，核心条款也日益趋同。假如在ICSID框架下构建一个常设性的多边国际法庭，长期专注于IIA的解释，在解释过程中必然会对IIA的核心条款逐步形成一个基本的认识。不仅如此，依据"一事不二理"的原则，先决裁判只是就条约条款的解释问题作出的裁决，这意味着同一个条约同一个条款的解释争议只能提交一次来解决。从这个意义来看，在提升IIA条款解释的一致性和稳定性方面，这一制度值得探索。

事实上，类似制度已在某些国家的IIA实践当中出现，加拿大2004年BIT范本就是如此。在两类投资争议的解决程序中，它采用了两种类似先决裁判的制度设计。第一种是有关税收定义解释方面的规定。依据其第16条第6款规定，在有关税收争议的案件审理过程中，如果争议双方就引发争议的措施是否属于税收措施产生疑问，可由争端当事方提交缔约各方的税务主管机构联合裁定，其裁决对个案仲裁庭有约束力。已经享有案件管辖权的个案仲裁庭只在收到联合裁定的决定之后才能继续仲裁程序，或者在缔约国各方主管机构无法做出联合裁定的情况下，才能代为行使对该事项的裁决权。在这一规定中，税收定义的解释问题是作为一个先决问题优先处理，但提交的主体是争端当事方而非个案仲裁庭，因而其制度安排与欧盟的先决裁判制度还是存在差异。第二种则是有关审慎措施的投资争议解决。范本第22条规定，在个案审理过程中，如果争端方缔约国援引金融审慎例外或者资金转移例外条款进行抗辩，应争端当事方缔约国的请求，国际投资仲裁庭应就这一例外条款能否以及在何种程度上对投资者的诉请构成有效抗辩向缔约双方寻求关于此问题的书面报告，并只有在收到此报告后方可继续仲裁程序。此种模式下，解决先决问题的是缔约国全体而非常设性的国际法庭。

可以说，上述尝试仅限于对特定国家的特别事项的解释或裁决问题，在具体制度设计上也与真正意义上的先决裁判制度有所差别，但这也意味着，这一制度具有可操作性，被IIA缔约国接受的可能性也比较大。

三、构建先决裁判制度需要考虑的问题

无疑，从前述分析来看，先决裁判制度不失为缔约国应对国际投资仲裁中条约解释问题的一个可行方案。然而，这一制度毕竟是从欧洲一体化进程移植而来的，而国际投资法律体制与欧盟法律体系存在着较大差异，至今尚

未达成多边的IIA，因此，将其引入国际投资仲裁实践中可能会遭遇"水土不服"的问题，所以还需要"量身打造"专属于国际投资仲裁机制的先决裁判制度。针对这一问题，本书认为需重点考虑以下两个方面：[70]

（一）实施模式：专案机制或常设机制

先决裁判制度涉及两个层级的裁判机构，需要在国际投资仲裁庭之上构建一个国际法庭。那么，这个法庭究竟是在专案基础上设立，还是作为一个多边常设机制而设立？

所谓专案机制是指国际法庭的构建是逐案设立的，在每个案件中，由相关有权主体依照条约的规定组建审理条约解释问题的国际法庭。考虑到当前的国际投资法律体制主要是由双边条约组成，在现有的投资争端解决机制框架中组建上一级法庭的模式，也即在专案基础上建立先决裁判机制，是一个比较务实的选择。而且，类似实践也已出现在部分IIA中。不可否认，这种仅关注单个条约解释问题的模式，可在一定程度上提升国际投资仲裁庭对该IIA所作解释的一致性，但这种模式是在单个条约框架下逐案设立的，这意味着同一个缔约国对外缔结的IIA的解释问题将交由不同的国际法庭作出裁决，这些措辞相近甚至相同的条约文本可能得出不同的解释。

因此，若要实现条约解释一致这一目标，多边层面的常设性统一机构将是更优的选择。这一方案为克里斯托夫·施罗伊尔所主张，他认为可以在国际投资仲裁机制当中构建一个常设法庭，甚至无需脱离现行国际投资仲裁的基本架构就可以组建一个多边的、独立的仲裁庭。[71]需要指出的是，迄今为止，除了ICSID之外，尚不存在其他多边性的国际投资争端解决机制，那么，这一制度是在ICSID框架下构建的，还是另起炉灶？

对此，克里斯托夫·施罗伊尔认为，目前另外构建常设性国际投资法庭的可能性不大，在ICSID框架下设立统一的、常设性的国际法庭将是较好的选择。[72]需要指出的是，其实早在《ICSID公约》起草的过程中，有关第64

条（缔约国之间争端解决）的制定就涉及这一议题。[73]《ICSID公约》第64条规定，在缔约国无法通过其他途径解决因条约的解释和适用问题所产生的争议的情况下，可将争议提交ICJ裁判。在处理ICJ与国际投资仲裁庭之间的关系问题上，条约的起草者曾经就这一问题展开过详细的讨论。[74]在这个方案中，ICJ被设计成一个类似于复审或者上诉的机制，可以在私人投资者与东道国之间发生的投资争议的案件审理过程中或者审理完毕后对案件争议中的条约解释问题做出裁判，甚至还可以对国际投资仲裁庭是否超越其管辖权以及是否违反国际法规则做出裁判。如果缔约国启动国家之间的争端解决程序发生在私人投资者与东道国的投资争议案件审理过程当中，那么国际投资仲裁庭需要中止审理，静候ICJ的裁决，并在裁判之后依ICJ裁决行事。如果国家之间争端解决程序的启动是在投资争端案件裁判之后，那么国际投资仲裁庭的裁决可以被修改。

可以说，这个方案是把上诉机制和先决裁判制度合并到一起。由于这一方案被质疑是"外交保护"的变种，[75]与ICSID所追求的投资争端解决"去政治化"的主张相悖，所以最终被放弃。这可从世界银行执行董事会《关于〈ICSID公约〉的报告》（简称《执行董事会报告》）中找到答案。该报告在对《ICSID公约》第64条进行解释时认为，该条授权ICJ解决国家之间有关公约解释和适用的争议。尽管这一条款的措辞采用的是通常用语，但这一条款必须结合公约的上下文作为一个整体解读。特别需要注意的是，这一条款并没有赋予ICJ审查ICSID调解委员会和国际投资仲裁庭做出的裁决或决定的权力；也没有赋予任何一个缔约国就正在进行的国际投资仲裁案件审理当中的法律问题启动国家之间争端解决程序的权力，因为这将会构成对公约第27条不得行使外交保护的规定的违反。这意味着除非争端当事方缔约国怠于履行其国际投资仲裁庭的裁决，否则国家之间的争端解决程序不能介入。[76]

从严格意义上说，《ICSID公约》起草者对有关ICJ和国际投资仲裁庭之间关系的探讨所提及的方案并不完全等同于本部分所探讨的先决裁判制度。

其一，在该方案中，ICJ扮演的更多的是一个上诉机构的角色，而非专司解释之职能的特殊法院，其对条约解释问题的审查范围既包含争端解决过程中有关条约条款解释的争议，也包括投资仲裁庭作出裁决之后争端当事方对仲裁庭所作的条约解释提出的质疑。其二，在该方案当中，启动国家之间有关条约解释与适用方面争议的主体是缔约国，而非国际投资仲裁庭，因而涉及外交保护的问题。ICSID最终放弃了ICJ这一外部制约的方案转而选择了自我约束的方案，即撤销机制。然而，晚近的实践已表明，现行的ICSID内部制约机制是失效的，ICSID也正在谋求构建诸如上诉机制之类的改革方案。在此背景下，提出构建先决裁判制度不仅与最初的方案相契合，还可回避上诉机制所面临的修改《ICSID公约》的难题。

（二）具体的制度设计

需要注意的是，在当前各国有关国际投资仲裁机制的改革方案中，无论是上诉机制还是常设多边法院都涉及两级审裁，即在初级裁判机构之外构建上一级审查机构，此外，二级机构的审查范围不可避免会涉及条约解释问题。[77]但从严格意义上看，这些制度关注的是国际投资仲裁庭的案件管辖权而非条约解释权的行使，为避免先决裁判制度成为变相的"外交保护"而再次引发国际社会的质疑，先决裁判制度的具体制度设计需要与上诉机制加以区分。

1. 先决问题的提交是否是一项强制性的义务？

原则上，启动先决裁判程序应是一项强制性的义务。在欧盟的先决裁判制度中，成员国国内法院请求先决裁判是一项权利，仅在特殊情况下才变成一项强制性的义务。换言之，通常情况下，非终审法院可以自主决定是否启动先决裁判程序，而终审法院如果遇到欧盟法律的解释与适用问题，则必须将其提交欧洲法院做出先决裁判。[78]之所以做出这样的规定，其原因在于，在成员国司法体系当中，上级法院的裁决一般会得到下级法院的遵循，所以确保欧盟法律在所有成员国中得到统一实施的最有效方法就是要求提供最后司法救济的法院向欧洲法院请求先决裁判。但如果这个强制性义务扩展到成员国所有的法院，那么，案件的数量将会剧增，欧洲法院可能会不堪重负。不仅如此，这种做法可能会适得其反，反而导致欧盟法律的统一实施不能实现，因为此时下级法院必须遵循终审法院与欧洲法院分别做出的裁决，两者不一定是一致的。[79]

国际投资仲裁却不存在上述问题。国际投资仲裁均是一裁终局，不存在凌驾于仲裁庭之上的上级法院。虽然IIA的解释体制当中存在不同的解释主体，但是这些主体的运作并不会出现多重解释的情况。因为，国家之间的争端解决程序与国际投资仲裁程序是并行的，国家-国家争端解决机构的裁决对国际投资仲裁庭并不必然具有拘束力。虽然其他专门解释机构做出的解释对国际投资仲裁庭有约束力，但如果就个案审理涉及的条约解释问题，专门解释机构已经做出解释，那么国际投资仲裁庭必须依据这一解释做出裁决，这也意味着先决问题并不存在，先决裁判程序的启动也就没有必要。之所以强调启动先决裁判应是国际投资仲裁庭的一项强制性义务，其原因在于，如果这是一项权利，那么，是否启动先决裁判则完全由国际投资仲裁庭自由决定，这一制度将极有可能会备而不用，条约的解释和适用统一的目标也将会落空。

2. 何种情况下才需要提交先决问题？

确认启动先决裁判是国际投资仲裁庭必须遵守的义务之后，接下来要讨论的一个问题是仲裁庭在何种情况下才需要向国际法庭提交先决裁判？

需要指出的是，先决裁判程序是作为一种事前处理条约解释不一致问题的机制而非事后纠错机制。换言之，在先决裁判制度中，条约解释问题是作为一个未决程序中出现的特定问题提出的，因此，与上诉机制不同，条约解释问题的提交仅限于在案件审理过程中而不涉及裁决做出之后。在此种情形下，如果不存在合理怀疑的情况，何时提交和提交何种法律问题，可交由国际投资仲裁庭自行决定。但如果争端当事方缔约国要求就条约解释问题提交先决裁判，则国际投资仲裁庭必须启动这一程序。所谓合理怀疑的情况是指存在先前案件的裁决，而国际投资仲裁庭又意图背离这些裁决，或者存在相互矛盾的裁决，国际投资仲裁庭需要取舍的情况。此外，需要强调的是，就提交的法律问题来看，它应该与案件有实质且明显的关联，即必须具有明显的相关性。

3. 先决裁判的拘束力

一般而言，国际法庭做出的先决裁判，对提出先决裁判申请的国际仲裁庭以及就同一个 IIA 产生的所有存在类似程序问题的、依据同一个 IIA 创设的国际投资仲裁庭产生拘束力。启动先决裁判程序的个案仲裁庭应依据国际法庭做出的裁决审理案件，并据此作出裁判，这本来就是先决裁判制度的应有之义；而依据同一个 IIA 所设立的审理后续案件的国际投资仲裁庭必须接受这一裁决的约束，则是"一事不二理"原则的要求，这也是对统一 IIA 的解释和达到其适用目标的保证。

本章小结

本章探讨了缔约国制约国际投资仲裁庭的两种途径，一是对其管辖权实施制约，二是对其条约解释权实施制约。考察现行的制约机制可知，由于缔约国在国际投资仲裁当中的角色及利益出现分化，引发缔约国对国际投资仲裁庭条约解释权控制的"共同决策"难题；加上时间因素会对缔约国及相关解释主体作出解释的效力产生影响，导致现行的制约机制常常处于失效的状态。为此，主权国家、国际组织和学者一直在寻求应对的方案。在这些方案当中，先决裁判制度更具可行性和合理性。先决裁判制度不仅与 ICSID 缔造者的设想之间有着很强的历史关联性，而且在确保国际投资法律体制的统一性和一致性方面也具有很高的制度可行性。

需要指出的是，作为一种"舶来品"，在国际投资仲裁机制当中构建先决裁判制度仍需要在可适用性方面以及制度安排方面进行仔细的论证。从授权目的及授权模式来看，先决裁判制度中的国际法庭是作为缔约国全体的受托人行使条约解释权。与国际投资仲裁庭相比，这一授权是明示的，因而在权力行使方面，其受到的限制会更少，这也意味着国际投资仲裁中出现的解释问题，如过度解释、过度限制缔约国主权、政策偏好倾向投资者等问题同样可能在先决裁判当中出现。如何通过制度安排避免这些问题的发生？

此外，在国际投资条约解释体制当中，其中的一个有权解释主体就是国家-国家争端解决机构。其授权目的和授权模式与国际法庭几乎一样，而受到的限制却比后者要大。这是因为，国家之间争端解决程序的启动权仍掌握在缔约国手中。即便如此，在实践中，缔约国都不轻易启动这一程序，其中一个主要原因即在条约解释权问题上，缔约国仍持谨慎态度，不轻易放权，故国家-国家争端解决机构经常处于备而不用的状态。因此，多边层面的先决裁判制度若要获得各国的认同，还需要细致的制度论证。相关制度安排的探讨应包括但不限于国际法庭成员的选任标准以及权力制衡机制的设计等方面。此外，上述的探讨亦表明，针对国际投资仲裁庭所实施的制约需要作全面的、多元化的、体系化的制度安排。

本章注释

[1] Alter, Karen J.. Delegating to International Courts: Self-Binding vs. Other-Binding Delegation [J]. Law and Contemporary Problems, 2008 (1): 55.

[2] Hawkins, Darren G. & Lake, David A. & Nielson, Daniel L. & Tierney, Michael J.. Delegation and Agency in International Organizations[M]. New York: Cambridge University Press, 2006:12.

[3] Roberts, Anthea. Power and Persuasion in Investment Treaty Interpretation: The Dual Role of States [J]. The American Journal of International Law, 2010 (3): 212.

[4] Access to German Minority Schools in Upper Silesia, PCIJ, ser. A./B. Fascicule No. 40, Advisory Opinion, May 15, 1931, p.19.

[5] 同 [3].

[6] 同 [3].

[7] 李庆灵. 国际投资协定框架下的税收问题研究 [J]. 税务与经济, 2012 (1): 102.

[8] Wälde, Thomas W. & Kolo, Abba. Investor-State Disputes: The Interface between Treaty-based International Investment Protection and Fiscal Sovereignty [J]. Intertax, 2007 (3): 446-447.

[9] 2012年美国BIT范本第20条第3和4款。

[10] UNCITRAL. A/CN.9/WG.III/WP.185 - Possible Reform of Investor-State Dispute Settlement (ISDS) – Appellate and Multilateral Court Mechanism [DB/OL]. https://documents-dds-ny.un.org/doc/UNDOC/LTD/V19/113/57/PDF/V1911357.pdf?OpenElement, 2022-7-15.

[11] UNCITRAL. A/CN.9/WG.III/WP.202 - Possible Reform of Investor-State Dispute Settlement (ISDS) – Appellate mechanism and enforcement issues [EB/OL]. https://documents-dds-ny.un.org/doc/UNDOC/LTD/V20/065/39/PDF/V2006539.pdf?OpenElement, 2022-7-15.

[12] Office of the United States Trade Representative. Bilateral Investment Treaties Currently in Force [DB/OL]. https://tcc.export.gov/Trade_Agreements/Bilateral_Investment_Treaties/index.asp, 2022-7-15.

[13] Australian Government Department of Foreign Affairs and Trade. Gillard Government Trade Policy Statement: Trading Our Way to More Jobs and Prosperity [EB/OL]. http://www.dfat.gov.au/publications/trade/trading-our-way-to-more-jobs-and-prosperity.html#investor-state, 2022-7-15.

[14] UNCTAD. World Investment Report 2020 [EB/OL]. https://unctad.org/system/files/official-document/wir2020_en.pdf, 2022-7-15.

[15] UNCITRAL. ISDS Tribunal Members' Selection Appointment and Challenge

[EB/OL]. https://uncitral.un.org/en/tribunalselection, 2022-7-15.

［16］UNCITRAL. A/CN.9/WG.III/WP.203 - Possible Reform of Investor-State Dispute Settlement (ISDS) – Selection and Appointment of ISDS Tribunal Members [EB/OL]. https://documents-dds-ny.un.org/doc/UNDOC/LTD/V20/065/89/PDF/V2006589.pdf?OpenElement, 2022-7-15.

［17］UNCITRAL. A/CN.9/1004/Add - Report of Working Group III (Investor-State Dispute Settlement Reform) on the Work of Its Resumed Thirty-Eighth Session(A/CN.9/1004/Add.1) [EB/OL]. https://documents-dds-ny.un.org/doc/UNDOC/GEN/V20/007/33/PDF/V2000733.pdf?OpenElement, 2022-7-15.

［18］1968年《仲裁程序规则》第6条（仲裁庭之成立）：（1）秘书长通知双方当事者全体仲裁员均已接受任命之日，应视为仲裁庭已经组成并且仲裁程序已经开始。（2）仲裁庭开庭前或第一次开庭时，各名仲裁员应以如下方式签署声明：……"我将依准据法，在双方当事者间公正裁判，并且除解决投资争议公约和依其制订的条例、规则之规定外，将不接受来自任何方面的有关仲裁的指示或报酬。""在此附上有关本人过去和现在职业以及与当事者双方的其他关系（如系存在）之声明书。"在仲裁庭第一次开庭结束时，任何未签署声明书之仲裁员应被视为已经辞职。

［19］ICSID. Suggested Changes to the ICSID Rules and Regulations, Working Paper of the ICSID Secretariat of 12 May 2005 [EB/OL]. https://icsid.worldbank.org/sites/default/files/publications/Suggested%20 Changes%20to%20the%20ICSID%20Rules%20and%20Regulations.pdf, 2022-7-15.

［20］2022年《ICSID仲裁规则》第14条和第19条。

［21］Yu, Hong-Lin & Shore, Laurence. Independence, Impartiality, and Immunity of Arbitrators–US and English Perspectives [J]. International and Comparative Law Quarterly, 2003 (4): 938.

［22］比如，2012年《ICC仲裁规则》第11条第2款和第3款规定，在获得任命或确认前，候选仲裁员应当签署一份有关接受、可处理案件的时间、中立性和独立性的声明，并以书面方式向秘书处披露任何令当事人看来可能影响其独立性的事实或情形，以及任何可能导致对其独立性产生合理怀疑的情形。秘书处应将上述信息以书面方式转呈各方当事人，并限期要求各方当事人对此做出评论；若仲裁期间出现任何前述类似有关仲裁员中立

性或独立性的事实或情形，仲裁员应当立即向秘书处和各方当事人做出书面披露。

［23］2021年《ICC仲裁规则》第11条第7款。

［24］2021年《ICC仲裁规则》第13条第6款规定，当仲裁案件所基于的仲裁协议是来自国际条约的，除非各方当事人另行同意，任何仲裁员不得和该仲裁案件任何一方当事人的国籍相同。

［25］《ICSID公约》14条第1款规定，被指派的小组成员应当具有高尚的道德操守，并且在法律、商业、工业或金融领域具有公认的能力，他们值得信赖以做出独立的裁决。对仲裁员小组的成员而言，在法律方面的能力尤其重要。

［26］魏艳茹. ICSID仲裁撤销制度研究［M］.厦门：厦门大学出版社，2007：13-18.

［27］《ICSID公约》第52条第1款规定的5种理由是：（1）法庭的组成不适当；（2）法庭明显超越其权力；（3）法庭的一个成员有受贿行为；（4）有严重的背离基本的程序规则的情况；（5）裁决未陈述其所依据的理由。

［28］Schreuer, Christoph H.. Diversity and Harmonization of Treaty Interpretation in Investment Arbitration [M] // Fitzmaurice, Malgosia & Elias, Olufemi & Merkouris, Pano. Treaty Interpretation and the Vienna Convention on the Law of Treaties: 30 Years on. Leiden: Martinus Nijhoff Publishers, 2010: 143.

［29］例如，专门委员会在Klöckner v. Cameroon案与MCI v. Ecuador案的立场完全相反，详见本书第三章第一节。

［30］Park, William W.. Arbitration of International Business Disputes: Studies in Law and Practice [M]. New York: Oxford University Press, 2006: 148-149.

［31］法国2011年第2011-48号《仲裁改革法令》第1520条规定，撤销的诉讼只有在以下情况下才可以进行：（1）仲裁庭错误地维持或拒绝了管辖权；（2）仲裁庭的组成不妥当；（3）仲裁庭的裁决不符合其权限；（4）没有遵守正当程序的原则，或（5）承认或执行该裁决违反国际公共政策。

［32］Lillich, Richard B. & Brower, Charles N.. International Arbitration in the 21st Century: Towards "Judicialization" and Uniformity [M]. New York: Transnational Publishers, Inc. 1994:135.

［33］同［26］：28.

［34］有关国际投资仲裁裁决的与执行问题，可参见陈辉萍. ICSID仲裁裁决承认与执

行机制的实践检视及其对中国的启示［J］.国际经济法学刊，2011 (2): 115-142.

［35］UNCTAD. World Investment Report 2021 [EB/OL]. https://unctad.org/system/files/official-document/wir2021_en.pdf, 2022-7-15.

［36］Department of Economic Affairs. BIT [DB/OL]. https://dea.gov.in/bipa, 2022-7-15; UNCTAD. International Investment Agreements Navigator - India[DB/OL]. https://investmentpolicy.unctad.org/international-investment-agreements/countries/96/india, 2022-7-15.

［37］ICSID. Database of ICSID Member States [DB/OL]. https://icsid.worldbank.org/about/member-states/database-of-member-states, 2022-7-15.

［38］UNCTAD. Scope and Definition [EB/OL]. https://unctad.org/system/files/official-document/psiteiitd11v2.en.pdf, 2022-7-15.

［39］例如，NAFTA第1条第3款规定，投资包括企业发行的债券：该企业是投资者的附属企业，或该债券的原始偿还期限至少为3年，但不包括国有企业的债券，无论其原始偿还期为何时；第4款对企业的贷款作了规定：该企业是投资者的附属企业，或该贷款的原始偿还期限至少为3年，但不包括对国有企业的贷款，无论贷款到期日为何时。

［40］Spears, Suzanne A.. The Quest for Policy Space in a New Generation of International Investment Agreements [J]. Journal of International Economic Law, 2010 (4): 1060-1062.

［41］2007年加拿大与秘鲁BIT第10条第1款规定，在遵守关于此类措施的实施不得在投资之间或投资者之间构成武断或不合理的歧视，或者对国际贸易或投资构成变相歧视的前提下，本协定的任何规定不得解释为阻止一缔约方采取或实施下列必要措施：（1）保护人类、动物或植物生命或健康；（2）为确保与本协定规定不相抵触的法律或法规得到遵守；（3）为保护生物或非生物的可用竭自然资源的措施。

［42］Gallagher, Norah & Shan, Wenhua. Chinese Investment Treaties: Policies and Practice [M]. Oxford: Oxford University Press, 2009: 56.

［43］Anderson v. Costa Rica, ICSID, ARB(AF)/07/3, Award, May 19, 2010, para. 53.

［44］UNCTAD. Scope And Definition [EB/OL]. https://unctad.org/system/files/official-document/psiteiitd11v2.en.pdf, 2022-7-15.

［45］Enron v. Argentina, ICSID, ARB/01/3, Award, May 22, 2007, paras. 203-209.

[46] Douglas, Zachary. The International Law of Investment Claims [M]. Cambridge: Cambridge University Press, 2009: 40-41.

[47] 塞内加尔的BIT范本第9条第4款。

[48] 2009年捷克与格鲁吉亚BIT第8条第3款；捷克与土耳其BIT第8条第3款。

[49] Maffezini v. Spain, ICSID, ARB/97/7, Award, November 13, 2007, paras.65-71.

[50] 1989年的荷兰与苏联BIT、荷兰与加纳BIT第12条、1991年的荷兰与捷克斯洛伐克BIT第9条均有类似规定。

[51] CME v. Czech Republic, UNCITRAL, Final Award, March 14, 2003, paras. 87-93.

[52] UNCTAD. Interpretation of IIA: What States can do [EB/OL]. https://unctad.org/system/files/official-document/webdiaeia2011d10_en.pdf, 2022-07-15.

[53] 2005年美国与乌拉圭BIT第31条，2012年美国BIT范本第31条也采用类似规定。

[54] 2003年美国与智利FTA第10.19条第9款规定："仲裁庭在作出裁决之前，经争端一方的申请，应当将裁决的草案提交争端当事方以及非当事缔约方，在收到之日起60日内，争端当事方可以向仲裁庭提交书面意见。仲裁庭应对评议意见予以考虑，并在60天的评议期届满后的45天内做出正式裁决。但是，如果缔约方之间存在单独的多边协议，且其中建立了专门的上诉机构，审理根据国际投资条约或贸易协议组成的争端仲裁庭裁决，则上述条款不得适用。缔约方应当努力达成有关协议，同意将仲裁裁决提交这样的上诉机构审查。"

[55] 需要注意的是，在ICSID仲裁当中，缔约国的这一权力将会受到限制，详见下文有关先决裁判制度部分的论述。

[56] Schill, Stephan & Briese, Robyn. If the State Considers: Self-Judging Clauses in International Dispute Settlement [J]. Max Planck Yearbook of United Nations Law, 2009 (1): 97-113.

[57] 2007年美国与韩国FTA也采取类似规定，其第23.2条规定："本条约不得解释为：（1）要求缔约方提供或允许获取其确定一旦披露将违背其根本安全利益的任何信息；或（2）阻止缔约一方为履行维持或恢复国际和平与安全的义务或保护本国根本安全利益而采取其认为必要的措施。"

[58] Sempra v. Argentina, ICSID, ARB/02/16, Award, September 28, 2007, para.388.

[59] 同[58], para.28.

[60]同[56]：120-136.

[61]有关自我判断条款的性质，可参见韩秀丽.双边投资协定中的自裁决条款分析——由"森普拉能源公司撤销案"引发的思考[J].法商研究，2011(2)：18-19.

[62]在UNCITRAL第三工作组近期讨论的投资者与国家间争议解决的改革议题中，有关上诉机构和常设多边投资法院的构建问题是各国的焦点。详情可参见UNCITRAL. Appellate Mechanism [EB/OL]. https://uncitral.un.org/en/appellatemechanism, 2022-7-15; UNCITRAL. Multilateral Permanent Investment Court [EB/OL]. https://uncitral.un.org/en/multilateralpermanentinvestmentcourt, 2022-7-15.

[63]Schreuer, Christoph H.. Preliminary Rulings in Investment Arbitration [M] // Sauvant, Karl P.. Appeals Mechanism in International Investment Disputes. New York: Oxford University Press, 2008: 209；更早提出这一建议的是加布里埃尔·考夫曼-科勒(Gabrielle Kaufmann- Kohler)。参见Kaufmann-Kohler, Gabrielle. In Search of Transparency and Consistency: ICSID Reform Proposal [J]. Transnational Dispute Management, 2005(5): 8。

[64]UNCITRAL. A/CN.9/WG.III/WP.185 - Possible Reform of Investor-State Dispute Settlement (ISDS) - Appellate and Multilateral Court Mechanisms, [EB/OL]. https://documents-dds-ny.un.org/doc/UNDOC/LTD/V19/113/57/PDF/V1911357.pdf?OpenElement, 2022-7-15.

[65]Schreuer, Christoph H.. Preliminary Rulings in Investment Arbitration [M] // Sauvant, Karl P.. Appeals Mechanism in International Investment Disputes. New York: Oxford University Press, 2008: 209.

[66]先决裁判制度渊源于一系列法律文件的相关规定。该法律文件主要为欧盟的基础条约。其中，1951年签署的《欧洲煤钢共同体条约》第41条首次规定了欧洲法院享有就理事会和委员会的法令之有效性做出先决裁判的权力。1957年签署的《欧洲经济共同体条约》第177条和《欧洲原子能共同体条约》第150条被视为先决裁判程序的基石，它们在《欧洲煤钢共同体条约》第41条基础上作了重大修改，随后又成为1992年签署的《欧洲联盟条约》第177条和经1997年签署的《阿姆斯特丹条约》修改后的《欧共体条约》第68条、第234条的原形。《欧共体条约》第234条的规定赋予成员国法院及仲裁机构在自己的案件中就有关欧盟法律的问题向欧洲法院要求先决裁判的权利。其内容为，欧洲法院对下列事项享有先决裁判的权力：（1）本条约的解释；（2）欧盟机构和欧洲中央银行制

定的规章的效力及解释；（3）根据欧盟委员会的规章建立的机构制定的成文法解释。同〔65〕：210。

〔67〕Dehousse, Renaud. The European Court of Justice: The Politics of Judicial Integration [M]. New York: Macmillan Publishers Limited, 1998: 33-35.

〔68〕同〔28〕：151.

〔69〕同〔65〕：211.

〔70〕需要注意的是，先决裁判制度同样会涉及常设性的解释机构构建的问题，因而有关其人员选任的标准也与仲裁员相似。此处不再赘述。

〔71〕同〔65〕：211-212.

〔72〕同〔65〕.

〔73〕《ICSID公约》第64条规定，缔约国之间发生的不能通过谈判解决的有关本公约的解释或适用的任何争端，经争端任何一方的申请，得提交国际法院，除非有关国家同意采取另一种解决办法。

〔74〕ICSID. History of the Convention, Vol. II [M]. Washington, D. C.: ICSID Publication，1968: 279-292, 354-441, 532-578, 906.

〔75〕Schreuer, Christoph H. & Malintoppi, Loretta & Reinisch, August & Sinclair, Anthony. The ICSID Convention: A Commentary [M]. 2nd edition, New York: Cambridge University Press, 2009: 1260.

〔76〕ICSID. Report of the Executive Directors on the Convention on the Settlement of Investment Disputes Between States and Nationals of Other States [EB/OL]. https://icsid.worldbank.org/sites/default/files/Report_Executive_Directors.pdf，2022-7-10.

〔77〕UNCITRAL. A/CN.9/WG.III/WP.185 - Possible Reform of Investor-State Dispute Settlement (ISDS) - Appellate and Multilateral Court Mechanisms [EB/OL]. https://documents-dds-ny.un.org/doc/UNDOC/LTD/V19/113/57/PDF/V1911357.pdf?OpenElement, 2022-7-15.

〔78〕依据1992年修改的《欧洲共同体条约》第177条的规定，如果成员国法院认为有关欧盟法律的问题是案件审理所必须的，那么它就可以请求欧洲法院做出先决裁判，且这一决定完全取决于成员国的国内法院。当然这一规定也存在例外情况，即在成员国国内法院做出的判决不能通过其他的法律救济途径予以撤销的情况下，成员国法院负有请求先

决裁判的义务，换言之，如果法院对当事方做出不利的判决，而当事方依据国内法又无法获得司法救济时，法院必须向欧洲法院提出请求，除非不存在有关共同体法律的解释问题。总之，对非终审法院而言，这一制度赋予的是权利，而对终审法院而言，则是义务。[英]弗兰西斯·斯奈德.欧洲联盟法概论[M].宋英，编译.北京：北京大学出版社，1996：67.

[79][德]马迪亚斯·赫蒂根.欧洲法[M].张恩民，译.北京：法律出版社，2003：173.

第六章
中国在国际投资仲裁庭条约解释权授予与制约方面的实践及对策

前两章就国际投资仲裁庭在仲裁案件审理过程中存在的条约解释问题，从条约解释规则和权力制约机制这两个方面提出了一些应对之策。这些方法对中国同样适用。需要指出的是，中国在国际投资结构当中所处的地位十分特殊，因而在未来缔结的IIA有关仲裁庭条约解释权授予与制约方面的实践当中，还需要结合自身的情况选择恰当的应对策略。

自从1997年底中国提出"走出去"战略[1]以来，对外投资的加速增长使得中国对海外投资促进与保护的问题日益突出。[2]一则身份的混同使得中国面对的国际投资法律关系变得复杂，中国在国际投资领域当中的角色也呈现出多重性。二则中国已从IIA法律体制的被动参与者和国际投资仲裁活动的旁观者逐渐成为IIA谈判的推动者和国际投资仲裁案件的当事方。为此，中国在未来的国际投资法律实践中，不仅需要从争端当事方的视角来考虑在个案当中如何主张自己的利益，而且需要从IIA缔约国的立场来考虑如何维护自身条约解释方面的利益。显然，单纯依靠限制国际投资仲裁管辖范围的方式已无法应对这一复杂的局面，中国需要从其他途径寻求制约国际投资仲裁庭条约解释权的方法。

有鉴于此，本章首先分析当前中国在国际投资法律体制当中所处的地位，结合当下中国实务界和国际法学界对中国IIA缔约实践的"留权"与"放权"的争论，引出中国未来在对国际投资仲裁庭的权力授予与制约方面的战略定位问题。在此基础上，进一步对中国对外签署的IIA有关"授权"与"控权"方面的规定进行梳理和归纳，并反思中国在这方面实践存在的问题。考虑到目前中国参与国际投资仲裁的实践相对有限，本书的实践考察重点将放在缔约部分。本章最后部分将尝试结合中国国际投资法律实践的基本背景，从未来的缔约实践和国际投资仲裁实践两方面，回应当下的"留权"与"放权"之争。

第一节 中国相关实践的基本背景分析

任何实践活动都有其深刻的现实背景，中国在有关IIA的国际投资仲裁庭条约解释权方面的实践也不例外。因此，在展开论述之前，有必要认清中国的IIA缔约实践和司法实践所处的现实背景，确认中国在国际投资法律体制当中所处的特殊地位，从而有针对性地为中国提供应对之策。

一、中国在国际投资领域中的地位分析

在现实中，中国在国际投资领域中所处的位置究竟是怎样的？与其他国家情形是否相似？以下将结合中国外国投资与海外投资实践这两个面向进行考察。

（一）身兼投资东道国与投资者母国双重身份的发展中大国

随着中国"走出去"战略的推进，中国海外投资迅猛发展。中国资本流动格局从资本输入远超于资本输出，向资本输出与输入并重的格局转变。这意味着，在保护与促进海外投资与维护国内公共政策空间这两个方面，中国均有重大利益，过分强调某一方面都会对中国不利。不仅如此，与其他国家

不同，在国际投资法律体制当中，中国有其特殊之处，这也增加了其国际投资法律实践的难度。

在对外投资方面，2019年中国对外直接投资流量为1369.1亿美元，继续居于全球第二位，并连续8年位居全球前三。[3]然而，与第一位的美国和第三位的日本不同，中国对外直接投资在投资主体、行业分布和投资分布地区等方面有其自身的特点。

在投资主体方面，虽然相对重要性在下降，但国有企业在中国对外直接投资中仍然扮演着重要的角色。[4]以2019年为例，在当年中国对外非金融类的直接投资中，国有企业对外直接投资仍在快速增长，公有经济控股企业当年对外直接投资同比增长27%，占当年对外非金融类直接投资总额的49.7%，接近五成。中央企业和单位对外非金融类直接投资272.1亿美元，同比增长18%。到2019年年底，国有企业在中国对外非金融类直接投资的占比50.1%，较上年增加2.1个百分点。[5]

从投资行业分布来看，对外投资行业分布更趋均衡。2019年，中国对外直接投资涵盖了国民经济的18个行业大类。[6]在这些领域当中，信息传输、软件和信息技术服务业、采矿业、电力、热力、燃气及水的生产和供应业、建筑业、科学研究和技术服务业和房地产业等时间长、敏感性较高的产业占相当大的比例。以2019年为例，这些领域的投资共占比18.3%。[7]作为一个正在崛起的发展中国家，中国的国有企业到海外投资，尤其是到发达国家投资时，由于国有企业的身份以及投资行业的特殊性，不可避免会引发东道国的顾虑，由此可能形成投资准入壁垒。[8]中国海外投资促进与保护问题的重要性日益凸显。

从投资目的地的国别地区分布来看，中国的对外直接投资大多集中于自然资源丰富与经济发展水平相对较高的国家或地区。例如，在2019年，中国对外投资规模（对外直接投资存量）排名前二十的国家和地区包括中国香港、开曼群岛、英属维尔京群岛、美国、新加坡、澳大利亚、荷兰、英国、印度尼西亚、德国、加拿大、卢森堡、俄罗斯联邦、中国澳门、瑞典、百慕大群岛、老挝、马来西亚、阿联酋和哈萨克斯坦。[9]从投资的分布来看，发达国家和发展中国家均是中国海外投资的主要目的地。这意味着中国的缔约相对国将包含发达国家与发展中国家这两类国家。这两类国家在经济发展水平、国内投资环境以及与中国相互之间的资本流动比例方面均存在较大差异，这增加了中国未来缔约实践的难度，因此，中国必须区分这两类国家，选择不同的应对策略。前述分析已表明国家有关条约解释的嗣后实践将是制约国际投资仲裁庭条约解释权的一个重要方面，其中就隐含着缔约国在单方缔约和仲裁实践中应尽量保持一致的要求。

在吸收外资方面，中国仍是吸引外资最多的发展中国家。2019年，中国实际使用外资金额1412.3亿美元，同比增长2.1%，规模居全球第二位，占2019年全球FDI总量的9.2%；研究也表明，中国依然是跨国公司首选的投资目的地之一。[10]在此种背景下，需要强调的一个事实是，中国仍然是一个正在转型的发展中大国。在国内改革的过程当中，与外资相关政策的调整不可避免。作为全球主要的投资东道国之一，中国被外国投资者指控至国际投资仲裁庭的风险是相当高的。[11]作为投资东道国，中国需要解决两个问题：一则如何降低自身被指控的风险；二则被指控之后，如何有效制约国际投资仲裁庭条约解释权行使，避免其权力失范而对本国主权造成过度限制。

（二）身兼IIA缔约国与国际投资仲裁涉案国双重身份的发展中大国

中国在国际投资领域身份的转变，不仅意味着中国在对外缔结IIA时所面对的情势变得复杂，还意味着中国参与国际投资法律的实践活动将向纵深发展。中国已从国际投资仲裁活动的旁观者转变成为参与者。

1. 中国IIA的缔约实践

与其他国家相比，中国IIA的缔约实践起步较晚，但是发展势头迅猛。自1982年与瑞典签订首个BIT以来，截至2022年7月20日，中国与126个国家签署（包含修订和重新签署）的IIA共有159个，包括147个BIT和12个包含投资章节的FTA，缔结数量仅次于德国而位居世界第二。[12]与此同时，在这短短的40年中，中国对外签订的IIA历经数个发展阶段，在对国际投资仲裁庭的授权方面，中国的立场也出现重大转变。

需要注意的是，在IIA缔约相对方的类型方面，中国已与32个发达国家（覆盖全球88.89%的发达国家）、16个经济转型国家（占全球的94.11%）和78个发展中国家（占全球的74.29%）缔结了IIA。[13]可以说，中国IIA的缔约相对方涵盖发达国家、经济转型国家和发展中国家等所有国家类型。[14]中国身兼资本输出国和资本输入国的双重身份，涉入国际仲裁的可能性在提升，因此其缔约实践的复杂性和困难程度均有所加深。

2. 中国的国际投资仲裁实践

与中国的IIA缔约实践相比，中国参与国际投资仲裁的实践要晚了许多。

率先做出尝试的是中国的海外投资者。2007年的Tza Yap Shum v. Peru案就是中国香港投资者利用IIA维权的首例案件。[15]随后，2010年1月黑龙江国际经济技术合作公司等三家公司依据中国与蒙古BIT指控蒙古国。[16]2012年9月平安（保险）集团依据中国与比利时BIT针对比利时政府提起仲裁申请。[17]截至2022年7月20日，中国投资者提起的投资仲裁案件总数为17个。[18]随着中国海外投资的不断增加，投资摩擦也日渐增多，中国投资者寻求IIA保护的频率会越来越高。

与此同时，中国政府也卷入了国际投资仲裁的案件当中。2011年的Ekran Berhad v. China案，中国首次成为ICSID仲裁的被申请国。该案经双方和解而于2013年5月16日向ICSID提出中止仲裁。[19]截至2022年7月20日，中国政府作为被申请方的案件共有9个。[20]

上述实践表明，随着中国海外投资的蓬勃发展以及中国对外缔结的IIA的逐步转型，中国参与国际投资仲裁的可能性会越来越高。在这一过程中，对中国IIA的有效性考察不再局限于其吸引外资的可能性，还将包括其能否满足保护与促进本国海外投资的现实需要。在给予中国海外投资者利用国际投资仲裁维权机会的同时,中国政府被外国投资者提交仲裁的风险也在增大。因此,国际投资仲裁庭能否公正地行使其条约解释权,对中国政府而言十分重要。一方面,国际投资仲裁庭对条约的解释事关中国政府所承担的条约义务水平的高低,其重要性自是不言而喻。另一方面,作为投资者母国,中国海外投资多为国有企业,不少企业还肩负着为国内经济发展输送资源的重任。若企业败诉,这不仅意味着其所受到的损害无法获得赔偿,还意味着投资经营将无可能,需要另起炉灶,甚至还可能影响国内产业链的正常运转。

因此,如何利用IIA的制约机制促使国际投资仲裁庭在其授权范围内公正、客观地解决中国政府与在华外国投资者之间的争端,中国海外投资者与东道国政府之间的争端,做到东道国政府的外资监管主权维护与外国投资者财产利益保障之间恰如其分的平衡,这都是中国在未来缔约实践中需要关注的问题。不仅如此,在现有的国际投资仲裁机制下,除了胜负之外,中国还需要关注个案仲裁庭的裁决对后续案件可能产生的影响。这也意味着,除了缔约实践,国际投资仲裁实践也将是中国参与国际投资法律规则的制定以及促进国际投资法律体制发展的另一个重要途径。如何善用这一途径,在保护本国海外投资的同时,维护自身的国家主权以及参与国际投资立法的话语权,也是中国当前不容回避的问题。

二、中国在国际投资仲裁庭的权力授予与制约问题上的战略定位之争

毋庸置疑,"身份混同"的问题已经成为当前中国投资法律实践需要解决的一个重大理论和现实问题。2012年11月,在中国国际经济法学会2012年年会暨学术研讨会开幕式上,时任商务部条约法律司司长的李成钢在谈及中国迅速成为双向投资大国这一时代背景时,就发出这样的疑问:"当中国正在迅速成为双向投资大国之时,当13亿中国人需要一个57亿人口的外部市场

之时，我们应该如何看待投资准入和投资者权益保护问题？是应该仍然继续强调'留权在手'，还是应该与此同时更加注重加强投资权益保护和市场准入等问题？"[21]李司长的问题需要分成两个步骤回应：第一，中国以往的实践是如何强调"留权在手"的？第二，中国未来是否应维持现状，还是在继续强调"留权在手"的同时更加注重加强投资权益保护和市场准入问题？

事实上，不少学者在此之前已经敏锐地洞察到中国在国际投资领域这一身份的变化，对此展开研究并作出了回应。

比如，有不少学者认为，尽管中国的海外投资在逐年增长，海外投资保护与促进需要强调，但中国仍然只是一个发展中国家，国内的改革正在探索过程中，一旦出现重大经济危机，其潜在风险是十分巨大的。在投资争端解决程序上，中国晚近对外缔结的一些IIA存在"放权过快，弃权过多"的现象。针对国际投资仲裁机制，中国应理性应对。晚近实践表明，现行的国际投资法律体制在推动国际投资法治化的过程中暴露出种种缺陷，因此中国在接受国际投资仲裁时应谨慎行事，结合自身的特殊情况，在兼顾海外投资保护的同时仍要继续强调"留权在手"。[22]

也有观点认为，IIA可以为外资提供全面有效的保护，促进国际投资自由化，还能有效地规避地缘政治之类的海外投资风险，为投资者提供更加安全的海外投资环境。但是中国部分对外签订BIT的投资者与国家间投资争端解决条款已严重过时，亟待修改。[23]

还有学者指出，中国的缔约实践表明，中国已经全面接受国际投资仲裁管辖，而从2008年中国和墨西哥BIT开始，中国从全面接受国际投资仲裁管辖到对国际投资仲裁庭进行全方位限制，是晚近中国"以美为师"对外商签国际投资协定的重要转变。虽然并非完美无缺，但在体现"自由"、"平等"、"公正"理念上，美国BIT范本无疑堪称当今国际投资法的经典之作。中国分别和墨西哥、哥伦比亚和加拿大缔结的BIT都明显地受到美国BIT范本的影响。[24]

可以说，在中国的身份出现混同以及未来实践需要强调利益平衡等问题上，学界基本达成共识，但在中国现有的缔约实践、战略定位以及未来的缔约实践发展方向等方面，学界的认知还存在分歧。那么，中国以往的实践到底是过于保守需要"放权"，还是已经从"保守主义"扩展至"全面放权"，再到"以美为师的全面控权"？"留权"与"放权"，中国未来应往何处去？下文将逐一进行探讨。

第二节　中国现有缔约实践的考察

前文提及，在中国"留权"或"放权"之争中，要回答的第一个问题是，中国的IIA缔约实践当前到底处于何种情况？本节将回答该问题。从1982年启动IIA项目至今，中国的IIA实践已走过40年的历程，其内容历经演进，其中变化最大的就是投资者与东道国之间的争端解决条款。下文将以这一条款为中心，结合相关条款来考察中国在国际投资仲裁庭的授权与控权方面的缔约实践。需要说明的是，为了展现中国IIA在国际投资仲裁机制方面的实践的演进脉络，本书尝试对中国对外缔结的所有IIA文本进行梳理，包含正在生效、已经失效和尚未生效的文本。如前所述，截至2022年7月20日，中国对外签署（包含修订和重新签署）的IIA共有159个，包括147个BIT，12个包含投资章节的FTA。其中，2005年中国与几内亚BIT因尚未生效而未对外公布条约文本，故本书仅以能查阅到的158个IIA的文本展开探讨。

一、中国IIA有关国际投资仲裁庭权力授予方面的规定

如前所述，国际投资仲裁庭的条约解释权是由其管辖权派生出来的，是一种默示权力。中国的IIA同样只对国际投资仲裁庭的管辖权做出明确的规定，而没有专门提及其条约解释权。这些IIA的授权条款大致有四种模式。

（一）不予授权

中国早期签订的IIA在国际投资仲裁庭管辖权的问题上采取谨慎态度。例如，1985年中国与泰国BIT完全将投资者与国家间争端解决条款排除在外。1983年中国与罗马尼亚BIT则沿用传统的外交保护方式。其第4条规定，如果缔约一方的投资者与投资所在国一方之间关于补偿款额的争议，在投资所在国的法院或其他主管机关重新估定之后仍无法解决，投资者可向本国政府提出请求，该项争议将依照缔约国之间争端解决程序解决。[25]

采用此类授权模式的中国IIA并不多见，除了前述的两个BIT之外，就只有1992年中国与土库曼斯坦BIT采用类似规定。需要注意的是，2020年缔结的《区域全面经济伙伴关系协定》（RCEP）的投资章节并未就投资者与国家之间投资争端的解决做出规定，而是将其列入下一步工作计划讨论的事项。[26]据此，国际仲裁庭不享有外国投资者与东道国之间争端的管辖权。

（二）有限授权

采用有限授权的IIA主要有两种类型：一种类型是用"肯定清单"的方式对国际投资仲裁的管辖范围作出明确的限定，即仅在IIA列明的事项方面，仲裁庭才享有投资争端的管辖权。这是中国IIA最常用的授权方式。在1997年中国与南非BIT之前缔结的82个中国IIA的授权条款都将国际投资仲裁的管辖范围限定在有关补偿数额的争议。最早采用这一做法的是1983年中国与德国BIT，其议定书"关于第四条"规定，如对征收补偿金额有异议，争议双方自开始协商后6个月内意见未获一致，应投资者的请求，由采取征收措施一方有管辖权的法院或国际仲裁庭对补偿金额予以审查。[27]

需要指出的是，在1997年之后，将授权范围仅限定在有关补偿数额的争议的做法逐渐淡出中国的缔约实践。从2007年开始，中国IIA的授权条款将国际仲裁庭的管辖范围从补偿数额的争议扩大至缔约国违反IIA其他条款项下的义务且对投资者或其投资造成损害的争端。2007年《中国与古巴BIT的修订》第9条规定，缔约一方违反其在条约第2条至第7条下的义务致使外国投资者遭受损失引起的争议在无法通过双方友好磋商解决时，外国投资者可提起仲裁申请。这一规定将国际投资仲裁庭的管辖权明确地限定于缔约国违反条约规定的所有实体义务导致外国投资者损害的争议。2009年《中国-东盟全面经济合作框架协议投资协议》的规定则略有不同。它的第14条规定，违反条约第4条（国民待遇）、第5条（最惠国待遇）、第7条（投资待遇）、第8条（征收）、第9条（损失补偿）、第10条（转移和利润汇回），通过对某一投资的管理、经营、运营、销售或其他处置等行为给投资者造成损失或损害的投资争端，若未能通过双方磋商解决，则外国投资者可启动国际投资仲裁程序。依据这一条款，国际投资仲裁庭并没有获得与IIA实体义务相关的所有争议的管辖权；缔约国违反在条约部分实体性规则项下所承担的义务引起的争议，如第11条（国际收支平衡保障措施）、第18条（其他义务）、第19条（透明度）、第20条（投资促进）和第21条（投资便利化）等，国际仲裁庭无权管辖。尽管条约所规定的仲裁庭的管辖范围开始扩大，但无论是2007年《中国与古巴BIT的修订》还是2009年《中国-东盟全面经济合作框架协议投资协议》都是以"肯定清单"的方式对仲裁庭的管辖范围作出了明确限定，仅限于实体规则相关的争议。从2007年《中国与古巴BIT的修订》开始，采用类似做法的IIA共有11个。

另一种类型则是授权以获得东道国同意为前提，也即是争议提交仲裁需获得东道国的同意。例如，1993年中国与立陶宛BIT第8条第2款规定，如缔约一方与缔约另一方投资者发生争议，并且未能在6个月内友好解决，投资者可将符合下列条件的争议提交国际投资仲裁：（1）有关征收补偿额的争议；（2）其他双方同意的争议。1994年重新签订的中国与罗马尼亚BIT第9条也规定，如果缔约一方的投资者与缔约另一方之间就在缔约另一方领土内的投资产生的任何争议未能在6个月内协商解决，当事任何一方有权将争议提交给接受投资的缔约一方有管辖权的法院，或基于当事方同意提交国际投资仲裁解决。1994年重新签订的中国与罗马尼亚BIT也有类似规定。它的第9

条规定，外国投资者与东道国因投资产生的任何争议若无法通过友好协商解决，投资者可基于当事方同意提交国际仲裁解决（解决投资争端国际中心）。

（三）全面授权

此种IIA放弃了"需获得东道国同意"的限制，开始全面接受国际投资仲裁管辖，并采用"一揽子授权"的方式，将国际投资仲裁的管辖范围扩大到所有与投资有关的争端。首次采用这一模式的是1997年中国与南非BIT。它的第9条（外国投资者与国家争端解决）不仅允许投资者在争议发生后6个月内仍无法协商解决时，可单方将投资争议提交国际投资仲裁庭仲裁解决，而且将国际投资仲裁管辖的事项扩展到因投资产生的任何争议，这就等于授予国际投资仲裁庭全面审查东道国政府政策的权力。[28]

这种模式随后被广泛接受。自1997年中国与南非BIT签订以来，至2022年7月20日为止，中国对外缔结或重新修订的IIA共有72个，其中有47个采用类似规定。不少条约在规定可提交国际投资仲裁的投资争议时多采用诸如"与投资有关的任何法律争议"[29]"就投资有关的任何争议"[30]这类宽泛的概念，据此，几乎东道国与外国投资者之间与投资相关的所有争议都被纳入国际投资仲裁的管辖当中。

（四）全面授权+例外限制

需要注意的是，晚近中国对外缔结的部分IIA在全面接受国际投资仲裁管辖的同时，还引入诸如税收、知识产权和金融审慎措施等例外条款对仲裁庭的管辖范围进行限制。这一转变是从2008年中国与新西兰FTA开始的。该条约在投资章节的投资者与国家争端解决部分规定，一方投资者与另一方之间产生的，与该投资者在另一方境内投资直接相关的法律争端，如果自提出磋商与谈判要求之日起6个月内，无法通过争端当事双方的磋商与谈判友好解决，则应当根据投资者的选择，将争端提交至国际调解或仲裁解决。[31]与此同时，该条约的第11章专门就例外情形作出规定，其中的"税收措施"条款规定，条约仅在《WTO协定》同样赋予了相应的权利或施加了相应的义务；或在投资章节的"征收"条款项下，针对税收措施赋予权利或施加义务。除此之外，条约的任何规定均不适用于税收措施。[32]2012年中国与日本、韩国投资协定也有类似规定。除了税收措施的例外规定之外，条约的投资者与缔约一方之间的投资争端解决条款还规定，国际投资仲裁程序不适用于关于知识产权、金融审慎措施的投资争议。[33]

这种"全面授权＋例外限制"的模式同样是对国际投资仲裁庭的授权范围作出明确限制，但它与前述的"有限授权"不同的地方在于，它在"一揽子授权"的同时采用一个"负面清单"将仲裁庭不能行使案件管辖权的事项在IIA中列出。换言之，除非条约明确列明，否则仲裁庭将对与投资有关的所有法律争议享有管辖权。目前采用这类模式的IIA较少，仅有5个。

二、中国IIA有关国际投资仲裁庭条约解释权制约方面的规定

在国际投资仲裁庭的条约解释权制约方面，缔约国可以通过实体规则的细化以及设置程序性的制约机制来减少仲裁庭条约解释权行使失范的可能。那么，在全盘接受国际投资仲裁的管辖之后，中国IIA在仲裁庭权力制约方面是否相应地做出了调整呢？

（一）IIA实体规则的完备程度

第二章已经提到，在现行的IIA框架下，国际投资仲裁庭作为缔约国的受托人在个案审理中享有自主解释IIA的权力。因而，IIA的实体条款的完备性将在一定程度上决定仲裁庭所享有的解释裁量空间的大小。那么，中国IIA的实体规则是否完备？

以全面接受国际投资仲裁管辖的1997年中国与南非BIT为例，包括序言在内，条约共13个条款。[34]除了条约的条款数量较少之外，其措辞也十分简约。例如，条约的第3条是有关外国投资待遇标准的条款，其内容包含公平

255

与公平与公正的待遇、最惠国待遇以及国民待遇条款。从条款内容来看，对于"公平与公正的待遇"这一个措辞含糊的概念，条约并没有作详细的界定，而仅是规定缔约国不得采取不合理或歧视措施损害投资者的权利。需要注意的是，条约还规定，投资者所享有的公平与公正的待遇，不得低于缔约另一方给予任何第三国投资者的投资和与投资有关的活动的待遇和保护。但对于投资者所享有的公平与公正的待遇是否仅限于此，条约并未作明确说明。前文已提及，在国际投资仲裁实践当中，仲裁庭对这一条款所作出的解释已多达十余种。又如，条约的第4条是有关征收方面的规定。根据条约规定，除非为了公共目的，依照国内法律程序在非歧视的基础上给予补偿，否则东道国不得实施征收。条约虽然使用了"国有化""征收"以及"受到其效果等同于国有化和征收措施"的措辞，却没有对这"征收"这个概念作进一步的界定，也没有提供相应的认定标准。

（二）有关制约国际投资仲裁庭条约解释权的程序性规定

前一部分的分析已表明，在"走出去"战略提出以前，中国政府出于维护自己的经济主权之目的，在IIA的实践当中一直强调"留权在手"，这主要体现在对国际投资仲裁管辖范围的限定之上。1997年之前缔结的IIA大多将国际投资仲裁的管辖范围限定于有关征收补偿数额的争议方面，即便允许投资者把其他投资争议提交国际投资仲裁，也设置了"获得东道国同意"的限制性条件，还有的IIA甚至没有规定投资者与国家间争端解决条款。然而，随着外资政策的调整，晚近大多数中国的IIA普遍接受国际投资仲裁管辖，相应地，对国际投资仲裁庭的全面授权也逐渐成为主要的授权条款模式，即便是采用有限授权模式的IIA也将其授权清单的范围扩大，甚至涵盖整个IIA实体条款项下的争议。当然，缔约国完全放权是不可能的，那么，这些IIA又在哪些方面对国际投资仲裁庭的条约解释权实施制约呢？本部分将主要考察1997年之后缔结的72个IIA，特别是选择"全面授权"条款的IIA，确认这些IIA在"放权"的同时是否设置了有效的制约措施。考虑到中国对外签订

IIA数量众多，逐一梳理恐怕会过于细碎，因此，本书将以首次普遍接受国际投资仲裁管辖的1997年中国与南非BIT作为典型案例进行分析。在此基础上，沿着时间脉络考察此后中国IIA相关规定的演进与发展。

1.1997年中国与南非BIT的相关规定

纵观1997年中国与南非BIT，有关制约国际投资仲裁庭条约解释权的规定主要体现在四个方面：

第一，"岔路口条款"。条约第9条第2款规定，投资者若将争议诉诸东道国有管辖权的法院，则国际投资仲裁程序不予适用。这一条款的设置原本可以防止投资者利用国际投资仲裁和当地救济两种途径获得双重收益，同时可避免出现多重裁判结果相互矛盾的情况发生，但实践却表明，国际投资仲裁庭可以通过对这一条款的适用条件进行苛刻的解释，使之名存实亡。[35]

第二，强调东道国国内法的适用。条约第9条第6款规定，仲裁庭应当根据接受投资的缔约一方的法律、法规（包括冲突法规则）、条约的规定以及缔约双方均接受的普遍承认的国际法原则作出裁决。需要注意的是，在IIA当中明确地将东道国国内法规定为国际投资争端解决应适用的法律，是中国惯常的做法。不少早期采用"有限授权"的IIA同样包含类似的规定。比如，1985年中国与新加坡BIT第10条的"法律"条款规定，全部投资，除受该协定管辖之外，还应受投资所在地的缔约一方领土内的有效法律管辖。

第三，有关协定解释和适用争端解决的规定。事实上，这是有关国家之间争端解决条款的规定。条约第8条规定，缔约双方因条约的解释或者适用所产生的争端，如不能在6个月内协商解决，根据缔约任何一方的要求，可以将争端提交专设仲裁庭仲裁。专设仲裁庭的裁决为终局决定，对缔约国双方具有约束力。依据上述规定，国家之间的仲裁庭的确可以对BIT的条款作出解释，且它所作出的裁决对缔约国双方均有约束力。然而，条约并没有就国家之间争端解决机制与国际投资争端解决机制的关系作出明确规定，这意味着它们是并行的。国家-国家争端解决机构作出的裁决虽然对缔约国双方

257

有约束力，但在审理案件的过程中，它并不必然对国际投资仲裁庭具有约束力。因为，通常情况下，中国的IIA都会在条约当中规定，可供选择的争端解决方式是终局的和排他的。比如，条约第9条第5款规定，投资者与国家之间仲裁庭的裁决应以多数票作出。裁决为终局决定，对争议双方具有约束力。缔约双方应当根据各自的法律、法规，对执行仲裁裁决承担义务。

第四，有关条约修订的规定。条约第12条第5款重申了缔约国在达成一致的情况下修改条约内容的权力，并规定任何对条约的修改都可于缔约国双方间交换照会后生效。依照这一规定，缔约国全体有权通过修改条约的方式变更或取消对国际投资仲裁庭的授权。与前述规定相比，这是整个BIT中制约国际投资仲裁庭条约解释权最为有效的制度安排。但需要注意的是，争端发生之后修改的条约可否约束修改之前的情势是尚存疑问的。不可否认，仲裁庭的权力源自缔约国授权，而缔约国在做出授权的同时也保留了变更和撤销授权的权力。但是，在争议发生之时，国际投资仲裁庭仍然可以以保护外国投资者（第三方受益人）的利益为由而拒绝依据修改后的条约来对争议作出裁决。

第五，有关条约有效期的规定。条约第12条规定，条约的有效期为10年，缔约国任何一方可在条约届满后提前1年通过书面通知的方式通知缔约另一方终止条约。第12条赋予了缔约国单方终止IIA的权力，但缔约国只能在10年有效期届满时行使这一权力。更为重要的是，该条的第4款还规定，即使条约终止，条约的条款对其终止之前已经进行的投资仍然适用，而这个适用的期限为10年。

综合起来看，1997年中国与南非BIT所采用的制约措施一共5项，其中有3项是针对国际投资仲裁庭管辖权的制约措施，针对仲裁庭条约解释权实施的措施有2项，但这些都是构成IIA的程序规则基本内容的一般性制约措施。依上述分析可知，这5项措施并不能有效约束仲裁庭的条约解释权。可以说，在全面放权的同时，中国与南非BIT并没能针对国际投资仲裁庭所享有的条约解释权设置有效的制约机制，仲裁庭实际上处于一种不受约束的状态。需要特别指出的是，南非至今仍不是《ICSID公约》的缔约国，而与其他仲裁相比较，ICSID自带一套完整的仲裁裁决的承认与执行机制，其裁决具有很强的执行力。[36]因此，无论与自身之前的实践还是与缔约相对方南非的实践相比，中国在条约解释方面给予国际投资仲裁庭的权限均过大。

2. 后续缔约实践的改进与补充

从1997年中国与南非BIT开始，特别是在"走出去"战略提出之后，中国的IIA开始步入转型期，开始强调投资的保护与促进。显然，全盘接受国际投资仲裁的管辖就是转型期最为重要的主题。这当然是出于保护与促进中国海外投资之动机。总体而言，全面接受国际投资仲裁的管辖是中国政府在权衡利弊之后作出的一个理性选择。然而，中国的IIA缔约实践起步较晚，司法实践更是处于初步涉入的状态，对国际投资仲裁这个新生事物的认识显然不足，在有关国际投资仲裁庭的制约机制方面，中国也一直处于摸索状态。这不仅体现在IIA的实体规则方面，还体现在程序性规范方面。随着缔约实践的逐步深入，随后缔结的71个IIA在1997年中国与南非BIT的基础上逐步调整，相关制约措施也在不断增加。这些措施主要涉及以下两个方面：

（1）针对国际投资仲裁庭管辖权的制约

第一，限定国际投资仲裁庭管辖权的范围。有关中国IIA授权条款方面实践的分析已表明，在采用"全面授权"模式之后，中国部分IIA采用"例外条款"的方式针对条约的适用范围作了限制性规定，把一些特定的事项排除在条约的适用范围之外。例如，2008年中国与哥伦比亚BIT第14条（税收措施）规定，除该条款所述规定之外，条约不适用于税收措施。2009年《中国-东盟全面经济合作框架协议投资协议》第3条第4款规定，协定不适用于：①除了协定规定之外的任何税收措施；[37]②有关政府采购法律、法规、政策或普遍适用的程序；③政府补贴或补助方面的政策或措施；④缔约国相关机构或主管机关行使政府职权时提供的服务；以及⑤影响服务贸易的措施。

2012年中国与智利FTA第23条则直接把税收事项完全排除于条约的适用范围之外。除了税收事项之外，2012年中国与加拿大BIT还把文化产业和东道国政府的外资审查程序排除在条约的适用范围或争端解决条款的适用之外。[38]

第二，引入缔约国主管机构联合审查的前置程序。在一些重要事项上，中国晚近缔结的部分IIA开始引入缔约国主管机构联合审查程序，并将其作为启动投资仲裁机制的前置程序。[39]例如，2009年中国与秘鲁FTA的税收条款第142条第6款规定，若外国投资者援引条约的征收条款作为启动投资者与东道国争端仲裁机制，应适用下述程序：该投资者在做出书面意向通知时，必须首先将该税收措施是否与征收有关的问题提交缔约双方的税收主管机关。提交后，缔约双方的税收主管机关应进行磋商。只有在自提交起6个月后，双方税收主管机关不能达成一致协议认定该措施与征收无关，或双方的税收机关没能举行相互磋商的情况下，该投资者才可以提出国际投资仲裁请求。依照这一规定，有关税收事项的决定权和条约解释权将由东道国和投资者母国的主管部门优先行使。尽管如此，这一机制的有效性仍取决于缔约国双方的主管部门的共同决策意愿。一旦投资者母国的主管部门拒绝作出联合裁定，仲裁庭就将行使其管辖权。此外，这一机制存在被规避的可能。因为实践当中，即便是讼争的措施属于税收措施，投资者也可能启动仲裁程序，因为该争议是否涉及税收事项，仍然可以交由国际仲裁庭来判断。

第三，对仲裁员的资格加以规定。目前采用这一做法的IIA并不多见，主要有2007年《中国与古巴BIT的修订》、2008年的中国与墨西哥BIT、2012年中国与加拿大BIT和2019年中国与毛里求斯FTA。2007年《中国与古巴BIT的修订》的第10条规定，原BIT的第9条第6款第2项修改为：投资者与东道国政府争端解决条款所规定的仲裁员应当具有国际法和投资方面的经验。2012年中国与加拿大BIT还针对不同的投资争议规定了不同的仲裁员资格。该条约的第24条就是专门对仲裁员所作的规定，其第2款规定，国际投资仲裁员应当：①在国际公法、国际贸易或国际投资规则，或者在国际贸易或国际投资协定争端解决方面具备专业知识或经验；②独立于任一缔约方或争端方，亦不附属于任一缔约方或争端方，且不得接受任一缔约方或争端方的指示；并且③在缔约双方议定任何规则时，遵循该等附加规定。此外，若争议涉及缔约国相关的金融措施，那么，仲裁员还应具备金融服务法律或实践方面的专业知识或经验，该专业知识或经验可包括金融机构监管等方面的内容。

第四，设置管辖权异议制度。这一制度主要体现在2008年的中国与新西兰FTA、2012年中国与智利FTA的规定当中。2008年的中国与新西兰FTA第154条第2款和第3款规定，争端国家一方在仲裁庭组成后30日内，可因仲裁请求明显缺乏法律依据或超出仲裁庭管辖权或职能提出反对意见，反对意见应当尽可能明确说明反对理由，仲裁庭对此持有的反对意见应当先于仲裁请求所涉具体问题进行裁决。争端方应当得到合理机会向仲裁庭陈述其观点及意见。如果仲裁庭认定仲裁请求明显缺乏法律依据或超出仲裁庭管辖权或职能，其应当按此作出裁决。

第五，构建上诉审查机制。中国晚近缔结的IIA在尝试上诉机构的构建，将其作为国际投资仲裁庭的裁决和解释结论的纠错机制。目前提及上诉机构的IIA有3个。最早作出规定的是2015年的中国与澳大利亚FTA。条约的第23条为上诉审查条款，规定缔约国双方应在FTA生效之日起3年内启动建立上诉审查机制的谈判。上诉审查机制建立之后将审查条约的国际投资仲裁庭依照投资章节相关规定作出的裁决，审查的范围也仅限于有关法律问题方面。2018年升级后的中国与新加坡FTA并未对上诉机构的构建作出明确规定，而只是简单提及如果依据其他机制构建的上诉机制存在，缔约国双方应考虑FTA项下的国际投资仲裁庭作出的裁决是否应受制于这一上诉机制。[40] 2019年中国与毛里求斯FTA也有类似规定。[41]

（2）针对国际投资仲裁庭条约解释权的制约

第一，允许非争端一方缔约国提交解释性的书面意见。针对这一问题，2012年中国与加拿大BIT作了较为细致的制度性安排。条约的第27条规定，非争端当事方缔约国不仅有权获取案件审理的相关信息，而且有权参与所有庭审，还可在书面通知争端各方之后，向仲裁庭提交有关条约解释问题的陈述意见。[42] 2019年中国与毛里求斯FTA还引入了"法庭之友"制度，其第28条第2款和第3款规定，非争端方可以就该条约的解释向仲裁庭提出书面或口头陈述，在与争端双方磋商后，仲裁庭可以允许除争端方外的人或实体提交与争端范围内事项有关的法庭之友书面陈述。

第二，要求国际投资仲裁庭为其裁决提供理由。公开国际投资仲裁庭的论证过程可以减少仲裁庭解释条约的任意性。例如，2006年的中国与墨西哥BIT第20条第4款当中就规定，除非争端双方另有约定，否则仲裁裁决应当公开。事实上，中国早期的IIA也有类似做法，它们不仅要求仲裁庭公开裁决，还要求说明其裁决的理由。例如，1985年的中国与奥地利BIT议定书的第3条规定，仲裁庭应陈述其裁决的依据，并应当事任何一方的要求说明理由。此种做法不仅可以增加仲裁庭作出裁决的透明度，而且在仲裁庭不能为其裁决提供理由的情况下给予缔约国主张撤销裁决的法律依据。1985年中国与丹麦BIT第8条第4款、1986年中国与斯里兰卡BIT第13条第9款均有类似规定。遗憾的是，在此后中国的缔约实践当中，这一规定比较少见，仅有2006年的中国与印度BIT第9条第3款第3项采用此类做法。[43] 需要注意的是，中国与部分国家缔结的IIA，比如，2002年中国与波斯纳亚和黑塞哥维那BIT、2004年中国与拉脱维亚BIT、中国与乌干达BIT、中国与突尼斯BIT、2006年中国与瓦努阿图BIT以及2007年的中国与哥斯达黎加BIT等，虽然在条约中没有明确要求仲裁庭说明其裁决理由，但条约允许提交国际仲裁的方式仅限于ICSID仲裁，而依据《ICSID公约》第48条第3款的规定，裁决应处理提交仲裁庭的每一个问题，并说明所根据的理由。争端当事方同样可以据此要求仲裁庭对其裁决理由做出说明。

第三，保留缔约国在某些事项上单方行使条约解释权，这主要体现在重大安全例外条款当中。例如，2009年《中国-东盟全面经济合作框架协议投资协议》第17条规定，协定的任何规定不得解释为：①要求任何一方提供其认为如披露会违背其基本安全利益的任何信息；或②阻止任何一方采取其认为对保护基本安全利益所必需的任何行动；或③阻止一方为履行其在《联合国宪章》下维护国际和平与安全的义务而采取的任何行动。这一条款虽然没有完全排除国际投资仲裁的管辖，但由于条款采用了"缔约国认为"这种自行判断的措辞，强调了缔约国才是第一线的决策者，国际投资仲裁庭并不能取代缔约国行使这一职责，只是为外国投资者多提供了一个最后的救济机会，从而增强、补充或矫正缔约国的行为而已。

第四，增设缔约国之间有关条约解释和适用的会谈或磋商机制。此种条款以2006年中国与俄罗斯BIT的第12条磋商条款为典型。该条款规定，缔约双方应当应缔约任何一方的要求对该协定的解释和适用事项进行磋商。缔约任何一方要求此种磋商时，缔约另一方应及时答复。然而，此种会谈或者磋商条款并没有规定经过磋商之后，缔约国全体做出的决定是否对仲裁庭有约束力。因此，若磋商是在案件审理过程中进行的，很可能会被仲裁庭拒绝采用。即便如此，在不存在投资争议的情况下，这一条款还是可以为缔约国之间就条约的解释和适用问题提供一个沟通的平台。如果缔约国全体能就这些问题达成一致，并以书面形式做出联合声明，那么这一声明在随后的案件审理当中被仲裁庭认定为构成缔约国之间嗣后协定的可能性将较大。即便没有做出明确的解释声明，会谈的记录也可作为仲裁庭认定缔约国之间是否存在嗣后惯例的证据。

第五，重申缔约国全体对条约作出的解释对国际投资仲裁庭的约束力。例如，2008年中国与新西兰FTA投资章节（第11章）第155条专门就协定的解释作了规定：①应争端国家一方要求，仲裁庭应当要求缔约双方就争端问题涉及的协定条款进行共同解释。缔约双方应当在该要求提出后60日内，以书面形式将表明双方解释的联合决定提交仲裁庭。②缔约双方做出的联合决定应当对仲裁庭具有约束力。裁决应当与该联合决定相一致，如果缔约双方在60日内未能做出这样的决定，仲裁庭应当独自对该问题做出决定。需要指出的是，除明确规定缔约国全体的解释对国际投资仲裁庭的约束力之外，这一条款还明确规定，争端当事方缔约国享有启动联合解释程序的权力。由于条约解释与其是否胜诉密切相关，在仲裁庭可能做出不利于自身解释的情况下，任何一个争端当事方缔约国都不会放弃这一权利。因此，此种程序启动的概率将会大增，这可在一定程度上解决缔约国全体共同决策困境的问题。2008年的中国与墨西哥BIT和2012年中国与加拿大BIT也有类似规定。[44]

第六，专门解释机构的构建。例如，2012年中国与智利FTA第27条规定，缔约国应建立投资委员会，由双方代表组成。委员会将应缔约任一方或特派委员会请求而就协定下的任何事项举行会谈。其职能包括：①交换法律信息和投资机会；②审查协定的执行；③发布对协定条款的解释；以及④研究任何与协定有关的其他事项。条约的第19条还明确规定，投资委员会可发布对协定条款的解释。这个共同解释对国际投资仲裁庭具有约束力，且任何裁决均须与这个共同解释相符。需要指出的是，采用此类做法仅在中国对外缔结的FTA中出现，在BIT方面，目前并没有类似的实践。[45]

第七，引入"退回"机制。晚近缔结的部分IIA规定，在案件审理过程中，如果涉及相关条款的解释或适用问题，国际投资仲裁庭将这一问题退回缔约国全体解决，仲裁庭只有在缔约国全体怠于行使解释权的时候才能对该问题作出裁定。比如，在涉及例外条款的争议方面，2012年中国与加拿大BIT明确地规定，在争端审理过程中，如果争端缔约方提出抗辩，主张被诉违反的措施属于第8条（例外）或第33条（一般例外）所规定之保留与例外，则应争端缔约方请求，仲裁庭应要求缔约双方对该问题作出解释；若缔约国双方无法就这一问题达成一致，那么，这一争议事项将由国际投资仲裁庭或缔约双方之间的专设仲裁庭处理。缔约国全体以及国家之间专设仲裁庭作出裁决对国际投资仲裁庭有约束力。[46] 2007年《中国与古巴BIT的修订》也有类似规定。[47]

三、中国IIA有关国际投资仲裁庭权力授予与制约实践的评论

从本书对1997年中国与南非BIT及其之后缔结72个的IIA所作的统计来看，总体而论，中国IIA中有关仲裁庭授权的实践是随着中国参与国际投资法律实践的深入而渐次发展的。在短短的40年的时间里，中国对外缔结的IIA数量已超过150多个，远远高于包括美国在内的部分发达国家的缔约数量。如此快速的发展必然会带来一些问题，其中的一个主要问题就体现在IIA条约规定的完备程度和制约机制的有效性没能跟上对国际投资仲裁庭"放权"的步伐。

（一）中国IIA授权条款的评析

从前文对中国对外缔结的IIA授权条款的内容分析可知，中国自1983年开始接受国际仲裁，中国在国际仲裁庭授权方面的立场自此发生转变。早期的IIA虽然接受国际仲裁，但都多将其管辖范围限定于有关补偿数额的争议方面，即便允许投资者把其他争议提交国际仲裁，也设置了"争议双方同意"的限制性条件。"有限授权"是早期中国IIA授权条款的主要模式。直至1997年中国与南非BIT，中国才开始普遍接受国际仲裁，中国IIA的授权条款开始转向"全面授权"模式。

中国在这个问题上的立场转变直接产生以下问题：早期的IIA把绝大多数投资争议的管辖权保留在东道国的手上，相应地，IIA的内容也将交由缔约国自行解释，因而在缔约时，IIA形式理性存在的不足不仅不会损害东道国的利益，反而还会对其更为有利。然而，普遍接受国际投资仲裁的管辖之后，一旦发生争议，条约的解释权就交由国际投资仲裁庭行使。相应地，因

条约形式理性不足而形成的解释裁量空间也交由国际投资仲裁庭所享有。[48] 尽管晚近中国IIA在国际投资仲裁的管辖事项方面引入了诸如税收例外、根本安全例外等例外条款，在一定程度上缩小了国际投资仲裁的管辖范围，中国的缔约实践开始转入"全面授权 + 例外限制"的模式，但仲裁庭仍然可以通过其条约解释权的行使对这些例外条款作限制性解释，或者提高其适用的门槛，从而使这些条款处于"备而不用"的状态。也因此，相关制约机制的构建变得格外重要。

需要强调的是，尽管从整体来看，中国在授权模式方面的缔约实践大致分为"不予授权""有限授权""全面授权"和"全面授权 + 例外限制"的四个阶段，但这四个阶段事实上并不是那么泾渭分明。考察2007年到2022年之间的缔约实践可知，这一阶段的中国IIA授权条款涵盖上述四种类型（参见表6-1）。需要说明的是，在这一阶段中，尽管部分IIA采用的仍是"有限授权"模式，但2007年之后缔结的IIA授权条款所列的"肯定清单"范围要比2007年之前缔结的IIA的范围大得多，已经接近"全面授权 + 例外限制"的范围。这在一定程度上说明，中国政府已经意识到"全面授权"模式可能带来的风险并尝试对此作出调整，但在制约路径选择与具体制约机制的内容方面，仍处于摸索的阶段。

表6-1　中国IIA授权模式的时间分布

授权条款的类型	1982	1983—1997	1998—2006	2007—2022	合计
不予授权	1	3	0	1	5
有限授权	0	82	7	12	101
全面授权	0	1	37	9	47
全面授权 + 例外限制	0	0	0	5	5

续表

授权条款的类型	缔约时间				合计
	1982	1983—1997	1998—2006	2007—2022	
合计	1	86	44	27	158

另一方面，中国的IIA缔约相对方涵盖发达国家、经济转型国家和发展中国家等所有类型的国家。除了中国与几内亚BIT的文本未公开，中国与其余125个国家[49]缔结的158个IIA中，有48个与发达国家签订，18个与转型经济国家签订，90个与发展中国家缔结，还有2个是与两种类型以上的缔约相对国缔结的区域性条约（参见表6-2）。在与这些不同类型的国家缔结IIA时，中国在国际投资仲裁庭授权方面的规定，并没有加以区分。除了"全面授权+例外限制"模式未在中国与转型国家缔结的IIA中出现之外，其他三种类型的授权条款均出现在中国与所有类型的缔约相对国签署的IIA当中。

表6-2 中国IIA授权模式的国家分布

授权类型	缔约相对方类型				合计
	发达国家	转型国家	发展中国家	混合型[50]	
不予授权	1	1	2	1	5
有限授权	33	15	53	0	101
全面授权	13	2	32	0	47
全面授权+例外限制	1	0	3	1	5
合计	48	18	90	2	158

（二）有关国际投资仲裁庭条约解释权的制约措施之评析

如前所述，缔约国可在实体性规则和程序性规则两个方面对国际投资仲裁庭的条约解释权实施制约，但中国IIA在这两个方面的实践均存在较多不足。

1. 实体性规则的完备程度

纵观中国IIA的规定，绝大多数选择的是德国式IIA的模式，条约通常仅包含10多个条款，对许多关键性的概念界定宽泛，且规定呈现出相当程度的差异。虽然晚近中国IIA的实践正朝着美国式IIA的模式发展，条款的数量在增多，条款设计也在逐步精细化，但这些变化主要体现在FTA的投资章节中，BIT却长期停留在原有的水平之上，直到2011年中国与乌兹别克斯坦BIT、2012年中国与加拿大BIT才略有改观。2015年签订的中国与土耳其BIT，整个条约的条款仍然只有12款。

在实体条款的具体规定方面，中国IIA所采用的措辞大多比较宽泛，而且核心条款在不同IIA中规定各异。以征收条款为例，本书收集到的1997年中国与南非BIT之后缔结的72个IIA中，仅有2006年中国与印度BIT，2011年中国与乌兹别克斯坦BIT，2012年中国与日本、韩国投资协定，中国与加拿大BIT，中国与智利FTA，2013年中国与坦桑尼亚BIT，2015年中国与韩国FTA，中国与土耳其BIT，2018年中国与新加坡FTA升级议定书和2019年中国与毛里求斯FTA这10个IIA对"间接征收"这一概念作出进一步界定，其余IIA所采用的仍是与1997年中国与南非BIT相似的做法。此外，不同IIA对核心条款的表述也存在较大差异。仍以征收条款为例，有关征收补偿额的计算方法的规定共有5种不同表述，即按照财产的"价值"（value）、[51]"实际价值"（real value）、[52]"真正价值"（genuine value）、[53]"市场价值"（market value）[54]和"公平市场价值"（fair market value）[55]估算。

这些措辞宽泛却差异较大的条款，无疑让国际投资仲裁庭在解释时拥有了很大的自由裁量空间。另一方面，由于以往的缔约实践没能形成一个明确的立场，在仲裁案件的审理过程中，在条约规则存在多种表述的情况下，中国很难说服国际投资仲裁庭采纳自己的解释主张，因为仲裁庭往往会认为涉案东道国自利性的解释多具有投机性。

可以说，在实体规则方面，中国IIA给予国际投资仲裁庭过多的解释裁量空间。当然，这可能会对中国海外投资保护是有利的。但实践表明，国际投资仲裁庭在解释IIA条款时存在过度解释和"司法造法"的问题，因而，对于中国政府来说，国际投资仲裁庭的裁判不公不仅会挤压中国的施政空间，还可能褫夺中国参与国际投资立法的话语权。

2. 有关制约国际投资仲裁庭条约解释权的程序性规定

在制约措施方面，中国的实践日趋多元化，目前统计到的措施已达17种之多，涵盖管辖权及其派生权力的约束。从纵向层面观察，中国一直处于摸索状态，随着实践的深入，相关制约措施在不断增加。在1997年之前，中国采用的措施主要针对仲裁庭的管辖权，将其限定在有关补偿额，特别是征收方面的补偿额之上，采用的制约措施也较为有限。从1997年中国与南非BIT开始，中国转向普遍接受国际仲裁，可直接提交仲裁的事项全面放开，制约机制的重心也因此需要从管辖权扩大至对其派生权力的制约。从横向层面来看，在缔结IIA时，中国基本上对所有的缔约相对方一视同仁。除了个别IIA之外，中国与发达国家、经济转型国家和发展中国家缔结的IIA所采取的制约措施并无太大差异。但中国的缔约相对国多达126个，面对数量众多且发展水平各异的缔约相对国，中国难免应对不周。从目前来看，中国IIA在程序规则方面有关制约仲裁庭权力的规定存在不少问题。

第一，在制约路径的选择方面，中国存在严重的路径依赖问题。从数量上看，中国IIA采取的措施呈多样化，但大多数针对条约解释权实施的制约措施在2007年之后才开始出现。导致这一情况的主要原因在于，早期中国一直坚持谨慎原则，2007年之前接受国际仲裁的87个IIA依靠"限定管辖范围"这一安全阀，把绝大多数投资争议的管辖权保留在东道国手上，IIA条款的解释权同样交由缔约国保留。因而，即便IIA采用的措辞宽泛，也没有对国际投资仲裁庭的解释权采取专门性的约束，这对中国的影响仍然比较有限。

普遍接受国际仲裁的管辖之后，这一安全阀被撤除，基于原有制度保护的惯性思维，大多数IIA仍旧沿用之前的制约路径。以首个普遍接受国际仲裁的中国与南非BIT为例，它所采用的制约措施仅有5种。在前述的72个IIA中，仍有47个IIA采用与中国与南非BIT相似的做法，相关制约措施仅包含"岔路口条款""强调东道国国内法的适用""国家间争端解决机制""条约的修订"以及"条约的终止"5种一般性措施。

第二，制约措施的重心仍停留在对管辖权的制约之上。考察前述72个IIA的相关规定发现，除了IIA的程序规则基本内容之外，中国IIA常用的约束措施只有"限定管辖范围"这一种制约措施，其余措施的采纳率均未超过20%（参见表6-3）。仲裁庭是以争端裁判者的角色出现的，缔约国在IIA中授予国际仲裁庭的正是投资争议案件的管辖权，制约必然从管辖权开始，这无可厚非。但实践表明，通过条约的解释和适用，仲裁庭可以绕开"限定管辖范围"的限制，扩张其权力。特别需要指出的是，由于中国IIA中均包含最惠国待遇条款，这一条款具有"自动传递"功能，若不作限制，外国投资者可从多个条约中分别取得各项对自己最有利的规定，其中包括争端解决机制，从而导致缔约国所有限定或制约国际投资仲裁庭的权力之规定形同虚设。这是对仲裁庭权力制约的一个至关重要的问题。对此，晚近中国IIA开始明确地规定排除最惠国待遇条款适用于争端解决程序。例如，2011年中国与乌兹别克斯坦BIT的第4条（最惠国待遇）规定，其他协定中规定的争端解决程序不得被援引为最惠国待遇条款来处理条约框架下的争端。但采用这类做法的中国IIA仅有少数，目前只有11个条约对此作出了规定。[56]这意味着，部分IIA中精心设置的制约机制将可能被规避。

表6-3 中国IIA采纳制约措施的情况分析

(1997.12.30—2022.07.20)

措施类型		措施内容	采纳措施的条约数量/个	采纳比例
一般性措施	条约程序规则的基础内容	"岔路口条款"	63	87.50%
		强调东道国国内法的适用	53	73.61%
		国家间争端解决机制	72	100%
		条约的修订	34	47.22%
		条约的终止	65	90.28%
	针对管辖权的制约措施	限定管辖范围	23	33.33%
		缔约国主管机构联合审查的前置程序	6	8.33%
		仲裁员资格	5	6.94%
		管辖权异议制度	4	5.56%
		上诉审查机制	3	4.17%
专门性措施	针对条约解释权的制约措施	非争端一方缔约国提交解释性的书面意见	4	5.56%
		要求说明裁决理由	14	19.44%
		保留缔约国在特定事项上的单方条约解释权	11	15.28%
		缔约国之间有关条约解释和适用的磋商机制	8	11.11%
		重申缔约国条约解释权的优先性	6	8.33%
		专门解释机构	9	12.50%
		"退回"机制	10	13.89%

第三，从规则的一致性来看，中国IIA有关国际投资仲裁庭权力制约方面的规定呈现出碎片化的状态，不仅存在相当程度的差异，甚至还出现立场截然相反的情况。以仲裁庭适用的法律是否包含东道国国内法为例，中国IIA的规定就可分为三大类，部分IIA对这一事项语焉不详，这是一类，其余两类却是截然不同的立场。一类明确地将东道国国内法排除在仲裁庭审理案件时所适用的法律范围之外，要求其应根据条约的规定和被缔约双方接受的国际法原则作出裁决。比如，2009年的中国与马其他BIT。[57]另一类则是以1999年中国与卡塔尔BIT为代表。它明确规定国际投资仲裁庭在审理案件时，有关争议的实质内容，应适用投资所在缔约一方的法律。[58]

可以说，目前中国的应对措施尚未形成体系化。尽管中国IIA采用的制约方式日趋多元，几乎涵盖当前国际社会已有的制约措施，也呈现出明显的中国特色。在一定程度上，这说明了在国际投资仲裁庭条约解释权的制约问题上，中国的应对日趋完善和全面。这一努力是值得肯定的。然而，需要注意的是，这些多元化的制约措施很多都是在2007年之后才出现的。前文已经提及，仍有47个IIA的实践停留在1997年中国与南非BIT的制度安排之上。这些一般性制度安排并不能对国际投资仲裁庭的管辖权和由此派生的条约解释权产生实质性的制约。此外，即便是2007年之后缔结的IIA，也不能说明中国在国际投资仲裁庭条约解释权的制约方面已形成明确的制度安排。因为无论在制约措施的选择，还是在措施的具体内容构建，中国IIA的实践均存在较大差异。此外，这些纳入专门性制约机制的IIA的缔约相对方多是对国际投资仲裁持谨慎立场的国家。它们或者是有过被指控经历，明白国际投资仲裁对国家主权造成的危害，对国际投资仲裁的认识日趋理性的国家，如加拿大、秘鲁和智利；或者在IIA的具体条款设计方面坚持走精细化的路线的国家，比如日本。因此，从2007年之后中国的缔约实践中，并不能绝对地得出中国坚持"留权在手"的结论，这不排除相应的调整是对缔约相对国在谈判中提出的要求做出的回应。

第三节　中国未来在仲裁庭条约解释权授予与制约方面实践之建议

依前述分析可知，在普遍接受国际投资仲裁管辖的情况下，中国大多数IIA无论是在实体规则还是在制约措施方面都没有跟上这一转变。尽管2007年之后的缔约实践有所调整，但仍存在不同程度的差异。毋庸置疑，中国现在需要强调的是"留权"，但究竟"留什么权在手"，还需要进一步分析和考察，但无论如何，退回到"不予授权"的做法不切实际，因而，未来的实践重点应该在制约机制的构建之上。

鉴于对国际投资仲裁庭的有效制约不仅取决于缔约时所构建的制度性安排，还有赖于这些制度安排最终能否转化为缔约国的实践，故本部分在探讨如何完善中国相关缔约实践的同时，也将就中国未来在国际投资仲裁的实践展开探讨。总体而言，在当前的情况下，中国需要构建全方位的、多元的、体系化的制约机制。前一章以及本章的前两个小节已经对包括中国在内的各国IIA中的现有相关制度安排作了梳理，本部分将结合中国在前述实践中存在的不足，针对中国需要重点关注的问题提出相应的完善对策。

一、中国未来IIA缔约实践方面的建议

当前，中国在国际投资中的地位已经发生转变，在吸引外资和保护海外投资两个方面，中国均有重大利益。与此同时，中国缔约相对方构成复杂，其中包含发达国家、经济转型国家与发展中国家。这些国家在国际投资格局中所处的地位各异。因而，在国际投资仲裁庭权力制约的问题上，简单地采用限定仲裁管辖事项或终止授权此类一刀切的做法与中国的现实需求不符。然而，中国作为发展中国家，国内政治经济的改革进程不可避免地会对外国投资者造成影响，一旦被指控，中国单方的条约解释行为的有效性将在很大程度依赖于缔约时所设置的各种制度安排。鉴于此，中国需要从仲裁管辖权这一基础权力及其派生的条约解释权两方面着手（特别是后者），构建体系

性、多元化的约束机制，以便在为自己预留足够的施政空间的同时，最大限度地保护与促进跨国私人投资，特别是本国海外投资的权益。

（一）实体性规则的建议

如前所述，条约实体规则的精确度与国际投资仲裁庭的自由裁量权范围是成反比的。尽管条约用语的多义性无法消除，但在谈判当时，对一些措辞宽泛且在司法实践中出现多样或矛盾解释的概念作进一步澄清，可在一定程度上限制仲裁庭的解释裁量权。[59] 毕竟，缔约时富有远见的、精细化的条约设计，一方面可以限制、压缩未来的解释空间，促进可预见性，另一方面可为确认国际投资仲裁庭对条约作出的解释的合理性提供一个较为客观的评判标准。因此，中国在未来谈判时，应从三个方面着手：一是条约措辞的精确度；二是条约的目的及宗旨的表述；三是缔约实践的一致性。

第一，尽可能地澄清条约实体条款的措辞，特别是那些在司法实践中经常给予国际投资仲裁庭任意解释空间的宽泛措辞。

如前所述，中国 IIA 普遍对公平与公正待遇这类条款只做简单规定。但从 2005 年开始，中国缔结的 IIA 开始对这些条款的范围作限制性解释，规定也日趋细致。例如，在公平与公正待遇条款方面，2005 年中国与马达加斯加 BIT 首次试图澄清这一条款的具体内容。中国与马达加斯加 BIT 第 3 条不仅单独把公平与公正待遇列为一款，而且对公平与公正待遇作了进一步澄清，使得有关公平与公正待遇标准的认定更具有可预见性。具体而言，该条款一方面规定缔约方应依据"国际法原则"给予外国投资者公平与公正待遇，这项待遇不应在法律和事实上受到障碍；另一方面，它明确地列举认定构成该项待遇法律和事实上的障碍应当考虑的要素，同时指出，出于安全、公共秩序、卫生、道德和环境保护等原因采取的措施不应被视作障碍。[60] 2009 年《中国-东盟全面经济合作框架协议投资协议》第 7 条的投资待遇条款则指出，公平与公正待遇是指各方在任何法定或行政程序中有义务不拒绝给予公正待遇；违反条约的其他规定或单独的国际协定的决定，并不构成对公平与公正待遇的违反。

此后，中国的缔约实践开始对公平与公正待遇和充分的保护与安全方面作出更为细致的界定。但在这个方面，中国IIA的做法并不完全一致。例如，2005年中国与马达加斯加BIT第3条第1款采用了"依据国际法原则"的措辞；2008年的中国与新西兰FTA第143条第1款则采用了"普遍接受的国际法规则"的表述；2008年的中国与墨西哥BIT没有提及"国际习惯法"这一用语，但条约的第5条第2款在界定"公正与公平待遇"和"充分的保护与安全"这两个概念时，明确提及"国家实践"和"法律确信"这两个国际习惯法的构成要素。[61]上述实践在一定程度上表明，中国与其他发展中国家一样，仍然对国际习惯法持有怀疑和谨慎的态度。毕竟，传统的观点认为，国际习惯法的形成主要是由发达国家，特别是少数西方大国所主导，而包括中国在内的发展中国家鲜有参与的机会。但这一情况到2008年有所改变，那一年缔结的中国与哥伦比亚BIT明确提及"国际习惯法"这一措辞，要求缔约方应根据国际习惯法给予另一缔约方的投资者在其领土内的投资以公平与公正待遇和充分的保护与安全。不仅如此，条约还进一步澄清："公平与公正待遇"和"充分的保护与安全"的概念并不要求给予超出国际习惯法标准下对外国人的最低待遇标准之上的待遇；违反了该协定或其他国际协定的其他条款并不意味着违反外国人最低待遇标准；根据普遍接受的国际习惯法原则，"公平与公正待遇"包括禁止在刑事、民事或行政程序中拒绝受理或执法不公（denial of justice）。[62]随后的2009年中国与秘鲁FTA第132条也采用了类似做法。虽然何谓国际习惯法标准至今仍然莫衷一是，但这一界定要求仲裁庭在解释时需要考察一般国家的法律实践，由此对仲裁庭的解释产生一定的约束，以避免它们脱离国家实践，任意对IIA做出扩张性的解释。[63]

在间接征收方面，从2006年中国与印度BIT开始，中国IIA开始尝试澄清间接征收的具体内涵。中国与印度BIT议定书上分别针对直接征收和间接征收作了界定，并列举了认定政府的一项措施是否构成间接征收时应当考虑的要素，同时还限制征收条款的范围，设置了公共利益保护的例外。[64]这要求仲裁庭在认定政府的一项措施是否构成征收时，应以事实为依据逐案进行审查，并考虑措施的经济影响、措施是否具有歧视性及其程度、对投资者合理预期的违背程度以及措施的性质和目的等因素。需要注意的是，在考察措施的性质和目的认定方面，条约还引入了类似比例原则的要求，即考察措施是否为了善意的公共利益目标而采取，以及在该等措施和征收目的之间是否存在合理联系。这些规定在限制仲裁庭自由裁量空间的同时，也使得仲裁庭在间接征收的认定方面的解释更具有可预见性。

需要指出的是，中国在晚近有关间接征收认定要素方面的实践同样存在差异。如前所述，2006年中国与印度BIT规定的征收的认定要素包括四项，即措施的经济影响、措施是否具有歧视性及其程度、对投资者的合理预期的违背程度以及措施的性质与目的。2008年中国与新西兰FTA和2011年中国与乌兹别克斯坦BIT也采用类似的措辞。[65]然而，到了2012年，中国IIA又采用了不同的做法。当年缔结的中国与加拿大BIT、中国与日本、韩国投资协定、中国与智利FTA的关于投资的补充协定对间接征收的认定要素的规定从"四要素"变成了"三要素"，不再考虑措施的"歧视性"及其程度，在措施性质的认定方面，删除了类似比例原则的要求。[66]

即便采用"四要素"认定标准的IIA，在措辞上也并不完全一致。2008年中国与新西兰FTA附件13对第145条征收条款所作的补充规定，虽然在仲裁庭认定间接征收需要考虑的要素方面，条约同样采用"四要素"的认定标准，但在具体措辞上与2006年中国与印度BIT的规定有较大差异。其中，最为明显的差异就是"有关投资者合理预期的违背程度"这一要素的规定。由于在国际投资仲裁实践当中，各国对有关投资者"合理预期"这一概念的解释并没有达成一致，而对于这种措辞比较模糊的概念，仲裁庭多倾向于作扩张性的解释，扩大"合理预期"的适用范围，这可能导致作为被申请方的东道国处于不利的境地。[67]与其他IIA的规定不同，中国与新西兰FTA的规定没有明确提及投资者"合理预期"一词,而是规定东道国政府若违反其事前向投资者所做的具有约束力的书面承诺,就可能构成间接征收,无论此种承诺是通过协议、许可还是其他法律文件做出的。[68]事实上,政府事先向投资者作出的具有约束力的书面承诺就是给予投资者一种明显的、合理的投资预期。因此,尽管中国与新西兰FTA没有明确提及这一表述,但它同样将对投资者"合理预期"的违背程度作为认定是否构成间接征收的一个要素,并且将投资者的"合理预期"这一抽象化的概念进一步具体化为"东道国政府事前向投资者所做的具有约束力的书面承诺",从而使这一概念更具有可预见性和可控性,因为,这些限制性的规定不仅缩小了间接征收的适用范围,而且限制了仲裁庭解释的自由裁量空间。在未来的缔约实践中,中国应坚持这种做法。

第二,全面、清晰地表述条约的目的及宗旨,尽可能兼顾各种利益之间的平衡。

如前所述,在条约文本措辞模糊的情况下,目的解释是国际投资仲裁庭最常用的一种解释方法。在实践中,条约的序言等条款是确认IIA目的及宗旨的重要依据,因此,缔约时对条约目的及宗旨的表述是否全面、清晰将十分关键。然而前文也指出,IIA法典化的趋势日益明显,条约的内容也日渐复杂。在IIA实践中,与投资有关的议题在不断扩张,环境保护、劳工标准条款、竞争政策、税收与激励措施、透明度等新的议题不断被纳入其中,而这些新议题与传统的投资保护与促进的议题可能存在相互冲突的地方。因此,全面、清晰地表述条约的目的及宗旨并不是一味地强调条约宗旨的表述要做到面面俱到,而应该强调序言对IIA目的及宗旨的表述要注意各种利益的合理兼顾与平衡。对此,本书认为,在条约目的的表述方面,应注意协调以下三种关系:

首先,强调私人投资保护与公共利益维护之间的关系。事实上,在IIA的目的及宗旨表述方面,中国以往的实践已有所注意。不少IIA除了兼顾前

277

述两者的利益之外，还特别提及尊重缔约国的主权和平等互利。例如，1992年的中国与越南BIT的序言就规定，"为发展两国的经济合作，愿在相互尊重主权和平等互利的基础上，鼓励和保护缔约国一方的投资者在缔约国另一方领土内的投资，并为之创造良好的条件。"然而，晚近缔结的部分IIA也出现了片面强调东道国为投资者创造投资条件的义务，而忽略投资者应尊重东道国主权的表述。例如，2006年中国与印度BIT的序言规定，"愿为鼓励缔约一方的投资者在缔约另一方领土内投资创造有利条件，认识到根据国际协定鼓励和相互保护投资将有助于激励经营的积极性和增进两国繁荣。"这样一种措辞极有可能给予国际投资仲裁庭对条约做出有利于外国投资者的解释的理由。因为，依照上述的措辞，仲裁庭很可能会得出对投资者的保护就是促进东道国的经济发展和繁荣的结论。比如，Amco v. Indonesia案的仲裁庭就是采用了此种逻辑。该仲裁庭在对《ICSID公约》相关条款进行解释时就指出，保护投资也是东道国的长期利益所在，保护投资即是保护发展及发展中国家的普遍利益。[69]针对这一问题，2012年的中国与日本、韩国投资协定的序言明确规定，承认投资者遵守在其领土上从事投资活动的缔约方的法律和法规的重要性，有助于经济、社会和环境的进步。对于此类强调对东道国公权力的尊重与保护的措辞，中国的未来缔约实践应该坚持。

其次，经济价值与非经济价值的协调。如前所述，国际投资仲裁实践存在忽视环境保护、劳工、公共健康和社会发展等问题，投资条约措辞的不明确给经常作为被申请方的东道国带来更多的法律义务和更大的法律风险。为避免国际投资仲裁庭滥用条约解释权的行为侵害东道国，尤其是对发展中国家的发展权，有必要引入可持续发展原则，协调经济价值与非经济价值的关系。晚近中国IIA已经注意到这个问题。例如，2009年《中国-东盟全面经济合作框架协议投资协议》的序言在强调逐步实现投资体制自由化并为投资提供保护的同时，还强调在平等互利的基础上实现经济的可持续增长与发展，实现双赢的结果；此外，协议还重申各缔约方在WTO和其他多边、区域及双边协定和安排中的权利、义务和责任。如此一来,序言与条约中第10条的转移和利润汇回、第16条的一般例外、第17条的安全例外、第19条的透明度等条款中所提及的公共利益维护,都表明缔约方缔结IIA的目的不仅是保护与促进外国投资,还包括促进缔约方的经济发展与社会福利。这样的表述强调了国际投资仲裁庭在对条约条款作出解释时应该兼顾缔约方的其他非国际投资条约的义务,比如环境保护与社会文化保护等义务,避免仲裁庭利用目的解释的方法过分强调经济价值而忽略非经济利益。2012年的中国与日本、韩国投资协定的序言中同样作了类似规定。[70]未来中国对外缔结的IIA应坚持此种做法,即在序言当中规定,东道国有权根据自身的发展状况,颁布和实施任何与可持续发展有关的政策和法律。同时,外国投资者和投资者母国政府均应当尊重并促进东道国经济、社会、文化和政治的可持续发展。尽管此种表述并没有直接对外国投资者及投资者母国施加法律义务,但这将有助于仲裁庭据此对条约作出解释,确保投资以有利于东道国政治、经济和社会秩序发展的方式进行。

最后,强调各国监管主权的平等与互利。如前所述,在政治、经济和社会发展方面,发展中国家承担着更为繁重的任务,而仲裁庭却在解释和适用条款时倾向于对发展中国家施加更为严苛的审查标准,从而令发展中国家更容易成为被申请方,承担更大的法律义务和风险。正因如此,不少发展中国家已经采用终止或放弃IIA这种激进的做法,长此以往,将会危及国际投资法律体制本身。有鉴于此,特殊与差别待遇原则的引入与完善是十分必要的。尽管这一建议在国际组织和学界早有讨论,[71]但各国的实践对此的回应并不积极。中国同样如此,其对外缔结的IIA鲜有对此作出规定,直到2009年的《中国-东盟全面经济合作框架协议投资协议》才将这一建议转化为实践。该协定序言的最后两段指出,缔约各方认识到缔约方之间不同的发展阶段和速度,对柬埔寨、老挝、缅甸和越南等东盟新成员实行特殊和差别待遇及灵活性的必要性;重申各缔约方按既定的时间表建成中国与东盟自由贸易

279

区的承诺,并允许各缔约方在处理《框架协议》所包含的各自敏感领域中具有灵活性,在平等互利的基础上实现经济的可持续增长与发展,实现双赢的结果。这一规定不仅重申东道国有权根据自身的发展情况,决定对外资的开放程度以及对外资的监管尺度,而且确认发展中国家援引特殊与差别待遇来减轻其所承担的投资条约义务和法律风险是正当的。此外,特殊与差别待遇原则并不是一项新的原则,不少国际法,特别是国际经济法领域,如国际贸易、国际金融,都引入了这一原则。可以说,引入这一原则既可纠正国际投资仲裁庭区别对待发达国家与发展中国家的做法,又可协调IIA与其他经济领域的条约(如WTO协定等)关系。中国在未来缔约实践中可坚持这一做法。

第三,在核心条款的价值取向和措辞方面,中国应尽可能地保持一致性。

之所以强调缔约实践的一致性,其关键在于持续一致的缔约实践有助于《条约法公约》第31条第3款所规定的嗣后惯例的形成。尽管缔约国的单方行为很难构成嗣后惯例,但在实践中,仍然有缔约国的单方实践被国际投资仲裁庭在解释时加以参考。例如,已经有多个案件的仲裁庭在解释IIA具体条款时援引美国的2004年BIT范本作为支持,例如,Pan v. Argentina案[72]、CMS v. Argentina案[73]、Enron v. Argentina案[74] 和El Paso v. Argentina案[75]等。当然,美国BIT范本对于国际投资法律实践的影响力很可能是源自美国这个超级大国本身的地位,但不可否认的是,这也与美国在缔约时尽量保持前后一致的做法有关。有研究表明,美国无论是在IIA范本的制定与修改方面,还是在缔结IIA方面,均会注意保持IIA核心条款用语以及本国外资政策立场的一致性。在谈判时,美国通常会以事先制定的IIA范本作为基础,范本本身就是参考美国以往的缔约实践而制定或修改的。即便在谈判当中,美国有时会同意修改条约措辞以澄清含义,或者使用对于缔约相对方的法律制度而言更为熟悉的术语,或者因为缔约相对方所提的要求可以更好地完善条约的内容而需要做出妥协，美国的谈判者通常会采用相对标准化的用语，以便就这种妥协形成一种惯常遵循的模式。具体而言，即使缔约时不得已需要修改事先准备的IIA范本，美国通常会选择那些在国际实践当中约定俗成的，特别是与国际投资实践相关的法律用语，这些用语一般会是先前的IIA范本或缔结IIA时采用的措词或用语。因此，美国对外缔结的IIA以及拟定的IIA范本并非一成不变，它们同样历经演变，但极少会出现截然相反的措词，其修订主要是澄清条约的用语或对之前未作规定的议题加以补充，而非限制或扩大IIA所保护的投资的范围。[76] 从解释的说服力来看，一国前后一致的缔约实践表明了缔约国一贯的立场，且这一立场普遍为缔约国对外缔结的条约所采纳，具有普遍适用性，因而代表了缔约国的真实意图，而不是为了规避具体案件的条约义务的投机行为。因此，在将来的实践中，中国有必要注意这个问题。

（二）程序性规定的建议

在制约机制的构建方面，中国应在2007年之前的缔约实践的基础上，结合2007年之后实践中新增的制约措施做进一步完善和补充，应注意分别从仲裁庭的管辖权和条约解释权两方面入手，构建全面的、多元化的和体系化的制约机制。

1. 针对仲裁庭管辖权实施的制约

在针对仲裁庭管辖权实施的制约方面，应从以下几个方面着手：

（1）限定国际投资仲裁庭管辖权的行使范围

依前述分析可知，提升仲裁庭权力行使的途径大致可归纳为两种：一是限定其权力范围，取消不必要的授权，二是监控必要授权的行使。因此，就未来的缔约实践而言，中国需要注意以下三个方面的内容：

第一，管辖权的授权模式选择。前述的分析表明，2007年之后缔结的IIA实践在授权模式方面呈现出多元化的特征，特别是最新缔结的RCEP并没有纳入国际投资仲裁机制，而是将外国投资者与东道国之间的争端解决列入工作计划作为后续谈判的事项。这意味着在对国际投资仲裁庭授权方面，中国政府仍在探索中。考虑到毫不设防的"全面授权"会给身兼资本输入国和输出国的发展中大国身份的中国带来的较大风险，"有限授权"和"全面授权+例外限制"模式更能兼顾中国的多重身份。从授权的范围来看，"有限授权"原则上要比"全面授权+例外限制"更为可控。毕竟，"一揽子"授权给予的管辖事项范围太大，而例外清单很难面面俱到。但这也不是绝对的，"有限授权"的制约效果同样取决于缔约国的立法技术。因为措辞宽泛的"肯定清单"同样可能授予仲裁庭宽泛的权力。因此，部分国家在缔结IIA时首先对条约实体规则进行细分，然后再用一个清单明确地将部分实体规则纳入国际仲裁的管辖范围。这些IIA通常把投资议题项下的义务细分为"投资准入""投资保护""投资便利化""投资促进"等方面，并将前两项列入国际仲裁庭的授权清单中。有学者指出，这种做法实际上是将容易引发争议的"投资准入"和"投资保护"议题与构建投资友好型的国际投资环境的"投资便利化"和"投资促进"议题区分开来，并将后者排除在国际投资仲裁机制的管辖范围之外，可以最大限度地兼顾外国投资和东道国的利益，推动国际投资法制发展。[77]需要特别注意的是，不少IIA在采用"肯定清单"作出授权的同时，还引入"例外"条款将部分特定事项排除在国际仲裁的管辖范围之外，比如，欧盟与加拿大自由贸易协定和2018年中国与新加坡FTA升级议定书。[78]从现有的实践来看，这种"肯定清单"加上"例外限制"的"有限授权"模式对缔约国而言，授权范围是最为明确，应是中国未来的授权条款选择的方向。

第二，确认排除的特定事项的范围。实践表明，一旦决定缔结条约，无论选择何种授权模式，中国都需要考虑应将哪些重要的事项排除在国际仲裁的管辖之外。在这个方面，中国已有的实践主要涉及：税收措施；有关政府采购法律、法规、政策或普遍适用的程序；政府补贴或补助方面的政策或措施；缔约国相关机构或主管机关行使政府职权时提供的服务；影响服务贸易的措施[79]；知识产权；金融审慎措施[80]；文化产业的相关措施[81]；烟草措施[82]；有关财产和不动产物权的争议[83]；一方采取的非歧视的和出于公共健康、安全、环境、公共道德或公共秩序等合法公共礼仪目标的措施[84]等。鉴于中国在税收措施、金融审慎措施、政府采购、补贴和合法公共礼仪目标的措施等方面的实践比较一致，加之这些措施均与东道国的外资监管主权密切相关，未来应该是例外清单中的主要内容。在上述基础上，中国可结合本国的具体情况酌情增加其他例外事项。

第三，就特定重要事项引入缔约国主管机构联合审查的前置程序，在程序上排除仲裁庭享有此类事项的管辖权。由于在案件的管辖权认定这一问题上，国际仲裁庭享有裁决权，因此，即便IIA明确列出了例外事项，仲裁庭仍然可能通过解释的方式扩张其管辖权，未来有必要坚持类似中国与哥伦比亚BIT的税收条款的做法，明确缔约国各方的主管机构才是与条约列明之特定例外事项的首要裁判者，仲裁庭仅在缔约国各方主管机构无法就相关争议作出裁决的情况下，才能对争议行使裁判的权力。

（2）增加缔约国单方制约国际投资仲裁庭管辖权的措施

作为全球主要的资本输入国，中国未来作为被申请方的概率在增加，一旦进入仲裁程序，本国对仲裁庭实施的单方制约就变得十分重要，有必要在IIA中纳入两类措施：

第一，管辖权异议制度。在未来的缔约实践当中，中国可考虑坚持2008年的中国与新西兰FTA第154条第2款、第3款和2012年中国与智利FTA第18条的做法，允许作为被申请方的缔约国在存在仲裁请求明显缺乏法律依据或超出仲裁庭管辖权或职能的情况下，提出反对意见。尽管在案件的管辖权认定这一问题上，国际投资仲裁庭仍享有最终的裁决权，但这一制度可在案件的审理初期对国际投资仲裁庭是否享有管辖权作一个初步的审查。客观上，这会对仲裁庭起到一种监督的作用。毕竟，国际投资仲裁庭权力的扩张就是从其管辖权的扩张开始的。

第二，对仲裁员的资格作特别规定。仲裁员的选任是争端当事方缔约国直接控制仲裁庭的主要方式，但由于仲裁庭的构成人选并非完全由缔约国决定，因此，缔约国还需要在缔约时事先对仲裁员的选任标准做出规定，从而在一定程度上提高首任仲裁甚至私人投资者指定仲裁员关注公共利益保护的可能性。前文已经提及，国际投资仲裁员的专业背景和从业实践会对其价值取向、解释方法的选择产生重要影响，为了避免因仲裁员本身的私法思维或从业背景导致其在解释时过分偏袒投资者，中国可坚持2007年《中国与古巴BIT的修订》和2012年中国与加拿大BIT的做法，特别是后者的做法，强调仲裁员应当具有国际公法和国际经济法方面的专业知识或经验，同时就不同的争端，例如税收、金融、环境等争端，对仲裁员的资格作出相应要求。

2. 针对仲裁庭条约解释权实施的制约

有关国际投资仲裁庭条约解释权的制约问题，中国需要从以下两个途径设置相关制度安排，以提高缔约国全体和缔约国单方制约措施的有效性。

（1）提高缔约国全体对国际投资仲裁庭实施制约措施的意愿

第三章已指出，在国际投资条约解释方面，国际投资仲裁庭之所以能够"一庭独大"，其中一个重要的原因就在于缔约国面临共同决策困境的问题而无法行使其条约解释权。为了提升缔约国全体行使其条约解释权的意愿，中国在未来的缔约时应该重视以下两类机制的构建：

第一，构建专门的解释机构，并明确其对IIA作出的解释决定对国际投资仲裁庭有约束力。比如，可参考采用2012年中国与智利FTA第27条规定，构建专门的委员会负责条约的解释和执行等事宜。尽管明确将缔约国的条约解释权授予一个独立的第三方同样存在授权监控的问题，但与国际投资仲裁庭不同，委员会的组成成员通常是缔约国指派的官员，缔约国对这一机构的控制远比国际投资仲裁庭要高。更为重要的是，作为一个常设性的机构，它可对条约的运行展开持续性的监督，并依据情势的发展对条约作出进一步解释，这比在发生争议时再联络缔约国作出临时解释更具连续性、可行性和可预见性。

第二，增设"退回"机制，提高国家-国家争端解决机制的有效性。实践已表明，专门解释机构的存在只是为缔约国全体行使条约解释权提供常设性的决策机制，并不能完全消除它们所面临共同决策难题。另一方面，负责解决缔约国之间有关条约解释与适用争议的国家-国家争端解决机制长期处于停摆的状态[85]，因此，如何提高国家-国家争端解决机制的有效性成为晚近各国IIA实践的一个重点。前文已提及，晚近中国IIA在这方面已有所尝试，比如在2012年的中国与加拿大BIT。尽管在该BIT中，这一制度的适用范围较窄，仅适用于有关金融审慎例外方面的争议，但本书认为这一模式值得推广，中国未来在缔结IIA时可以参考中国与加拿大BIT第30条的规定在条约中明确规定，如果国际投资仲裁庭在审理案件过程当中出现条约的解释和适用问题，应争端当事方缔约国的要求，仲裁庭应将有关解释方面的争议提交缔约国双方解决，如果缔约国双方无法达成一致，那么，这一争议将提交国家-国家争端解决机构解决。缔约国全体或者国家-国家争端解决机构的裁决对国际投资仲裁庭有约束力，国际投资仲裁庭只有接到前两者作出裁决的其中一个才能继续下一步的审理，案件审理应依照这一裁决作出。

这一机制的最大作用在于通过提高国家之间的争端解决程序启动的可能性来强化缔约国全体行使条约解释权的意愿。原因在于，如果缔约国全体无法达成一致，那么国家之间争端解决程序将会启动，此时话语权就交由一个独立于缔约国第三方的裁判机构，而其作出的裁决将可能产生普遍适用的效果，除非缔约国重新达成一致，否则这一裁决将一直有效。当然，国家-国家争端解决机构做出的只是个案的裁决，但是依据"一事不二理"的原则，就同一个IIA条款的解释问题，不可能交由不同争端解决机构分两次解决。也正因如此，相较于美国投资者对国际投资仲裁的热衷，美国政府对国家之间的争端解决机制却谨慎有加，并不愿意将IIA的解释问题提交国家-国家争端解决机构裁决，而希望将这一解释权牢牢掌握在自己手中。[86]因此，把缔约国全体、国家-国家争端解决机构和国际投资仲裁庭这三个有权解释主体关联起来，形成相互制约，将有助于提升国际投资仲裁庭所做裁决的正当性。

当然，有学者会质疑这一做法存在外交保护的嫌疑，有违国际投资仲裁机制设立的初衷——去政治化。但本书认为这一看法过于片面。在国际投资仲裁中，投资者已经享有自主启动仲裁程序主张救济的权利，而母国更多的是以条约缔约国的身份而不是投资者母国的身份参与到条约解释活动当中。作为条约的缔结者，投资者母国有权参与条约解释的活动，这一权力并不因投资争议发生而受到限制。即便其作出的解释会对其投资者产生影响，那也不是投资者母国单方做出的，而是缔约国全体做出的。从这个视角来看，投资者母国并没有直接介入投资者的争端解决，这是与外交保护完全不同的。不仅如此，投资者母国是非争端当事方，不存在规避条约义务的情况，因而它更能跳脱个案，从更为客观的立场对条约作出解释。[87]因此，在面对条约解释存疑的时候，主动要求投资者母国作出解释，可作为国际投资仲裁庭确认缔约国双方意图的一个途径。例如，在 Aguas v. Bolivia 案中，仲裁庭就曾经就荷兰与玻利维亚 BIT 有关管辖权的条款解释问题，要求荷兰政府提交相关文件纪录。[88]而在 SGS v. Pakistan 案中，瑞士就曾指责仲裁庭在对 BIT 中保护伞条款作出有争议的解释之前没有寻求其解释意见。[89]

此外，从功能上看，这一制度还与部分 IIA 在诸如税收、金融服务等特定事项设置的缔约国主管机构联合审查前置程序相重合。但前置程序是针对国际投资仲裁庭的管辖权作出的制约，且仅强调缔约国对这些事项管辖的优先权，并没有排除仲裁庭对这些事项的管辖权。在实践当中，投资者仍有规避缔约国主管机构联合审查前置程序的可能。对此，2019年中国与毛里求斯BIT在有关税收事项上设置了缔约国主管机构联合审查前置程序，同时还在审慎措施的争端解决方面引入"退回机制"。不仅如此，该BIT还规定在任何仲国际投资仲裁中，应争端一方的请求，仲裁庭在就赔偿责任作出决定或裁决之前，应将其拟定的决定或裁决传送给争端双方和非争端缔约方。在仲裁庭传送其拟定的决定或裁决后60日内，争端双方可就拟定的该决定或裁决的任何方面向仲裁庭提交书面评论。仲裁庭应考虑任何此类评论并在60日评论征询期届满后45日内发布其决定或裁决。中国可以在后续的缔约中坚持采用类似做法。

（2）确保缔约国单方行使条约解释权的权利

第一，明确东道国在某些事项上可单方行使条约解释权。例如，在国家根本安全例外条款方面，从目前的实践来看，2009年之后对外缔结IIA均规定东道国可在国家安全问题上享有自行判断的权力，且采用的措辞基本一致。据此可以推断出，在维护国家根本安全利益方面，中国对这种自行判断模式的条款持肯定与支持的态度，这应该是未来中国IIA国家安全例外条款的模式。需要指出的是，2009年中国与秘鲁FTA国家安全例外条款却在脚注部分进一步明确，这一例外条款是否能适用的问题，应由审理该案的仲裁庭来裁定。[90]由此带来的问题是，这一规定是否意味着国家通过条约保留的单方解释权将被取消？事实上，国家安全例外并没有绝对地排除国际投资仲裁庭对这一事项的管辖权，所以，即便条约没有作此规定，国际投资仲裁庭同样享有对案件审理的管辖权。需要注意的是，2009年中国与秘鲁FTA国家安全条款采用的是"其认为……必要"此类允许缔约国自行判断的措辞。依照目前的仲裁实践以及学者们的看法，仲裁庭对这一问题的审查应采用善意审查的标准而非实质性审查的标准。[91]这意味着，虽然国际投资仲裁庭对案件享有管辖权，但其审查权限是受到限制的。

第二，允许非争端当事方缔约国提交解释性意见。在裁判过程中，争端当事方缔约国必然会通过各种方式主张自己的观点，以说服或影响国际投资仲裁庭的裁决。其他争端当事方缔约国不是案件的直接关联者，原本不能介入到争端解决程序当中，而作为条约的缔约国和潜在的争端当事方，国际投资仲裁庭对条约作出的解释不可避免地会对其未来的施政产生影响。此外，缔约国的单方解释行为对国际投资仲裁庭是不具有约束力的，只有获得其他缔约国的同意，即形成缔约国全体合意的情况下，其作出的解释才有可能对国际投资仲裁庭产生约束力。因此，允许非争端当事方缔约国参与案件审理，并有权提交解释性意见，可以为缔约国各方就条约解释问题展开讨论并达成一致提供一个平台。如果在这个过程当中，缔约国各方对条约的解释达成一致，那么，缔约国也可主张构成有关条约解释的嗣后协定而请求国际投资仲裁庭予以采信。无疑，这将有助于提升缔约国对国际投资仲裁庭的制约。从另一个方面看，这一做法还将是中国以非争端当事方身份介入国际投资仲裁程序，制约国际投资仲裁庭条约解释权的重要途径。基于上述理由，本书认为中国未来的实践应坚持2012年中国与加拿大BIT的做法，允许非涉案缔约国参与案件审理，并有权提交解释性说明。

3. 构建阻断机制

前文已提及，在过去的缔约实践中，中国无论在条约的实体规则还是程序规则方面都存在措辞不一，甚至立场截然相反的情况。在条约包含最惠国待遇条款的情况下，如果对其适用范围不做限制，那么，外国投资者很有可能会藉此绕开IIA中设置的制约程序要求启动国际仲裁，IIA中所有的制约机制都将形同虚设。为了阻断IIA中包含的最惠国待遇条款的自动传导效应，部分中国IIA专门对最惠国待遇条款的适用范围作出明确的规定。然而，在最惠国待遇条款能否适用于争端解决程序方面，中国IIA的做法同样存在差异。多数IIA对这一事项不加规定，这是一类，其余两类却是截然不同的立场。一类以2004年的中国与突尼斯BIT为典型，它的第11条明确规定，缔约国一方投资者在协定项下的所有事项在缔约国另一国领土内应享有最惠国待遇。另一类则是明确规定最惠国待遇条款不适用于争端解决程序。2011年中国与乌兹别克斯坦BIT的第4条规定，其他协定中规定的争端解决程序不得被援引最惠国待遇条款来处理条约框架下的争端。所以，中国除了坚持中国与乌兹别克斯坦BIT的做法之外，还应尽早通过条约的修改程序或者重新缔约的方式修正前述多数IIA的疏漏和矛盾之处。

二、对中国参与国际投资仲裁实践的建议

如前所述，中国已经开始参与国际投资仲裁实践。尽管目前的实践相对有限，但由于中国的IIA已普遍接受国际投资仲裁管辖，即便中国晚近在这一问题上作了相应调整，也不可能退回到"不予授权"的情况。因此，中国参与国际投资仲裁的实践将会日渐增多。在国际投资仲裁当中通过各种途径说服国际投资仲裁庭接受自己的解释意见，促成有利于中国的条约解释结论，将成为中国参与国际投资立法的另一个重要途径。第四章已指出，除了在缔约时对条约的条款作出细致的规定之外，缔约国还可以通过各种途径形成有关条约解释的嗣后协定或嗣后惯例，从而引导国际投资仲裁庭作出对自己有利的条约解释。这些方式包括争端当事方缔约国提交的答辩状、投资者母国提交的书面意见、其他缔约国提交的书面意见等。因此，在未来的国际投资仲裁实践当中，在考虑如何减少被指控可能的同时，中国还应考虑若出现不得已参与国际投资仲裁的情况，应采取何种措施应对。

（一）作为争端当事方缔约国提交答辩状

这是作为被申请方的缔约国影响国际投资仲裁庭所做解释的主要方式，毕竟，每个涉案缔约国在进行抗辩时都会涉及条约约文的解释，但它的客观性和可信度也最具争议。在争议发生之后，争端当事方缔约国处于被申请人的地位，其所有抗辩必然是为了论证自己的行为没有违反条约义务，会带有片面性，也因此它的效力会受到质疑。例如，鲁道夫·多尔泽（Rudolf Dolzer）和克里斯托夫·施罗伊尔就对涉案缔约国答辩状的说服力表示怀疑，认为这是涉案缔约国的单方面判定，仅具有限的价值，因为它们更多的是一种自利行为，这一抗辩很可能是希望促使仲裁庭作出对自己有利的裁决。[92] Gas v. Argentina案的仲裁庭同样认为，涉案当事一方在仲裁程序中的主张不

可能反映缔约国之间存在嗣后协定的实践。[93]

尽管如此，并不能排除争端当事方缔约国的单方解释会被仲裁庭接受的可能，而且如果争端当事方缔约国对条约解释是持一贯立场，并且这一贯立场被其他缔约国所支持，则可能会构成嗣后协定或者嗣后惯例。因此，对于中国而言，一旦被诉诸国际仲裁，最重要的一个问题就是如何提高自己条约解释主张被国际投资仲裁庭采纳的可能性。换言之，作为争端当事方缔约国，中国如何尽量证明自己的条约解释主张不仅是为了抗辩的目的，还在于澄清条约的含义。对此，中国需要注意以下几个问题：

第一，可利用以往的缔约实践作为依据，提高中国对案件相关条款解释的说服力。当然，这一做法的前提是，中国以往的实践在案件相关条款的解释方面形成一贯立场，比如在前后缔结的条约或者IIA的范本当中对相关概念已作明确界定，且立场保持一致性。

第二，在案件发生争议之时，可通过发表解释声明的方式表明本国立场。单方声明虽然不能对国际投资仲裁庭直接产生约束力，但是通过公开声明的方式，可表明中国在某个条款解释方面的立场不是依据个案作出的，而是基于普遍适用的目的。此外，如果其他缔约国此前已经存在相同立场的声明或实践，那么，中国还可主张缔约国之间在这一问题上已达成共识，请求仲裁庭予以采信。

第三，利用本国国内的实践来证明本国对条约条款解释的一贯主张。虽然国家不得援引其国内法作为违反条约义务的理由[94]，但不能否认的是，国际法允许参照国家的内部实践与国家之间的实践，而且在人权法领域，一国的国内实践在确认条约有关外国人在缔约国领土内所享受的待遇方面就具有非常重要的作用。[95]此外，缔约国单方的国内实践一般只能作为单方证据，但如果本国的国内实践与其他缔约国的实践相一致，那么这将极有可能构成嗣后惯例的有效证据。在ADF v. United States案中，申请方主张，美国措施中的特定国内成分与业绩要求是有失公正和公平的。美国则主张，NAFTA

缔约国中的类似措施十分普遍,这表明此种措施本身并不被缔约国所禁止。美国的这一观点最终被仲裁庭采纳。[96]

第四,善用IIA的谈判资料。虽然缔约的准备资料仅在特定情况下才能作为国际投资仲裁庭的解释参考依据,但是,条约准备资料是探知缔约各方真实意图一个有效途径。在实践中也有国际投资仲裁庭援引缔约的准备资料作为其解释的依据。[97]因此,中国在谈判时应注意收集和保存本国和缔约相对方谈判的资料,必要时可以作为增加本国解释说服力的有效证据。

第五,在相同条款解释方面,中国应注意保持立场的一致性。需要特别指出的是,在实践当中,中国应对条约解释的重要性保持清醒的认识,在个案当中对条约所做的解释应有大局意识,而不仅仅关注个案的胜负,必须兼顾这一解释对未来中国缔约实践和国际投资仲裁实践的影响。因此,中国在提交抗辩之前,应先把答辩状的内容交由专家和学者论证,甚至应该组织相关条约条款解释可能涉及的国内部门和机构进行审查,审查通过后才能提交。这种做法不仅可以在与国际投资仲裁庭对话的过程中增强本国解释性说明的合理性,而且能避免因中国在类似案件和条款立场上的不一致而削弱本国单方解释的说服力。

(二)作为非争端当事方缔约国提交解释性的书面意见

作为非争端当事方缔约国参与到国际投资仲裁,是缔约国制约国际投资仲裁庭条约解释权的重要方式。在条约包含第三方参与国际投资仲裁的制度安排的情况下,中国应该善用这一制度。通过第三方参与国际投资仲裁,中国可以两种身份介入仲裁程序:一种方式是作为投资者母国提交解释性的书面意见;另一种方式则是在多边条约的情况下,作为非涉案缔约国提交解释性的书面意见。

作为第三方参与国际投资仲裁程序,一方面可以监督国际投资仲裁庭的解释活动,若在案件审理的过程当中,仲裁庭出现滥用条约解释权或越权解释的情况,那么,中国可以通过提交书面解释意见的方式表示异议。另一方面，在案件审理过程当中，如果争端当事国所持的立场与中国不一致，那么，中国需要谨慎考虑，必要时，也可通过提交书面解释意见的方式表达不同意见，以避免形成不利于中国的嗣后实践。有学者就曾指出，美国政府在国际投资法领域的影响力不仅仅来自它的缔约实践，还来自其对"判例法"的关注，也即通过各种方式参与到国际投资仲裁当中。[98]这是值得中国借鉴的地方。

本章小结

本章主要探讨了中国IIA在国际投资仲裁庭的权力授予与制约机制方面的实践。缘于对国家经济主权的保护，中国在早期的IIA实践当中一直对国际投资仲裁机制持谨慎、保守的态度，但是随着中国对外投资的迅猛发展，中国IIA的实践也表现出明显的保护投资的倾向，其中一个重要特征就是普遍接受国际投资仲裁的管辖。由于在早期的IIA当中，中国制约国际投资仲裁庭权力的方式主要集中于对国际投资仲裁管辖事项的限制，因此，一旦撤除管辖权限制这个藩篱，实体规则以及相关程序规则存在的诸多不足就被暴露出来。

2011年，中国首次成为ICSID仲裁的被申请国，这意味着，中国的身份在未来的仲裁实践中将会在争端当事方缔约国与非争端当事方缔约国之间转换；这也意味着，中国参与国际投资立法的途径将从条约谈判扩展到国际投资仲裁。如何利用IIA以及相关国际投资仲裁实践增强中国在国际投资立法当中的话语权，这是中国需要研究的新课题。为了达成这一目的，中国需要注意两个方面的问题：一方面，中国应在缔约时强调条约实体和程序规则的精细度以及缔约实践的一致性，同时设置体系化、全方位的制约机制；另一方面，中国需要关注国际投资仲裁对国际投资立法发展的影响，不仅在作为争端当事方时积极抗辩，促成有利于本国条约解释结论的形成，即便没有被指控，也应该积极关注相关案件的审理，必要时可作为非争端当事方参与到案件审理的过程当中，在特定的条约解释问题上形成正确的、一致的实践，或避免形成错误的、不一致的实践。

本章注释

［1］"走出去"战略是20世纪90年代中期党中央做出的重大战略决策。"走出去"战略思想萌芽于党的十四大。1996年江泽民同志在河北省唐山市考察工作时首次明确提出"走出去"的思想。在1997年12月24日，江泽民在接见全国外资工作会议代表时，首次正式把"走出去"作为一个重要战略提出来，并把它置于国家发展战略的重要位置。随后写入党的第十六次全国代表大会的政治报告。党的第十六大的政治报告指出，"实施'走出去'战略是对外开放新阶段的重大举措"，"坚持'引进来'和'走出去'相结合，积极参与国际经济技术合作和竞争，不断提高对外开放水平"，"坚持'引进来'和'走出去'相结合，全面提高对外开放水平"。有关"走出去"战略思想的历史演变，可参见陈扬勇. 江泽民"走出去"战略的形成及其重要意义［EB/OL］. https://www.dswxyjy.org.cn/n1/2019/0228/c425426-30909751.html, 2022-07-15。

［2］UNCTAD. World Investment Report 2021 [EB/OL]. http://unctad.org/en/PublicationsLibrary/wir2013 overview_en.pdf, 2022-7-15.

［3］商务部. 2020年中国对外投资合作发展报告[EB/OL]. http://www.gov.cn/xinwen/2021-02/03/5584540/.les/924b9a95d0a048daaa8465d56051aca4.pdf, 2022-7-15.

［4］王碧珺. 被误读的官方数据——揭示真实的中国对外直接投资模式［J］. 国际经济评论，2013 (1)：63.

［5］商务部、国家统计局和国家外汇管理局. 2019年度中国对外直接投资统计公报［EB/OL］. http://images.mofcom.gov.cn/hzs/202010/20201029172027652.pdf, 2022-7-15.

［6］同［3］.

［7］同［5］.

[8] 同[4]: 66-67.

[9] 同[5].

[10] 商务部.2020年中国外资统计公报[EB/OL]. http://images.mofcom.gov.cn/wzs/202012/20201230152644144.pdf, 2022-7-15.

[11] 对此,陈安早在2006年就已经谏言,强调中国在谈判时应当保持清醒头脑,立足于中国现时国情。详细分析参见陈安.中外双边投资协定中的四大"安全阀"不宜贸然拆除——美、加型BITs谈判范本关键性"争端解决"条款剖析[J].国际经济法学刊,2006 (1): 1-37; 陈安.区分两类国家,实行差别互惠:再论ICSID体制赋予中国的四大"安全阀"不宜贸然全面拆除[J].国际经济法学刊,2007 (3): 57-98; 陈安,谷婀娜."南北矛盾视角"应当"摒弃"吗? ——聚焦"中-加2012 BIT"[J].现代法学,2013 (2): 135-139。

[12] 这一数据是以商务部条法司网站和中国自由贸易区服务网为基础结合UNCTAD官方网站公布数据统计而得。参见中国商务部条约法律司.我国对外签订双边投资协定一览表[DB/OL]. http://tfs.mofcom.gov.cn/article/Nocategory/201111/20111107819474.shtml, 2022-7-15; 中国商务部.中国自由贸易区服务网-已签协议的自贸区[DB/OL]. http://fta.mofcom.gov.cn/, 2022-7-15; UNCTAD. International Investment Agreements Navigator [DB/OL]. https://investmentpolicy.unctad.org/international-investment-agreements/by-economy, 2022-7-15。

[13] 此处以国家为计算单位,部分国家重新缔结或者新签署了议定书,所以国家的数量与缔结条约的数量有所差异。

[14] 需要说明的是,有关国家类型的划分及其认定标准,目前学界和实务界均没有达成共识,囿于篇幅,本书对这一问题不展开探讨而沿用联合国经济与社会事务部的分类标准,详见UN DESA. World Economic Situation and Prospects 2022 [EB/OL]. https://desapublications.un.org/file/728/download?_ga=2.247337799.215456207.1683727952-1490477614.1675959174, 2022-7-15。

[15] 参见Tza Yap Shum v. Peru, ICSID, ARB/07/6, Decision on Jurisdiction and Competence, June 19, 2009。需要指出的是,对中国香港居民是否能援引中国对外签订的IIA提起仲裁,以及ICSID仲裁庭对该案的管辖权等问题,国内学界存在不同看法。参阅陈安.对香港居民谢业深诉秘鲁政府案ICSID管辖权裁定的四项质疑——《中国—秘鲁

BIT》适用于"一国两制"下的中国香港特别行政区吗？[J].国际经济法学刊,2010 (1)：1-40.

[16] Heilongjiang v. Mongolia, PCA, 2010-20.

[17] Ping An Life Insurance v. Belgium, ICSID, ARB/12/29.

[18] UNCTAD. Investment Dispute Settlement Navigator - China [DB/OL]. https://investmentpolicy.unctad.org/investment-dispute-settlement/country/42/china/investor, 2022-7-15.

[19] Ekran Berhand v. China, ICSID, ARB/11/15.

[20] UNCTAD. Investment Dispute Settlement Navigator - China [DB/OL]. https://investmentpolicy.unctad.org/investment-dispute-settlement/country/42/china, 2022-7-15.

[21] 李成钢.2012年中国对外商务法律实践及其思考[J].国际经济法学刊,2013 (4)：10-11.

[22] 例如,早在2006年,陈安就撰文指出,中国晚近的IIA缔约实践"放权过快,弃权过多",应该客观看待IIA与国际投资仲裁在吸引外资和保护投资方面的作用,及时作出调整,坚持"下不为例","亡羊"及时"补牢"。随后,针对中国与德国BIT中投资者与东道国投资争端解决条款的变化问题,陈安再次撰文提出警告,认为中国作为发展中国家,如果无条件、无差别地全盘接受国际投资仲裁管辖,这种做法将会背离当代国际公约对东道国的授权规定,漠视联合国权威机构的反复告诫,不符合中国当前的现实国情,无视晚近发展中国家BIT缔约实践的沉痛教训,无视两类东道国的最新立法转轨。陈安建议中国今后在有关BIT的缔约、修约谈判中,切宜保持清醒头脑,增强忧患意识,善于掌握四大"安全阀",即"逐案审批同意"权、"当地救济优先"权、"东道国法律适用"权以及"重大安全例外"权,趋利避害,区分南、北两类国家,实行差别互惠,明文排除最惠国条款对争端程序的普遍适用,从而切实维护中国的应有权益。

目前,绝大多数的建议已经被晚近中国IIA对外缔约实践所采纳。参见陈安.中外双边投资协定中的四大"安全阀"不宜贸然拆除——美、加型BITs谈判范本关键性"争端解决"条款剖析[J].国际经济法学刊,2006 (1)：3-37；陈安.区分两类国家,实行差别互惠：再论ICSID体制赋予中国的四大"安全阀"不宜贸然全面拆除[J].国际经济法学刊,2007 (3)：56-98；陈安,谷婀娜."南北矛盾视角"应当"摒弃"吗?——聚焦"中-加2012 BIT"[J].现代法学,2013 (2)：135-139。徐崇利和蔡从燕也持类似观点,参见徐崇利.

从实体到程序：最惠国待遇适用范围之争［J］．法商研究，2007 (7)：41-50；蔡从燕．国际投资结构变迁与发展中国家双边投资条约实践的发展：双边投资条约实践的新思维［J］．国际经济法学刊，2007 (3)：53-54.

［23］王淑敏．地缘政治视阈下的中国海外投资准入国民待遇保护——基于"冰岛拒绝中坤集团投资案"的法律思考［J］．法商研究，2012 (2): 116-118.

［24］温先涛．孰南？孰北？妥协还是共识？——评中国-加拿大投资保护协定[J]．武大国际法评论，2013 (2)：303-306.

［25］需要指出的是，该条约已在1994年重新签订，新条约规定了投资者与国家争端解决条款。

［26］RCEP第18条。

［27］中国与挪威BIT的议定书第2条第2款和第3款、中国与波兰BIT第10条和中国与菲律宾BIT第10条也有类似规定。

［28］1997年中国与南非BIT的第9条第1款和第2款规定，缔约一方的投资者与缔约另一方之间就在缔约另一方领域内的投资产生的争议，不能在6个月内协商解决争议时，争议任何一方均可将争议提交国际仲裁庭仲裁，条件是涉及争议的缔约方可以要求投资者按照其法律、法规提起行政复议程序，并且投资者未将该争议提交该缔约方国内法院解决。

［29］中国与塞浦路斯BIT第9条第1款和第2款。

［30］中国与巴巴多斯BIT第9条第1款和第2款。

［31］2008年中国与新西兰FTA第152条和153条。

［32］2008年中国与新西兰FTA第204条。

［33］2012年中国与日本、韩国投资协定第15条和第21条。

［34］条约的内容包括序言、定义、待遇标准、在征收或投资受到损害时的补偿、资金的转移、投资者—东道国争端的解决、缔约方之间争端的解决、有效期间和终止条款等。

［35］徐崇利．国际投资条约中的"岔路口条款"：选择"当地救济"与"国际仲裁"权利之限度［J］．国际经济法学刊，2007 (3)：125-144.

［36］陈辉萍，ICSID仲裁裁决承认与执行机制的实践检视及其对中国的启示［J］．国际经济法学刊，2011 (2)：115-142.

[37]需要注意的是，2009年《中国-东盟全面经济合作框架协议投资协议》第3条第4款第1项还规定，这一规定不应损害缔约方关于下列税收措施的权利和义务：(1)依据WTO的权利和义务准予（granted）或征收的（imposed）；(2)第8条（征收）和第10条（转移和利润汇回）的规定；(3)第14条（投资者与国家之间的争端解决）的规定，若争端源自第8条（征收）；以及(4)关于避免双重征税的任何税收协定的规定。

[38]2012年中国与加拿大BIT第33条第1款规定，条约中任何规定均不适用于与文化产业相关的措施。第34条规定，加拿大根据关于在加拿大投资的法律——《加拿大投资法》做出的如下审查决定：关于是否初始批准受审查的投资的决定；或关于是否准许投资的国家安全审查决定；中国依据有关外国投资管理的法律、法规及规章做出的如下审查决定：关于是否初始批准受审查的投资的决定；或关于是否准许投资的国家安全审查决定，不适用于投资者与缔约国争端解决规定。

[39]例如，2009年《中国-东盟全面经济合作框架协议投资协议》第14条第9、10款；2012年中国与加拿大BI第14条。

[40]2018年中国与新加坡FTA升级议定书附件4第10章第35条第8款。

[41]2019年中国与毛里求斯FTA第8章第28条第8款。

[42]2012年中国与加拿大BIT第27条规定，在诉请提请仲裁的意向通知及按照条约规定提交的相关文件送达争端缔约方后30日内，争端当事方缔约国应向另一缔约国送达该通知及文件的副本。非争端当事方缔约国有权要求争端缔约方提供已经提交至仲裁庭之证据的副本、仲裁程序中所有起诉书的副本，以及争端当事各方的书面陈述副本。收到前述信息的该非争端当事方缔约国应如同争端当事方缔约国一样对待相关信息。非争端当事方缔约国有权参加根据本部分进行的任何庭审。书面通知争端各方后，非争端当事方缔约国可向仲裁庭提交有关本协定解释问题的陈述意见。

[43]2006年中国与印度BIT第9条第3款第3项规定，由争议任何一方根据1976年UNCITRAL仲裁规则提交临时仲裁庭，但受限于对该规则的下列修改：……4.仲裁庭应陈述其裁决的基础并根据争议任何一方要求说明裁决的理由。

[44]例如，2012年中国与加拿大BIT第30条规定，缔约双方对协定中条款的解释应对依据本部分设立的仲裁庭具有约束力。依本部分做出的任何裁决均应与此解释保持一致。如果争端缔约方援引一般例外条款提出抗辩，则应争端缔约方请求，仲裁庭应要求缔约双方对该问题作出解释。在请求送达后的60日内，缔约双方应向仲裁庭提交其共同书

面解释，该解释应对仲裁庭具有约束力。若缔约双方未能在60日内提交解释，仲裁庭应对该问题进行裁决。

[45]在BIT的实践中，目前只有中国与日本、韩国投资协定提及缔约各方应当设立联合委员会以达成条约的目标，但该委员会的职能主要是，讨论及审查该协定的实施和运作，以及讨论与本协定相关的其他投资相关事项，包括相关条款所指的现有不符措施的范围，并没有明确地提及条约的解释与适用问题。参见中国与日本、韩国投资协定的第24条。

[46]2012年中国与加拿大BIT条约第20条（投资者与缔约国争端解决）第2款规定：（1）当投资者向国际投资仲裁庭提交诉请，并且争端缔约方援引金融审慎例外进行抗辩时，国际投资仲裁庭不得就这一例外条款能否以及在何种程度上对投资者的诉请构成有效抗辩进行裁定。国际投资仲裁庭应向缔约双方寻求关于此问题的书面报告，并只有在收到此报告后方可继续仲裁程序；或在设立国家与国家之间的仲裁庭之情况下，只有在收到此国家与国家之间的仲裁庭之裁定后方可继续仲裁程序。（2）根据依照前款提出的请求，缔约双方的金融服务主管部门应进行磋商。如果缔约双方的金融服务主管部门就此问题达成一致决定，应出具一份书面报告并提交至投资者与国家间仲裁庭，并对国际投资仲裁庭具有约束力。（3）如果缔约双方的金融服务主管部门在60天内不能就该问题达成一致决定，任何一方缔约国应在30天内将此问题提交给国家与国家之间的仲裁庭解决。在此情形下，国家与国家之间的仲裁庭无须经过友好磋商即可径直作出裁决。该裁决应转交至国际投资仲裁庭并对其有约束力。国家与国家之间的仲裁庭的所有成员均应在金融服务法律或实践方面具有专业知识或经验，这种专业知识或经验可包括对金融机构的监管。第30条（准据法）第2款规定，如果争端缔约方提出抗辩，主张被诉违反的措施属于第8条（例外）第1、2、3款所规定之保留与例外，则应争端缔约方请求，仲裁庭应要求缔约双方对该问题作出解释。在请求送达后的60日内，缔约双方应向仲裁庭提交其共同书面解释。该解释应对仲裁庭具有约束力。若缔约双方未能在60日内提交解释，仲裁庭应对该问题进行裁决。

[47]2007年《中国与古巴BIT的修订》第9条第4款规定，争议缔约一方，应当根据其自己的解释在其抗辩中说明：（1）受到损害的投资依据本条约不属于受保护的投资的范围；或（2）争议投资者一方不符合本条约中投资者的定义；或（3）被认为违反本条约第2条至第7条中的规定的措施，不属于对本条约的违反。依争议缔约一方的请求，仲裁庭

应当询问另一缔约方对上述事项的解释。非争议当事方的缔约方应当向仲裁庭提交书面回复,仲裁庭应当在收到争议缔约方请求后60日内作出回应。

［48］陈安. 中外双边投资协定中的四大"安全阀"不宜贸然拆除——美、加型BITs谈判范本关键性"争端解决"条款剖析［J］. 国际经济法学刊,2006 (1):3-37.

［49］此处以国家为计算单位,部分国家重新缔结条约或者新签署了议定书,所以数据与缔结条约的数量有所差异。

［50］此处的缔约相对方包含两种类型以上的国家。

［51］2003年中国与德国BIT第4条第2款。

［52］2004年中国与乌干达BIT第4条第2款。

［53］2006年中国与印度BIT第5条第1款。

［54］2006年中国与俄罗斯BIT第4条第2款。

［55］2007年中国与韩国BIT第4条第2款。

［56］比如,2008年中国与新加坡FTA第10章第4条第4款,2009年《中国-东盟全面经济合作框架协议投资协议》第5条第4款,2012年中国与日本、韩国投资协定第4条第3款等。

［57］2009年中国与马其他BIT的第9条第5款规定,仲裁庭应根据本协定的规定和被缔约双方接受的国际法原则作出裁决。

［58］1999年中国与卡塔尔BIT第9条第5款规定,仲裁庭的裁决以多数票作出。裁决是终局的,对争议双方具有法律拘束力……关于仲裁庭的程序,应适用UNCITRAL规则;有关争议的实质内容,应适用投资所在缔约一方的法律。仲裁地点为海牙常设仲裁庭(荷兰)。

［59］UNCATD. Bilateral Investment Treaties 1995-2006: Trends in Investment Rulemaking [EB/OL]. https://unctad.org/system/files/official-document/iteiia20065_en.pdf, 2022-07-15.

［60］2005年中国与马达加斯加BIT第3条(公平与公正待遇):(1)缔约任何一方应依据国际法原则,给予缔约另一方投资者在其领土内的投资以公平与公正的待遇,该待遇在法律上和事实上都不应受到阻碍。(2)公平与公正待遇在法律或事实上的障碍主要是指,但不限于:各种对生产和经营手段进行限制的不平等待遇,各种对产品在国内外销售进行限制的不平等待遇,以及其他具有类似效果的措施。而出于安全、公共秩序、卫生、

道德和环境保护等原因采取的措施不应被视作障碍。(3)缔约一方应依据其国内法律善意审查缔约另一方的自然人投资者为在缔约另一方领土内投资而提出的入境、居留、工作、交通等方面的申请。

[61]2008年中国与墨西哥BIT第5条(最低待遇标准)规定:(1)任一缔约方应根据国际法给予缔约另一方投资者的投资包括公正与公平待遇以及充分的保护与安全的待遇。(2)本条规定将给予外国人的国际法最低待遇标准作为给予缔约另一方投资者投资的最低待遇标准。"公正与公平待遇"和"充分的保护与安全"这两个概念并不要求给予由国家实践和法律确信所确立之国际法要求给予外国人的最低待遇标准之外或额外的待遇。违反本协定的其他条款或其他国际协定的条款,不构成对本条的违反。

[62]具体条款内容是在官方公布的条约中文版基础整理而成。需要指出的是,"denial of justice"这一词官方译为"拒绝司法",但陈安认为,依据美国哈佛研究部在1929年草拟的《国家责任公约草案》第9条对该词所作的解释,并不仅限于"拒绝司法",也包括"拒绝受理或执法不公"。笔者采用后一种译法,即"拒绝受理或执法不公"。参见陈安.陈安论国际经济法学(五卷本)[M].上海:复旦大学出版社,2008:871,注3。

[63]徐崇利.公平与公正待遇:国际投资法中的"帝王条款"?[J].现代法学,2008(5):123-134.

[64]2006年中国与印度BIT议定书第5条规定,关于对BIT中征收的解释,缔约双方确认以下共识:1.除了通过正式移转所有权或直接没收的形式进行的直接征收或国有化外,征收措施包括一方为达到使投资者的投资陷于实质上无法产生收益或不能产生回报之境地,但不涉及正式移转所有权或直接没收,而有意采取的一项或一系列措施。2.在某一特定情形下确定一方的一项或一系列措施是否构成上述第一款所指的措施,需以事实为依据、对各案进行审查,并考虑以下各因素:(1)该措施或该一系列措施的经济影响,但"仅仅有一方的一项或一系列措施对于投资的经济价值有负面影响"这一事实不足以推断已经发生了征收或国有化;(2)该措施在范围或适用上歧视某一方或某一投资者或某一企业的程度;(3)该措施或该一系列措施违背明显、合理、以投资为依据的预期之程度;(4)该措施或该一系列措施的性质和目的,是否是为了善意的公共利益目标而采取,以及在该等措施和征收目的之间是否存在合理的联系。3.除非在个别情况下,缔约一方采取的旨在保护公共利益的非歧视的管制措施,包括根据司法机关所作的具有普遍适用效力的裁决而采取的措施,不构成间接征收或国有化。

[65] 2008年中国与新西兰FTA附件13和2011年中国与乌兹别克斯坦BIT第6条。

[66] 例如，2012年中国与加拿大BIT在附录中对第10条征收条款作补充规定：1.间接征收源于缔约方采取的一项或一系列措施，该等措施与直接征收具备同等效力，但没有在形式上体现为转移所有权或直接没收。2.判断缔约方一项或一系列措施是否构成间接征收，需要在事实的基础上针对个案进行调查，需要考虑的因素包括但不限于：（1）该措施或该系列措施的经济影响，虽然缔约一方的一项措施或一系列措施对投资的经济价值有负面影响这个单一事实并不表明间接征收已发生；（2）该措施或该系列措施在何种程度上干预了做出投资的明显、合理期待；以及（3）该措施或该系列措施的性质。3.除了在极少数的情况下，如一项措施或一系列措施从目标来看相当严重，以至于这些措施不能认为以善意方式采取和适用，则缔约方为保护公众福祉之合法公共目的，如健康、安全和环境，而设计和适用的一项或一系列非歧视性措施，不构成间接征收。类似规定参见2012年中国与日本、韩国投资协定议定书第2条、中国与智利FTA关于投资的补充协定附件一。

[67] Tecnicas v. Mexico, ICSID, ARB (AF)/00/2, Award, May 29, 2003, paras. 116-122; Thunderbird v. Mexico, UNCITRAL, Arbitral Award, January 26, 2006, paras. 137-167.

[68] 2008年中国与新西兰FTA附件13（征收）规定：1.除非一方采取的一项或一系列举措干涉到投资的有形或无形财产权利或财产利益，否则不构成征收。2.征收可以是直接或间接的：（1）直接征收发生在政府完全取得投资者财产的情况下，包括通过国有化、法律强制或没收等手段；（2）间接征收发生在政府通过等同于直接征收的方式取得投资者财产的情况下，此时，尽管其举措不构成上述第（1）项所列情况，但政府实质上剥夺了投资者对其财产的使用权。3.构成间接征收，政府剥夺投资者财产的行为必须为：（1）严重的或无限期的；并且（2）与公共目的不相称。4.在以下情况下，对财产的剥夺应被认为构成间接征收：（1）效果上是歧视性的，既可能是针对特定投资者的，也可能是针对投资者所属的一个类别的；或者（2）违反政府对事前向投资者所做的具有约束力的书面承诺，无论此种承诺是通过协议、许可还是其他法律文件做出的。5.除符合第4款的极少数情况外，政府为履行管理权而采取的、可被合理地判定为基于保护包括公共健康、安全及环境在内的公共利益的目的而采取的措施，不应构成间接征收。

[69] Amco v. Indonesia, ICSID, ARB/81/1, Decision on Jurisdiction, September 25, 1983, para. 23.

[70] 2012年中国与日本、韩国投资协定的序言规定：……承认不以放松普遍适用的

健康、安全和环境措施的方式来实现投资保护与投资自由化等目标；承认投资者遵守在其领土上从事投资活动的缔约方的法律和法规的重要性，这有助于经济、社会和环境进步。

［71］早在2000年UNCTACD就曾建议在IIA框架下引入特殊与差别待遇原则。UNCTAD. International Investment Agreements: Flexibility for Development［EB/OL］. https://unctad.org/system/files/official-document/psiteiitd18.en.pdf, 2022.07.15.

［72］Pan v. Argentina, ICSID, ARB/03/13, Preliminary Objections, July 27, 2006, para. 108.

［73］CMS v. Argentina, ICSID, ARB/01/08, Award, May 12, 2005, para. 368.

［74］Enron v. Argentina, ICSID, ARB/01/3, Decision on Jurisdiction, January 14, 2004, para. 46.

［75］El Paso v. Argentina, ICSID, ARB/03/15, Decision on Jurisdiction, April 27, 2006, para. 80.

［76］Vandevelde, Kenneth J.. U.S. International Investment Agreements [M]. Oxford: Oxford University Press, 2009: 108-110.

［77］Ahmad Ghouri. Served on a Silver Platter? A Review of the UNCTAD Global Action Menu for Investment Facilitation [J]. Indian Journal of International Law, 2018 (1):143.

［78］欧盟与加拿大自由贸易协定第8章；2018年中国与新加坡FTA升级议定书附录4第10章第1节和第24条。

［79］2008年中国与新西兰FTA第137条第2款和第5款、第204条。

［80］2012年中国与日本、韩国投资协定第15条第12款。

［81］2012年中国与加拿大BIT第33条第1款。

［82］2018年中国与新加坡BIT第24条第2款。

［83］2015年中国与土耳其BIT第9条第4款。

［84］2015年中国与澳大利亚FTA第9章第11条第4款。

［85］在现代IIA框架下，依据国家-国家争端解决程序提起的案件锐减，目前已知的案件仅有4个，即秘鲁v.智利案、意大利v.古巴案、厄瓜多尔v.美国案和墨西哥v.美国案。参见徐树.国际投资条约"双轨"执行机制的冲突及协调[J].法商研究，2017 (2): 140。

［86］比如，在Ecuador v. USA案中，美国甚至坚持认为在条约约文的解释问题上，

两国之间不存在争议，主张仲裁庭应驳回厄瓜多尔的诉求。参见Ecuador v. USA, PCA, 2012-5, Award, September 29, 2012, paras. 54-123.

［87］Fauchald, Ole, K.. The Legal Reasoning of ICSID Tribunals: An Empirical Analysis [J]. The European Journal of International Law, 2008 (2): 348.

［88］Aguas del v. Bolivia, ICSID, ARB/02/3, Decision on Respondent's Objections to Jurisdiction, Octobber 21, 2005, paras. 47, 249-263.

［89］Weiler, Todd. International Investment Law and Arbitration: Leading Cases from the ICSID, NAFTA, Bilateral Treaties and Customary International Law [M]. London: Cameron May, 2005: 341-342.

［90］2009年中国与秘鲁FTA第10章第141条，注释19.

［91］Djibouti v. France, Judgment, 4 June 2008 I.C.J. Reports 2008, p.177; Sempra v. Argentina, ICSID, ARB/02/16, Decision on the Argentine Republic's Request for Annulment of the Award, June 29, 2010, para. 195; Schill, Stephan & Briese, Robyn. If the State Considers: Self-Judging Clauses in International Dispute Settlement [J]. Max Planck Yearbook of United Nations Law, 2009 (1): 66-67；韩秀丽.双边投资协定中的自裁决条款研究——由"森普拉能源公司撤销案"引发的思考［J］.法商研究，2011 (2)：20-21.

［92］Dolzer, Rudolf & Schreuer, Christoph H.. Principles of International Investment Law [M]. New York: Oxford University Press, 2008: 34–35.

［93］Gas Natural v. Argentina, ICSID, ARB/03/10, Decision of the Tribunal on Preliminary Questions on Jurisdiction, June 17, 2005, para. 47.

［94］《条约法公约》第27条。

［95］Roberts, Anthea. Power and Persuasion in Investment Treaty Interpretation: The Dual Role of States [J]. American Journal of International Law, 2010 (2): 222.

［96］ADF v. USA, ICSID, ARB(AF)/00/1, Final Award, 9 January, 2003, paras. 188-192.

［97］同[87]: 349.

［98］同[95]: 224.

结　论

随着国际投资仲裁案件的逐年攀升，国际投资仲裁庭介入东道国外资监管事务的程度也在逐步加深，仲裁庭所扮演的角色随之扩张：从传统的投资争端裁判者转变为身兼争端解决者、东道国外资政策审查者和全球治理的参与者三重身份。这一角色的转变主要是依靠仲裁庭在投资争议解决的过程中对IIA条款的解释来完成的。然而实践却表明，仲裁庭在解释IIA时存在种种问题：条约解释的论证不足、个案解释的不一致、区别对待不同国家、偏袒外国投资者、任意扩张自身的管辖权、过度解释及过度依赖先前仲裁案件裁决等，由此引发了关于国际投资仲裁机制正当性的质疑。

究其原因，主要是主权国家在缔结IIA时对条约解释问题的重要性认识不足所致。一方面，缔约国在作出授权时没有特别关注内嵌于国际投资仲裁庭管辖权之内的条约解释权，因而未针对它设置专门的制约机制。作为中立的裁判者，国际投资仲裁庭的授权模式是委托人/受托人模式。此种模式下，国际投资仲裁庭具有高度的自主性、维护投资者利益的政策偏好以及较大的自由裁量权。这些制度性安排对国际投资仲裁管辖权的行使是必要的，但对仲裁庭的条约解释权而言，其给予的权力运行空间过大。解释权虽然只是仲裁庭裁判权的组成部分，但它会反过来影响裁判权的行使，扩张其权力运行空间。现有的条约解释规则的规制相对有限，只能为仲裁庭的解释提供合法性支撑，不能提升其解释的合理性。在缺乏专门的制约机制的情况下，作为委托人的缔约国无法对仲裁庭滥用条约解释权的行为实施有效的制约。另一方面，作为受托人的国际投资仲裁庭，由于机构组成的临时性、决策能力的有限性、仲裁员身份的多重性以及自律机制的缺失等，其自身的能力建构严重不足，无法胜任条约解释者这一角色，遂出现解释失范的情形。若对国际投资仲裁中的条约解释问题不作处理，长此以往可能会过度限制缔约国的经济主权，催生道德风险，甚至还可能导致全球投资监管的碎片化、全球治理的系统风险以及国际投资法律体制的正当性危机等不利后果。

有鉴于此，缔约国需要对原有的委托人/受托人授权模式进行修正。考虑到国际仲裁庭条约解释权与其管辖权的关系，国际投资仲裁庭的角色不应定位于纯粹的代理人或受托人，而应该是介于代理人和受托人之间。其原因在于，IIA缔约国最初创设国际投资仲裁机制之目的就在于借助仲裁庭的中立角色来推动国际投资争端解决的"去政治化"，促成IIA体制的法制化，故仲裁庭作为受托人的身份不可能完全改变。但对条约解释而言，受托人所给予的权力运行空间过大，这与当今国际社会的无政府状态不符，实践当中也已经出现种种解释失范的问题，对国际投资仲裁庭的权力行使实施监控不可避免。因此，对国际投资仲裁庭授权模式的修正需双管齐下：一方面是仲裁庭自身的能力提升，另一方面则是缔约国制约机制的构建。

在仲裁庭自身的能力构建方面，本书主要从条约解释规则的完善方面展开探讨。如前文所述，《条约法公约》所规定的解释规则只能为国际投资仲裁庭的条约解释权行使提供合法性支撑，而无法提升其解释的合理性。虽然通过强调国际习惯法和缔约国有关条约解释的嗣后实践的运用，可在一定程度上解决这个问题，但其效果将会受到缔约国共同决策困难以及这些解释要素本身存在的形式理性不足等问题的制约，为此需要借鉴相关国内公法和国际公法的解释原则。分析表明，现有的国内公法和国际公法的解释原则可在不同程度上解决国际投资仲裁中出现的条约解释问题。例如,"遵循先例"原则可以在一定程度上减少条约解释不一致的问题;而"比例原则"与"裁量余地"原则则分别在协调公共利益与私人利益关系、缔约国与国际投资仲裁庭的权力分配方面为缔约国提供了有益的应对方案。需要指出的是,上述国内公法和国际公法的解释原则并非针对国际投资争端解决而设计的,因此未能兼顾国际投资争端的特殊性,须加以修正才能为仲裁庭所用。

在缔约国的制约机制方面,缔约国应结合共同决策与单边行动两种途径,分别针对国际投资仲裁庭的管辖权和条约解释权实施制约。此外,为了避免相关制约措施导致国际投资争端的解决回归"政治化",降低IIA的可信度,减损缔约国的授权收益,还需要考虑制约机制实施的时间因素,因此,构建常设性的制约机制就成为必要。在具体的制约措施选择方面,与上诉机制和常设投资法院等方案相比,先决裁判制度是专门针对条约解释问题而设计的,就本书论及主题而言,更具有针对性。它不仅与ICSID缔造者的设想之间有着很强的历史关联性,而且在确保国际投资法律体制的统一性和一致性方面也具有很高的制度可行性。但作为一种"舶来品",先决裁判制度仍需要在可适用性以及制度安排方面进行仔细的论证。

随着中国在国际投资领域身份的转变,中国需要兼顾海外投资的准入和保护的问题。在条约解释方面,若国际投资仲裁庭对IIA做出的解释失之偏颇,无论是偏向缔约国还是外国投资者,都会对中国造成不利影响。考察中国当前的实践中可知,在国际投资仲裁的管辖权问题上,"放权"仍将是中国政府未来的政策选择。然而,在放权的同时,中国却没有针对国际投资仲裁庭的条约解释权设置必要的制约机制。尽管在晚近缔约实践当中,中国已做出相应调整,但这些措施尚不成体系。对此,中国应该尽快总结现有措施的得失,并在此基础上针对仲裁庭的条约解释权构建体系化的、全面的制约机制。需要特别注意的是,除了通过制度安排提升缔约国全体共同决策的意愿之外,中国还应该在缔约实践和仲裁实践当中注意增强自身单方解释的说服力。

参考文献

一、著作

[1] 陈安. 陈安论国际经济法学（五卷本）[M]. 上海：复旦大学出版社，2008.

[2] 陈安. 国际投资法的新发展与中国双边投资条约的新实践[M]. 上海：复旦大学出版社，2007.

[3] 陈安. 国际经济法学专论（上下编）[M]. 北京：高等教育出版社，2006.

[4] 陈安. 国际投资争端仲裁——"解决投资争端国际中心"机制研究[M]. 上海：复旦大学出版社，2001.

[5] 陈金钊. 法律解释的哲理[M]. 济南：山东人民出版社，1999.

[6] 陈金钊. 法律解释学[M]. 北京：中国人民大学出版社，2011.

[7] 城仲模. 行政法之一般原则[M]. 台北：三民书局，1999.

[8] 韩秀丽. WTO法中的比例原则[M]. 厦门：厦门大学出版社，2007.

[9] 黄茂荣. 法学方法和现代民法[M]. 北京：法律出版社，2007.

[10] 蒋红珍. 论比例原则：政府规制工具选择的司法评价[M]. 北京：法律出版社，2010.

[11] 李浩培. 国际法的概念和渊源[M]. 贵阳：贵州人民出版社，1994.

[12] 李浩培. 条约法概论[M]. 2版. 北京：法律出版社，2003.

[13] 梁丹妮.《北美自由贸易协定》投资争端仲裁机制研究[M]. 北京：法律出版社，2007.

［14］万鄂湘，石磊，杨成铭，邓洪武. 国际条约法［M］. 武汉：武汉大学出版社，1998.

［15］王贵国. 国际投资法［M］. 北京：法律出版社，2008.

［16］王健. 西法东渐——外国人与中国近代法的变革［M］. 北京：中国政法大学出版社，2001.

［17］王铁崖. 国际法［M］. 北京：法律出版社，1995.

［18］魏艳茹. ICSID仲裁撤销制度研究［M］. 厦门：厦门大学出版社，2007.

［19］杨仁寿. 法学方法论［M］. 台北：三民书局，1986.

［20］余劲松. 国际投资法［M］. 北京：法律出版社，2007.

［21］曾华群. 国际经济新秩序与国际经济法的新发展［M］. 北京：法律出版社，2009.

［22］张乃根. 条约解释的国际法［M］. 上海：上海人民出版社，2019.

［23］张庆麟. 国际投资法问题专论［M］. 武汉：武汉大学出版社，2007.

［24］张生. 国际投资仲裁中的条约解释研究［M］. 北京：法律出版社，2016.

［25］张志铭. 法律解释操作分析［M］. 北京：中国政法大学出版社，1998.

［26］［美］埃里克·诺德林格. 民主国家的自主性［M］. 孙荣飞，等译. 南京：江苏人民出版社，2010.

［27］［德］E.-U. 彼得斯曼. 国际经济法的宪法功能与宪法问题［M］. 何志鹏，孙璐，王彦志，等译. 北京：高等教育出版社，2004.

［28］［英］F. H. 劳森，B. 拉登. 财产法［M］. 施天涛，等译. 北京：中国大百科全书出版社，2版，1998.

［29］［美］丹尼斯·尼斯朗. 权力论［M］. 陆震纶，郑明哲，译. 北京：中国社会科学出版社，2001.

［30］［英］弗兰西斯·斯奈德. 欧洲联盟法概论［M］. 宋英，编译. 北京：北京大学出版社，1996.

[31][德]弗里德赫尔穆.胡芬.行政诉讼法[M].莫光华,译.北京:法律出版社,2003.

[32][德]哈贝马斯.重建历史唯物主义[M].郭官义,译.北京:社会科学文献出版社,2000:262.

[33][美]何塞·E.阿尔瓦雷斯.作为造法者的国际组织[M].蔡从燕,等译.北京:法律出版社,2011.

[34][德]卡尔·恩吉施.法律思维导论[M].郑永流,译.北京:法律出版社,2004.

[35][德]卡尔·拉伦茨.法学方法论[M].陈爱娥,译.北京:商务印书馆,2003.

[36][美]莉萨·马丁,贝思·西蒙斯.国际制度[M].黄仁伟,蒋鹏鸿,等译.上海:上海人民出版社,2006.

[37][美]罗伯特·沃尔夫.为无政府主义申辩[M].毛兴贵,译.南京:江苏人民出版社,2006.

[38][德]马迪亚斯·赫蒂根.欧洲法[M].张恩民,译.北京:法律出版社,2003.

[39][德]马克斯·韦伯.经济与历史支配的类型[J].康乐,等译.桂林:广西师范大学出版社,2004.

[40][美]玛莎·费丽莫.国际社会中的国家利益[M].袁正清,译.杭州:浙江人民出版社,2001.

[41][美]迈克尔·巴尼特,玛莎·芬尼莫尔.为世界定规则:全球政治中的国际组织[M].薄燕,译.上海:上海人民出版社,2009.

[42][美]塞缪尔·亨廷顿.变化社会中的政治秩序[M].王冠华,刘为,等译.北京:三联书店,1989.

[43][英]伊恩·布朗利.国际公法原理[M].曾令良,余敏友,等译.5版.北京:法律出版社,2003.

[44] Alvarez, José E. & Sauvant, Karl P..The Evolving International Investment Regime [M]. Oxford: Oxford University Press, 2011.

[45] Arai-Takahashi, Yutaka. The Margin of Appreciation Doctrine and the Principle of Proportionality in the Jurisprudence of the ECHR [M]. Antwerp: Intersentia Publishers, 2002.

[46] Ben-Atar, Doron S.. The Origins of Jeffersonian Commercial Policy and Diplomacy [M]. New York: ST. Martin's Press, 1993.

[47] Binder, Christina & Kriebaum, Ursula & Reinisch, August & Wittich, Stephan. International Investment Law for the 21st Century: Essays in Honour of Christoph Schreuer [M]. Oxford: Oxford University Press, 2009.

[48] Bourdieu, Pierre & Coleman, James S.. Social Theory for a Changing Society [M]. Boulder: Westview Press, 1991.

[49] Clasmeier, Maximilian. Arbitral Awards as Investments: Treaty Interpretation and the Dynamics of International Investment Law [M]. Kluwer Law International, 2016

[50] Damme, Isabelle V.. Treaty Interpretation by the WTO Appellate Body [M]. Oxford: Oxford University Press, 2009.

[51] Dehousse, Renaud. The European Court of Justice: The Politics of Judicial Integration [M]. New York: Macmillan Publishers Limited, 1998.

[52] Detter Delupis, Ingrid. Finance and Protection of Investments in Developing Countries [M]. NewYork: Gower Press Ltd., 1973.

[53] Dezalay, Yves & Garth, Bryant G.. Dealing in Virtue: International Commercial Arbitration and the Construction of a Transnational Legal Order [M]. Chicago: University of Chicago Press, 1996.

[54] Dolzer, Rudolf & Stevens, Margrete. Bilateral Investment Treaties [M]. The Hague: Martinus Nijhoff Publishers, 1995.

[55] Dolzer, Rudolf & Schreuer, Christoph H.. Principles of International Investment Law [M]. Oxford: Oxford University Press, 2008.

[56] Douglas, Zachary. The International Law of Investment Claims [M]. Cambridge: Cambridge University Press, 2009.

[57] Dupuy, P. M. & Francioni, F. & Petersmann, E.U.. Human Rights in International Investment Law and Arbitration [M]. Oxford: Oxford University Press, 2009.

[58] Dunoff, Jeffrey L. & Pollack, Mark A.. Interdisciplinary Perspectives on International Law and International Relations: The State of the Art [M]. Cambridge: Cambridge University Press, 2012.

[59] Eberhardt, Pia & Olivet, Cecilia. Profiting from Injustice: How Law Firms, Arbitrators and Financiers are Fuelling an Investment Arbitration Boom [M]. Brussels: Corporate Europe Observatory. 2012.

[60] Eduardo Jiménez de Aréchaga. International Law in the Past Third of a Century [C]. Leiden: Martinus Nijhoff Publishers, 1978.

[61] Elihu, Lauterpacht. International Law: Collected Papers of Hersch Lauterpacht. Volume I: General Works [M]. New York: Cambridge University Press, 1970.

[62] Emiliou, Nicholas. The Principle of Proportionality in European Law: A Comparative Study [M]. London: Kluwer Law International, 1996.

[63] Fabrizio, Gilardi. Delegation in the Regulatory State: Independent Regulatory Agencies in Western Europe [M]. Cheltenham: Edward Elgar Publishing, 2008.

[64] Fitzmaurice, Malgosia & Elias, Olufemi & Merkouris, Pano. Treaty Interpretation and the Vienna Convention on the Law of Treaties: 30 Years on [M]. Leiden: Martinus Nijhoff Publishers, 2010.

［65］Gallagher, Norah & Shan, Wenhua. Chinese Investment Treaties: Policies and Practice [M]. Oxford: Oxford University Press, 2009.

［66］Gardiner, Richard, K.. Treaty Interpretation [M]. 2nd edition. Oxford: Oxford University Press, 2015.

［67］Gazzini, Tarcisio. Interpretation of International Investment Treaties [M]. Oxford ; Portland, Oregon : Hart Publishing, 2016.

［68］Georg Nolte ed. Treaties and Subsequent Practice[M]. Oxford: Oxford University Press, 2013.

［69］Gilardi, Fabrizio. Delegation in the Regulatory State: Independent Regulatory Agencies in Western Europe [M]. Cheltenham: Edward Elgar Publishing, 2008: 29.

［70］Godefridus, J. H. Hoof. Rethinking the Source of International Law [M]. Deventer: Kluwer Kluwer Law and Taxation n Publishers, 1983.

［71］Hawkins, Darren G. & Lake, David A. & Nielson, Daniel L. &Tierney, Michael J.. Delegation and Agency in International Organizations [M]. Cambridge: Cambridge University Press, 2006.

［72］ICSID. History of the Convention, Vol. II [M]. Washington, D. C.: ICSID Publication, 1968.

［73］Ioana Tudor. The Fair and Equitable Standard in the International Law of Foreign Investment [M]. Oxford: Oxford University Press, 2008.

［74］Kalicki, Jean E & Joubin-Bret, Anna eds. Reshaping the Investor-State Dispute Settlement System[M]. Leiden: Brill Nijhoff Publishers, 2015.

［75］Krasner, Stephen D.. International Regimes [M]. Ithaca: Cornell University Press, 1983.

［76］Kulick, Andreas ed. Reassertion of Control over the Investment Treaty Regime[M]. Cambridge: Cambridge University Press, 2016.

[77] Lillich, Richard B. & Brower, Charles N.. International Arbitration in the 21st Century: Towards "Judicialization" and Uniformity [M]. New York: Transnational Publishers, Inc. 1994.

[78] Martin Shapiro. Courts: A Comparative and Political Analysis [M]. University of Chicago Press, 1981.

[79] Majone, Giandomenico. Dilemmas of European Integration: The Ambiguities and Pitfalls of Integration by Stealth[M]. Oxford : Oxford University Press, 2005.

[80] Muchlinski, Peter T.. Multinational Enterprises and the Law [M]. Oxford, Cambridge MA: Blackwell Publishers, 1995.

[81] Nolan, Joseph R. & Connolly, Michael J.. Black's Law Dictionary [M]. 5th Edition, Saint Paul: West Group, 1979.

[82] Oppenheim, Lassa. International Law: A Treatise [M]. 6th Edition. London: Longmans, 1947.

[83] Park, William W.. Arbitration of International Business Disputes: Studies in Law and Practice [M]. Oxford: Oxford University Press, 2006.

[84] Picker, Colin B. & Bunn, Isabella D. & Arner, Douglas W.. International Economic Law: The State and Future of the Discipline[M]. Oxford; Portland, Oregon: Hart Publishing, 2008.

[85] Pollack, Mark A.. The Engines of European Integration: Delegation, Agency, and Agenda Setting in the EU [M]. Oxford: Oxford University Press, 2003.

[86] Sauvant, Karl P.. Appeals Mechanism in International Investment Disputes [M]. Oxford: Oxford University Press, 2008.

[87] Sauvant, Karl P. & Sachs, Lisa E.. The Effect of Treaties on Foreign Direct Investment: Bilateral Investment Treaties, Double Taxation Treaties, and

Investment Flows [M]. Oxford: Oxford University Press, 2009.

[88] Sauvant, Karl P.. Yearbook on International Investment Law and Policy (2008/2009) [M]. Oxford: Oxford University Press, 2009.

[89] Schneiderman, David. Constitutionalizing Economic Globalization: Investment Rules and Democracy's Promise [M]. Cambridge: Cambridge University Press, 2008.

[90] Schill, Stephan, W.. International Investment Law and Comparative Public Law [M]. New York: Oxford University Press, 2011.

[91] Schill, Stephan W.. The Multilateralization of International Investment Law [M]. Cambridge: Cambridge University Press, 2009.

[92] Schreuer, Christoph H.. The ICSID Convention: A Commentary [M]. New York: Cambridge University Press, 2001.

[93] Schneiderman, David. Constitutionalizing Economic Globalization: Investment Rules and Democracy's Promise [M]. Cambridge: Cambridge University Press, 2008.

[94] Schwebel, Stephen M.. Justice in International Law: Further Selected Writings [M]. Cambridge: Cambridge University Press, 2011.

[95] Shapiro, Martin F.. Courts: A Comparative and Political Analysis [M]. Chicago: University of Chicago Press, 1981.

[96] Shihata, Ibrahim F. I. Legal Treatment of Foreign Investment: The World Bank Guidelines [M]. Boston: Martinus Nijhoff Publishers, 1993.

[97] Sinclair, Ian. The Vienna Convention on the Law of Treaties [M]. Manchester: Manchester University Press, 1984.

[98] Slapper, Gary & Kelly, David. English Legal System [M]. Sixth edition. London: Cavendish Publishing Limited, 2003.

[99] Sureda, Andr'es Rigo. Investment Treaty Arbitration: Judging under

Uncertainty [M]. Cambridge: Cambridge University Press, 2012.

［100］Trinh Hai Yen. The Interpretation of Investment Treaties [M]. The Hague: Martinus Nijhoff Publishers, 2014.

［101］Trubek, David M. & Santos, Alvaro. The New Law and Economic Development [M]. Cambridge: Cambridge University Press, 2006.

［102］UN. Yearbook of the International Law Commission (Vol. II) [M]. New York: UN Publication, 1966.

［103］Van Den Berg, Albert J.. International Arbitration 2006: Back to Basics? [M].The Hague: Kluwer Law International, 2007.

［104］Vandevelde, Kenneth J.. U.S. International Investment Agreements [M]. Oxford: Oxford University Press, 2009.

［105］Vandevelde, Kenneth J.. The First Bilateral Investment Treaties: U.S. Postwar Friendship, Commerce, and Navigation Treaties [M]. Oxford: Oxford University Press, 2017.

［106］Van Harten, Gus. Investment Treaty Arbitration and Public Law [M]. Oxford: Oxford University Press, 2007.

［107］Watts, Athur. The International Law Commission 1949-1998 (Vol. II) [M]. Oxford: Oxford University Press, 1999.

［108］Weeramantry, J. Romesh. Treaty Interpretation in Investment Arbitration [M]. Oxford: Oxford University Press, 2012.

［109］Weiler, Todd. International Investment Law and Arbitration: Leading Cases from the ICSID, NAFTA, Bilateral Treaties and Customary International Law [M]. London: Cameron May, 2005.

［110］Weiler, Todd. The Interpretation of International Investment Law: Equality, Discrimination and Minimum Standards of Treatment in Historical Context [M]. Leiden: Martinus Nijhoff Publishers, 2013

[111] Weiler, Todd & Baetens, Freya. New Directions in International Economic Law [M]. The Hague: Martinus Nijhoff Publishers, 2011.

[112] Yourow, Howard Charles. The Margin of Appreciation Doctrine in the Dynamics of the European Court of Human Rights Jurisprudence [M]. The Hague: Martinus Nijhoff Publishers, 1996.

二、论文

[1] 蔡从燕. 国际投资结构变迁与发展中国家双边投资条约实践的发展：双边投资条约实践的新思维 [J]. 国际经济法学刊，2007 (3).

[2] 蔡从燕. 国际投资仲裁的商事化与"去商事化"[J]. 现代法学，2011 (1).

[3] 蔡宗珍. 公法上之比例原则初论——以德国法的发展为中心 [J]. 政大法学评论，1999 (12).

[4] 陈安. 对香港居民谢业深诉秘鲁政府案ICSID管辖权裁定的四项质疑——《中国—秘鲁BIT》适用于"一国两制"下的中国香港特别行政区吗？[J]. 国际经济法学刊，2010 (1).

[5] 陈安. 区分两类国家，实行差别互惠：再论ICSID体制赋予中国的四大"安全阀"不宜贸然全面拆除 [J]. 国际经济法学刊，2007 (3).

[6] 陈安. 中外双边投资协定中的四大"安全阀"不宜贸然拆除——美、加型BITs谈判范本关键性"争端解决"条款剖析 [J]. 国际经济法学刊，2006 (1).

[7] 陈安，谷婀娜. "南北矛盾视角"应当"摒弃"吗？——聚焦"中-加2012 BIT"[J]. 现代法学，2013 (2).

[8] 陈辉萍. ICSID仲裁裁决承认与执行机制的实践检视及其对中国的启示 [J]. 国际经济法学刊，2011 (2).

[9] 陈辉萍. ICSID仲裁庭扩大管辖权之实践剖析——兼评"谢业深案"[J]. 国际经济法学刊，2010 (3).

[10] 陈金钊. 法律解释：克制抑或能动 [J]. 北方法学，2010 (1).

［11］陈金钊.论法律解释权的构成要素［J］.政治与法律，2004 (1).

［12］陈亮.环境公益诉讼激励机制的法律构造——以传统民事诉讼与环境公益诉讼的当事人结构差异为视角［J］.现代法学，2016 (4).

［13］韩秀丽.双边投资协定中的自裁决条款分析——由"森普拉能源公司撤销案"引发的思考［J］.法商研究，2011 (2).

［14］陈正健.国际投资条约中不排除措施条款的解释［J］.法学论坛，2013 (6).

［15］何悦涵.投资争端解决的"联合控制"机制研究——由投资争端解决机制的改革展开［J］.法商研究，2020 (4).

［16］黄世席.国际投资仲裁裁决的司法审查及投资条约解释的公正性——基于"Sanum案"和"Yukos案"判决的考察［J］.法学，2017 (3).

［17］李成钢.2012年中国对外商务法律实践及其思考［J］.国际经济法学刊，2013 (4).

［18］李庆灵.国际投资协定框架下的税收问题研究［J］.税务与经济，2012 (1).

［19］李庆灵.刍议IIA中的外资全面国民待遇——以美国的实践为例［J］.上海对外经贸大学学报，2015 (3).

［20］刘宏松.国际组织的自主性行为：两种理论视角及其比较［J］.外交评论，2006 (3).

［21］刘笋.仲裁庭的条约解释权及《维也纳条约法公约》的引导与制约［J］.华南师范大学学报，2021 (1).

［22］王碧珺.被误读的官方数据——揭示真实的中国对外直接投资模式［J］.国际经济评论，2013 (1).

［23］王明国.国际授权与国际合作——国际关系学与国际法学关联研究的新探索［J］.国际政治科学，2012 (1).

［24］王淑敏.地缘政治视阈下的中国海外投资准入国民待遇保护——基于"冰岛拒绝中坤集团投资案"的法律思考［J］.法商研究，2012 (2).

[25] 王玉叶. 欧洲人权法院审理原则——国家裁量余地原则[J]. 欧美研究, 2007 (3).

[26] 温先涛. 孰南？孰北？妥协还是共识？——评中国-加拿大投资保护协定[J]. 武大国际法评论, 2013 (2).

[27] 肖军. 国际投资条约中国民待遇条款的解释问题研究——评Champion Trading Company & Ameritrade International, Inc.诉埃及案[J]. 法学评论, 2008 (2).

[28] 徐崇利. "保护伞条款"的适用范围之争与我国的对策[J]. 华东政法大学学报, 2008 (4).

[29] 徐崇利. 从实体到程序：最惠国待遇适用范围之争[J]. 法商研究, 2007 (2).

[30] 徐崇利. 公平与公正待遇：国际投资法中的"帝王条款"[J]. 现代法学, 2008 (5).

[31] 徐崇利. 公平与公正待遇:真义之解读[J]. 法商研究, 2010 (3).

[32] 徐崇利. 国际投资条约中的"岔路口条款"：选择"当地救济"与"国际仲裁"权利之限度[J]. 国际经济法学刊, 2007 (3).

[33] 徐崇利. 利益平衡与对外资间接征收的认定及补偿[J]. 环球法律评论, 2008 (6).

[34] 徐崇利. 晚近国际投资争端解决实践之评判："全球治理"理论的引入[J]. 法学家, 2010 (3).

[35] 徐树. 国际投资条约"双轨"执行机制的冲突及协调[J]. 法商研究, 2017 (2).

[36] 张建, 郝梓伊. 评黑龙江国际经济技术合作公司等诉蒙古仲裁案——以投资条约中限缩式仲裁条款的解释为中心[J]. 北京仲裁, 2018 (2).

[37] 张乃根, ICSID仲裁的条约解释:规则及其判理[J]. 经贸法律评论, 2018(1).

[38] 赵海乐. 国际法治视角下的BIT"联合解释"问题研究——以中国缔约文本为切入点[J]. 现代法学, 2017 (2).

[39] 赵骏. 论双边投资条约中最惠国待遇条款扩张适用于程序性事项[J]. 浙江社会科学, 2010 (7).

[40] 周赟.普通法先例制度基本问题研究——一种通识性的论说[J]. 法律方法, 2012 (1).

[41] [美] 本尼迪克特·金斯伯里, 斯蒂芬·希尔.作为治理形式的国际投资仲裁: 公平与公正待遇、比例原则与新兴的全球行政法[J]. 李书健, 等译. 国际经济法学刊, 2011 (2).

[42] [美] 罗斯科·庞德. 何为遵循先例原则[J]. 李鸻, 译. 山东大学学报, 2006 (5).

[43] Abbott, Kenneth W. & Keohane, Robert O. & Moravcsik, Andrew & Slaughter, Anne-Marie & Snidal, Duncan. The Concept of Legalization[J]. International Organization, 2000 (3).

[44] Abbott, Kenneth W. & Snidal, Duncan. Hard and Soft Law in International Governance [J]. International Organization, 2000 (3).

[45] Abbott, Kenneth W. & Snidal, Duncan. Why States Act through Formal International Organizations [J]. Journal of Conflict Resolution, 1998 (1).

[46] Ahmad Ghouri. Served on a Silver Platter? A Review of the UNCTAD Global Action Menu for Investment Facilitation [J]. Indian Journal of International Law, 2018 (1).

[47] Allee, Todd & Peinhardt, Clint. Delegating Differences: Bilateral Investment Treaties and Bargaining Over Dispute Resolution Provisions [J]. International Studies Quarterly, 2010 (1).

[48] Alter, Karen J.. Agents or Trustees? International Courts in their Political Context [J]. European Journal of International Relations, 2008 (1).

[49] Alter, Karen J.. Delegating to International Courts: Self-Binding vs. Other-Binding Delegation [J]. Law and Contemporary Problems, 2008 (1).

[50] Alter Karen J.. The European Union's Legal System and Domestic Policy: Spillover or Backlash? [J]. International Organization, 2000 (3).

[51] Alvarez, Guillermo Aguilar & Park, William W.. The New Face of Investment Arbitration: NAFTA Chapter 11 [J]. Yale Journal of International Law, 2003 (2).

[52] Arsanjani Mahnoush H. & Reisman, W. Michael. Interpreting Treaties for the Benefit of Third Parties: The "Salvors' Doctrine" and the Use of Legislative History in Investment Treaties [J]. American Journal of International Law, 2010 (4).

[53] Atik, Jeffery. Repenser NAFTA Chapter 11: A Catalogue of Legitimacy Critiques [J]. Asper Review of International Business and Trade Law, 2003 (3).

[54] Axelrod, Robert. An Evolutionary Approach to Norms [J]. American Political Science Review, 1986 (4).

[55] Baldwin, Robert E.. The Political Economy of Trade Policy [J]. Journal of Economic Perspective, 1989 (4).

[56] Been, Vicki & Beauvais, Joel. The Global Fifth Amendment? NAFTA's Investment Protections and the Misguided Quest for an International "Regulatory Takings" Doctrine [J]. New York University Law Review, 2003 (1).

[57] Bjorklund, Andrea K.. Private Rights and Public International Law: Why Competition Among International Economic Law Tribunals is Not Working [J]. Hastings Law Journal, 2007 (3).

[58] Bogdandy, Armin von & Venzke, Ingo. In Whose Name? An Investigation of International Courts' Public Authority and Its Democratic

Justification [J]. The European Journal of International Law, 2012 (1).

[59] Bos, Maarten. Theory and Practice of Treaty Interpretation [J]. Netherlands International Law Review, 1980 (2).

[60] Bradley, Curtis A. & Kelley, Judith G.. The Concept of International Delegation [J]. Law and Contemporary Problems, 2008 (1).

[61] Broches, Aron. The Convention on the Settlement of Investment Disputes between States and Nationals of Other States [J]. Recueil Des Cours, 1972 (3).

[62] Brown, Chester. The Inherent Powers of International Courts and Tribunals [J]. British Yearbook of International Law, 2005 (1).

[63] Burke-White, William W. & von Staden, Andreas. Private Litigation in the Public Law Sphere: The Standard of Review in Investor-State Arbitrations [J]. Yale Journal of International Law, 2010 (2).

[64] Chaisse, Julien & Bellak, Christian. Do Bilateral Investment Treaties Promote Foreign Direct Investment? Preliminary Reflections on a New Methodology [J]. Transnational Corporations Review, 2011 (4).

[65] Cheng,Tai-Heng, Power, Authority and International Investment Law [J]. American University International Law Review, 2005 (3).

[66] Chung, Olivia. The Lopsided International Investment Law Regime and Its Effect on the Future of Investor-State Arbitration [J]. Virginia Journal of International Law, 2007 (4).

[67] Commission, Jeffery P.. Precedent in Investment Treaty Arbitration: A Citation Analysis of a Developing Jurisprudence [J]. Journal of International Arbitration, 2007 (2).

[68] Conceição, Eugénia Da. Who Controls Whom? Dynamics of Power Delegation and Agency Losses in EU Trade Politics [J]. Journal of Common

Market Studies, 2010 (4).

[69] Crema, Luigi. Disappearance and New Sightings of Restrictive Interpretation(s) [J]. The European Journal of International Law, 2010 (3).

[70] Daphna Kapeliuk. The Repeat Appointment Factor: Exploring Decision Patterns of Elite Investment Arbitrators [J]. Cornell Law Review, 2010 (1).

[71] Donoho, Douglas, L.. Autonomy, Self-Government, and the Margin of Appreciation: Developing a Jurisprudence of Diversity within Universal Human Rights [J]. Emory International Law Review, 2001(1).

[72] Douglas, Zachary. The MFN Clause in Investment Arbitration: Treaty Interpretation off the Rails [J]. Journal of International Dispute Settlement, 2010 (2).

[73] Ehlermann, Claus-Dieter & Lockhart, Nicolas. Standard of Review in WTO Law [J]. Journal of International Economic Law, 2004 (3).

[74] Elkins, Zachary & Guzman, Andrew T. & Simmons, Beth A.. Competing for Capital: The Diffusion of Bilateral Investment Treaties, 1960–2000[J]. International Organization, 2006 (4).

[75] Elsig, Manfred & Pollack, Mark A.. Agents, Trustees, and International Courts: The Politics of Judicial Appointment at the World Trade Organization [J]. European Journal of International Relations, 2012 (2).

[76] Elsig, Manfred. Principal-agent theory and the World Trade Organization: Complex agency and 'missing delegation' [J]. European Journal of International Relations, 2010 (3).

[77] Eskridge, William N.. The Dynamic Theorization of Statutory Interpretation [J]. Issues in Legal Scholarship, 2002 (2).

[78] Fauchald, Ole, K.. The Legal Reasoning of ICSID Tribunals - An

Empirical Analysis [J]. The European Journal of International Law, 2008 (2).

[79] Feldstein, Martin. Refocusing the IMF [J]. Foreign Affairs, 1998 (2).

[80] Franck, Susan, D.. Development and Outcomes of Investment Treaty Arbitration [J]. Harvard International Law Journal, 2009 (2).

[81] Franck, Susan, D.. Empirically Evaluating Claims About Investment Treaty Arbitration [J]. North Carolina Law Review, 2007 (6).

[82] Franck, Susan, D.. The Legitimacy Crisis in Investment Treaty Arbitration: Privatizing Public International Law Through Inconsistent Decisions [J]. Fordham Law Review, 2005 (4).

[83] Frenkel, Michael & Walter, Benedikt. Do Bilateral Investment Treaties Attract Foreign Direct Investment? The Role of International Dispute Settlement Provisions [J]. The World Economy, 2019 (5).

[84] Gabrielle Kaufmann-Kohler. Arbitral Precedent: Dream, Necessity or Excuse? [J]. Arbitration International, 2007 (3).

[85] Gallagher, Kevin P. & Birch, Melissa B.L.. Do Investment Agreements Attract Investment? Evidence from Latin America [J]. Journal of World Investment & Trade, 2006 (6).

[86] Gallagher, Kevin P. & Shrestha, Elen. Investment Treaty Arbitration and Developing Countries: A Re-Appraisal [J]. The Journal of World Investment & Trade, 2011 (6).

[87] Ghias, Shoaib A.. International Judicial Lawmaking: A Theoretical and Political Analysis of the WTO Appellate Body [J]. Berkeley Journal of International Law, 2006 (2).

[88] Grant, Ruth W. & Keohane, Robert O.. Accountability and Abuses of Power in World Politics [J]. American Political Science Review, 2005 (1).

[89] Guzman, Andrew T. & Landsidle, Jennifer. The Myth of

International Delegation [J]. California Law Review, 2008 (6).

［90］Guzman, Andrew T.. Why LDCs Sign Treaties that Hurt Them: Explaining the Popularity of Bilateral Investment Treaties [J]. Virginia Journal International Law, 1998 (6).

［91］Haggard, Stephan & Macintyre, Andrew & Tiede, Lydia. The Rule of Law and Economic Development [J]. Annual Review of Political Science, 2008 (11).

［92］Helfert, Laurence R. & Slaughte, Anne-Marie. Why States Create International Tribunals: A Response to Professors Posner and Yoo [J]. California Law Review, 2005 (3).

［93］Henckels, Caroline. Indirect Expropriation and the Right to Regulate: Revisiting Proportionality Analysis and The Standard of Review in Investor-State Arbitration [J]. Journal of International Economic Law, 2012 (1).

［94］Jacobs, Francis. The Role of the European Court of Justice in the Protection of the Environment [J]. Journal of Environmental Law, 2006 (2).

［95］Jans, Jan H.. Proportionality Revisited[J]. Legal Issues of Economic Integration, 2000 (3).

［96］Kahler, Miles. Conclusion: The Causes and Consequences of Legalization [J]. International Organization, 2000 (3).

［97］Kantor, Mark. The New Draft Model U.S. BIT: Noteworthy Developments [J]. Journal of International Arbitration, 2004 (4).

［98］Kapeliuk, Daphna. The Repeat Appointment Factor: Exploring Decision Patterns of Elite Investment Arbitrators [J]. Cornell Law Review, 2010 (1).

［99］Kapur, Devesh. The IMF: A Cure or a Curse? [J]. Foreign Policy, 1998.

[100] Kaufmann-Kohler, Gabrielle. In Search of Transparency and Consistency: ICSID Reform Proposal [J]. Transnational Dispute Management, 2005(5).

[101] Keohane, Robert O.. Governance in a Partially Globalized World [J]. American Political Science Review, 2001 (1).

[102] Kill, Theodore. Don't Cross the Streams: Past and Present Overstatement of Customary International Law in Connection with Conventional Fair and Equitable Treatment Obligations [J]. Michigan Law Review, 2008 (5).

[103] Kohler, Gabriele, K.. Arbitral Precedent: Dream, Necessity or Excuse? [J]. Arbitration International, 2007 (3).

[104] Koremenos, Barbara. When, What, and Why do States Choose to Delegate? [J]. Law and Contemporary Problems, 2008 (1).

[105] Ku, Julian G.. The Delegation of Federal Power to International Organizations: New Problems with Old Solutions [J]. Minnesota Law Review, 2000 (2).

[106] Lavopa, Federico M. & Barreiros, Lucas E. & Bruno, M. Victoria. How to Kill a BIT and not Die Trying: Legal and Political Challenges of Denouncing or Renegotiating Bilateral Investment Treaties [J].Journal of International Economic Law, 2013 (4).

[107] Leonhardsen, Erlend, M.. Looking for Legitimacy: Exploring Proportionality Analysis in Investment Treaty Arbitration [J]. Journal of International Dispute Settlement, 2011 (1).

[108] Linz, Juan J.. Democracy's Time Constraints [J]. International Political Science Review, 1998 (1).

[109] Mahoney, Paul. Judicial Activism and Judicial Self-Restraint in the

European Court of Human Rights: Two Sides of the Same Coin [J]. Human Rights Law Journal, 1990(1-2).

[110] Majone, Giandomenico. Two Logics of Delegation: Agency and Fiduciary Relations in EU Governance [J]. European Union Politics, 2001 (2).

[111] Marotti, Loris. The Proliferation of Joint Interpretation Clauses in New International Investment Agreements: A Mixed Blessing? [J]. ICSID Review, 2020 (1).

[112] Mclachlan, Campbell. Investment Treaties and General International Law [J]. International and Comparative Law Quarterly, 2008 (2).

[113] Moe, Terry M.. Political Institutions: The Neglected Side of the Story [J]. Journal of Law, Economics and Organization, 1990 (6).

[114] Muchlinski, Peter. Caveat Investor? The Relevance of the Conduct of the Investor Under the Fair and Equitable Treatment Standard [J]. International and Comparative Law Quarterly, 2006 (3).

[115] Newcombe, Andrew. Sustainable Development and Investment Treaty Law [J]. Journal of World Investment and Trade, 2007 (8).

[116] Paulsson, Jan, ICSID's Achievements and Prospects [J]. ICSID Review - Foreign Investment Law Journal, 1991 (2).

[117] Picherack, J. Roman. The Expanding Scope of the Fair and Equitable Treatment Standard: Have Recent Tribunal Gone Too Far [J]. The Journal of World Investment & Trade, 2008 (4).

[118] Roberts, Anthea. Power and Persuasion in Investment Treaty Interpretation: The Dual Role of States [J]. American Journal of International Law, 2010 (2).

[119] Salacuse, Jeswald W. & Sullivan, Nicholas P.. Do BITs Really Work?: An Evaluation of Bilateral Investment Treaties and Their Grand Bargain [J].

Harvard International Law Journal, 2005 (1).

［120］Schill, Stephan & Briese, Robyn. If the State Considers: Self-Judging Clauses in International Dispute Settlement [J]. Max Planck Yearbook of United Nations Law, 2009 (1).

［121］Schill, Stephan W.. W(h)ither fragmentation? On the Literature and Sociology of International Investment Law [J]. European Journal of International Law, 2011 (3).

［122］Schnabl, Marco E. & Bédard, Julie. The Wrong Kind of "Interesting" [N]. The National Law Journal, July 30, 2007.

［123］Schneiderman, David. Judicial Politics and International Investment Arbitration: Seeking an Explanation for Conflicting Outcomes [J]. Northwestern Journal of International Law & Business, 2010 (2).

［124］Shany, Yuval. Toward a General Margin of Appreciation Doctrine in International Law [J]. European Journal of International Law, 2005 (5).

［125］Spears, Suzanne A.. The Quest for Policy Space in a New Generation of International Investment Agreements [J]. Journal of International Economic Law, 2010 (4).

［126］Swaine, Edward T.. The Constitutionality of International Delegations [J]. Columbia Law Review, 2004 (3).

［127］Swan, Stewart J.. Bilateral Investment Treaties as an Investment Promotion Mechanism: Testing the Effectiveness of The U.S. BIT Program [J]. Paterson Review, 2008 (9).

［128］Sweet, Alec Stone. Constitutional Courts and Parliamentary Democracy [J]. West European Politics, 2002 (2).

［129］Sweet, Alec Stone & Mathews, Jud. Proportionality Balancing and Global Constitutionalism [J]. Columbia Journal of Transnational Law, 2008 (1).

［130］Sweet, Alec Stone & Brunell, Thomas L.. Trustee Courts and the Judicialization of International Regimes: The Politics of Majoritarian Activism in the European Convention on Human Rights, the European Union, and the World Trade Organization [J]. Journal of Law and Courts, 2013 (1).

［131］Tanaka, Yoshifumi. Reflections on the Concept of Proportionality in the Law of Maritime Delimitation [J]. The International Journal of Marine and Coastal Law, 2001 (3).

［132］Vandevelde, Kenneth J.. A Brief History of International Investment Agreements [J]. U.C. Davis Journal of International Law & Policy, 2005 (1).

［133］Van Harten, Gus. Arbitrator Behaviour in Asymmetrical Adjudication: An Empirical Study of Investment Treaty Arbitration [J]. Osgoode Hall Law Journal, 2012 (3).

［134］Van Harten, Gus. Five Justifications for Investment Treaties: A Critical Discussion [J]. Trade, Law & Development, 2010 (2).

［135］Vaubel, Roland. Principal-agent Problems in International Organizations [J]. Review of International Organizations, 2006 (1).

［136］Wälde, Thomas W. & Kolo, Abba. Investor-State Disputes: The Interface between Treaty-based International Investment Protection and Fiscal Sovereignty [J]. Intertax, 2007 (3).

［137］Yackee, Jason Webb. Bilateral Investment Treaties, Credible Commitment, and the Rule of (International) Law: Do BITs Promote Foreign Direct Investment? [J]. Law & Society Review, 2008 (4).

［138］Yu, Hong-Lin & Shore, Laurence. Independence, Impartiality, and Immunity of Arbitrators–US and English Perspectives [J]. International and Comparative Law Quarterly, 2003 (4).

三、电子文献

[1] 陈扬勇. 江泽民"走出去"战略的形成及其重要意义 [EB/OL]. https://www.dswxyjy.org.cn/n1/2019/0228/c425426-30909751.html.

[2] 李国学，王永中，张明. 2013年第1季度中国对外投资报告 [EB/OL]. http://www.iwep.org.cn/upload/2013 /03/d20130327145530252.pdf.

[3] 商务部. 2020年中国对外投资合作发展报告 [EB/OL]. http://www.gov.cn/xinwen/2021-02/03/5584540/.les/924b9a95d0a048daaa8465d56051aca4.pdf.

[4] 商务部. 2020年中国外资统计公报 [EB/OL]. http://images.mofcom.gov.cn/wzs/202012/20201230152644144.pdf.

[5] 商务部、国家统计局和国家外汇管理局. 2019年度中国对外直接投资统计公报 [EB/OL]. http://images.mofcom.gov.cn/hzs/202010/20201029172027652.pdf.

[6] Aaken, Anne van. Between Commitment and Flexibility: The Fragile Stability of the International Investment Protection Regime [EB/OL]. http://ssrn.com/abstract=1269416.

[7] Anderson, Sarah & Grusky, Sara. Challenging Corporate Investor Rule [EB/OL]. https://ips-dc.org/wp-content/uploads/2012/01/070430-challengingcorporateinvestorrule.pdf.

[8] Australian Government Department of Foreign Affairs and Trade. Gillard Government Trade Policy Statement: Trading Our Way to More Jobs and Prosperity [EB/OL]. http://www.dfat.gov.au/publications/trade/trading-our-way-to-more-jobs-and-prosperity.html#investor-state.

[9] Australia Government Department of Foreign Affairs and Trade. AUSFTA - Frequently Asked Questions [EB/OL]. https://www.aph.gov.au/~/media/wopapub/senate/committee/freetrade_ctte/submissions/sub161a_pdf.

ashx.

[10] Chakraborty, Barnini. Trump Signs Executive Order Withdrawing US from TPP Trade Deal [EB/OL]. https://www.foxnews.com/politics/trump-signs-executive-order-withdrawing-us-from-tpp-trade-deal.

[11] Diaz, Fernando Cabrera. South American Alternative to ICSID in the Works as Governments Create an Energy Treaty [EB/OL]. https://www.iisd.org/itn/es/2008/08/06/south-american-alternative-to-icsid-in-the-works-as-governments-create-an-energy-treaty/.

[12] DPAD. World Economic Situation and Prospects 2022 [EB/OL]. https://desapublications.un.org/file/728/download?_ga=2.247337799.215456207.1683727952-1490477614.1675959174.

[13] Gaukrodger, David. The Legal Framework Applicable to Joint Interpretive Agreements of Investment Treaties [EB/OL]. https://www.oecd-ilibrary.org/docserver/5jm3xgt6f29w-en.pdf?expires=1677849291&id=id&accname=guest&checksum=2BB84580B1611B1C96F95D2C12B4FD33.

[14] Gordon, Kathryn & Pohl, Joachim. Investment treaties over time: Treaty Practice and Interpretation in a Changing World [EB/OL]. https://www.oecd.org/investment/investment-policy/WP-2015-02.pdf.

[15] ICSID. Possible Improvement of the Framework for ICSID Arbitration [EB/OL]. https://icsid.worldbank.org/sites/default/files/Possible%20Improvements%20of%20the%20Framework %20of%20ICSID%20Arbitration.pdf.

[16] ICSID. Report of the Executive Directors on the Convention on the Settlement of Investment Disputes Between States and Nationals of Other States [EB/OL]. https://icsid.worldbank.org/sites/default/files/Report_Executive_Directors.pdf.

[17] ICSID. Suggested Changes to the ICSID Rules and Regulations, Working Paper of the ICSID Secretariat of 12 May 2005 [EB/OL]. https://icsid.worldbank.org/sites/default/files/publications/Suggested%20Changes%20to%20the%20ICSID%20Rules%20and%20Regulations.pdf.

[18] Karl, Joachim. Investor-state dispute settlement: A government's dilemma [EB/OL]. https://academiccommons.columbia.edu/doi/10.7916/D8NG4ZZD/download.

[19] Majone, Giandomenico. Temporal Consistency and Policy Credibility: Why Democracies Need Non-majoritarian Institutions [EB/OL]. https://www.eui.eu/Documents/RSCAS/Publications/WorkingPapers/9657.pdf.

[20] Nottage, Luke R.. Do Many of Australia's Bilateral Treaties Really Not Provide Full Advance Consent to Investor-State Arbitration? Analysis of Planet Mining v Indonesia and Regional Implications [EB/OL]. http://papers.ssrn.com/sol3/papers.cfm?abstract_id=2424987.

[21] OECD. Fair and Equitable Treatment Standard in International Investment Law [EB/OL]. https://www.oecd.org/investment/investment-policy/WP-2004_3.pdf.

[22] Peterson, Luke Eric. Arbitrator Decries "Revolving Door" Roles of Lawyers in Investment Treaty Arbitration[EB/OL]. http://www.iareporter.com/articles/20100226_1.

[23] Pollack, Mark A.. Principal-Agent Analysis and International Delegation: Red Herrings, Theoretical Clarifications, and Empirical Disputes [EB/OL]. http://law.duke.edu/publiclaw/pdf/workshop06sp/pollack.pdf.

[24] Rasmusen, Eric. A Theory of Trustees, and Other Thoughts [EB/OL]. http://www.rasmusen.org/published/Rasmusen_98.BOOK.trustees.

NEW.pdf.

［25］Schill, Stephan, W.. The Public Law Challenge: Killing or Rethinking International Investment Law [EB/OL]. https://academiccommons.columbia.edu/doi/10.7916/D8GT5W7F/download.

［26］Tobin, Jennifer L. & Rose-Ackerman, Susan. Bilateral Investment Treaties: Do They Stimulate Foreign Direct Investment [EB/OL]. http://s3.amazonaws.com/zanran_storage/www.upf.edu/ContentPages/822485.pdf.

［27］Tobin, Jennifer & Rose-Ackerman, Susan. Foreign Direct Investment and the Business Environment in Developing Countries: The Impact of Bilateral Investment Treaties [EB/OL]. http://ssrn.com/abstract=557121.

［28］UNCITRAL. A/CN.9/1004/Add - Report of Working Group III (Investor-State Dispute Settlement Reform) on the Work of Its Resumed Thirty-Eighth Session(A/CN.9/1004/Add.1) [EB/OL]. https://documents-dds-ny.un.org/doc/UNDOC/GEN/V20/007/33/PDF/V2000733.pdf?OpenElement.

［29］UNCITRAL. A/CN.9/WG.III/WP.185 - Possible Reform of Investor-State Dispute Settlement (ISDS) – Appellate and Multilateral Court Mechanism [EB/OL]. https://documents-dds-ny.un.org/doc/UNDOC/LTD/V19/113/57/PDF/V1911357.pdf?OpenElement.

［30］UNCITRAL. A/CN.9/WG.III/WP.202 - Possible Reform of Investor-State Dispute Settlement (ISDS) – Appellate Mechanism and Enforcement Issues [EB/OL]. https://documents-dds-ny.un.org/doc/UNDOC/LTD/V20/065/39/PDF/V2006539.pdf?OpenElement.

［31］UNCITRAL. A/CN.9/WG.III/WP.203 - Possible Reform of Investor-State Dispute Settlement (ISDS)–Selection and Appointment of ISDS Tribunal Members [EB/OL]. https://documents-dds-ny.un.org/doc/UNDOC/LTD/V20/065/89/PDF/V2006589.pdf?OpenElement.

[32] UNCITRAL. Appellate Mechanism [EB/OL]. https://uncitral.un.org/en/appellatemechanism.

[33] UNCITRAL. Multilateral Permanent Investment Court [EB/OL]. https://uncitral.un.org/en/multilateralpermanentinvestmentcourt.

[34] UNCITRAL. ISDS Tribunal Members' Selection Appointment and Challenge [EB/OL]. https://uncitral.un.org/en/tribunalselection.

[35] UNCTAD. Bilateral Investment Treaties 1995-2006: Trends in Investment Rulemaking [EB/OL]. http://www.unctad.org/en/docs/iteiia20065_en.pdf.

[36] UNCTAD. Denunciation of the ICSID convention and BITs [EB/OL]. https://unctad.org/en/docs/webdiaeia20106_en.pdf.

[37] UNCTAD. FDI Policies for Development: National and International Perspectives [EB/OL]. http://unctad.org/en/docs/wir2003light_en.pdf.

[38] UNCTAD. Identifying Core Elements in Investment Agreements in the APEC Region [EB/OL]. https://unctad.org/system/files/official-document/diaeia20083_en.pdf.

[39] UNCTAD. Interpretation of IIAs: What States Can Do? [EB/OL]. https://unctad.org/system/files/official-document/webdiaeia2011d10_en.pdf

[40] UNCTAD. International Investment Rule-Making: Stocktaking, Challenges and The Way Forward [EB/OL]. https://unctad.org/system/files/official-document/iteiit20073_en.pdf.

[41] UNCTAD. International Investment Agreements: Flexibility for Development [EB/OL].https://unctad.org/system/files/official-document/psiteiitd18.en.pdf.

[42] UNCTAD. Investor-State Dispute Settlement [EB/OL]. https://unctad.org/en/PublicationsLibrary/diaeia2013d2_en.pdf.

[43] UNCTAD. Investor-State Dispute Settlement and Impact on Investment Rulemaking [EB/OL]. https://unctad.org/system/files/official-document/iteiia20073_en.pdf.

[44] UNCTAD. Scope and Definition [EB/OL]. https://unctad.org/system/files/official-document/psiteiitd11v2.en.pdf.

[45] UNCTAD. The Role of International Investment Agreements in Attracting Foreign Direct Investment to Developing Countries [EB/OL]. http://unctad.org/en/docs/diaeia20095_en.pdf.

[46] UNCTAD. World Investment Report 2013 [EB/OL]. http://unctad.org/en/PublicationsLibrary/wir2013_en.pdf.

[47] UNCTAD. World Investment Report 2018 [EB/OL]. https://unctad.org/system/.les/of.cial-document/wir2018_en.pdf.

[48] UNCTAD. World Investment Report 2019 [EB/OL]. https://unctad.org/system/files/official-document/wir2019_en.pdf.

[49] UNCTAD. World Investment Report 2020 [EB/OL]. https://unctad.org/system/files/official-document/wir2020_en.pdf.

[50] UNCTAD. World Investment Report 2021 [EB/OL]. https://unctad.org/system/files/official-document/wir2021_en.pdf.

[51] UNCTAD. World Investment Report 2022 [EB/OL]. https://unctad.org/system/files/official-document/wir2022_en.pdf.

[52] Van Harten, Gus. Fairness and independence in investment arbitration: A critique of "Development and Outcomes of Investment Treaty Arbitration [EB/OL]. http://papers.ssrn.com/sol3/papers.cfm?abstract_id=1740031.

[53] Van Harten, Gus. Pro-Investor or Pro-State Bias in Investment Treaty Arbitration: Forthcoming Study Gives Cause for Concern [EB/OL]. http://

www.iisd.org/itn/2012/04/13/pro-investor-or-pro-state-bias-in-investment-treaty–arbitration-forthcoming-study-gives-cause-for-concern/.

［54］Waibel, Michael & Wu, Yanhui. Are Arbitrators Political? [EB/OL]. https://papers.ssrn.com/sol3/papers.cfm?abstract_id=2101186.

后 记

在键盘上敲落最后一个字,忽然意识到窗外已晨光熹微,之前想象的完稿之后的愉悦与轻松并没有随着桂林早春的暖阳如约而至,取而代之的却是无尽的失落与遗憾:太多的问题没有梳理清楚!如果这也算是一种完成,那么,最多不过是匆匆一瞥的初见,是下一步探究的前奏。

本书是在我的同名博士学位论文的基础之上修改而成的。书稿付梓之时,我离开母校厦门大学已八年有余。其间,凤凰木花开花落,国际经贸局势风云变幻,国际投资法律体制要往何处去,依旧说不清,道不明。从权力分析的视角来观照国际投资条约解释问题,发端于我对国际投资法律体制的正当性这一问题的好奇。与其他国际法领域相比,国际投资法的实践以"激进"二字形容并不为过。国际投资仲裁机制的创设便被喻为其中具有范式转型意义的"革命",然而,几乎与此同时,国际投资法律体制也遭遇了"正当性危机"的质疑。究竟是什么原因造就了权力不断扩张和膨胀的国际投资仲裁庭?主权国家又将如何应对?我尝试着从国际仲裁庭的条约解释活动中找寻答案。

回望求学旅程,博士学位论文的写作,与其说是我对国际投资条约解释问题的些许研究心得的梳理,不如说是一场"盲人摸象"般的知识探索,笨拙而茫然，只胜在足够勇敢和坚持。在无限与有限之间，我得以初窥国际法学研究之门径，也逐渐认识到自己存在的不足。同时，在这个无人可替的自我体认与自我探索的过程中，所有对国际法的探寻都成为我认知现实世界的重要途径。无比幸运的是，这个求知和探索的旅途，我并不孤单，一路上都曾直接或间接地得到许多师长、同仁和亲朋好友的提携与帮助。在此，我要对所有曾经给予我指导和帮助的师长、亲朋好友以及与我合作的同仁表示最诚挚的谢意。他们是形成我研究成果的主要成因，是影响我所知、所想、所行的重要来源，也是我人生最宝贵的财富。

首先并且也是最为重要的是，要感谢我的恩师陈安教授的悉心引领。在博士阶段的求学过程中，老师执着的学术追求、敏锐的学术洞察、高屋建瓴的学术视野、精深的理论造诣以及醇和的人文关怀，使陷入学术迷茫与困惑中的我，如沐春风，豁然开朗，勇往直前。从老师那里，我感受到的不仅仅是他对国际经济法学研究的热爱和治学态度的严谨，还学习到他为人处世的真诚以及接人待物的宽厚。就我的博士学位论文而言，如果没有老师语重心长的鼓励与细致认真的指导，也许那时心生倦意的我根本没有继续走下去的勇气，论文写作也无成文的可能。师恩难忘，永记在心。

特别感谢我的启蒙恩师魏艳茹教授。在硕士阶段的求学期间，她教给我朴实、严谨、细致的思考方式和豁达乐观的人生态度。对我这个"半路修行"的学生，她从未放弃，无论在学术研究还是工作生活方面，都不辞辛劳地给我以持续不断的鼓励和指导，包容我的诸多缺点。可以说，她是我踏上学术研究之路重要的指引者。

感谢厦门大学国际经济法研究所的各位老师，在授课和讲座中，他们扎实的学术功底、睿智的学术洞见、开阔的学术视野和深厚的学术涵养，让我获益良多。感谢我的学位论文评阅和答辩的各位专家，他们都是国际法学领域的知名学者，对后学晚辈给予了亲切的鼓励与肯定，针对我的论文存在的问题提出了细致、独到和中肯的意见，这些宝贵的意见对本书以及后续的研究都产生了重要的影响。感谢广西师范大学的领导和同事对我一贯的包容和支持，自博士毕业以来，我一直在师大的法学院工作，学校和学院都非常重视青年教师的培养，为青年教师的学术交流和教研能力提升提供各种机会和帮助，本书正是在这样的条件下才得以进一步完善。感谢广西师范大学出版社的领导和编辑的无私帮助，感谢他们的辛勤劳动和对本书出版的支持。

本书得以顺利完成，离不开家人的理解和支持。年迈的双亲，一直容忍我的"恣意随心"，容忍我的"昼夜不分"，容忍我的"书生意气"。特别感谢我的弟弟，他陪伴着我一起成长，在我求学期间，一力承担料理家事和照顾父母的重担。亲人温暖的扶持和无私的牺牲是我永远的感念和前进的动力。

本书的研究暂告一个段落，但就国际投资条约解释这一问题而言，仍有许多未解之谜有待进一步探索，它仍是我近期学术研究工作的一个重点。在学位论文答辩之后，我有幸获得国家社科基金项目的资助展开后续研究，相关成果将作为本书的姊妹篇另行出版。诚盼各位专家和同仁对本书存在的不足提出批评和指正，让我在未来的研究道路上可以继续前行，收获更多有益的研究成果。

李庆灵

2023年初春于桂林雁山园畔